# 分散股权时代的中国公司治理
## 理论与证据

郑志刚◎著

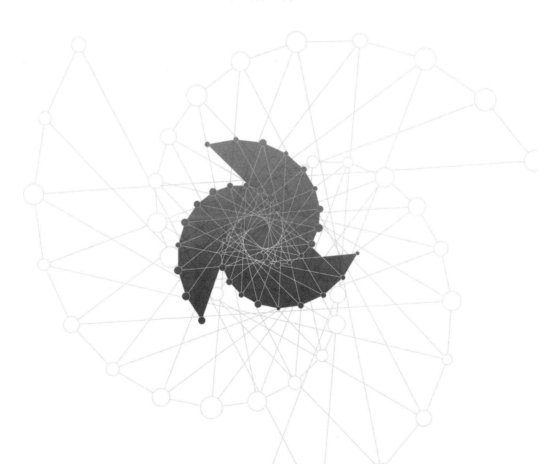

北京大学出版社
PEKING UNIVERSITY PRESS

## 图书在版编目(CIP)数据

分散股权时代的中国公司治理：理论与证据/郑志刚著. —北京：北京大学出版社，2022.10

ISBN 978-7-301-33348-8

Ⅰ. ①分… Ⅱ. ①郑… Ⅲ. ①公司—企业管理—研究—中国 Ⅳ. ①F279.246

中国版本图书馆 CIP 数据核字(2022)第 170508 号

| | |
|---|---|
| 书　　名 | 分散股权时代的中国公司治理：理论与证据<br>FENSAN GUQUAN SHIDAI DE ZHONGGUO GONGSI ZHILI：LILUN YU ZHENGJU |
| 著作责任者 | 郑志刚　著 |
| 策划编辑 | 张　燕 |
| 责任编辑 | 王　晶 |
| 标准书号 | ISBN 978-7-301-33348-8 |
| 出版发行 | 北京大学出版社 |
| 地　　址 | 北京市海淀区成府路 205 号　100871 |
| 网　　址 | http://www.pup.cn |
| 微信公众号 | 北京大学经管书苑（pupembook） |
| 电子信箱 | em@pup.cn |
| 电　　话 | 邮购部 010-62752015　发行部 010-62750672　编辑部 010-62752926 |
| 印 刷 者 | 三河市北燕印装有限公司 |
| 经 销 者 | 新华书店 |
| | 730 毫米×1020 毫米　16 开本　19.5 印张　356 千字<br>2022 年 10 月第 1 版　2022 年 10 月第 1 次印刷 |
| 定　　价 | 65.00 元 |

未经许可，不得以任何方式复制或抄袭本书之部分或全部内容。
**版权所有，侵权必究**
举报电话：010-62752024　电子信箱：fd@pup.pku.edu.cn
图书如有印装质量问题，请与出版部联系，电话：010-62756370

# 推荐序

服务国家战略和讲好中国故事是当代管理学者的重要历史使命。当前我国全面深化改革的总目标是推进国家治理体系和治理能力现代化，而公司治理是国家治理的基础和先行者。作为治理改革先行者的公司治理，在我国已从一个研究问题发展为一门新兴的交叉学科。三十多年来我有幸见证并与学界同仁一起推动了这一过程，郑志刚教授就是非常好的同行者。我国公司治理研究走的是一条国际化背景下的本土化发展之路，作为中国公司治理实践的观察者和研究者，志刚教授长期以来综合利用专业学术期刊、专栏以及公众号等传播现代公司治理理念、讲述中国情境下的独特公司治理故事，对我国公司治理发展产生了较大的社会影响。呈现在我们面前的《分散股权时代的中国公司治理：理论与证据》这部著作，不仅是对志刚教授之前学术观点的总结和发展，更是对分散股权时代中国公司治理理论和实践的前瞻性系统分析。

股权的集中化与分散化一直以来都是公司治理探讨的经典话题，最早见于Berle和Means于1932年撰写的经典著作，后来进一步发展为公司治理研究中的核心命题。已有的对中国公司治理的实证研究普遍认为，集中化的股权结构是中国企业不同于英美国家公司治理的突出特点。而过于集中化的股权结构，一方面使得公司治理过于依赖大股东的治理能力，由此造成了公司治理相对落后、制衡度不足、资本单一化、融资困难等问题；另一方面也导致了中国企业更加严重的第二类代理成本，中小股东权益受到大股东挤压，保护全体股东利益成为制度设计的重要目标。

经过股权分置改革、国有企业混合所有制改革、资本市场的快速发展和各类保障制度的不断完善，尽管中国尚未形成如英美国家般分散的股权结构，但伴随行政型治理向经济型治理转型而产生的股权分散化已成为中国整体公司治理改革中不可逆转的趋势。分散化的股权为企业引入了更多具有较强治理能力的股东,各类资本优势互补、相互融合、相互制衡,有利于总体公司治理水平的提高。然而,由于缺少控股股东强有力的控制力量,与之伴生的就是更多治理风险的释放。一方面,大股东权力的分散和中小股东的"搭便车"心理提高了监督成本,导致更加严重的第一类代理问题,内部人控制更加严重;另一方面,为了应对恶意收购、响应资本市场的短期利益取向,企业更多地关注短期绩效的提升,而忽视了长期发展。此外,由于正式制度环境相对滞后,即便在相对分散的股权结构下,中小股东利益保护问题依然相对突出。治理风险的累积与释放,既需要学者提供不同于西方的理论视角进行解释,又依赖于进一步深化和完善公司治理制度建设。

志刚教授的专著对这一问题进行了深入而全面的剖析,并从实践和理论两方面提出了独到见解与破局之策。实践方面,该书着重论述了分散股权时代面临的四大公司治理困境:资本市场野蛮人、复杂的金字塔结构、中国式内部人控制,以及互联网时代的公司治理变革;理论方面,该书以分散股权时代的公司治理为主线,从三方面进行了系统阐释。一是股权结构设计。该书从如何应对野蛮人入侵和大股东掏空两个角度进行论证分析,对如何设计反收购防御机制和保护中小股东利益的治理机制展开讨论;为股权分散化过程中治理风险释放造成的治理困境提供了解释,并参照新兴网络企业的治理实践,为企业"同股不同权"的股权架构设计提供系统的理论梳理与建议。二是董事会治理与运作。作为连接股东与管理层的纽带,董事会是公司治理的核心。该书就我国上市公司中出现的独董返聘、超额委派董事和独董发声等"中国故事"进行理论分析,为完善董事会治理提出了富有前瞻性的建议。三是经理人薪酬激励约束机制设计。结合我国国企混改的转型治理情境,该书对如何有效激发经理人内在热情、推动员工持股计划的实施提供了有启发意义的案例探究。该书不仅强调了对股权分散化下中国现实公司治理问题的理论与实证研究,还引入了独具中国公司治理特色的典型案例;既对分散股权时代中国公司治理的新特点、新理论进行了前瞻性的探究,构建了分散股权时代的股东、董事会与经理层三维度的分析框架,也为分散股权时代的公司治理制度设计提出了应遵循的新原则。

通览全书,该书最大的特色是既强调讲述从典型案例剖析中深挖出来的独特的中国公司治理故事,又强调理论对中国现实治理问题的洞察和逻辑关系的透视。这既是本书的特色,也是本书的写作逻辑,即从还原典型案例入手还原公司治理理论。我对这一点深表赞同。因为我也发现近年来中国公司治理的发展主要是靠治理事件的推动,例如"国美控制权之争"引发对提升董事会治理能力的思考,"阿里巴巴海外上市"引发对境内外治理落差与网络治理创新的探讨,"宝万之争"推动对公司治理反敌意收购规则设计等的关注,"康美药业民事诉讼案"推动独董和问责制度从有到优。

当然,"分散股权时代"的提出,也引出了更多需要进一步探讨的问题。首先,在总体公司治理改革分散化的趋势下,也有部分企业,特别是位于重要战略行业的"国家冠军"企业,为进一步集中政策优势、提升国际竞争力而体现出与之相反的集中化的趋势。对国有企业而言,以股权分散化为特征的经济型治理和以股权集中化为特征的行政型治理,在不同情境下的优劣、各自的理论内涵与边界是什么,以及在当前行政和经济型治理交织阶段两类模式如何优势互补、理论相容,仍需构建中国情境下的行政经济型治理理论体系进行深入探索。其次,中国企业分散化程度仍相对较低,在不断深入的改革中,将会有更多问题产生。以金字塔结构为例,国有企业经历了早期的大规模建立和随后的"瘦身健体"去层级化,又在新一轮改革中通过国有资产投资运营公司的建立而形成了更具特色的金字塔结构,这也引发了如何协调金字塔层级的放权优势与风险劣势、探寻最优层级、构建符合中国情境的金字塔结构等新的治理问题。最后,在"双碳"目标和环境问题日趋严峻的背景下,分散股权时代更需要探讨如何通过完善外部治理制度、优化内部治理机制,形成不同股东在绿色问题上的利益趋同,以同时达到维护中小股东利益的社会责任和实现可持续发展的环境责任,提升企业绿色治理水平,实现绿色包容发展,等等。伴随利益相关者边界的扩展,我们的公司治理现在从 G(治理)已经走到了 S(社会责任),又进一步走到了 E(环境),在这些转变的过程中必然会涌现出很多中国特色的公司治理案例和事件。希望与志刚教授以及读者朋友们一起从这些角度深入思考,再出精品。

总而言之,志刚教授的专著解读了分散股权趋势下的中国公司治理,具有强烈的理论前瞻性与实践启发性。其不仅从理论层面出发,为上市公司股权分散化趋势的理论研究提供了很有价值的理论补充;也从实践层面入手,将一个个新颖而独具中国特色的公司治理案例与理论实证分析有机结合,为指导中国公司治理实践提供了重要的实践指南与理论借鉴,是当前了解中国公司治理理论与实践发展的一本必备书。

志刚教授多年来一直从事公司治理的相关研究,在这一领域的造诣深厚,最近几年中国公司治理研究院和我一直邀请志刚教授出席每两年一次的公司治理国际研讨会。每次志刚教授都欣然接受邀请前来参会,与国内学界专家学者、业界企业家分享他在公司治理领域的最新观点以及研究成果,甚得与会者好评。在《分散股权时代的中国公司治理:理论与证据》书稿付梓之际，我欣然接受他的邀请，为该书作序。希望该书的出版有助于推动我国公司治理理论研究水平的提升，并有效指导我国公司治理实践。与此同时，如志刚教授所期盼，相信该书的出版能够经受住时间和历史的检验，历久弥新、常温常新。

李维安

南开大学讲席教授，中国公司治理研究院院长

2022年8月于南开大学

# 前 言

2016年,在北京大学出版社张燕编辑的策划和编辑下,我出版了一本名为《中国公司治理的理论与证据》的学术著作。在六年后的2022年,同样在北京大学出版社,我的一本名为《分散股权时代的中国公司治理:理论与证据》的新的学术著作面世了。这两本书究竟有何不同呢?

在回答这个问题之前,我想首先和读者朋友们分享写作这本书的缘起。

我有幸和同时代的很多学者一起见证了中国资本市场的一场重大转变,那就是从2015年开始,我国资本市场上市公司的第一大股东平均持股比例开始低于标志相对控股权的三分之一。尽管我国的上市公司并非都类似于英美的公众公司那样股权高度分散,但我们不得不面对的事实和必须承认的改变是:身边的很多公司不再是我们原来所熟悉的"一股独大",以往似乎离我们很遥远甚至仅仅出现在传说中的"野蛮人"突然之间就近在咫尺。因此,我认为2015年之后以万科股权之争为标志的我国资本市场出现的股权分散趋势意味着"分散股权时代的来临"。

基于二十多年研究公司治理的心得和体会,我把公司治理制度设计以及由此引申出的理论和经验分析框架与研究体系分为三大块。第一块是最基本的股权结构设计,因为股东是"公司治理的权威";第二块是最核心的董事会组织和运行,因为董事会将提供资本的股东和经营企业的经理人连接起来,成为"公司治理的核心";第三块是最重要的经理人薪酬合约设计,因为薪酬合约设计是"公司治理的灵魂",很大程度上决定着公司治理制度设计的成败。

当很多上市公司的最基本的股权结构不再是一股独大、董事会组织不再是大股东大包大揽、经理人薪酬不再成为自上而下"一刀切"限薪的对象时,我们会发现原有的公司治理理论和证据的分析框架与研究体系有可能是有用的,也有可能变得无用。例如,在2015年,一家名叫宝能的险资通过二级市场不断增持举牌,超过原来的第一大股东华润,成为万科新的第一大股东,不仅要否决董事会的议案,甚至打算提议召开特别股东大会罢免全体董事。在这种情况下,曾经是我国A股上市公司治理标杆的万科的原董事长王石先生变得不淡定了。而当宝能通过举牌成为南玻A的第一股东、超额委派代表进入董事会、原创始企业家曾南团队被迫集体辞职、董事会遭到"血洗"之际,更多的企业家不淡定了。董明珠女士挺身而出,仗义执言,"谁损害实体经济谁就是罪人"。

这一切如电光火石发生在刹那间,很多人感到措手不及、无所适从。2016年12月,时任证监会主席在一次新闻发布会上匆匆地将这些举牌的险资与"野蛮人""妖精""害人精"联系在一起。而增持举牌所带来的外部接管威胁在成熟的资本市场上一直都是来自外部的重要的公司治理力量。2019年年初,银保监会出台政策重新鼓励险资进入资本市场。有网友戏称:"银保监会这是把证监会打跑的'妖精'又请回来了"。

在我看来,宝万股权之争、南玻A董事会遭"血洗"等其实是学界和业界对我国资本市场仓促进入分散股权时代、没有做好充分准备而不得不付出的制度成本和缴纳的昂贵学费。我们需要对7年来进入分散股权时代的我国资本市场所收获的经验和教训进行系统的回顾和梳理,从而构建全新的理论和经验分析框架与研究体系,而这正是我写作本书的重要出发点。

需要说明的是,伴随着分散股权时代的来临,出没的"野蛮人"只是我们在进行公司治理制度设计时不得不思考和面对的一种制度因素。在中国当下开展公司治理理论和经验分析,我们还要同时面对以下制度因素。

第一,隐身在我国资本市场固有的复杂金字塔控股结构下的金融大鳄。

在A股市场,很多上市公司不是一个人在战斗,而是和它上游参股、下游控股的关联企业组成一个个类似金字塔控股结构的庞大资本系族,比如大家耳熟能详的中信系、明天系、海航系、中粮系、方正系,等等。

除了抱团取暖、相互扶持,金字塔控股结构的存在形成了公司治理研究场景中的一种新的"分离"。我们知道,阿道夫·A.伯利(Adolf A. Berle)和加德纳·C.米恩斯(Gardiner C. Means)在20世纪30年代之所以提出公司治理问题,恰恰在于他们观察到投入资本股东的所有权与经营企业的经理人的经营权二者之间的"分离"。所有权与经营权的"分离"成为引发股东与经理人代理冲突进而引发公司治理问题的渊薮。

而金字塔控股结构的存在则形成一种新的"分离"。一方面是处在金字塔顶端的实际控制人向子公司和孙公司投入的真金白银有限,能够为可能做出错误决策而承担责任的现金流权很小;另一方面是实际控制人通过金字塔控股结构链条形成了能够对子公司和孙公司重大决策产生影响的较大控制权,由此形成所谓现金流权与控制权的"分离"。如果说所有权与经营权的"分离"是引发股东和经理人之间代理冲突的渊薮,那么,我们看到金字塔控股结构下现金流权与控制权的"分离"则成为大股东和外部分散小股东之间代理冲突的根源。

在这种通过金字塔控股结构形成的现金流权与控制权分离的情形下,大股东通过关联交易、资金占用来隧道挖掘掏空子公司和孙公司资源的行为有之,大股东胁迫子公司和孙公司相互担保、盲目扩大信贷规模、幻想"大而不倒"的行为有之,大股东推动子公司和孙公司并购重组、资本运作、操纵股价的行为有之。美国等成熟市场经济国家已经通过反垄断、征收公司间股利税等措施使金字塔控股结构变得不再典型。然而,在我国资本市场进行公司治理制度设计或开展公司治理理论和经验研究时,我们不得不面对和思考的一个重要制度因素就是隐身在金字塔控股结构下资本系族背后的金融大鳄。

第二,经由政治关联、社会连接、文化和历史等形成的"中国式内部人"。

内部人控制问题是出资入股的股东与所聘请的经理人之间代理冲突的典型形式。这些形成内部人控制的少数经理人利用超过其责任承担能力的控制权谋求私人收益,使股东利益受损。上述意义下的内部人控制问题在英美等国也普遍存在。

然而,不同于在英美的公司中是由于股权高度分散和向经理人推行股权激励计划导致内部人控制,在我国一些公司中,尽管大股东和经理人往往不持股,但由于政治关联、社会连接以及文化和历史的原因,同样会形成内部人控制问题。我把我国制度背景下出现的内部人称为"中国式内部人"。例如,中国华融其实不是没有大股东,但作为大股东的相关国家部委显然无法制衡有一定的行政级别、被各种各样的同乡校友包围的赖某民。因而是政治关联、社会连接和历史文化这三种因素共同导致了中国华融典型的中国式内部人控制问题,并最终使中国华融这一"帮助处理垃圾资产的公司"自己却变成了"垃圾"。

也许很多读者已经注意到,从 2015 年开始,经过长期的问题积累,我国资本市场进入各种乱象和怪象的集中爆发期,陷入所谓的"公司治理困境"。我国资本市场在 2015 年不仅发生了被一些媒体形象地称为"股灾"的股价大波动,而且以万科股权纷争为代表的系列控制权之争集中爆发。值得注意的是,公司治理困境的出现不仅是由于有进入分散股权时代的野蛮人入侵问题、金融大鳄借助金字塔控股结构隧道挖掘剥削小股东利益的问题,也有依靠政治关联、社会连接和文化历史形成的中国式内部人控制问题。它不是由其中某一因素,而是由上述三种因素共同促成的。而在金字塔式控股结构这一金融生态下,中国式内部人控制问题显得尤为隐蔽和复杂。

事实上,开展公司治理制度设计,我们还要考虑第四个重要的制度因素,那就是人类社会进入互联网时代,给全球公司治理理论与实践带来了重大挑战和深刻影响。如果我们把前三个因素概括为在中国进行公司治理制度设计所面临的中国特有的制度因素，那么后一个则是全球社会普遍面临的国际制度因素。

每一次科技重大创新和突破在带来生产组织方式变革的同时也带来了公司治理制度设计的深刻变化。我们看到，现代股份公司的出现以及公司治理问题的提出与蒸汽机和电力技术的应用推广相伴相生。没有蒸汽机与电力技术的发明，就不会对有助于实现社会化大生产的现代股份公司提出现实诉求，进而不会引发由于所有权与经营权分离而导致的公司治理问题。

互联网时代的来临使得很多投资者越来越无法看懂一些企业的业务模式，乃至于有"做好是互联网金融，做不好是非法集资诈骗"的说法。小米的雷军曾经说过，"只要站在风口，猪也能飞起来"。但我们不清楚的是，究竟哪里是风口？又是哪头猪能飞起来？

有一款叫Snapchat的摄影类手机APP创造了"阅后即焚"模式，使用户在保护隐私权和分享观点之间找到了一种很好的平衡，上架后受到18—34岁年轻群体的热烈欢迎。很多投资者也许仅仅知道Snapchat的创始人是两名斯坦福大学的学生，而且是两名辍学的斯坦福大学学生。除此之外，大家对于这个项目的现金流从何而来等问题几乎一无所知。特别是，在这两名年轻学生的主导下，Snapchat在上市时匪夷所思地提出要发行ABC三重股票。也就是说，他们出的本金很少，但要拿到与出资额不对称、甚至大得多的表决权，以此影响公司的重大决策。这两名年轻的"创业达人"既想获得不需要抵押担保的权益融资的支持，又不想把控制权交给提供权益融资的股东。这无疑给我们在互联网时代开展公司治理制度设计带来了空前的挑战。

概括而言，在中国资本市场于2015年进入分散股权时代后，如果需要进行公司治理制度设计、开展中国公司治理理论与经验分析框架和研究体系的构建，与此前大为不同的是，我们必须认真考虑应该如何应对以下四种人，那就是"试图闯入的野蛮人""兴风作浪的金融大鳄""虎踞龙盘的中国式内部人"和"除了知道他们是斯坦福大学辍学学生外一无所知的创业达人"。如何通过有效的公司治理制度设计，构建公司治理理论和经验分析框架与研究体系，积极应对这四种人所代表的四种重要制度因素成为本书研究的逻辑出发点。

作为本书的引论，第1章总结了我国资本市场进入分散股权时代的内因和外因。股权分置改革和股票全流通的完成以及投资者权益法律保护的事实完善与风险分担意识的加强使原控股股东倾向于选择分散的股权结构是内因；而险资等机构投资者大举进入资本市场以及目前正在开展的以吸引民企作为战略投资者为典型特征的国企混合所有制改革是外因。分散股权结构时代的来临一方面表明"一股独大"和大股东对公司治理制度建设大包大揽时代的结束，另一方面则使如何防范"野蛮人"入侵、鼓励和保护创新创业文化提上公司治理重要的研究议程。我们强调，对于以万科股权之争为标志的我国资本市场股权分散时代的来临，无论是立法和监管当局，还是公司层面的公司治理制度的设计和安排，都要积极兴利除弊、变革创新，以顺应这一给我国资本市场带来深刻变化的公司治理新格局的出现。

除了第1章的引论，本书按照最基本的股权结构设计、最核心的董事会组织和运行以及最重要的经理人薪酬合约设计这三个层面展开，讨论如何设计应对上述四个制度因素的公司治理制度并构建相应的公司治理理论和经验分析框架与研究体系。

最基本的股权结构设计层面在本书中共涉及三章。在我国资本市场进入分散股权时代后，公司治理一方面需要防范野蛮人入侵，另一方面则需要应对实际控制人通过推出复杂隐蔽的手段加强公司控制、巩固和维护内部人控制格局的情形。因此，本书将在第2章帮助读者识别各种现实中存在的隐蔽的加强公司控制的手段。

本书提供的来自我国资本市场的数据表明，除了传统的持股，在我国资本市场至少存在以下四类加强公司控制权的隐蔽变通方式。一是第一大股东超过持股比例超额委派董事；二是传统上被认为是激励手段的员工持股计划一定程度地演变成实际控制人加强内部人控制的"防御型"计划；三是使创业团队实现对高科技企业控制的一致行动协议；四是有限合伙协议架构，它由于鼓励创业团队人力资本持续投入而成为资本市场的"专利"制度。在有限合伙架构下，有限合伙人负责风险分担，普通合伙人进行投资管理，二者之间专业化分工以提升效率，形成了有效合伙构架。通过对以上四类超级控制权实现方式的理论和经验分析，本书第2章将为我国资本市场股权分散趋势和控制权配置倾斜盛行下如何设计公司控制权提供系统的理论梳理和丰富的政策建议。

股权结构设计和控制权安排是协调股东与经理人代理冲突的基础性公司治理制度安排。在分散的股权结构下，一家公司体现公司控制权的投票权配置既可以选择权重平衡的"同股同权"构架，也可以选择权重倾斜的"同股不同权"构架。而在"同股不同权"构架的实现方式上，既可以选择直接发行两重或三重股权结构股票，也可以通过基于股权协议或获得股东背书和认同的内部管理制度变相形成"同股不同权"构架。"同股不同权"构架的核心是将投票权配置权重向创业团队倾斜，实现创业团队与外部投资者之间从短期雇佣合约转化为长期合伙合约。上述构架顺应了以互联网技术为标志的第四次工业革命对创新导向的企业权威重新配置的内在要求，因而受到诸多高科技企业的青睐。本书

第3章集中讨论分散股权时代背景下投票权配置权重倾斜的股权结构设计。

在上市公司分散的股权结构下,中小股东和机构投资者在公司治理结构中的作用凸显。如何引导和规范中小股东和机构投资者发挥其应有的作用,成为公司治理理论界与实务界必须回答的问题。第4章讨论了中小股东与机构投资者在分散股权时代的公司治理中扮演的角色。作为分散股权发展阶段我国资本市场发生的十分典型而独特的并购现象,"险资举牌"为未来董事会和管理层成员变更等公司治理制度的变化创造了条件,缓解了内部人控制问题。伴随着我国资本市场法律环境的改善和中小股东权利意识的增强,近年来呈现爆发式增长的"小股东起义"事件也成为我国资本市场进入股权分散时代重要的公司治理途径和潜在的公司治理机制之一。

作为连接股东和管理团队的纽带和诸多公司治理机制发挥作用的平台,董事会构成公司治理的核心。第5章从最核心的董事会组织和运行讨论分散股权时代中国公司治理理论与经验分析框架和研究体系的构建。本章首先围绕在我国上市公司董事会组织实践中发生的诸如独董返聘、超额委派董事和"独董说不"的任期阶段特征等"中国故事"展开讨论。然后对董事会独立性提高和董事长轮值制度这两个重要公司治理问题展开前瞻性讨论。在我国资本市场进入分散股权时代后,它们对于董事会组织具有特别的借鉴意义。在董事会制度建设方面,从我国独董在两个任期内对董事会议案出具否定意见呈现阶段特征(在即将离职的第二阶段比在希望连任的第一阶段更可能说"不")的经验证据出发,我们建议在我国上市公司董事会组织中积极推行独董任期交错制度。在董事会文化建设方面,本章的经验研究表明,控股股东超额委派董事、返聘原来的独董继续担任独董、逆淘汰"说不独董",以及董事长与总经理的社会连接都将导致董事会中任人唯亲文化的盛行,容易形成内部人控制格局。在我国上市公司董事会制度建设中,始终或明或暗、或多或少笼罩着任人唯亲的董事会文化的影子,而任人唯亲董事会文化的根源反过来还是不合理的董事会制度设计。

在中国公司治理研究领域,一座始终绕不过去的大山就是被我称为"中国最大的公司治理问题"的国企改革。从2013年开始启动的新一轮混改以引入民资背景战略投资进行所有制混合为典型特征,它一方面加快了我国资本市场的股权分散趋势,另一方面提升了在分散股权时代构建中国公司治理理论与经验分析框架和研究体系的复杂性及挑战性。第6章将讨论股权分散趋势下的国企改革问题。

从来自钢铁行业的四个国企混改案例出发,本章的观察表明,新一轮以混合所有制改革为主题的国企改革,很大程度上演变为"选择与谁分担不确定性"

的问题。而国企通过混改引入战略投资实现所有制混合的实质内涵可以分解为两个方向的改变。一是"控股股东少超额委派董事",二是"非第一大股东超额委派董事"。本章从"控股股东少超额委派董事"的视角为国企混改提供逻辑检验的证据,与此同时,实证检验"非第一大股东超额委派董事"是否有助于国有上市公司效率改善,从相反的方向对国企混改开展逻辑检验,以此为正在积极推进的国企混改提供直接的理论和证据支持。本章的研究表明,如同只有开放才能促进改革一样,在国企混改实践中,也许只有"混"才能真正做到"改",而与其"并"也许还不如"混"。真正实现国企混改目标、促进效能的提升,关键在于在董事会结构中合理保证其他股东的董事席位,使新进入的民营资本能够充分参与到治理过程。只有民营资本通过委派董事享有内部信息、参与董事会的决策过程,才能有效地缓解原有的过度监督问题,带来经营绩效的实质改善。

早在20世纪70年代,现代公司治理研究的奠基者Jensen和Meckling就主张,面对与经理人之间的代理冲突,股东应该授予经理人股权激励,让经理人像股东一样思考,以此协调股东与经理人之间的利益冲突。我们知道,员工持股计划是激励对象更广、受益范围更大的经理人股权激励计划,是经理人股权激励计划的扩大版和现实版。很多的经理人股权激励都是以员工持股计划的名义实施的。2013年启动的新一轮国企混改中,推出类似性质的员工持股计划成为国企混改的标配。

第7章将讨论公司治理制度设计中最为重要的经理人薪酬合约设计。我们注意到,在实际控制人自利动机和激励计划的复杂设计下,"激励型员工持股计划"可能演变为实际控制人用来加强控制权的"防御型员工持股计划"。国有控股上市公司由于激励对象、激励幅度以及审批程序等制度设计方面的缺陷而抑制了其推出激励计划的内在热情,国企"一刀切"限薪进一步挫伤了国有控股上市公司完善激励计划的热情。本章强调,一个好的员工持股计划设计和运行需要通过庄严的制度承诺和机制保障使参与计划的每一位员工相信员工持股计划不仅仅是"计划"。而来自两家民营企业的相关实践为员工持股计划的有效实施带来了直接的借鉴和启发。

概括而言,本书希望通过对股权分散时代背景下一系列典型的公司治理现象的剖析和中国公司治理故事的解读,从股东层面的股权结构设计、董事会层面的制度建设和文化改善、中小股东和机构投资者的公司治理角色、创业团队和员工的激励机制设计,以及股权分散趋势下的国企改革等不同方面进行理论和经验证据讨论,试图构建我国资本市场进入分散股权时代后的公司治理理论和证据分析框架与研究体系,系统提出并逻辑一致地论证分散股权时代进行公司治理制度设计需要遵循的新原则。

因此，如果说我的前一本书旨在一般性地构建研究中国公司治理的理论和经验研究体系，那么本书则围绕中国资本市场进入分散股权时代这一现实制度背景，对前一本书构建的体系进行补充、深化和传承。

从试图构建进入分散股权时代的中国公司治理的理论和经验分析框架与研究体系的目的出发，本书提供的经验并非简单地跟随国际同行研究框架用中国 A 股数据重新跑一遍，更非无病呻吟地凭空想象一个原本无关的故事。本书提供的大量经验证据是我和我的团队从中国制度背景下独特的故事出发，通过案例研究"解剖麻雀"，在清晰识别经济变量的关系后再开展基于大样本的经验研究。例如，独董返聘问题、独董换届未连任问题、"独董说不"的阶段特征问题以及大股东的超额委派董事问题、员工持股计划激励员工名义下的大股东防御问题，等等。特别是，在股权结构设计上，我国的一些企业为了实现投票权配置权重向创业团队倾斜，有遵循国际惯例直接发行 AB 双重股权结构股票的，更有像阿里巴巴一样通过合伙人制度和像蚂蚁集团一样通过有限合伙构架变相完成同股不同权构架构建的。后两者成为在我国制度背景下完成的公司治理股权结构设计的重大制度创新。

在《中国公司治理的理论与证据》一书的前言，我曾向读者分享：有学者说，实证研究做得不好，不是计量经济学学得不好，而是经济理论学得不好。我在这一句的基础上加了一句话，"也不是经济理论学得不好，而是案例研究做得不够扎实"。由此可见，案例研究在我和我的研究团队开展实证研究中的地位有多么重要。因而，本书提供的经验证据背后都是一个个发生在中国制度背景下独特的中国公司治理故事。

好奇的读者不难发现，本书附有很多我和我的团队基于我国 A 股上市公司和美国中概股的数据开展的经验研究，但为什么我在前言中不断强调本书尝试构建分散股权时代中国公司治理的理论与经验分析框架和研究体系，并在本书的标题中堂而皇之地使用"理论"呢？早年博士期间的理论训练和多年的公司治理研究让我深知，理论对于公司治理研究是非常重要的。没有理论带来的分析视角，把两个或多个关系不大甚至无关的变量放在一起做回归与盲人摸象并无本质的区别。

在 2016 年出版的《中国公司治理的理论与证据》一书中我注意到，面对合约不完全的股东，公司治理需要通过产权安排对股东投资进行激励；而面对信息不对称条件下的经理人，公司治理需要通过激励合约设计对经理人努力工作进行激励。因此，公司治理可以分为以激励股东为目的、以产权安排为内容的治理结构和以激励经理人为目的、以董事会组织及薪酬合约设计为内容的治理机制两部分。对公司治理进行分层思考显然是基于我对奥利弗·哈特（Oliver

Hart)的产权理论、Myerson 的显示原理和 Holmstorm 等激励相容原理的理解和把握。①

在本书中,针对国企所有者缺位,我注意到国有企业主要并不是拥有私人信息的代理人出了问题,而是由于所有者缺位,委托人无法为可能做出的错误决策承担责任,是委托人出了问题。因此,我认为国企改革的重点是通过引入民资背景的战略投资进行"实化"和"制衡",解决所有者缺位带来的委托人问题。在国企改革的理论研究和政策制定中,不应简单地把长的委托代理链条和所有者缺位混为一谈、一概而论。因为前者是任何现代股份公司都会面临的问题,只有后者才是国有企业特有的问题。这些思考同样离不开我对委托代理理论的深入思考和大胆超越。

鉴于互联网时代外部投资者对创业达人主导的业务模式创新一无所知的事实,当一些学者还停留在思考究竟应该支持同股同权还是支持同股不同权时,我们在进行新经济企业的股权结构设计时大胆提出,未来的公司治理目标需要实现投票权配置权重向创业团队倾斜与外部分散股东权益保护之间的平衡(trade-off)。既然外部投资者不懂业务模式,那就应该把决策权交给更加熟悉业务的创业团队,让专业的人做专业的事,但这并不意味着外部中小股东彻底放弃自己的权益保护,成为任人宰割的对象。我们主张,新经济企业在发行 AB 双重股权结构股票时,要标配"日落条款",实现创业团队控制权的状态依存,形成对创业团队道德风险倾向的必要限制。这里采用的平衡思想显然是经济学理论研究所强调的比较收益和成本后做出最优选择的理念的应用。

因而,本书既强调讲述从典型案例剖析中深挖出来的独特的中国公司治理故事,又强调还原理论对中国现实治理问题的洞察和逻辑关系的透视。这两个特点也成为本书的重要特色。

本书的主要证据是我和我的团队利用 A 股市场和美国中概股的证据讲述的大量独特的中国公司治理故事。这些证据的主体是我们近年来在《经济研究》《世界经济》《金融研究》《中国工业经济》《管理世界》《南开管理评论》等重要

---

① Hart 的产权理论认为,产权是重要的。由于合约不完全,进行专业性投资的一方会面临事后被"敲竹杠"的威胁,只有事前承诺拥有不完全合约中尚未规定的权利,才能激励他完成上述投资。这里的"尚未规定的权利"就是 Hart 理论中的剩余控制权,而剩余索取权指的是已投入的资金为可能做出的错误决策承担责任的能力,二者共同构成了 Hart 意义上的产权。产权安排体现了责任和权利对称的原则。

Myerson 的显示原理是指,任何贝叶斯博弈的贝叶斯纳什均衡,都可以被一个说真话的直接机制所代表,因此,委托人可以只考虑直接机制的设计。

Holmstorm 和其他经济学家一起发展了激励相容原理,其核心内容是委托人在追求自己的目标函数实现最优的同时,要充分考虑代理人的目标函数同时达到最优。代理人目标函数达到最优成为委托人规划问题的基本约束条件,进而达到一种激励相容的状态。

学术期刊上公开发表的文章。在写作本书的过程中,根据分析框架和研究体系构建的需要,我进行了必要的取舍:删除了很多主要写给审稿人看的稳健性检验,仅仅保留了这些研究中的主要关键证据。同时,利用撰写学术专著时篇幅相对从容的便利,我大量补充了目前因数据可获得性限制而尚未开展基于大样本经验研究但对分析框架和研究体系的构建不可或缺的观点与视角。这使得本书并不完全是一本围绕已有实证工作进行全面梳理和系统总结的学术专著,而是一本尝试构建全新的分散股权时代中国公司治理理论与证据的分析框架和研究体系的学术专著。以上一些文章的收录和内容取舍只不过是服从这样一个大局而已。

毫无疑问,本书是我和我的团队近年来共同研究的结晶。本书的荣誉归于我们团队的每一个人。在《中国公司治理的理论与证据》的前言中,我列了一个长长的致谢名单,而在本书里将又是一个长长的名单。他们是我的一个个年轻的中国人民大学硕博连读学生们——刘思敏、胡晓霁、刘小娟、郇珍、牟天琦、黄俊凯、雍红艳、李邈、张浩、朱光顺、刘兰欣等。他们从进校就纳入门下,雷打不动地参加例行组会讨论,甚至在寒暑假都要与英国杜伦大学郭杰教授团队进行线上冬季和夏季论坛。和之前的学生一样,除了尚未毕业的同学,他们中的大部分在博士毕业后都成为高校的教师和研究机构的研究人员。

在不久前天津召开的一次学术研讨会的会议间歇,几位高校的年轻同行拿着我多年前出版的《中国公司治理的理论与证据》请我签名。这一小小的举动不经意间向我传递了一个重要的信号,让我的野心有点小小的膨胀。我希望即将出版的本书和前一本书一样能够经受住时间的检验。如果你非要问我一个确切的时间,我希望它至少是二十年。

郑志刚
2022 年 3 月 11 日于中国人民大学明德楼
2022 年 3 月 17 日修改

# 目　录

**第1章　引论：进入分散股权时代的中国资本市场** ……………………（001）
　1.1　促使我国资本市场进入股权分散时代的因素分析 …………（001）
　1.2　我国资本市场进入分散股权时代的特征 ……………………（004）
　1.3　当野蛮人遭遇内部人：中国公司治理困境的形成 …………（006）
　1.4　"万科股权之争"的启示 …………………………………………（013）
　1.5　小结 ………………………………………………………………（017）
　参考文献 ………………………………………………………………（022）

**第2章　在分散股权时代如何加强公司控制？** ………………………（024）
　2.1　控制权加强的潜在实现方式 …………………………………（024）
　2.2　大股东超额委派董事 …………………………………………（032）
　2.3　大股东防御型员工持股计划 …………………………………（037）
　2.4　资本市场的专利制度：一致行动协议 ………………………（044）
　2.5　有限合伙制度的控制权安排逻辑 ……………………………（051）
　2.6　小结 ………………………………………………………………（057）
　参考文献 ………………………………………………………………（059）

**第3章　股权结构设计** …………………………………………………（064）
　3.1　苹果和谷歌：两种股权结构设计模式 ………………………（064）
　3.2　阿里的合伙人制度和腾讯的股权协议 ………………………（068）
　3.3　为什么高科技企业更加青睐"同股不同权"构架？ …………（069）
　3.4　"同股不同权"股权结构的设计理念和相关实践 ……………（074）
　3.5　双重股权结构股票如何设计才能鼓励创新？ ………………（079）
　3.6　Snap三重股权结构股票设计的启示 …………………………（087）

3.7 小结 ·············································································· (092)
参考文献 ·············································································· (093)

## 第 4 章 分散股权时代的中小股东和机构投资者：野蛮人 V.S. 改善公司治理的外部力量 ·············································· (096)
4.1 险资举牌 ······································································ (097)
4.2 小股东起义 ·································································· (102)
4.3 如何规范机构投资者？ ················································ (108)
4.4 小结 ············································································ (115)
参考文献 ·············································································· (116)

## 第 5 章 亟待完善的董事会组织：从超额委派的董事到返聘的独董 ·············································································· (120)
5.1 董事会组织中的中国故事 ············································· (120)
5.2 超额委派董事现象 ······················································· (127)
5.3 独董换届未连任现象 ···················································· (141)
5.4 独董返聘现象 ······························································ (150)
5.5 "独董说不"的任期阶段特征 ········································ (157)
5.6 董事长和总经理的社会连接与任人唯亲的董事会文化 ····· (167)
5.7 董事会应该更独立吗？ ················································ (176)
5.8 董事长轮值意味着什么？ ············································· (180)
5.9 小结 ············································································ (182)
参考文献 ·············································································· (184)

## 第 6 章 股权分散趋势下的国企混改 ·············································· (193)
6.1 国企混改：应该与谁分担不确定性？ ··························· (193)
6.2 国企混改的现实逻辑 ··················································· (197)
6.3 所有者缺位与国企混改的突破 ····································· (204)
6.4 从"控股股东少超额委派董事"的视角检验国企混改 ····· (220)
6.5 国企混改逻辑的再检验：非第一大股东超额委派董事的视角 ·································································· (224)
6.6 小结 ············································································ (236)
参考文献 ·············································································· (237)

**第7章 员工持股计划设计与实施中的激励扭曲** …………（243）
    7.1  员工持股计划的制度背景与理论基础 …………（243）
    7.2  谁拿走了员工股东表决权？ …………………（247）
    7.3  谁在员工持股计划中搭便车？ ………………（254）
    7.4  如何减少员工持股计划的内部搭便车行为？ …（261）
    7.5  国企为什么缺乏激励推行员工持股计划？ ……（267）
    7.6  民营企业实施员工持股计划的启发 ……………（271）
    7.7  小结 ……………………………………………（276）
    参考文献 ……………………………………………（277）

**第8章  总结** ……………………………………………（284）

# 第1章
# 引论:进入分散股权时代的中国资本市场

本章总结我国资本市场进入分散股权时代的内因和外因。随着股权分置改革的完成和股票实现全流通,我国上市公司的主要股东可以按照自己的意愿减持股份;投资者权益法律保护的事实完善与风险分担意识的加强使原控股股东倾向于选择股权分散的股权结构。上述两方面构成我国资本市场进入分散股权时代的内因。而险资等机构投资者大举进入资本市场以及目前正在开展的以吸引民企作为战略投资者为典型特征的国企混合所有制改革构成了我国资本市场进入分散股权时代的外因。分散股权结构时代的来临,一方面表明"一股独大"和大股东对公司治理制度建设大包大揽时代的终结,另一方面意味着如何防范"野蛮人入侵"、鼓励和保护创新创业文化需要被提上公司治理的研究议程。对于以万科股权之争为标志我国上市公司股权分散时代的来临,无论是立法和监管当局还是公司层面公司治理制度的设计和安排,都要积极兴利除弊、变革创新,以顺应这一公司治理新格局给我国资本市场带来的深刻变化。

## 1.1 促使我国资本市场进入股权分散时代的因素分析

经过多年的积累,中国资本市场上市公司第一大股东的平均持股比例从2015年开始低于代表相对控股权的三分之一。中国资本市场股权分散的趋势开始发生从量变到质变的转化。与第一大股东稳定持有相对控股权甚至绝对控股权相比,上述事实不仅意味着我国资本市场未来可能会出现更多的"野蛮人入侵"①和控制权纷争,而且意味着未来在董事会组织和股东大会相关议案的表决中,公司治理需要力量颇为接近的股东之间的协商和制衡,以往所熟悉的"一股独大"治理模式会悄然发生改变。以险资宝能举牌万科为代表的"险资举牌"②成为这一时期我国资本市场发生的十分典型而独特的并购现象,万科股权之争也因此成为我国资本市场从2015年开始进入分散股权时代的标志。

图1.1表明,在过去的十多年中,我国上市公司第一大股东平均持股比例持续下降。在股权分置改革完成的2007年,我国上市公司第一大股东平均持股比例从2005年股改前的40%下降到35%左右;而在险资大举进入资本市场和万科股权之争爆发的2015年,我国上市公司第一大股东平均持股比例进一步下降到甚至无法实现相对控股的33%左右。

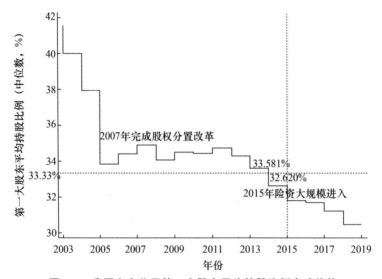

图1.1 我国上市公司第一大股东平均持股比例变动趋势

图1.2表明,从2010年起险资陆续开始举牌我国资本市场中一些股权相对分散的公司。截至2016年年中,共有77家公司被举牌119次。其中在万科股权之争爆发的2015年就有41家上市公司被险资举牌69次。

在万科股权之争、血洗南玻A董事会等由险资举牌引发的公司治理事件发生后,无论是公司股东、管理层还是监管当局,一时之间都陷入公司治理政策应

---

① "野蛮人"的概念来自20世纪90年代美国作家布赖恩·伯勒写的《门口的野蛮人》一书,原指通过恶意收购野蛮改组董事会的接管商。本文泛指通过二级市场公开增购买股票的方式来谋取控制权的投资个人或机构。

② 如果投资者在二级市场一次性或累积购买超过5%比例的公司股票,那么就必须发布公告,进行信息披露。这一规定被称为"举牌"。

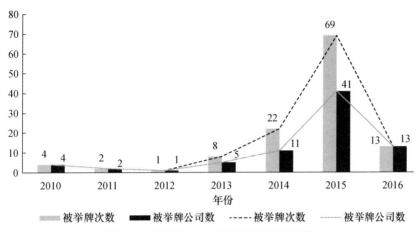

**图 1.2 被举牌上市公司数及被举牌次数**

对缺失的恐慌中。媒体和公众一度将举牌的险资与"野蛮人""妖精"和"害人精"等联系在一起。上述系列事件的发生一定意义上是因为我国资本市场习惯于"一股独大"的治理范式,还没有做好理论和实践应对准备就仓促进入分散股权时代,是一种为此而付出的制度成本。

概括而言,促成我国上市公司股权结构从以往"一股独大"向"股权分散"转变的现实因素有以下几方面的内因和外因:其一,从 2005 年开始到 2007 年结束的股权分置改革和股票全流通的完成使公司控制权转让在技术上成为可能。我国上市公司的主要股东可以按照自己的意愿减持原来不允许流通的股份(所谓的"非流通股")。其二,投资者权益法律保护的事实完善与投资者风险分担意识的加强使原控股股东倾向于选择股权分散的股权结构。当股东权益得不到法律应有的保护时,股东选择集中的股权结构来对抗经理人潜在的损害股东利益的代理行为,由此导致大陆法传统和新兴市场国家上市公司倾向于股权集中的股权结构设计(LLSV,1998;Himmelberg、Hubbard 和 Love,2002;Denis 和 McConell,2003;Boubakri、Cosset 和 Guedhami,2005;王克敏和陈井勇,2004;沈艺峰、陈舒予和黄娟娟,2007)。经过多年的发展,我国资本市场已具有一定的分散风险的功能,而且能够保护股东权益的各种外部治理框架和法律体系初见端倪,因而集中较大比例的股份于同一家公司显然并非原控股股东的最优选择。上述两个方面构成了我国资本市场从原来"一股独大"向"股权分散"加速转变的内因。其三,随着允许投资股票的资金比例上限不断提高,险资等机构投资者开始大举进入资本市场,甚至通过在二级市场公开举牌,一度成为一些上市公司的第一大股东,2010 年以来此起彼伏的"险资举牌"进一步加速我国资本市场股权分散化的过程。其四,正在开展的以吸引民企作为战略投资者为典型特征的国企混合所有制改革将进一步稀释原有相对集中的国有控股股东的股权,从而促使我国资本市场最终形成分散股权结构的基本态势。我们以联通混改为例。在吸引了包括中国人寿和BATJ①等战略投资者持股35.19%后,联通集团合计持有的中国联通的股份由之前的60%以上变为36.67%。险资举牌和国企混改成为我国资本市场进入分散股权时代的外因。

一个可预见的事实是,在我国未来的资本市场中,并购活动将会比以往任何时候都更加频繁,甚至以相对极端的"野蛮人入侵"和控制权纷争的面貌出现。著名的万科股权之争和血洗南玻A董事会等看似偶然实则必然的公司治理事件,事实上都是在这种背景下发生的。我国公司治理理论与实务以往倾向于重视代理冲突、内部人控制等传统的经理人机会主义行为,现在正在向"野蛮人入侵"等股东机会主义行为转变。

## 1.2 我国资本市场进入分散股权时代的特征

随着我国资本市场进入后股权分置时代,股票全流通为以股权变更实现资产重组带来了便利,使得分散股权结构的形成具有可能性。而2014年以来我国资本市场频繁发生的"小股东起义"使我们感受到股权结构多元化并不遥远。很多第二大股东通过在二级市场公开收购股票一举成为控股股东,中小股东单独或联合提出新议案,否决旧议案,频频发动小股东起义,个别公司甚至同时出现两个董事会。我国国有企业改革进程中积极推进的混合所有制改革提出了通过并购重组实现去产能、将国有资产管理理念从"管企业"到"管资本"转变,以及缩短国企金字塔结构控股链条等举措,进一步为分散股权结构时代的来临提供了积极的政策环境。

正是在上述时代背景和政策环境下,2015年发生了万科股权之争。我们看到,万科股权之争从一开始就呈现出不同于以往资本市场控制权转移的新特点。其一,不存在绝对控股的大股东,"一股独大"成为历史。无论是原来的控股股东华润还是一度控股的股东宝能,以及未最终实现控股的深圳地铁,其持股比例都在20%左右,与第二到第五大股东的持股比例相差不大。其二,同时存在两个甚至多个持股比例接近的股东。其三,"门口的野蛮人"在不断"撞门"。万科股权之争经历了从早期的宝能控股到华润一度试图增持、再到深圳地铁加入混战的演变,从中我们都能强烈感受到"门口野蛮人"试图"闯入"的冲

---

① 指百度、阿里巴巴、腾讯和京东四大互联网公司。

动。其四,管理层不再是温顺驯服的"待宰羔羊"。从面临宝能接管威胁的那一刻起,王石团队即开始采取包括说服原大股东华润增持、积极引进战略投资者深圳地铁以及其他反接管行为。这使得王石团队始终是万科股权之争这幕大剧的绝对主角。万科股权之争的上述特点一定程度地预示了我国资本市场分散股权结构时代来临后公司治理构架的基本特征。

### 1.2.1 从"一股独大"到几家大股东的分权控制

理论上,几家大股东分权控制(shared control)将会导致有利于外部分散股东利益保护的折中效应(compromise effect)的出现(如 Gomes 和 Novaes,2001)。这是因为尽管处于控制性地位的几家股东有极强的意愿来避免发生观点不一致的情况,但事后讨价还价最终形成的决议往往能够阻止经理人做出符合控股股东利益但损害中小股东利益的商业决定。因此,随着分散股权结构时代的来临,在我国资本市场中,无论是投资方还是管理层,都需要摒弃"一股独大"模式下为争夺控股权而拼得"你死我活"的权力斗争逻辑,转而以提升公司的长远价值为己任,实现合作共赢。事实上,现代股份公司之所以成为在短短250年内帮助人类实现财富爆发式积累的"伟大的发明",恰恰是由于其通过资本社会化与经理人职业化实现了专业化基础上的深度分工合作。

### 1.2.2 公司治理的中心从控股股东转到董事会

以往"一股独大"股权结构下董事会的典型运作模式是:作为法人代表的董事长的任何行为都会被解读为控股股东意志的体现;董事长主导下的各项看起来兼具合理性与合法性的议案在经过一些必要流程后通过成为必然;鲜有(独立)董事出具否定意见。由于"真正"的所有者缺位和依赖长的委托代理链条来实现对公司的控制,我国国有上市公司逐步形成了以董事长这一公司实际控制人为中心的内部人控制格局。在"一股独大"的股权结构下,董事会显然并非公司治理真正的中心。然而,在分散股权结构下,公司治理中心从控股股东逐步回归到董事会。代表各个股东的董事基于商议性民主形成保护股东利益的最大共识;董事会运行更多地与"各抒己见""以理服人""和而不同"等字眼联系在一起;董事会更像是代议制民主下的听证会和现代大学的博士论文答辩会。分散股权结构下的董事长则退化为董事会的召集人,甚至由代表主要股东的董事轮值;董事会在充分沟通讨论基础上形成的决议由股东大会按持股比例进行最后表决。通过上述制度安排,董事会成为公司治理真正的核心。

### 1.2.3 管理层成为与外部分散股东博弈的一方,主动参与公司治理

与"一股独大"股权结构下的管理层以"打工仔"自居、被动接受股东及股东授权的董事会的监督不同,分散股权结构时代的管理层或者通过员工持股计划成为股东的一部分,或者通过实施有限合伙协议制度实现从员工到"合伙人"的转变。特别地,在一些允许发行不平等投票权的国家,创业团队持有高于一股一票的 B 类股票,对公司具有与持股比例不匹配的控制权。一个典型的例子来自 2014 年 9 月在美国上市的阿里巴巴。持股 13% 的阿里合伙人(马云本人持股仅 7.6%)推出对董事提名具有实质影响的合伙人制度,变相实现了不平等投票权的发行,使阿里巴巴的实际控制权牢牢掌握在以马云为首的合伙人团队手中。我们看到,第一大股东软银(持股 31.8%)与第二大股东雅虎(持股 15.3%)之所以心甘情愿放弃我国资本市场投资者所熟悉的控股股东地位和相应的控制权,恰恰是出于业务模式把握困难,预期干预事倍功半、适得其反,因此不如"蜕化"为普通投资者,把业务决策权交给更加专业的马云合伙人团队。通过上述一系列的制度安排,在分散股权结构下,参与员工持股计划的管理层代表能够从原来被动接受监督,变为现在积极主动参与公司治理。而管理层参与公司治理的平台依然是基于商议性民主的董事会。

我们用一句话来概括以万科股权之争为标志的分散股权结构时代的来临带给我国资本市场的变化,那就是:在"一股独大"股权结构时代,"控股股东说了算";而在分散股权结构时代,"大家商量着来"。在上述意义上,分散股权结构时代的来临也一定程度地意味着"控股股东说了算"时代的结束。

## 1.3 当野蛮人遭遇内部人:中国公司治理困境的形成

中国资本市场在 2015 年前后可谓进入各种"乱象"和"怪象"的集中爆发期。首先是 2015 年资本市场经历了被一些媒体形象地称为"股灾"的股价大幅波动;其次是以 2015 年 7 月万科股权之争为代表的系列控制权之争集中爆发,举牌的险资以"野蛮人"的面目出现在我国资本市场,投资者和社会公众一时为之侧目;最后是,险资举牌在我国资本市场上掀起的"腥风血雨"在南玻 A 董事会被"血洗"后达到高潮,人人自危的实业家纷纷站出来谴责野蛮人的暴行,格力的董明珠说"破坏实体经济就是罪人"。在上述"乱象"和"怪象"频发的背景下,2016 年 12 月 3 日,时任中国证监会主席公开发声,痛批野蛮人,一度将这些举牌险资和其他兴风作浪的金融大鳄怒斥为"土豪""妖精"和"害人精"。

我们知道,控制权之争甚至"野蛮人入侵"在各国资本市场发展历史上均出

现过,将来也会出现,并非新鲜事。但为什么发生在当下我国资本市场的控制权之争对抗如此激烈?我们应该如何逻辑一致地解读2015年前后发生在我国资本市场上的种种"乱象"和"怪象"呢?本小节试图为理解中国公司治理现实困境提出一个统一的逻辑分析框架。

概括而言,我认为,理解中国公司治理现实困境的关键在于把握三条既相互独立又相互交叉的逻辑主线。它们分别是:其一,我国资本市场开始进入分散股权时代;其二,历史上曾经发挥作用的金字塔控股结构盛行,但如今它已经弊多利少;其三,长期存在中国式的内部人控制问题。我们看到,一方面是我国资本市场进入股权分散时代,"野蛮人频繁撞门"和隐身在各种金字塔控股结构的资本大鳄"兴风作浪";另一方面是存在中国式的内部人控制问题。当野蛮人遭遇中国式内部人,中国公司治理的现实困境就出现了。三条逻辑主线的交织和冲突成为引发目前我国公司治理困境的现实原因,同时也构成理解我国公司治理现实困境的一个可能的逻辑分析框架。图1.3描述了理解我国公司治理现实困境的三条逻辑主线和基于三条逻辑主线形成的逻辑分析框架。

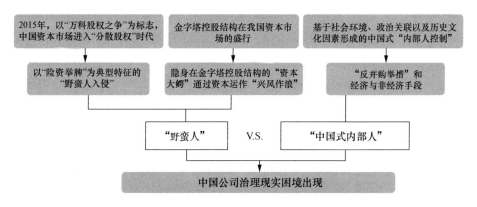

图 1.3　理解中国公司治理现实困境的逻辑分析框架

### 1.3.1　逻辑主线一:进入分散股权时代的中国资本市场

我国资本市场进入分散股权时代是理解我国公司治理现实困境的第一条,也是最重要的逻辑主线。在上市公司股权结构经历了从"一股独大"到"股权分散"的转变之后,我国资本市场开始进入分散股权时代。在1.1节,我们已分别从内因和外因等方面分析了我国资本市场进入分散股权时代的原因。

资本市场进入分散股权时代成为我国公司治理现实困境发生的大的时代背景。从积极方面看,以险资为代表的机构投资者通过举牌市场估值较低的上市公司,对存在内部人控制问题的部分上市公司形成直接接管威胁,有助于这些公司完善治理结构;从消极方面看,不排除一些机构投资者以"野蛮人"面目入侵股权相对分散的公司的可能性,争夺控制权甚至血洗董事会,构成对一些公司创业团队人力资本专用性投资激励的挑战。

### 1.3.2 逻辑主线二:金字塔式控股结构与隐身其后的"资本大鳄"

除了频繁举牌的各路险资,隐身在复杂金字塔式控股结构背后兴风作浪的资本大鳄同样是时任中国证监会主席眼中的"吸血鬼"和"害人精"。这些资本大鳄通过持有控制性股份的A公司,(借助杠杆)收购B公司的控制性股份,然后通过B公司收购C公司,实现对C公司的控制,如此不断。资本大鳄通过层层股权控制链条成为了处于金字塔塔尖的实际控制人,并由此构建了一个个庞大的金融帝国。

当初,以我国上市公司作为控股子公司(或孙公司)形成金字塔式控股结构不仅出于满足企业融资需求的组织制度设计需要,还与国企改制和产业结构调整过程中我国政府推出的一些特殊政策有关。其一,在20世纪八九十年代,我国资本市场远未成熟和有效。金字塔式控股结构扮演着重要的内部资本市场,成为当时尚未成熟和有效的外部资本市场的补充,甚至替代。这构成金字塔式控股结构最初在我国资本市场出现的最直接理由。其二,来自当时国企改制的现实需要。为了推动亏损严重同时资金缺乏的国企改制,从国企中剥离出来的优质资产优先上市以募集资金。这就是当时名噪一时的"靓女先嫁"理论。但先嫁的靓女未来要承担帮助贫穷的家庭度过时艰的隐性责任。这样,成为上市公司的先嫁的"靓女"和企业集团的其他部分很自然地成为母公司与子公司的控股关系。其三,在国企管理体制改革过程中,为了避免国资委既是裁判又是运动员的嫌疑,在上市公司与国资委之间"人为"地设立用于控股的产业集团公司。通过产业集团公司,国资委实现对上市公司的间接控制。其四,在之后几轮的并购重组和产业结构调整过程中,一些效益不好的企业被政府"拉郎配"地植入部分相对有实力的企业集团,以解决当时很多国企面临的效益不好、基本薪酬无法保证、职工可能需要下岗等问题。其五,鉴于上市公司上市需要付出审核排队的成本,"借壳上市"成为一些企业选择上市变通的途径,因此在资产注入"壳"后的新上市公司和原公司之间自然形成新的控制权链条。出于上述几方面的原因,很多国资背景的企业逐步形成了既有部分上市公司又有大批非上市公司的庞大金字塔式的控股结构(企业集团)。

民企在1999年开始大量上市后,同样借鉴了国资股权结构的上述模式。这使得我国资本市场上不仅存在国资背景的金字塔式控股结构,还存在民企背景的金字塔式控股结构。前者的例子如旗下有11家上市公司的央企华润系和持股10家上市公司的中粮系，后者的例子如持股4家上市公司的明天系和早年在我国资本市场叱咤风云的涌金系等。邢立全发布的研究报告《A股资本系族：现状与思考》指出，截至2017年2月7日，深沪两市共有各类资本系族178个，涉及上市公司1045家，占同期A股上市公司总数的34%。值得注意的是，该报告将两家及以上的上市公司被同一实际控制人控股或实际控制称为"资本系族"。如果按照金字塔控股结构的"通过中间企业以股权控制方式建立的企业集团"的定义，那么现实中我国资本市场的金字塔控股结构远比想象的多。

在改革开放早期，面对不够成熟、有效的外部资本市场，金字塔式控股结构所形成的内部资本市场在推动企业集团实现规模经济和快速扩张方面曾经发挥过历史性作用。然而，随着我国外部资本市场的成熟和有效，金字塔式控股结构开始显现越来越多的负面效应。

理论上，金字塔式控股结构容易引发诸多负面效应的制度设计根源在于，母公司的实际控制人所需承担的责任与其对处于金字塔底端的孙公司的影响并不对称。这为实际控制人利用不对称的责权利谋取私人收益、损害其他小股东的利益创造了条件。我们把通过董事会组织和股东大会表决实现的对公司重大决策制定的影响力称为控制权，而把由实际出资额体现的责任承担能力称为现金流权。借助金字塔式控股结构，实际控制人成功实现了控制权与现金流权的分离①。事实上，这就是Claessens等（2000）描述的实际控制人利用金字塔式控股结构对处于底端的孙公司进行隧道挖掘的基础实现机制。之所以被称为"隧道挖掘"，是因为实际控制人利用对孙公司的控制权以资金占用等方式把孙公司的资源转移到子公司，进而由子公司转移到母公司，使这一链条看上去像一条长长的隧道。

具体到我国资本市场，金字塔控股结构日渐显现的负面效应主要体现在以下几个方面：

第一，实际控制人利用复杂的金字塔式控股结构，对子公司、孙公司进行隧道挖掘，分散小股东的利益，使他们的权益无法得到有效保障，导致他们被迫选

---

① 我们以母公司持股子公司30%的股份、子公司同样持股孙公司30%股份所形成的三级金字塔结构为例。母公司的实际控制人通过控股链条，在孙公司重大事项的表决中至少获得30%的投票支持。鉴于在孙公司董事会组织和股东大会相关议案表决中的影响力，子公司以其他应收款方式实现占用孙公司资金的议案在孙公司股东大会表决中顺利通过成为大概率事件。这使得在子公司享有30%现金流权的母公司从上述资金占用中至少获得30%的收益。由于母公司在孙公司投入的资本比例只占到孙公司全部资本的9%（30%×30%），因而母公司由资金无偿被占用（甚至面临未来无法到期偿还的风险）而带来的损失仅限于其投入孙公司的9%现金流权。

择频繁"以脚投票"。由此我们可以理解,我国资本市场散户之所以平均持股时间较短,除与有待加强的对内幕交易的监管力度和处罚成本使很多投资者依然心存侥幸有关外,一定程度地也与金字塔式控股结构下小股东无法实质参与公司治理,不愿成为被宰的羔羊而被迫"以脚投票"的心态有关。

第二,对于一些非核心控股子公司,实际控制人对资本运作甚至市场炒作的关注程度远远高于对公司治理和经营管理的关注程度。实际控制人频繁以资产置换、增发新股、并购重组,甚至更名等为题材进行炒作。受实际控制人主导的控股集团对资本运作的关注大于对经营管理事实的关注,分散股东同样很难将注意力集中到价值投资本身,而是忙于通过各种途径探听内幕消息。我们看到,金字塔式控股结构下实际控制人的资本运作偏好进一步加剧了小股民的投机心理。

第三,同样不能忽视的是,复杂的金字塔式控股结构不仅为监管当局监管股权关联公司的关联交易带来了困难,同时为资本大鳄行贿腐败官员提供了多样化的途径,最终使资本大鳄与部分腐败官员结成利益同盟,进行权钱交易,造成国有资产流失。近年来我国上市公司面临的种种公司治理困境,除了频频举牌的险资,很大程度上与隐身在金字塔控股结构的资本大鳄进行投机性资本炒作有关。金字塔控股结构的盛行以及由此带来的政治经济社会危害是理解我国现实公司治理困境的第二条逻辑主线。

### 1.3.3　逻辑主线三:基于文化与历史形成的中国式内部人控制

我国公司治理的现实困境,一方面与我国资本市场进入分散股权时代,外部野蛮人入侵与隐身在金字塔结构的资本大鳄兴风作浪有关,另一方面与一些上市公司存在中国式内部人控制问题有关。当"内部人"遭遇"野蛮人",我国公司治理的现实困境就出现了。中国式内部人控制问题的存在构成理解我国公司治理困境的第三条逻辑主线。

2016年到2017年,《财新周刊》和《21世纪经济报道》曾分别以"恒丰银行股权控制术"和"谁的恒丰银行?"报道了恒丰银行"员工持股计划丑闻"和"高管涉嫌私分公款案"。无独有偶,2018年4月初,媒体曝光山水水泥大股东和董事会部分成员试图强行进入其营运主体山水集团总部事件后,引发了围绕山水水泥"控制权纷争"的广泛讨论。

我们看到,无论是发生在恒丰银行的"员工持股计划丑闻"和"高管涉嫌私分公款案",还是山水水泥部分高管和员工强占厂房的事件,都无法摆脱"内部人控制"问题的嫌疑。这里所谓内部人控制指的是高管利用实际享有的超过责任承担能力的控制权,做出谋求高管私人收益的决策,但决策后果由股东被迫承担,从而损害股东利益的行为。在英美等国的公司治理实践中,内部人控制问题的发生往往是由于以下两方面因素:一方面是股权高度分散,不存在明显的大股东;另一方面是为了协调经理人和股东之间的利益冲突,股东不断向经理人提供高能的股权激励,使得经理人持股的相对比例越来越高,成为"最大的股东"。最终看上去这如同在经理人周围形成一道深挖的壕沟,以至于外部接管威胁都很难撼动经理人的实际控制地位。在公司治理文献中,我们把由上述两方面因素引发的内部人控制问题称为"壕沟效应"。

简单对照发生在恒丰银行和山水水泥的内部控制人行为与英美等国传统意义上的"壕沟效应",我们不难发现二者形成的原因截然不同。其一,形成恒丰银行和山水水泥内部人控制局面的原因并非股权高度分散,因为恒丰银行和山水水泥都存在大股东。其二,内部人控制地位的形成并非由于向管理层推行股权激励计划而使管理层形成壕沟效应。上述独特的内部人控制问题的形成一定程度与我国资本市场制度背景下特殊的政治、社会、历史、文化和利益等因素有关。为了区分两种不同类型的内部人控制,我们借鉴现在媒体流行的语言,把发生在恒丰银行和山水水泥等具有典型中国制度背景特色的内部人控制问题概括为"中国式内部人控制"。其形成的原因可以概括为以下几个方面。

(1) 金字塔式控股结构的存在所导致的所有者缺位

除了第二条逻辑主线指出的种种弊端,金字塔控股结构同时成为中国式内部人控制问题发生的直接制度诱因。处于金字塔顶端的大股东(特别是具有国有性质的控股股东),或者奉行"无为而治",或者"鞭长莫及",导致看起来似乎存在大股东,但由于所有者缺位和大股东的"不作为",董事长往往成为一家公司的实际控制人。伴随着金字塔式控股结构控制权链条的延长,"所有者缺位"使得"内部人控制"现象更趋严重。

(2) 基于政治关联形成的内部人控制

虽然在形式上需要经过董事会提名和股东大会表决程序,但在我国的公司治理实践中,对于控股股东具有国有性质的企业,其董事长、总经理等关键岗位往往是由企业的上级组织部门按照干部考察程序任命的。由于上述自上而下的特殊人事任免途径,任命者往往具有特殊身份。我们以恒丰银行为例。按照恒丰银行发布的相关公告,"2013 年 12 月 19 日召开董事会会议,根据烟台市委、市政府有关任免推荐决定以及本行主要股东的提议,经董事会提名委员会资格审查通过,选举蔡国华先生为公司董事、董事长"。而空降恒丰银行的董事长蔡国华之前是烟台市委常委、副市长兼国资委党委书记。我们看到,无论是作为恒丰银行的上级持股公司蓝天投资还是全资控股蓝天投资的烟台国资委,不仅不会对以董事长蔡国华为首的董事会内部人控制行为形成有效制约,反而会成为其抗衡其他股东可能提出否定议案的可资利用的力量,甚至向其他股东传递出"想反对也没有用,因为我们是第一大股东"的相反信号。

(3) 基于社会连接形成的内部人控制

以山水水泥为例,持股比例并不高的企业家张才奎成为山水水泥的实际控制人与他是山水水泥历史上的功臣有关。连续亏损13年的山东水泥试验厂,在张才奎的带领下,逐步发展成为在香港上市、在全国各地拥有100多家分公司的一度全国排名前四的水泥企业。可以说,没有张才奎就没有今天的山水水泥。我们看到,在我国改革开放以来并不太长的现代企业发展历程中,几乎每一个成功企业的背后都有一个张才奎式的企业家,并成为这一企业的灵魂和核心人物。这构成在我国一些企业形成中国式内部人控制问题十分重要和独特的历史因素。

(4) 基于文化传统形成的内部人控制

在山水水泥案例中,那些并不情愿和张氏父子对簿公堂的职工股东在很大程度上不是由于自己的利益没有受到损害,而是碍于情面,不愿背负"背叛"的名声。虽然这一行为成就了这部分职工股东的忠诚声誉,并满足了他们的心理需求,但这种行为客观上的"是非不分"一定程度地助长了中国式内部人控制问题愈演愈烈。

除了前面提到的有迹可循的链条,也许还存在我们无法观察到的各种利益链条。上述种种链条共同交织在一起,使得看起来并没有持有太多股份,从而不具备相应的责任承担能力的董事长成为典型的"中国式内部控制人"。

由于国有体制对经理人股权激励计划以及经理人收购计划的种种限制,很多企业家的历史贡献并没有以股权的形式得到认同。面对门外野蛮人的撞门,如果持股比例并不高的创始企业家想把企业交给自己信赖和长期培养的管理团队,那么他很难说服其他股东接受自己的提议;如果利用自己的影响力持续实际控制公司,创始企业家总有老去的一天,甚至由于自己的强势而时不时去"跨界",那么难免会造成自己持有的有限股份无法承担的责任;如果简单遵循股权至上的逻辑,创始企业家放弃自己的坚持,任凭新入主股东主导组建新的经营管理团队,那么有时会使多年形成的经营管理经验和理念无以为继。当面临资本市场的"野蛮人入侵"时,创始企业家的反抗不仅显得无力,心怀怨怼的他们的一些反抗行为有时甚至显得意气用事,这无形中增加了控制权之争的对抗性。面对公众对遭受野蛮人撞门威胁的管理团队的同情,同时受到心怀怨怼甚至意气用事的管理团队的激烈抵抗,此时被推上了历史前台的险资注定将在我国资本市场的这一发展阶段扮演并不光彩的角色。

2016年11月15日,在经历了与举牌的宝能系的控制权纠纷后,包括创始人曾南在内的南玻A 8名高管相继辞职。媒体以"南玻A高管集体辞职,姚振华'血洗'董事会"为题公开报道。我们从该事件中可以看出,公司控制权转让和接管威胁并没有像传统公司治理理论预期的那样为我国上市公司带来公司治理改善和业绩提升,反而出现新入主股东"血洗董事会"这样一个无论是普通投资者还是管理团队甚至是并购方都不愿意看到的结果。

在一定意义上,"血洗董事会"式的公司控制权转让是习惯于"一股独大"公司治理模式的我国上市公司"仓促"进入分散股权时代被迫承担的制度成本。我们看到,当基于政治关联、社会连接形成的"中国式内部人控制"遭遇"野蛮人入侵"时,我国公司治理的现实困境出现了。

## 1.4 "万科股权之争"的启示

从2015年起历时两年的"万科股权之争"随着2017年新一届董事会的产生而徐徐落下帷幕、曲终人散,但作为我国资本市场发展历程中重要的公司治理事件,学术界与实务界对万科股权之争的讨论仍在持续中。

如果说我国资本市场进入分散股权时代是万科股权之争发生的大的时代背景,那么万科股权之争的现实困境在一定程度上是由于"中国式内部人控制"遭遇"外部野蛮人入侵"引起的。之所以称为"中国式",是由于这类内部人控制形成的原因不同于引发英美等国传统内部人控制问题的股权高度分散和向管理层推行股权激励计划,而是与我国资本市场制度背景下特殊的政治、社会、历史、文化和利益等因素联系在一起。首先是金字塔式控股结构的存在和所有者缺位。在万科,华润看起来是第一大股东,但由于所有者缺位和大股东的"不作为"(长期减持),董事长成为万科的实际控制人。其次是基于社会连接形成的内部人控制网络。在我国改革开放以来并不太长的现代企业发展历程中,几乎每一个成功企业的背后都有一个王石式的企业家,并成为这一企业的灵魂和核心人物,这是在我国一些企业形成中国式内部人控制问题十分重要和独特的历史因素。

我们看到,当中国式内部人控制遭遇外部野蛮人入侵时,万科股权之争的现实困境出现了。由于国有体制对推行经理人股权激励计划甚至经理人收购计划的相关有形限制和无形束缚,很多企业家的历史贡献并没有以股权形式得到认同。面临资本市场的控制权之争,他们的反抗不仅显得无力,一些反抗行为有时甚至显得意气用事。这无形中增加了控制权之争的对抗性。此时,被推上历史前台的险资不仅可能失去公司治理的法理正当性,同时还要面对心怀怨怼的管理团队的激烈抵抗以及公众对管理团队的同情,由此险资注定将在我国资本市场这一发展阶段扮演并不光彩的角色。那么,从万科股权之争中,我国公司治理的理论研究者与实务工作者可以得到哪些启示呢?

### 1.4.1 股权之争的成功化解有赖于纷争双方的互相妥协和退让

2015年12月17日,王石在万科内部讲话中表示"不欢迎宝能系成第一大股东,因为宝能系'信用不够'"。宝能系则在2016年6月26日突然提出包括罢免王石、郁亮、乔世波等10位董事以及2位监事在内的临时议案。我们知道,在欧美国家的分散股权结构模式下,如果发生了内部人控制,接管商往往会推出"金降落伞"等计划,对实际控制权进行"赎回",从而将纷争双方的损失降到最低。"金降落伞"计划背后体现的是妥协的策略和舍得的智慧,由此也成为解决控制权纷争可供选择的市场化方案之一。

除了"金降落伞"计划,现实中一个有助于纷争双方实现合作共赢的制度设计是基于不平等投票权的控制权安排。通过将控制权锁定在善于进行业务模式创新的创业团队,看似违反"同股同权"原则的不平等投票权使创业团队与外部股东之间实现了从短期雇佣合约到长期合伙合约的转化。为了说明这一点,让我们设想万科在控制权安排上采用了不平等投票权模式。一方面,如果宝能发现万科具有巨大的投资价值,并认同王石管理层通过持有不平等投票权股票实现对公司的事实控制,那么宝能会像阿里的第一大股东软银一样谨守财务投资者的本分,二者由此得以建立长期的"合伙"关系,实现双方合作共赢。另一方面,如果持有超级投票权的管理团队并没有给万科带来实际价值增加,那么管理团队将被迫转手持有的A类股票,此时A类股票将自动转化为B类股票,使万科重新回到"一股一票""同股同权"的传统治理模式,从而实现了控制权的状态依存和管理团队的平稳退出。通过上述股权结构设计,万科将可能在鼓励创业团队的人力资本投资和发挥险资等机构投资者的外部治理作用之间实现很好的平衡。然而,在万科股权之争发生的2015年,无论是上市制度方面还是投资者情感方面,都还尚不能接受同股不同权构架股票的发行。

令我们感到欣慰的是,我国资本市场积极借鉴各国资本市场发展的成功经验,加速包括不平等投票权在内的控制权安排的制度创新。在2019年6月开板的上交所科创板中,我国资本市场开始允许和包容同股不同权构架股票的发行。2019年9月27日,上交所科创板上市委在第27次审议会议中审议通过了优刻得科技等企业的科创板首发上市申请。这意味着在我国公有云市场份额中排名第六的优刻得科技成为A股第一家采用同股不同权构架的独角兽企业。2020年1月,优刻得科技在科创板鸣锣上市。

### 1.4.2 万科股权之争后期出人意料的发展局势与有政治影响力的第三方的过度介入有关

无论是证券监管当局的"妖精害人精"论,还是险资监管当局对资金来源回溯式的"合规性调查",甚至深圳地方政府的背书,都极大地干扰了万科股权之争"市场化解决争端机制"的正确发展方向。2017 年 3 月 16 日,恒大与深圳地铁签署战略合作框架协议,将下属企业持有的万科 14.07% 股份的表决权不可撤销地委托给深圳地铁;在 2017 年 6 月 3 日举行的万科股东大会上,宝能书面同意深圳地铁提出的董事会换届方案。我们看到,万科股权之争原本只是商业问题,充其量不过是法律问题,最终却一定程度地演化为政治问题。这是很多万科股权之争的观察者始料未及的。

监管当局需要注意的是,险资作为资本市场发展的重要公司治理力量,对其应该规范引导,而不是打压取缔。如果万科股权之争预示着包括险资在内的机构投资者举牌历史的终结,那么这将使资本市场通过并购实现资源优化组合的功能在一定程度上有所丧失。正如很多有识之士所指出的,只注重增量的 IPO 发行环节而忽略并购重组的存量优化功能的中国资本市场将是"跛足"和"畸形"的。

此次万科股权之争也引发我们对政府监管边界的思考。市场能调节化解的矛盾和问题应该由市场自身去调节化解。即使我国资本市场频繁发生的控制权纷争问题在一定程度上已经超越公司治理问题并逐步演变为法律问题本身时,未来控制权纠纷的解决还应更多依赖独立公正的司法裁决和高效有序的公开执行。把市场能解决的还给市场以及把法律能解决的还给法律这一原则,应该成为政府监管严守的边界和底线。

### 1.4.3 利益并非完全中性的独董在万科股权之争中的角色冲突

理论上,以信息更加对称的独董为主的董事会在内部人和野蛮人的控制权纷争中将扮演重要的居中调节角色。具体来说,一方面,在以独董为主的董事会居中协调下,股东大会可能最终通过表决,向在位企业家推出"金降落伞"计划,使其主动放弃反并购抵抗;另一方面,独董主导的董事会提名委员会可以在听取在位企业家和新入主股东意见的基础上,按照实现公司持续稳定发展的原则,遴选和聘任新的经营管理团队。

然而,在我国资本市场独董自身的独立性和市场声誉都有待提高的当下,让我们感到困惑的是,当第二大股东宝能与第一大股东深圳地铁围绕控制权产生新的纠纷时,谁将能够成为利益中性的居中调停者?如果独董连第二大股东的利益都无法保护,又何谈保护外部分散股东的利益呢?我们看到,面对类似万科的股权纷争,关于独董如何保持自身的独立性和建立良好的市场声誉以扮演可能的居中调节者角色,我国资本市场仍然有很长的路要走。

### 1.4.4 万科新一届董事会组织中的超额委派董事问题

在万科由 11 名董事组成的新一届董事会中,除了 5 名独立(或外部)董事(其中 1 名为外部董事),其余 6 名为内部董事。其中,持股比例为 29% 的深圳地铁推荐了 3 名,占到全部内部董事的 50%,深圳地铁形成事实上的超额委派董事。应该说,超额委派董事现象在我国上市公司中并不是新鲜事物。2008—2015 年,我国不低于 20% 的上市公司曾出现超额委派董事现象。在第一大股东持股比例不足 1/3 的公司中,超过 25% 的上市公司曾出现超额委派董事现象。然而,像万科新一届董事会组成那样,超额委派董事比例不仅远超平均水平,而且与之持股比例相差不大的第二大股东和第三大股东没有委派董事的现象则并不多见。

我们知道,超额委派董事与金字塔式结构、家族成员出任董事长一样,是公司治理实践中实现控制权与现金流权分离从而加强控制权的重要实现形式。在这里,由投票表决所体现的控制权代表实际控制人对重大决策的影响力,由出资占全部资本比例所体现的现金流权则代表责任承担能力,二者的分离意味着承担责任与享有权利的不对称,形成一种经济学意义上的"负外部性"。理论上,在出现超额委派董事的公司,并不能排除大股东可能利用控制权与现金流权分离进行资金占用、关联交易等"隧道挖掘行为",从而使外部分散股东的利益受到损害的可能性。虽然当时观察到的更多是第一大股东支持上市公司的利好消息,但超额委派董事对于万科究竟意味着什么有待于未来的长期进一步观察。

### 1.4.5 万科新一届董事会组织中的管理层占据太多董事席位的问题

在万科新一届董事会的 6 名内部董事中,管理层委派了 3 名,占到全部内部董事的 50%。我们所能想到的积极意义是,这样做有助于实现管理层与第一大股东的相互制衡,避免大股东未来可能对经营权的过度干预,甚至阻挠第一大股东未来可能进行的隧道挖掘行为。但其消极意义和积极意义看上去一样明显,那就是管理层占据董事会太多席位形成"另类的"控制权和现金流权分离。特别是由于在金字塔式控股结构下造成了所有者的事实缺位,管理层占据董事会太多席位往往为未来的"内部人控制"创造了条件。事实上,这是在英美的很多上市公司中流行除 CEO 外其余董事会成员全部为独立董事的董事会组织模式背后的原因。

在万科新一届董事会组织中,无论是超额委派董事还是管理层占据太多董事席位都一定程度地反映出以下事实:虽然我国资本市场已经进入分散股权时代,但很多上市公司的董事会组织理念仍然停留在一股独大的公司治理模式下由控股股东对董事会组织大包大揽的阶段,即使一度被称为"公司治理标杆"的万科也不例外。在这一层面,尽管我国资本市场已经进入分散股权时代,但我国上市公司董事会组织理念仍要经历漫长的转型和阵痛。

让我们对董事会换届完成后的万科进行展望,万科新一届董事会构成会留下哪些近虑远忧呢?有以下几个方面的可能性值得未来投资者关注:通过超额委派董事实现的控制权与现金流权的分离,第一大股东利用关联交易资金占用进行"隧道挖掘"的可能性;管理层占据太多董事席位,形成"内部人控制"格局的可能性;实力相当但无第三方制衡的第一大股东与管理层合谋,使外部分散股东的利益受到损害的可能性;第一大股东与管理层新一轮"权力斗争"的可能性;在一定程度上丧失独立性的独董无法有效居中调停化解未来发生危机的可能性;等等。

## 1.5 小　　结

面对资本市场进入分散股权时代我国公司治理的现实困境,我们应该制定怎样的监管和公司治理政策加以应对呢?概括而言,一方面,我们需要进行制度设计防范野蛮人血腥入侵,以鼓励创业团队在业务模式创新上投入更多的专用性人力资本;另一方面,我们需要积极引导和规范包括险资在内的机构投资者,使接管威胁成为改善我国上市公司治理结构重要的外部力量。如何实现二者之间的平衡成为我们制定相关公司治理政策的逻辑出发点。

### 1.5.1　通过不平等投票权的控制权安排鼓励人力资本投入,防范"野蛮人入侵"

如果预期到辛勤创建的企业未来可以轻易地被野蛮人入侵,企业家早期创业的激励就将降低。没有对野蛮人入侵设置足够高的门槛无疑将挫伤企业家创业的积极性。现实中一个有助于防范野蛮人入侵的制度设计是双重股权结构股票。通过将控制权锁定在创业团队,看似违反"同股同权"原则的不平等投票权使创业团队与外部股东之间实现了从短期雇佣合约到长期合伙合约的转化,实现了双方的合作共赢。例如,2014年在美国纳斯达克上市的京东同时发行两类股票。其中,B类股票一股有1票投票权,而A类股票一股有20票投票权。出资只占 20% 的创始人刘强东通过持有 A 类股票,获得了 83.7% 的投票权,实现了对京东的绝对控制。在双重股权结构下,B 类股持有者把自己无法把握的业务模式创新等相关决策交给具有信息优势的持有 A 类股票的创业团队,实现了专业化分工的深化和效率的提升;当创业团队无法实现预期价值增加时,他们被迫出售的 A 类股票将自动转化为 B 类股票,使公司重新回到"一股一票""同股同权"的传统治理模式,从而实现控制权的状态依存和管理团队的平稳退出。由于具有实现从短期雇佣合约向长期合伙合约转变、控制权的状态依存等控制权安排制度设计上的优良特性,以双重股权结构为代表的不平等投票权成为 Google、Facebook 等美国科技类企业青睐的上市形式。不仅如此,由于允许公司上市发行具有不平等投票权的股票,美国成为包括百度、京东等中国知名企业选择上市的目标市场。

除了双重股权结构股票,阿里在美国上市时采取的合伙人制度同样是一种新兴企业值得借鉴的控制权安排模式。从阿里的股权结构来看,第一大股东软银和第二大股东雅虎分别持股 31.8% 和 15.3%。阿里合伙人团队共同持有 13%,而马云本人持股仅 7.6%。我们这里显然不能按照传统的股权结构认识方法把阿里认为是日资企业。根据阿里公司章程的相关规定,以马云为首的 34 位合伙人有权任命阿里董事会的大多数成员,是公司的实际控制人。阿里由此实现了"铁打的经理人,流水的股东",创造了互联网时代"劳动雇佣资本"的神话。

Google、Facebook 等美国企业和阿里、百度、京东等在美国上市的众多中国企业之所以青睐上述的控制权安排设计,一定程度反映了在经历接管浪潮中野蛮人的肆意入侵后,实务界和学术界对原来认为不利于投资者权利保护的不平等投票权有了新的认识。面对野蛮人的入侵,看起来不平等的投票权一方面使持有 B 类股票的创业团队专注于业务模式创新,另一方面使持有 A 类股票的分散股东避免对自己并不擅长的业务模式指手画脚,仅仅着力于风险分担,最终在两类股东之间实现了投资和回报的"平等"。

我们看到,在控制权安排模式选择上,推行不平等投票权并非对投资者利益最不好的保护,而"一股一票"也并非对投资者利益最好的保护。2017 年 3 月 2 日,美国 Snap 甚至尝试同时发行 A、B、C 三类股票,成为目前世界上为数不多的发行三重股权结构股票的公司之一。香港联交所于 2017 年 6 月 16 日发布市场咨询文件,提出"吸纳同股不同权架构的科技网络或初创企业赴港上市"。而万科股权之争之所以引人注目,恰恰是由于并购对象万科的管理层是以王石为首的创业团队。万科股权之争很快陷入应该遵循资本市场的股权至上的逻辑还是应该对创始企业家的人力资本投资予以充分激励的争论之中。因此,进入分散股权时代的我国资本市场迫切需要汲取各个地区资本市场发展的成功经验,加速包括不平等投票权在内的控制权安排的制度创新,在鼓励创业团队的人力资本投资和发挥险资等机构投资者的外部治理作用之间实现很好的平衡。

### 1.5.2　通过税收政策和监管措施,逐步消除金字塔式控股结构

为了消除或减少金字塔式控股结构的层级,直接而有效的手段是制定相关的反垄断监管法案和税收政策。回顾各国资本市场的发展历史不难发现,很多国家经历了从金字塔式控股结构和股权集中的股权结构向股权分散转变的过程。我们以洛克菲勒家族的标准石油公司为例。1870年创立的标准石油公司在列宁的眼中是当时典型的托拉斯(trust),即所谓的"由许多生产同类产品的企业或产品有密切关系的企业合并组成的资本主义垄断组织形式"。20世纪初,标准石油一度生产全美90%的石油。美国国会虽然于1890年制定了美国历史上第一部反托拉斯法《谢尔曼反垄断法》,但直到1911年,进步运动中的美国最高法院根据《谢尔曼反垄断法》才将标准石油拆分为埃克森美孚、雪佛龙等34个独立企业。20世纪30年代大萧条期间,爱迪生联邦公司的破产导致了1935年美国《公共事业控股公司法案》(PUHCA)的出台。该法案从防范金字塔式并购带来的财务风险出发,限制公用事业控股公司拥有太多的附属公司和交叉持股。除了规定控股公司控制不能超过两层,该法案同时对公用事业控股公司的行业和区域进行了限定。随着美国电力行业进入管制时代,公用事业控股公司的股权变得越来越分散,以致出现大量的所谓"寡妇和孤儿持股"现象。

除了反垄断执法和限制控股及交叉持股的监管政策,增加金字塔式控股结构的税负同样成为促成美国股权分散公司治理模式的重要举措。一方面,美国政府通过公司间股利税的开征,使控制子公司、孙公司的金字塔母公司处于税负不利状态。另一方面,通过制定针对持有优先股的机构投资者获得股利回报时的税收优惠政策,鼓励机构投资者更多持有没有投票权的优先股,从而避免机构投资者对上市公司经营管理的过度干预。与此同时,通过征收遗产税、馈赠税等,鼓励"资本大鳄"从股权控制向公益性和家族信托基金转变。性质转变后的公益性基金更加关注资金的安全和回报的稳定,而不再简单谋求公司的控制权以及资本运作和市场炒作。2017年3月20日,美国亿万富豪戴维·洛克菲勒去世,从众多的纪念文章中我们再次感受到洛克菲勒家族为实现财富百年传承而在制度安排方面的独具匠心。通过推出家族信托基金,洛克菲勒家族一方面将财富作为整体使后世子女从中受益,从而避免由于中国式分家导致的"富不过三代";另一方面将资产经营权交给专业的信托基金,避免家族成员对

经营权的直接干预,有效解决家族企业传承过程中普遍面临的信任和能力冲突问题,实现了百年财富传承。洛克菲勒家族百年财富传承带给我们的直接启发是,看似适当放弃控制权却可能实现财富的永生。

经过上述一系列的监管和税收政策调整,美国在 20 世纪二三十年代初步形成了以股权分散为典型特征的公司治理模式。尽管强制性的监管政策出台往往容易产生政策扭曲,但未来我们也许可以在某些特定行业特定时期借鉴类似的监管措施,减少甚至消除金字塔控股结构的层数。我们看到,如果把不平等投票权等控制权安排设计推出理解为分散股权时代来临后上市公司为了防范野蛮人入侵而采取的被动应战,那么消除金字塔式控股结构及其负面效应则成为我国资本市场对分散股权时代来临的主动顺应。

### 1.5.3 不断完善现有的公司治理机制,解决中国式内部人控制问题

中国式内部人控制问题的形成不仅有历史的原因,还存在复杂的现实因素。如何解决中国式内部人控制问题将是我国公司治理理论和实务界未来长期面临的挑战。在目前阶段,存在以下可资借鉴和采用的途径。

(1) 通过国企混改,建立现代企业制度

实现国企高管遴选和薪酬制定的市场化,彻底取消行政级别,由董事会向全社会真正公开选聘,并给予市场化的薪酬待遇,以真正推动国企"从管企业到管资本"的转化。

2017 年,我国出台了两个关于国企改革的重要文件。一个是《关于进一步完善国有企业法人治理结构的指导意见》,另一个是《国务院国资委以管资本为主推进职能转变方案》。其核心是把经理层成员选聘、经理层成员业绩考核、经理层成员薪酬管理回归到董事会职权范围,将国资委和中组部对于经营性干部(即职业经理人)的考核与任免权还给国企董事会,由此推动国企"从管企业到管资本"的转化。

(2) 股东权利意识的觉醒

当内部人与野蛮人彼此争斗不休时,利益受到损害的往往是外部的分散股东。股东需要意识到,手中的股票不仅是可以变现的有价证券,而且也是选票。2013 年 3 月 31 日,合计持股 3.15% 的个人股东王振华和梁树森向东方宾馆提交了《关于罢免公司全体董事的议案》临时提案。在 4 月 15 日召开的 2013 年度股东大会上,上述两位股东提交的罢免全体董事的议案虽然遭到股东大会的否决,但东方宾馆投资大角山酒店的关联交易议案在控股股东回避表决后同样被否决。上述事件由于一改以往公司治理实践中控股股东主导、小股东被动选择"以脚投票"的印象,不仅提出了不同于控股股东的"新"议案,而且否决了控

股股东提出的"旧"议案,因而被一些媒体形象地称为"小股东起义"。

事实上,东方宾馆事件只是近年来在我国上市公司中发生的诸多"小股东起义"事件之一。伴随着我国资本市场法律环境的改善和中小股民权利意识的增强,"小股东起义"事件呈现爆发式增长的趋势。仅仅从 2010 年到 2015 年,我国上市公司中至少发生了 207 起所谓的"小股东起义"事件。我们认为,这些"小股东起义"不仅成为标志我国资本市场进入股权分散时代的典型事件,而且将对我国上市公司治理实践产生深远持久的影响。这同时提醒公司治理的理论研究者和实务工作者,要进一步研究如何使股东真正成为公司治理的权威,使股东大会的投票表决成为体现股东意志、保护股东权益的基本平台。

(3) 以独董为主的董事会在内部人和野蛮人的控制权纷争中扮演重要的居中调节角色

在欧美等分散股权结构模式下,如果发生了内部人控制,接管商往往会通过推出"金降落伞"等计划对实际控制权进行"赎回",从而将纷争双方的损失降到最低。"金降落伞"计划背后体现的是妥协的策略和"舍得"的智慧,由此成为解决控制权纷争可供选择的市场化方案之一。理论上,信息更加对称的以独董为主的董事会在内部人和野蛮人的控制权纷争中将扮演重要的居中调节角色。在以独董为主的董事会居中协调下,并最终通过股东大会表决,公司向在位企业家推出"金降落伞"计划,使其主动放弃反并购抵抗;独董主导的董事会提名委员会在听取在位企业家和新入主股东意见的基础上,按照实现公司持续稳定发展的原则,遴选和聘任新的经营管理团队。事实上,这是在英美的很多上市公司中流行除 CEO 外其余董事会成员全部为独立董事的董事会组织模式背后的原因。然而,由于缺乏独立性和良好的市场声誉,独董如何在股权纷争中扮演可能的居中调节者角色仍然有很长的路要走。

(4) 让规范的险资成为推动我国资本市场健康发展的积极力量

在以险资举牌为特征的并购潮中,险资的积极意义在于向那些仍然沉迷于"铁饭碗"的一些内部人发出警醒:虽然原来国资背景的大股东可能不会让内部人轻易退位,但新入主的股东可能使内部人被迫离职。我们需要在接管威胁和投资鼓励二者之间实现良好的平衡。这里的接管威胁一方面有助于威胁警示不作为的经理人,另一方面有助于鼓励创业团队以业务模式创新为特征的人力资本投资,最终使包括险资、养老金等在内的机构投资者发起的接管威胁作为外部治理机制,形成完善公司治理的重要力量。

现在让我们憧憬一下在上述公司治理监管政策下我国资本市场的美好未来:上市公司的普通股主要由个人投资者直接持有,而险资等机构投资者主要持有优先股,鲜有复杂的金字塔式控股结构存在。对于个体投资者,由于并不存在被原来金字塔式控股结构实际控制人隧道挖掘的可能性,所持股公司也不会被用来作为进行市场炒作的对象,他们的投机动机将相应减弱,开始转向价值投资,甚至开始关心上市公司的治理和经营管理状况;而对于持有优先股从而没有投票权的机构投资者,出于保值增值的目的,既缺乏市场炒作和资本运作的激励,也缺乏相应的条件,近年来我国资本市场频繁发生的股权纠纷就此消于无形;缺乏复杂的金字塔式控股结构作为掩护和载体,以往部分腐败官员的权力难再与资本勾结;而上市公司推出双重股权结构等控制权安排等制度创新,由此不再担心野蛮人的入侵,开始专注于公司治理的改善和经营管理的提升。一个健康良性发展的资本市场由此开始形成。

(5) 通过公司间股利税等税收政策的制定使金字塔式控股结构处于税负不利状态,逐步减少金字塔控股结构的层数,避免由于控制链的延长而出现所有者缺位

如果上述金字塔扁平化能够实现,由于并不存在被原来金字塔式控股结构实际控制人隧道挖掘的可能性,所持股公司也不会被用来作为进行市场炒作的对象,外部分散股东目前普遍存在的投机动机将相应减弱,开始转向价值投资。因而,如何引导规范金字塔式控股结构的发展同样是我国未来公司治理实践面临的重要挑战之一。

(6) 摆脱目前公司治理的困境同样依赖观念的转变

从洛克菲勒家族实现财富百年传承中,我们看到的是独具匠心的制度安排和对"舍得"这一东方智慧的透彻理解。洛克菲勒家族通过推出家族信托基金实现了一举两得。其一,将财富作为整体使后代从中受益,从而避免由于中国式分家导致的"富不过三代";其二,将资产经营权交给专业的信托基金,避免家族成员对经营权的直接干预,有效解决家族企业传承过程中普遍面临的信任和能力冲突问题,看似控制权的放弃,却实现了财富的永生。

# 参 考 文 献

Boubakri, N., Cosset, J. C., Guedhami, O. Postprivatization Corporate Governance: The Role of Ownership Structure and Investor Protection[J]. *Journal of Financial Economics*, 2005, 76(2): 369-399.

Claessens, S., Djankov, S., Lang, L. H. P. The Separation of Ownership and Control in East Asian Corporations[J]. *Journal of Financial Economics*, 2000, 58(1): 81-112.

Denis, D. K., McConnell, J. J. International Corporate Governance[J]. *Journal of Financial and Quantitative Analysis*, 2003, 38(1): 1-36.

Gomes, A., Novaes, W. Sharing of Control as a Corporate Governance Mechanism[R]. Penn CARESS Working Paper, Economic Department, University of Pennsylvania, 2001.

Himmelberg, C., Hubbard, R., Love, I. Investor Protection, Ownership, and The Cost of Capital[R]. World Bank Working Paper Series, 2002.

La Porta, R., Lopez-de-Silanes, F., Shleifer, A., Vishny, R. W. Law and Finance[J]. *Journal of Political Economy*, 1998, 106(6): 1113-1155.

沈艺峰,陈舒予,黄娟娟. 投资者法律保护、所有权结构与困境公司高层管理人员变更[J]. 中国工业经济,2007(1):96-103.

王克敏,陈井勇. 股权结构、投资者保护与公司绩效[J]. 管理世界,2004(7):127-133+148.

王砾,代昀昊,孔东民. 激励相容:上市公司员工持股计划的公告效应[J]. 经济学动态,2017(2):37-50.

邢立全. A股资本系族:现状与思考[R]. 上海证券交易所资本市场研究所研究报告,2017.

# 第 2 章
# 在分散股权时代如何加强公司控制？

我国资本市场已进入分散股权时代,一方面公司治理需要思考如何防范野蛮人入侵,另一方面则需要应对实际控制人推出复杂隐蔽的手段来加强公司控制,巩固和维护内部人控制格局的情形。因此,我们在开展股权分散时代下控制权安排设计之前,首先要识别各种现实中存在的隐蔽的加强公司控制的实现手段。

控制权在公司治理中扮演着重要而复杂的角色。一方面,股东手中的投票表决权保障了其决定公司重大事项的权利,另一方面,股东需要以出资额为限为可能做出的错误决策承担(有限)责任。然而,我国资本市场中经常出现权利与责任的不对等——现金流权与控制权分离的现象。在分散股权时代,现金流权与控制权分离不仅可能来源于我们所熟知的"金字塔控股结构链条"的控制权安排,也可能来源于"超额委派董事"、员工持股计划、一致行动协议、有限合伙协议构架等新控制权实现形式。伴随着公司控制的实现和加强可能带来的"现金流权与控制权的分离"也不再单纯具有负外部性,而可能成为保护人力资本投资的新控制权安排实现形式。

## 2.1 控制权加强的潜在实现方式

当我国资本市场进入分散股权时代后,一方面需要防范野蛮人入侵,另一方面则需要应对实际控制人通过推出复杂隐蔽的手段加强公司控制,巩固和维护内部人的利益。因此,在开展股权分散时代控制权安排设计之前,首先需要识别现实中存在的各种加强公司控制的隐蔽手段。

控制权无疑是重要的。正是由于投资者相信通过包括控制权安排在内的公司治理制度可以确保"收回投资并取得合理的回报"(Shleifer and Vishny, 1997),他们才愿意成为股东。因此,作为公司治理的"权威",股东一方面对公司并购重组、战略调整等重大事项以投票表决的方式在股东大会上进行最后裁决,另一方面也需要以出资额为限对可能做出的错误决策承担责任。股东之所以有权对公司重大事项进行最后裁决,简单地说是法律赋予股东的权力;复杂一点说,如果不对股东的所有者权益做出制度的承诺,就没有人愿意进行投资而成为股东。

然而控制权的实现形式是复杂的。克什米尔地区曾经流传着这样一句谚语:"世界属于安拉,大地属于帕夏,这里是东印度公司在统治。"我们知道,安拉是伊斯兰教名义上主宰一切的真主,帕夏是克什米尔地区的最高行政长官,而东印度公司则是英国在克什米尔地区等殖民地开展贸易活动的公司。真正的控制与形式的控制往往并不一致。

那么,传统上公司控制权有哪些实现方式呢?概括而言主要有三种方式。其一,最基本当然也是最重要的是持股比例所反映的股东在股东大会上的表决权。例如,在我国资本市场发展早期,国有上市公司绝对控股形成的"一股独大"成为我国治理模式的典型特征之一。其二,实际控制人委派或直接兼任董事长。作为只是董事会召集人的董事长,固然在董事会的表决中并不比其他董事多一票,但出于企业文化中对权威的尊重,董事长无疑在相关议案的提出或撤销以及通过或否决上拥有其他董事所不具备的影响力。其三,近二十年来公司治理学术界热烈关注和讨论的以金字塔控股结构、交叉持股等方式实现的现金流权与控制权的分离。例如,李嘉诚家族仅以2.5%的现金流权通过中间不少于5个层级形成的金字塔控股链条就拥有香港电力公司34%的控制权。所谓控制权反映的是实际控制人在上市公司股东大会上以投票表决方式实现的对重大决策的影响力,而所谓现金流权反映的是以实际投入上市公司出资额为表征的责任承担能力。这里的现金流权拥有者有点类似于主宰伊斯兰教一切的真主安拉和作为克什米尔地区最高行政长官的帕夏,但通过金字塔控股结构链条的层层控制,实际控制的控制权拥有者才是真正的东印度公司。

我们注意到,其实在涉及公司控制实现和加强的几乎所有制度安排中,总能或多或少看到"现金流权与控制权分离"的影子。在公司治理实践中,我们需要更多关注和思考的是,能否把二者分离导致的消极因素更多地转变为积极因素。这就如同现代股份公司总是无法回避股东的所有权与职业经理人的经营权"分离"所导致的代理冲突,但一个有效的治理安排应该考虑如何利用二者分离形成的专业化分工(经理人职业化和资本分担风险社会化)所带来的效率提高,以平衡和对冲二者的代理冲突所产生的代理成本。

从 2015 年开始,以万科股权之争为标志,我国资本市场进入一个特殊的时代。在这一年,我国上市公司第一大股东平均持股比例低于标志"一票否决"的相对控股权的 33.3%。进入分散股权时代意味着未来我国资本市场上有更多的野蛮人出没,控制权纷争将成为常态。因此,在上述现实背景下,观察和思考我国上市公司控制权的实现与加强方式将具有特别重要的现实性和紧迫性。那么,在我国资本市场进入分散股权时代的背景下,我们应该如何实现和加强公司控制?我们又应该如何看待随之而来的"现金流权与控制权的分离"呢?

我们围绕在中国公司治理实践中产生的实现和加强公司控制的新形式展开积极的思考。在本小节中,首先讲述四个来自中国公司治理实践的故事,揭示实施和加强公司控制的四种隐蔽变通的方式:超额委派董事、员工持股计划、一致行动协议和有限合伙协议架构。在之后的四小节中,我们分别围绕这四个中国公司治理故事,讨论来自我国上市公司的证据和相关政策含义。

第一个故事是"实际控制人超额委派董事"。在南玻 A 于 2016 年 11 月 14 日举行的第七届董事会临时会议上,由第一大股东宝能系委派的三名董事陈琳、叶伟青和程细宝在会议现场临时提出《关于由陈琳董事代为履行董事长职责》的提案,并最终以 6 票同意、1 票反对和 2 票弃权的结果通过。包括公司董事长曾南在内的多名高管随后集体辞职。这一事件被媒体称为"血洗南玻 A 董事会"。从南玻 A 当时的董事会构成来看,9 名董事会成员中,除了 3 名独立董事,持股总计 26.36% 的宝能系委派了 6 名非独立董事中的 3 名,占到全部非独立董事的 50%。而万科于 2017 年 6 月 30 日举行的董事会换届选举产生的 11 名成员中,除了 5 名独立(或外部)董事,持股比例为 29.38% 的第一大股东深圳市地铁集团有限公司提名了 6 名内部董事中的 3 名董事,同样占到全部非独立董事的 50%。我们看到,无论是宝能系还是深圳地铁,作为实际控制人,其委派的非独立董事比例都远远超过了所持有的股份比例,形成了所谓的"实际控制人超额委派董事"的现象。

我们知道,在英美上市公司股权高度分散的治理模式下,董事会组织以除 CEO 外其余均为外部(独立)董事为流行实践,超额委派董事问题并不典型。而拥有绝对控股地位的亚欧家族企业则往往会大量引进职业经理人,以弥补家族成员管理才能的不足,超额委派董事问题同样不突出。然而,我们的研究发现,在 2003—2015 年样本观察期间,我国 A 股有 17% 的上市公司存在不同程度的实际控制人超额委派董事现象。因而,实际控制人超额委派董事成为我国资本市场制度背景下十分独特的公司治理故事。

需要指出的是,实际控制人超额委派董事与金字塔控股结构构建以及实际控制人委派或兼任董事长一样,在有助于实际控制人实现和加强公司控制的同时,形成了"现金流权与控制权的分离"。只不过金字塔控股结构构建是利用控制链条层层控制来实现控制权和现金流权的分离,而超额委派董事则是实际控制人通过在董事会组织中提名更多董事来形成董事会对重大决策的实际影响力与其持股比例所反映的责任承担能力的分离。但金字塔控股结构构建和超额委派董事都意味着实际控制人所承担责任与所享有权力的不对称,为其挖掘掏空公司资源、损害外部分散股东的利益提供了可能。

那么,哪些公司的治理特征和因素会导致实际控制人超额委派董事呢?超额委派董事与金字塔控股结构构建、实际控制人委派或兼任董事长等传统公司控制加强实现方式有怎样的关系?实际控制人超额委派董事究竟给上市公司带来哪些经济后果?我们应该如何评价这一现象?

我们的研究表明,在实际控制人的持股比例较低(没有达到相对控股)、金字塔控股结构构建实现的现金流权与控制权两权分离程度较高,以及在实际控制人委派或兼任董事长等情形下,实际控制人超额委派董事的可能性更大,超额委派董事的比例更高。因而,超额委派董事、委派或兼任董事长以及构建金字塔控股结构成为实际控制人实现和加强公司控制相互加强的三种力量,三者共同帮助尚未相对控股的实际控制人加强对公司的控制。

作为导致"现金流权与控制权分离"的加强公司控制的实现形式,我们当然要检验超额委派董事是否会带来使中小股东利益受到损害的实际控制人挖掘掏空上市公司的行为。以往的研究表明,在金字塔控股结构下,现金流权与控制权的分离导致实际控制人以资金占用、资产转移和关联交易等方式掏空转移上市公司资源。我们的研究发现,在超额委派董事比例越高的企业,实际控制人以关联交易等方式进行的隧道挖掘行为越严重,企业未来的经济绩效表现也越差。而在非国有企业中,当金字塔控股结构不稳定和实际控制人持股比例较低时,实际控制人超额委派董事伴随着更严重的隧道挖掘行为和更差的经济绩效表现。我们为此提出的政策建议是,在董事会的组织结构安排上应该合理地设置主要股东提名董事的上限,以确保其责任承担能力与控制能力的对称。

第二个故事是"主动防御型员工持股计划的实施"。长期以来,员工持股计划一直被认为是协调员工与股东利益、激励员工的重要手段。然而,在我国资本市场进入分散股权时代后,我们观察到,员工持股计划有时也会被实际控制人用来充当实现和加强公司控制的手段,以防范野蛮人的入侵。

例如,面对陡然增加的被收购风险,安利股份于2017年推出员工持股计划。在公司拟筹集的总额达6 000万元的资金中,员工自筹资金额不超过800万元,控股股东安利投资向员工借款达5 200万元,同时安利投资对员工自筹资金年化收益率提供保底承诺。这一操作被多家媒体评价为实际控制人安利投资抵御野蛮人入侵的"连珠弹"之一。

我们注意到,同期很多公司推出的员工持股计划具有高融资杠杆比例和实际控制人提供担保等使被激励员工持股成本显著降低的设计特征。容易理解,与直接增持和引入"白衣骑士"相比,实际控制人推出初衷为激励员工的员工持股计划,往往更容易获得监管当局的认同和其他股东的背书。因而,面对外部野蛮人入侵的威胁,我们并不能排除这些公司实际控制人打着推行员工持股计划的幌子,以不太被市场和监管当局关注的隐蔽和间接的方式,增持本公司股票以构筑防御野蛮人入侵壁垒这一可能性。

围绕我国上市公司推行的员工持股计划,我们的研究发现,上市公司股权结构越分散,实际控制人持股比例越低,面临被收购风险的可能性越高,则该公司推出员工持股计划的动机越强。上述员工持股计划的实施,一方面将降低上市公司未来被收购的可能,延长了董事长任期,由此巩固了内部人控制格局;另一方面随着员工持股计划的实施,实际控制人未来转移掏空上市公司的隧道挖掘行为会加剧,公司绩效依然不尽如人意,员工持股计划的推出并没有很好实现协调员工与股东利益、激励员工的预期目的。而在具有较高的融资杠杆比例和存在实际控制人担保行为等设计特征的员工持股计划中,上述加强公司控制的色彩更加浓郁。我们把具有上述特征的员工持股计划称为"主动防御型员工持股计划"。也就是说,员工持股计划除了具有激励员工的功能,有时还会与实际控制人的自利动机联系在一起,成为在分散股权时代实际控制人加强公司控制的隐蔽方式。

第三个故事是一些公司在IPO时与创业团队签订的"一致行动协议"。2011年,通信信息领域的佳讯飞鸿公司在我国A股上市,其主要股东和创业团队林菁、郑贵祥、王翊、刘文红、韩江春等签署了《一致行动协议书》,约定在行使召集权、提案权、表决权时采取一致行动共同行使公司股东权利。通过签署《一致行动协议书》,持股仅20.7%的第一大股东,同时兼任董事长和总经理的林菁获得了全体协议参与人合计持有的66.1%的表决权,使林菁在董事会和股东大会的相关表决中的影响力变得举足轻重。我们的观察发现,从2007年到2017年,1 590家非国有上市公司的招股说明书中披露实际控制人签订一致行动协议的公司有263家,占到16.5%,其中将近一半来自高科技企业。或者由于经济影响之外的政治影响的存在,或者由于本身是国有控股,实际控制人签订一致行动协议的行为在国有上市公司中并不典型。

我们注意到,与金字塔控股结构的构建、董事会组织中超额委派董事以及AB双重股权结构股票发行等一样,实际控制人通过签署一致行动协议同样实现了反映责任承担能力的现金流权与反映实际影响力的控制权的分离。一个自然的担心是,一致行动协议是否会像金字塔控股结构的构建等成为实际控制人加强内部人控制的手段?

需要说明的是,在董事会组织中超额委派董事是公司在完成IPO后所进行的公司控制权设计,而签订一致行动协议是公司在IPO前进行的公司控制权设计。具体来说,在董事会组织中超额委派董事是在公司完成IPO从而已经获得外部融资后,迫于外部紧张形势(例如,面临接管威胁甚至野蛮人入侵)所采取的具有事后道德风险倾向的加强公司控制的手段,因而是事后的公司控制权安排。而一个公司如果在IPO时选择一致行动协议则需要在招股说明书中进行的充分信息披露。投资者购买该公司发行股票的决定是在充分评估控制权倾斜配置可能对自己投资收益和安全影响的基础上,对实际控制人权利大于责任具有充分预期,甚至安排相应防范和救济措施下做出的,因而一致行动协议属于事前的公司控制权安排。

我们看到,作为事前的公司控制权安排,一致行动协议的签订更多用来向市场传递创业团队对业务模式充满自信的信号和保护并鼓励创业团队进行更多的人力资本投资。在互联网时代,高科技公司的创新业务模式对外部投资者的专业知识和分析能力形成极大挑战。面对创业团队与外部投资者围绕业务模式创新而加剧的信息不对称,一方面需要资金支持的公司无法实现外部融资,另一方面投资者无法找到有潜在投资价值的公司,逆向选择问题由此发生。一致行动协议的签订表明,公司独特的业务模式不是部分头脑发热的少数人的"一意孤行",而是可以称得上是该领域专家的"一群人"的共同认同和集体背书。这一可观测和可证实的信号在公司IPO的招股说明书进行严格信息披露。一致行动协议的签订由此向外部投资者传递了创业团队对业务模式发展未来充满信心的积极信号,有助于解决信息不对称导致的逆向选择问题。与此同时,公司在IPO前签订一致行动协议将一定程度避免在成为公众公司后,一些接管商通过二级市场染指公司控制权,甚至以极端的"野蛮人"方式入侵的可能性。由于有助于对未来的控制权安排形成稳定的预期,一致行动协议的签订将保护和鼓励创业团队人力资本的持续投入。因此,一致行动协议高度契合了互联网时代对创新导向的组织架构的内在需求,成为鼓励和保护创业团队的人力资本投资的有效制度安排之一。我们对此做出的一个猜测是,一个有效的资本市场将对这一高科技公司在IPO时所发送的创业团队对未来业务模式充满自信的信号和所推出的鼓励并保护创业团队人力资本持续投入的举措做出积极反应,投资者会愿意为该企业创业团队签订一致行动协议的行为支付高的溢价。这集中体现在创业团队签订一致行动协议的公司在IPO时折价率将显著降低。

　　围绕一致行动协议的研究表明,当创业团队核心成员持股比例较低时,高科技企业在IPO时更可能签订一致行动协议;从短期经济后果来看,高科技行业创业团队签订一致行动协议能有效降低IPO折价率,因而市场愿意为创业团队签订一致行动协议的高科技企业支付高的溢价;而从长期经济后果来看,签订一致行动协议的高科技企业在研发队伍建设投入占比保持高位的同时,实际控制人隧道挖掘上市公司资源行为的迹象并未显著增加,企业未来绩效反而表现良好。

　　我们看到,尽管签订一致行动协议在形式上呈现了实际控制人承担责任与享有权利不一致的"现金流权与控制权相分离"的特点,但作为事前的公司控制权安排,其经济后果与金字塔控股结构构建、实际控制人超额委派董事等事后控制权安排的经济后果显著不同。在鼓励创业团队人力资本持续投入方面,一致行动协议的签订有点类似于专利制度;排他性条款看起来限制了专利的自然外溢,但专利保护却鼓励了专利发明者的研发投入,最终使得社会涌现出更多的专利。因而,在上述意义上,我们倾向于认为,一致行动协议已经在一定程度上演变为高科技企业快速发展可凭借的一种"资本市场上的专利制度"。

　　第四个故事是通过有限合伙协议架构实现股东权利履行的专业化分工。从蚂蚁上市准备过程中公布的招股说明书我们观察到,蚂蚁采用了本节提到的有限合伙构架来完成公司治理的控制权制度设计。蚂蚁集团的有限合伙协议构架共分三层。第一层为杭州云铂有限公司。在杭州云铂的股东中,持股34%的马云与分别持股22%的井贤栋、胡晓明和蒋芳同时签署《一致行动协议》。按照杭州云铂的公司章程,杭州云铂对蚂蚁行使股东权利时,需经过股东所持表决权的2/3以上批准,这意味着持股34%的马云拥有"一票否决权",相对控股杭州云铂。杭州云铂的设立旨在确立实际控制人相对控股地位,同时通过有限责任公司的形式隔离实际控制人与有限合伙协议中普通合伙人承担的债务无限连带责任。

　　第二层为有限合伙企业杭州君洁和杭州君济。马云相对控股的杭州云铂为这两家有限合伙企业的执行合伙事务的普通合伙人,负责投资管理,代行蚂蚁股东权利。该层的两家有限合伙企业成为第三层有限合伙企业杭州君瀚和杭州君澳的普通合伙人。

　　第三层有限合伙企业杭州君瀚和杭州君澳分别持有蚂蚁29.9%和20.7%的股份。二者合计持有蚂蚁集团50.5177%的股份,相当于蚂蚁的控股股东。

通过以上三层的有限合伙协议构架，对杭州云铂相对控股的马云，通过使杭州云铂成为第二层众多有限合伙公司的普通合伙人，穿透控制在第三层的蚂蚁的两家控股股东，最终成为蚂蚁集团的实际控制人。

蚂蚁集团的有限合伙协议构架在一定意义上完成了股东权利实现方式的创新。在有限合伙构架下，原本统一于同一股东的剩余控制权和剩余索取权的股东权利履行实现了深度专业化分工。面对日渐加深的信息不对称，有限合伙协议构架将表决委托给更熟悉业务模式创新的马云等创始企业家，因而，类似于合伙人制度，在只发行一类股票的前提下，变相形成了"同股不同权架构"，而有限合伙人作为经济激励计划的受益者负责承担风险。有限合伙协议构架进而很好地平衡了员工股权激励与创始企业家对公司的控制问题，成为兼具股权激励和公司控制功能的复合控制权设计。

我们看到，从我国资本市场进入分散股权时代的现实制度背景出发，围绕加强公司控制的新的现实和隐蔽的实现形式，我们为大家讲述了实际控制人超额委派董事、主动防御型员工持股计划的推出、一致行动协议的签订和有限合伙协议架构等四个有助于实现和加强公司控制的中国公司治理故事。上述四个故事带给我国公司治理理论界与实务界的思考和启发体现在以下几个方面：

第一，研究加强公司控制的新形式和新问题具有独特意义。在我国资本市场进入分散股权时代后，面对频繁出没的野蛮人，加强公司控制的理论研究和实践应对变得重要而紧迫。我国急剧变化的资本市场时代背景也为我们讲述原汁原味的中国公司治理故事带来丰富的研究素材。我们愿意与其他公司治理研究团队一道，共同开展加强公司控制的新形式和新问题的研究，讲述更多精彩的中国公司治理故事。

第二，实际控制人加强控制权的方式更加复杂隐蔽。除了（相对或绝对）控股、金字塔控股结构构建、实际控制人委派或兼任董事长等传统实现方式，面对监管的加强和资本市场的成熟，实际控制人为了实现和加强公司控制，倾向于采取更加复杂隐蔽的控制权加强方式。其中，超额委派董事、主动防御型员工持股计划和有限合伙协议架构的推出是已被证明的实际控制人采用的加强公司控制的重要实现方式。

第三，区分事后与事前的控制权安排。我们的研究区分了从形式上看都会导致"现金流权与控制权分离"的两种不同的加强公司控制的实现类型。金字塔控股结构的构建、实际控制人超额委派董事和主动防御型员工持股计划的推出等是在IPO完成后，已经实现外部融资的公司迫于外部接管威胁等外部治理环境的变化,主动或被动进行的"事后"公司控制权安排,往往具有严重的道德风险倾向;而一致行动协议的签订、AB 双重股权结构股票的发行以及有限合伙协议架构的搭建则是在 IPO 前进行的"事前"公司控制权安排。投资者购买该公司股票的决定是基于招股说明书中予以充分披露的相关信息,投资者在已经形成对实际控制人权利大于责任的预期下,充分评估控制权倾斜配置可能对自己投资收益和安全的影响,甚至安排了相应防范和救济措施下做出的。因而,相对于事后的加强公司控制的实现方式,建立在透明规则和理性预期上的事前的控制权安排的道德风险倾向相对较小。而区分控制权安排是事后还是事前的关键在于外部投资者集体决定是否在一家公司 IPO 时购买其股票并成为其股东。

## 2.2 大股东超额委派董事[①]

近年来发生在我国资本市场上的"血洗"南玻 A 董事会和万科股权之争等事件使我们可以近距离地观察到实际控制人如何利用超额委派董事的方式来影响董事会决策,从而获得超级控制权。统计发现,超额委派董事现象在我国上市公司中并非个案。在 2003—2015 年的样本观察期内,17% 的上市公司存在不同程度的实际控制人超额委派董事现象。因而,超额委派董事成为我国制度背景下十分独特的公司治理故事。

实际控制人能够借助金字塔控股结构、交叉持股和不平等投票权的股票发行来实现控制权和现金流权的分离(LLS,1999;Claessens et al.,2000;Nenova,2003;Dyck and Zingales,2004)。这里的控制权反映实际控制人在上市公司股东大会上以投票表决方式实现的对重大决策的影响力,而现金流权则反映以实际投入上市公司的出资额为表征的责任承担能力。二者的分离意味着承担责任与享有权利的不对称,形成一种经济学意义上的"负外部性"。实际控制人由此可以利用上述控制权与现金流权的分离机制,通过关联交易、资金占用等对子公司、孙公司的资源进行隧道挖掘,使子公司、孙公司外部分散股东的利益受到损害(李增泉等,2005;姜国华和岳衡,2005;Jiang et al.,2010)。[②] 正是

---

[①] 参见郑志刚,雍红艳,胡晓霁,黄继承.实际控制人超额委派董事与公司控制[J].《南开管理评论》,2022,将出.

[②] 例如,利用对孙公司 50% 的控制权(通过 50% 控股子公司),母公司迫使孙公司与子公司进行关联交易,把孙公司的部分资源输送到子公司。这意味着对孙公司现金流权只有 25% 的母公司,以每单位 25% 的损失换来子公司每单位 50% 的收益,由此使孙公司外部分散股东的利益受到损害。

由于这个原因,在各国公司治理实践中,与作为实际控制人的主要股东相关的资金占用、贷款担保、关联交易不仅是监管关注的重点,而且需要独董围绕上述事项发表独立意见。

直觉上,超额委派董事与金字塔控股结构、交叉持股和不平等投票权股票发行,甚至由家族成员出任家族企业董事长一样,是实际控制人获得超级控制权的重要途径。只不过金字塔控股结构是利用控制链条实现控制权和现金流权的分离,而超额委派董事则是作为实际控制人的主要股东通过在董事会组织中提名更多董事,从而形成董事会重大决策的实际影响力与其持股比例所反映的责任承担能力的分离实现的。但无论是金字塔控股结构还是超额委派董事,都意味着承担责任与享有权力的不对称,使实际控制人利用隧道挖掘损害外部分散股东的利益成为可能。

本节将实证考察实际控制人获得超级控制权的重要实现方式之一——超额委派董事的作用机制及其经济后果。对于超额委派董事与传统超级控制权实现方式的关系,我们从实际控制人持股比例这一法律赋予的股东权益基本保障机制出发,考察包括超额委派董事在内的各种超级控制权实现方式的交互作用,揭示超额委派董事的作用机制及其在实际控制人实现公司控制中所扮演的角色。①

针对我国资本市场实践中存在的实际控制人获得超级控制权的方式,我们重点考察了利用金字塔控股结构实现的现金流权和控制权分离以及董事长是否由实际控制人委派等超级控制权实现手段与实际控制人超额委派董事的交互关系。

### 2.2.1 超额委派董事与传统控制权的关系

表 2.1 报告了作为实际控制人的主要股东的持股比例与其超额委派董事的相互关系的研究结果。我们将作为实际控制人的主要股东是否相对控股($D^{share}$)作为主要的解释变量。在模型 1 和模型 2 中,我们采用超额委派董事的"理论口径"度量,而在模型 3 和模型 4 中,我们则采用超额委派董事的"实操口径"度量。其中,前者严格按照反映董事会影响力的"控制权",与反映责任承担能力的"现金流权"二者的差额来刻画;后者则考虑董事席位取整进行必要的调整。在模型 2 和模型 4 中,我们进一步控制了控制权与现金流权的分离程度。

---

① 按照我国《公司法》的规定,上市公司在修改公司章程,一次或者累计减少公司注册资本超过百分之十,合并、分立、解散或者变更公司形式,以及发行优先股等事项的决议中需要经出席会议的普通股股东所持表决权的 2/3 以上通过。这意味着,当主要股东的持股比例达到 1/3 时具有一票否决权。

从描述性统计分析和以往文献中可知,该指标对于获得超级控制权十分重要。

表 2.1  实际控制人相对控股与超额委派董事的相互关系

| 变量 | 模型 1 | 模型 2 | 模型 3 | 模型 4 |
|---|---|---|---|---|
| | Overratio$_1$ | | Overratio$_2$ | |
| $D^{share}$ | −0.0836*** | −0.0835*** | −0.0726*** | −0.0725*** |
| | (−14.211) | (−14.197) | (−11.512) | (−11.497) |
| $D^{sep}$ | | 0.0158*** | | 0.0151** |
| | | (2.821) | | (2.532) |
| Chairman | 0.3581*** | 0.3579*** | 0.3564*** | 0.3562*** |
| | (54.910) | (54.824) | (52.927) | (52.867) |
| Size | 0.0063*** | 0.0064*** | 0.0081*** | 0.0081*** |
| | (2.586) | (2.600) | (3.163) | (3.179) |
| Leverage | 0.0340*** | 0.0330*** | 0.0236* | 0.0227* |
| | (2.916) | (2.842) | (1.898) | (1.830) |
| Growth | −0.0057*** | −0.0058*** | −0.0051** | −0.0052** |
| | (−2.615) | (−2.630) | (−2.173) | (−2.187) |
| HI5 | −0.7604*** | −0.7611*** | −0.7964*** | −0.7971*** |
| | (−27.023) | (−27.038) | (−26.496) | (−26.508) |
| Independence | −0.0023 | −0.0006 | −0.0418 | −0.0403 |
| | (−0.064) | (−0.018) | (−1.024) | (−0.986) |
| State | 0.0419*** | 0.0439*** | 0.0437*** | 0.0456*** |
| | (8.270) | (8.661) | (8.218) | (8.574) |
| 常数项 | −0.3145*** | −0.3343*** | −0.3307*** | −0.3496*** |
| | (−6.165) | (−6.543) | (−6.209) | (−6.549) |
| 行业效应 | 控制 | 控制 | 控制 | 控制 |
| 年度效应 | 控制 | 控制 | 控制 | 控制 |
| 观测值 | 19 479 | 19 479 | 19 479 | 19 479 |
| 调整的 $R^2$ | 0.591 | 0.591 | 0.554 | 0.554 |

注:括号内为标准误差经稳健性调整、公司和年份层面聚类处理后计算得到的 $t$ 值;*、** 和 *** 分别表示在 10%、5% 和 1% 的水平上统计显著。

表 2.1 的结果表明,在以理论口径度量的 Overratio$_1$ 作为被解释变量的模型 1、模型 2 和以实操口径度量的 Overratio$_2$ 作为被解释变量的模型 3、模型 4 中,$D^{share}$ 的回归系数均为负,并且在 1% 的水平上统计显著。这意味着,当作为实际控制人的主要股东持股比例较高、具有相对控股权时,其对超额委派董事

的现实需求会较弱,超额委派董事的比例较低。从估计系数的经济含义来看,相较于实际控制人不具有相对控股地位的公司,在实际控制人获得相对控股地位的公司,实际控制人超额委派董事的比例会低 8%。上述分析表明,当实际控制人的持股比例较大(甚至相对控股)时,其超额委派董事的比例将会下降,因而实际控制人超额委派董事比例与其持股比例所反映的控制权之间具有相互替代关系。容易理解,如果实际控制人具有相对控股权,一定程度上实现了对公司的控制,那么此时理性的实际控制人显然并不需要考虑耗费额外的成本(例如聘请董事等)来通过超额委派董事的方式获取超额控制权。在上述意义上,超额委派董事成为希望获得更多控制权和影响力的实际控制人无法通过持股比例实现公司控制的一种战略补救手段。

从主要控制变量的回归结果来看,在规模(Size)越大、杠杆(Leverage)越高、成长性(Growth)越差的企业中,作为实际控制人的主要股东会更多地采用超额委派董事的形式来谋求超级控制权。

此外,度量股权集中程度的指标 HI5 的回归系数显示为负,并在 1% 的显著性水平上显著。这表明当股权集中程度较高时,作为实际控制人的主要股东通过相对控股就能实现控制目的,相应降低了通过超额委派董事的形式来获取超级控制权的必要性。而当股权分布相对分散时,作为实际控制人的主要股东倾向于借助超额委派董事的方式来增强实际控制。

实际控制人股权性质(State)的回归系数显著为正。这表明相较于民营性质的企业,国有性质的企业中实际控制人超额委派董事的倾向更加明显。这一定程度上与我国资本市场长期处于"控股股东国有性质""一股独大"的公司治理模式以及大股东在董事会组织中习惯于"大包大揽"的路径依赖有关。随着 2015 年万科股权之争标志着我国资本市场开始进入分散股权时代,董事提名、委派这一事关实际控制权安排和超级控制权获得的公司治理构架无疑会受到势均力敌的股东各方的关注和重视。

### 2.2.2 超额委派董事与两权分离度

在考察了实际控制人持股比例与超额委派董事的相互关系后,我们进一步考察获得超级控制权的两种主要途径,即借助金字塔结构实现的控制权和现金流权分离与超额委派董事之间的相关关系。我们以同年同行业的主要股东的两权分离程度的中位数为基准,将主要股东的两权分离程度 $D^{sep}$ 是否超过基准作为主要的解释变量。相关回归结果报告在表 2.2 中。

表 2.2 实际控制人两权分离程度与持股比例的相互关系

| 变量 | 模型 1 | 模型 2 | 模型 3 | 模型 4 |
|---|---|---|---|---|
| | Overratio$_1$ | Overratio$_1$ | Overratio$_2$ | Overratio$_2$ |
| $D^{sep}$ | 0.0166*** | 0.0158*** | 0.0158*** | 0.0151** |
| | (2.896) | (2.821) | (2.605) | (2.532) |
| $D^{share}$ | | −0.0835*** | | −0.0725*** |
| | | (−14.197) | | (−11.497) |
| Chairman | 0.3579*** | 0.3579*** | 0.3562*** | 0.3562*** |
| | (54.605) | (54.824) | (52.682) | (52.867) |
| Size | 0.0077*** | 0.0064*** | 0.0093*** | 0.0081*** |
| | (3.143) | (2.600) | (3.619) | (3.179) |
| Leverage | 0.0343*** | 0.0330*** | 0.0238* | 0.0227* |
| | (2.883) | (2.842) | (1.890) | (1.830) |
| Growth | −0.0062*** | −0.0058*** | −0.0055** | −0.0052** |
| | (−2.768) | (−2.630) | (−2.313) | (−2.187) |
| HI5 | −1.0024*** | −0.7611*** | −1.0066*** | −0.7971*** |
| | (−47.450) | (−27.038) | (−45.086) | (−26.508) |
| Independence | 0.0017 | −0.0006 | −0.0382 | −0.0403 |
| | (0.045) | (−0.018) | (−0.917) | (−0.986) |
| State | 0.0402*** | 0.0439*** | 0.0424*** | 0.0456*** |
| | (7.761) | (8.661) | (7.855) | (8.574) |
| 常数项 | −0.3607*** | −0.3343*** | −0.3725*** | −0.3496*** |
| | (−6.986) | (−6.543) | (−6.920) | (−6.549) |
| 行业效应 | 控制 | 控制 | 控制 | 控制 |
| 年度效应 | 控制 | 控制 | 控制 | 控制 |
| 观测值 | 19 479 | 19 479 | 19 479 | 19 479 |
| 调整的 $R^2$ | 0.577 | 0.591 | 0.544 | 0.554 |

注:括号内为标准误差经稳健性调整、公司和年份层面聚类处理后计算得到的 $t$ 值;*、**、*** 分别表示在 10%、5% 和 1% 的水平上统计显著。

从表 2.2 的回归结果我们看到,在以理论口径度量的超额委派程度(Overratio$_1$)作为被解释变量的模型 1、模型 2 和以实操口径度量的超额委派程度(Overratio$_2$)作为被解释变量的模型 3、模型 4 的回归结果中,$D^{sep}$ 的回归系数均显著为正。这一定程度表明,实际控制人借助金字塔结构实现的控制权与现金流权两权分离程度越高,其超额委派董事的比例会越高。容易理解,通过金字塔结构形成的控制链条与通过持股比例（相对控股）形式的控制实现形式相比具有不稳定性，因而需要借助超额委派董事、直接委派董事长等手段强化建立在金字塔控股结构下的"虚弱"的控制权。

我们采用相似方法，对实际控制人借助金字塔结构形成的两权分离程度大小与是否超额委派开展的定性分析得到了近似的结论。与通过持有足够的股份（甚至相对控股）来使相关权益受到法律保障这一基本控制权实现手段不同，实际控制人借助金字塔控股结构实现的母公司对孙公司的控制权并不稳固，通常需要借助一些新的超级控制权实现手段予以加强。在实际控制人超额委派董事比例与是否委派董事长之间，我们同样观察到二者显著的相互补充关系。因而，超额委派董事、是否委派董事长，以及借助金字塔结构实现的两权分离这三种获得超级控制权的手段成为相互加强的力量，三者共同帮助实际控制人在尚未实现相对控股时加强对公司的控制。

## 2.3 大股东防御型员工持股计划[①]

作为基薪和奖金的补充，员工持股计划（Employee Stock Ownership Plan，ESOP）传统上被认为是协调股东与员工利益、激励员工的重要手段（Jensen and Meckling，1976）。基于中国的大量经验证据同样表明，员工持股计划发挥着改善绩效、促进创新的重要作用（剧锦文，2000；刘冰，2002；张小宁，2002；沈红波等，2018；孟庆斌等，2019）。

然而我们注意到，近年来随着上市公司大股东持股比例的降低与分散股权时代的来临，除了激励员工的目的，员工持股计划推出的背后也可能隐藏着大股东防御野蛮人入侵、巩固控制权的复杂动机。以股权结构分散的安利股份（300218）为例：其第一大股东安利投资持股比例在 2017 年仅为 21.90%（低于标志着实现相对控股的 33.33%），而且当年因业绩大幅下滑而引发股价直线下跌。面对陡然增加的被收购风险，安利股份推出员工持股计划。根据实施方案，员工持股计划筹集资金总额 6000 万元，其中，员工自筹资金金额不超过 800 万元，大股东安利投资向员工借款 5200 万元，同时大股东对员工自筹资金提供保底收益率承诺。这一操作被多家媒体评价为大股东安利投资巩固其控股股东地位、抵御外部入侵的"连珠弹"之一。

事实上，部分文献很早便观察到员工持股计划存在防御收购等非激励动

---

[①] 参见郑志刚，雍红艳，黄继承.员工持股计划的实施动机：激励还是防御？[J].《中国工业经济》，2021（3）：118-136.

机,且员工持股计划的确具有反收购的作用(Dann and DeAngelo,1988;Conte et al.,1996;Cocco and Volpin,2013;Kim and Ouimet,2014)。然而,已有文献均立足于英美等国家高度分散化的股权结构和不存在大股东的资本市场制度背景①,剖析的防御主体是具有内部人控制倾向、担心被迫更迭的经理人(Rauh,2006;Aubert et al.,2014),并非我们在这里所关注的大股东。为避免外部接管威胁撼动其经理人地位,经理人不仅会诱导员工持有本公司股票,甚至会直接推动员工持股计划的实施(Rauh,2006)。

与英美等国家高度分散和扁平的股权结构不同,中国资本市场长期奉行"一股独大"且普遍存在金字塔控股结构,大股东在公司治理实践中扮演重要角色。尽管近年来中国资本市场出现股权分散趋势,但大股东仍然具有举足轻重的地位,实践中员工持股计划存在较强的大股东机会主义倾向(陈运佳等,2020)。中国资本市场出现的防御型员工持股计划正是在大股东的推动下,以激励员工这一"公共目的"的名义实现其维护控股地位的"私人目的"。因此,与已有研究不同,我们试图识别的是大股东在隐秘参与下出于维护其控股股东地位的动机所推出的所谓"大股东防御型员工持股计划"。从 2015 年开始,中国上市公司第一大股东持股比例平均低于具有一票否决权的 1/3,股权结构出现从"一股独大"向"股权分散"加速转变的趋势。分散股权时代的来临使得大股东推出防御型员工持股计划以防范所谓的"野蛮人"入侵并进一步巩固控股股东地位更加具有现实紧迫性。

从公司内部特征看,当大股东持股比例较低时,上市公司更容易遭受外部收购威胁,大股东也更有控制权需求。股东作为公司治理的权威,集体享有所有者权益(Grossman and Hart,1986;Hart and Moore,1990)。在"一股一票"规定下,股东在股东大会上以投票表决方式对资产重组、董事会组织以及战略调整等重要事项进行最终裁决,大股东对重大事项表决的影响力受其持股比例的影响。大股东持股比例越高,则其在股东大会表决中的影响力越大,越容易使对其有利的议案获得通过;当持股比例达到 1/3 时,围绕重大事项的表决,按照各国公司治理通行实践,大股东在股东大会投票中享有一票否决权,不仅更容易使对其自身有利的议案获得通过,而且可以"一票否决"对其自身不利的议案。因此,持股比例达到 1/3 在公司治理实践中标志着获得了相对控股权。当大股东的持股比例较高,特别是拥有相对控股权甚至绝对控股权时,其显然没有必要通过防御型员工持股计划这种隐蔽的控制权实现方式来加强对公司的

---

① 在英美等国的公司治理实践中,股东持股比例达到 5%(甚至仅需持股 1%)即被称为"大股东"(Block-Holder);而在中国资本市场制度背景下,大股东持股比例不足 5%的情形较为罕见。

控制。这是因为员工持股计划的推行不仅会涉及入股员工行权过程中通常面临的诸如操纵股价、盈余管理和市值管理等激励扭曲问题(Bertrand and Mullainathan,2003;苏冬蔚和林大庞,2010;陈大鹏等,2019;陈运佳等,2020),而且由于入股员工"既是员工也是股东"的交叉身份,往往容易出现新的利益冲突和代理成本(Kose,2015;Bova and Yang,2017)。因此,大股东只有在持股比例较低时,才会有激励通过隐蔽的控制权加强手段实现对公司的控制,发挥在重要议案表决中的影响力。

从公司外部特征看,在一个鲜有收购威胁和"野蛮人"入侵的"和平"的资本市场,即使大股东持股比例较低,也无必要推出防御型员工持股计划来加强对公司的控制。2015年中国资本市场开始进入分散股权时代,"野蛮人"出没成为常态,上市公司面临的被收购风险增加,防御需求也随之增大。因此,大股东较低的持股比例等公司内部特征以及面临被收购风险等公司外部特征,从"内忧外患"两方面共同构成大股东推动员工持股计划实施的重要影响因素。

然而,上市公司推出员工持股计划的动机是多样的,也许同时包含了激励动机和非激励动机(陈运佳等,2020),此时剖析员工持股计划的具体方案设计就尤为重要。以往来自中国上市公司的证据表明,"股票来源""资金来源"以及"高管持股比例"的不同会对企业绩效以及股东财富效应产生不同影响,是员工持股计划设计中需重点关注的内容(章卫东等,2016;王砾等,2017;沈红波等,2018)。我们注意到,在员工持股计划实践中,越来越多的上市公司为员工持股计划加高杠杆,而与高杠杆相伴而生的是大股东的无偿担保行为。高杠杆虽然降低了员工入股成本,但也使其在享受超额收益的同时不得不接受未来超额亏损这一"隐形炸弹"(孙即等,2017)。潜在的爆仓风险、违约风险等显然违背了员工持股计划的激励初衷。然而,于大股东而言,通过引入高杠杆,员工持股计划可调动的资金规模成倍增加,相应地可购进更多的上市公司股份。与推出无杠杆员工持股计划相比,大股东通过加高杠杆,变相增加了自身通过员工持股计划掌握的"投票表决权",进一步增强了其对外防御能力。因此,大股东持股比例越低、外部被收购风险越高,大股东为员工持股计划引入高杠杆的动机越强烈。

担保是大股东通过背书形式来保证外部资金的顺利引入或吸引更多员工出资入股。当大股东承诺为外部贷款提供连带还款责任和收益保底时,该担保行为实则配合了高杠杆,保证了更多的外部资金支持以增强员工持股计划的防御能力。当大股东承诺为入股员工的出资提供保底收益或承担补仓义务时,该担保行为就一定程度地暴露出大股东"诱使"员工入股、促成员工持股计划顺利推出的强烈动机。区别于高杠杆需要第三方金融机构的支持或大股东实实在在的资金投入,担保不需要大股东在当下付出任何成本或受制于当下的任何限制,却能主导员工持股计划顺利推进,是大股东能够轻松实现的缓解现实危机的可选方案。因此,当面临"内忧外患"时,为了保证员工持股计划的顺利推出并达到防御入侵、巩固控股股东地位的目的,大股东有极强的动机直接为员工持股计划提供担保,看似"廉价"的"大股东担保的员工持股计划"应运而生。综上,无论是高杠杆还是大股东担保,在降低被激励员工持有成本的同时,也必然增加其道德风险,使其并不愿意在未来的经营中与公司共担风险。"廉价"的员工持股计划背后恰恰暴露了大股东防范"野蛮人"、加强公司控制的真实意图。

因此,大股东持股比例越低且面临外部被收购风险越高,上市公司越有可能实施员工持股计划,尤其是伴有高杠杆和大股东担保的员工持股计划。防御型员工持股计划为大股东加强对公司的控制创造了条件,伴随控制权的稳定和巩固,大股东掏空上市公司的行为更加频繁,而公司绩效并未因员工持股计划的实施而得到改善。

### 2.3.1 揭示大股东防御动机:"内忧外患"

我们以2014年6月(证监会发布《关于上市公司实施员工持股计划的指导意见》)至2019年12月31日的上市公司作为研究样本,经常规处理后,最终得到512家上市公司在样本期间内的512次公告信息。表2.3报告了员工持股计划内外部影响因素的检验结果。

在表2.3中,(1)列检验上市公司为何推出员工持股计划,即实施员工持股计划的内外部影响因素;(2)列进一步考察上市公司推出"高杠杆员工持股计划"的影响因素;(3)列则检验"大股东担保的员工持股计划"的实施动机;三者均以大股东持股比例和被收购风险为核心解释变量。因被解释变量为取值0和1的哑变量,故采用Logit回归模型,并在公司层面做聚类稳健回归。

从表2.3可以看到,大股东持股比例的回归系数在所有回归结果中均在1%的显著性水平上显著小于零。这意味着大股东持股比例越低,其越有动机推动员工持股计划的实施,并在员工持股计划中引入高杠杆以及为员工持股计划提供担保。进一步观察回归结果可以发现,当以"是否实施高杠杆员工持股计划"和"是否实施大股东担保的员工持股计划"为被解释变量时,大股东持股比例的回归系数绝对值明显大于以"是否实施员工持股计划"为被解释变量时的相关结果。由此可知,当大股东持股比例较低,即存在严重"内忧"时,大股东有强烈动机主导推出伴有高杠杆和担保特征的防御型员工持股计划。

表征上市公司是否面临被收购风险的回归系数在所有回归结果中均显著大于零,这一结果表明当面临外部被收购风险时,上市公司有强烈的动机实施员工持股计划。同样,当以"是否实施大股东担保的员工持股计划"为被解释变量时,回归系数值最大、显著性水平也最高,即外部被收购风险对推出"大股东担保的员工持股计划"的影响最为强烈。然而,我们也注意到当以"是否实施高杠杆员工持股计划"为被解释变量时,回归系数值反而较小。回归结果表明,在面临"内忧"(较低持股比例)时,大股东既可能为员工持股计划引入高杠杆,亦可能提供担保承诺;而面临"外患"(较高被举牌次数)时,大股东相对而言更倾向于选择直接提供担保。容易理解,如果说"内忧"只是大股东潜在的"控制权困境",那么"外患"是大股东不得不即刻应对的"控制权危机"。担保不需要付出任何当下成本或受制于任何当下限制,而引入高杠杆则需要第三方金融机构的支持或大股东对员工持股计划实实在在的资金投入。因此,面临紧迫的"外患"时,无论是立刻寻找金融机构的帮助还是大股东自行提供资金支撑,引入高杠杆支持防御型员工持股计划的推行均非易事,而此时对员工的入股出资提供担保则是大股东能够轻松开展的缓解"控制权危机"的方案。为了保证员工持股计划能够顺利推出并达到防御入侵、巩固控股股东地位的目的,大股东有极强的动机直接为员工持股计划提供担保。

综上,表 2.3 的回归结果表明,较低的大股东持股比例以及面临被收购风险(即"野蛮人"入侵)两方面共同构成上市公司实施员工持股计划,尤其是推出伴有高杠杆和大股东担保特征的防御型员工持股计划的重要因素。"内忧外患"凸显员工持股计划激励目的背后隐藏的大股东防御动机。

表 2.3 主动防御型员工持股计划的内外部影响因素

| | (1)<br>是否实施员工<br>持股计划 | (2)<br>是否实施高杠杆<br>员工持股计划 | (3)<br>是否实施大股东<br>担保的员工持股计划 |
|---|---|---|---|
| 大股东持股比例 | $-1.2351^{***}$ | $-1.6176^{***}$ | $-1.6900^{***}$ |
| | (0.2925) | (0.4566) | (0.4241) |
| 外部被收购风险 | $0.3073^{***}$ | $0.2121^{*}$ | $0.3225^{***}$ |
| | (0.0744) | (0.1241) | (0.1119) |
| 控制变量 | 控制 | 控制 | 控制 |
| 行业效应 | 控制 | 控制 | 控制 |
| 年度效应 | 控制 | 控制 | 控制 |
| 观测值 | 10 996 | 10 143 | 10 316 |
| 伪 $R^2$ | 0.0916 | 0.0933 | 0.0993 |

注:括号内为经稳健性调整、公司层面聚类处理后得到的标准误差;***、**、* 分别表示在 1%、5%、10% 水平上显著;控制变量及年度、行业效应受篇幅限制未予以报告。

### 2.3.2 揭示员工持股计划的防御效果

前述分析表明,员工持股计划理论上使持股员工成为大股东"没有签订一致行动协议的一致行动人"。扩大的持股比例无疑有助于使对大股东有利的决议在股东大会获得通过,进而巩固大股东对公司的控制。表2.4考察员工持股计划的直接防御作用：(1)、(3)列的核心解释变量为"是否实施高杠杆员工持股计划"；(2)、(4)列则考察"大股东担保的员工持股计划"带来的经济后果。由表2.4可以看到,在考察被举牌次数变动的回归结果中,解释变量回归系数均在5%的显著性水平上显著小于零,表明高杠杆或大股东担保都将进一步降低上市公司被举牌次数,员工持股计划表现出显著且更为强烈的防御效果。在考察董事变更的回归结果中,解释变量回归系数同样小于零,表明高杠杆和大股东担保行为均进一步降低了董事长发生变更的可能,巩固了其权威地位。

表2.4 主动防御型员工持股计划的直接经济后果

|  | (1) | (2) | (3) | (4) |
|---|---|---|---|---|
|  | 被举牌次数的变动 | | 董事长是否变更 | |
| 实施员工持股计划 | −0.0072 | −0.0080 | −0.3416*** | −0.2606** |
|  | (0.0080) | (0.0103) | (0.1159) | (0.1195) |
| 实施高杠杆员工持股计划 | −0.0244** |  | −0.1025 |  |
|  | (0.0115) |  | (0.1687) |  |
| 实施大股东担保的员工持股计划 |  | −0.0304** |  | −0.3679** |
|  |  | (0.0136) |  | (0.1714) |
| 控制变量 | 控制 | 控制 | 控制 | 控制 |
| 行业效应 | 控制 | 控制 | 控制 | 控制 |
| 年度效应 | 控制 | 控制 | 控制 | 控制 |
| 观测值 | 11 009 | 11 009 | 11 009 | 11 009 |
| 调整 $R^2$ | 0.3129 | 0.0411 | 0.0505 | 0.0511 |

注：括号内为经稳健性调整、公司层面聚类处理后得到的标准误差；***、**、*分别表示在1%、5%、10%水平上统计显著；控制变量及年度、行业效应受篇幅限制未予以报告。

表2.5的回归结果表明,无论是高杠杆还是大股东担保都将造成更为严重的激励扭曲,进一步增加大股东隧道挖掘行为且对绩效改善无显著作用。同时,员工持股计划的回归系数同样仅在考察隧道挖掘时具有显著性,表明员工持股计划存在激励扭曲,显著增加了大股东隧道挖掘行为但并未改善绩效。这一结论支持陈运佳等(2020)刻画的中国资本市场员工持股计划缺乏长期激励机制的现状。

表 2.5 主动防御型员工持股计划的间接经济后果

|  | (1) | (2) | (3) | (4) |
| --- | --- | --- | --- | --- |
|  | 隧道挖掘 | | 绩效表现 | |
| 实施员工持股计划 | 0.3231*** | 0.2204*** | −0.0011 | −0.0023 |
|  | (0.0610) | (0.0495) | (0.0023) | (0.0020) |
| 实施高杠杆员工持股计划 | 0.2094** |  | −0.0045 |  |
|  | (0.0873) |  | (0.0032) |  |
| 实施大股东担保的员工持股计划 |  | 0.1592** |  | −0.0016 |
|  |  | (0.0763) |  | (0.0023) |
| 控制变量 | 控制 | 控制 | 控制 | 控制 |
| 行业效应 | 控制 | 控制 | 控制 | 控制 |
| 年份效应 | 控制 | 控制 | 控制 | 控制 |
| 观测值 | 11 009 | 11 009 | 11 009 | 11 009 |
| 调整 $R^2$ | 0.0499 | 0.0475 | 0.1309 | 0.1311 |

注：括号内为经稳健性调整、公司层面聚类处理后得到的标准误差；\*\*\*、\*\*、\* 分别表示在 1%、5%、10% 水平上显著；控制变量及年度、行业效应受篇幅限制未予以报告。

表 2.4 与表 2.5 的回归结果表明，引入高杠杆或大股东担保的员工持股计划在防御入侵、巩固控股股东地位方面的效应更加强烈。因此，高杠杆和大股东担保是识别中国资本市场防御型员工持股计划的典型特征。当存在上述典型特征时，初衷为激励员工的员工持股计划蜕化为大股东防御型员工持股计划的意味更加强烈，也将导致更严重的激励扭曲。上述讨论有助于公司治理理论和实务界形成对员工持股计划全面的认识，为突出员工持股计划激励功能、淡化甚至消除其防御功能，进而减少激励扭曲带来积极的政策建议。

最后需要说明的是，我们并非旨在否定员工持股计划可能具备的激励作用，而是提醒公司治理理论界和实务界关注那些大股东主导的、以防御为目的的员工持股计划及其可能带来的激励扭曲。我们坚信对于人力资本占比高且激励机制不健全的上市公司，其采取员工持股计划等股权激励措施是必要的。然而，只有设计以纯粹激励为目的的员工持股计划才能最大限度上避免激励扭曲，真正实现员工持股计划激励功能。特别地，员工持股计划作为新一轮国有企业混合所有制改革的"标配"，如何对其进行科学设计才能更好地发挥作用显得尤为重要，这更体现出该部分的研究价值。未来，围绕员工持股计划激励目的背后隐藏的大股东复杂动机以及大股东的借款、担保等行为可以开展更多研究。

员工持股计划是推动分散股权时代来临的诱因之一，而大股东防御型员工持股计划却正是分散股权时代的产物。因此,在分析分散股权时代下的中国公司治理现实问题时,员工持股计划成为不可忽略的一块"拼图"。本书第7章将围绕员工持股计划的制度背景、理论基础、实施效果、管理模式和方案设计等问题补充更多的理论分析和经验证据。

## 2.4 资本市场的专利制度:一致行动协议[①]

作为股东投票协议的一种,所谓的一致行动协议(Concerted Action Agreement)是指全体或部分股东就特定的股东大会决议事项达成的、按照事先约定方式行使表决权的一种协议。在一致行动协议下,协议各方的表决意见应与协议中核心成员的意见保持一致,或者协议其他各方直接将表决权委托该核心成员行使。由此,核心成员所具有的反映其对公司重大决策影响力的控制权,超过其持股所反映的为做出错误决策承担责任的现金流权,形成"控制权与现金流权的分离"。

一个典型的案例来自第2.1节提到的通信信息领域的公司佳讯飞鸿。此外,根据IPO招股说明书中披露的信息,从2007年到2017年,我国上市的非国有公司[②]中,16.54%(263家)的公司曾签署一致行动协议。[③] 在这些公司中,平均持股比例仅为27.47%的实际控制人(以协议中实际控制人持股比例衡量)通过一致行动协议获得了平均47.73%(以协议参与人合计持有股份比例衡量)的表决权。超过1/2的有协议公司的实际控制人通过一致行动协议实现了相对控股。

以往有关控制权安排的文献表明,实际控制人借助金字塔控股结构(Johnson et al.,2000;Claessens et al.,2000;李增泉等,2005;Jiang et al.,2010)、发行双重股权结构股票(Lease et al.,1983,1984;Nenova,2003;Dyck and Zingales,2004;Masulis et al.,2009;Gompers et al.,2010;Chemmanur and Jiao,2012)和在董事会组织中超额委派董事,实现了控制权与现金流权的分离。理论上,当控制权与现金流权分离时,由于责任低于权利,实际控制人有动机通过

---

[①] 参见郑志刚,李邈,李倩,郭杰.一致行动协议的控制权安排逻辑[J].《世界经济》,2021(4):201-224.

[②] 在我们的样本中,也许是由于经济影响之外的政治影响的存在,或者由于公司本身是国有控股,国有企业中仅有2家的实际控制人在IPO时签订了一致行动协议。鉴于签订一致行动协议在国有企业中并不典型,我们将国有企业从研究样本中予以剔除。

[③] 我国2006年起实行《首次公开发行股票并上市管理办法》第四十一条规定:不论准则是否有明确规定,凡是对投资者作出投资决策有重大影响的信息,均应当在招股说明书内予以披露。因此,按照规定,IPO时,发行人的一致行动协议签订状况应予以披露。

资金占用、资产转移和关联交易等行为对上市公司进行挖掘掏空，使外部分散股东的利益受到损害（Johnson et al.，2000；Claessens et al.，2000；李增泉等，2005；Jiang et al.，2010）。那么，同样形成实际控制人的控制权与现金流权分离的一致行动协议是否会像金字塔控股结构、超额委派董事等一样，成为实际控制人加强内部人控制、谋求私人收益的控制权安排实现形式呢？

我们注意到，一方面，以互联网技术为标志的第四次工业革命对创新导向的高科技企业组织构架设计提出了内在需求。过去的二十多年见证了双重股权结构股票的发行从被认为不利于外部投资者权益保护（Grossman and Hart, 1988；Harris and Raviv, 1988；LLSV, 1998），到如今成为各国鼓励创新型企业快速发展的普遍政策工具的转变（Dimitrov and Jain, 2006；Chemmanur and Jiao, 2012）。阿里曾因违背"同股同权"原则而被拒绝上市，而今天各国和各地区纷纷修改上市规则"拥抱"发行不平等投票权股票的新经济企业。阿里通过合伙人制度变相实现的"同股不同权"构架实现了从短期雇佣合约向长期合伙合约的转变，成为鼓励高科技创业团队人力资本投入的重要公司控制权制度创新（郑志刚等，2016）。那么，一致行动协议是不是类似于双重股权结构股票发行或合伙人制度的鼓励创业团队人力资本投资的控制权安排呢？

另一方面，随着高科技企业的快速发展和业务模式的不断创新，创业团队和外部投资者之间的信息不对称加剧。对于信息不对称所引发的逆向选择问题，创业团队往往会选择特殊的信号传递机制来减缓其与外部投资者的信息不对称。例如，在学术界和实务界普遍认为"同股同权"更有利于投资者权益保护的背景下，阿里通过合伙人制度变相实现的"同股不同权"构架在一定程度上向外部投资者传递了阿里合伙人对于业务模式创新充满自信的信号（郑志刚等，2016）。那么，一致行动协议是否也会类似于阿里的合伙人制度，成为向外部投资者传递信号的特殊方式呢？

我们同样注意到，不同于在董事会组织中超额委派董事这一事后公司控制权设计，一致行动协议是事前的公司控制权设计。董事会组织中超额委派董事是在公司已经上市后，迫于外部紧张形势（例如，面临接管威胁，甚至野蛮人入侵）所采取的具有事后道德风险倾向的加强公司控制的手段，因而是事后的公司控制权安排。而一个公司在IPO上市时选择一致行动协议需要在招股说明书中予以充分信息披露。投资者购买该公司发行股票的决定是在充分评估控制权倾斜配置可能对自己投资收益和安全影响的基础上，对实际控制人权利大于责任具有充分预期，并安排了相应防范和救济措施下做出的。由此可见，一致行动协议属于事前的公司控制权安排。

综合上述三方面的观察，我们猜测，一致行动协议看起来赋予了实际控制人超出自身现金流权的控制权，但不同于超额委派董事等事后公司控制权安排，作为事前公司控制权安排，它更多用来保护和鼓励创业团队人力资本投资以及用于传递对业务模式自信的信号。在鼓励创业团队人力资本投资方面，一致行动协议有点类似于专利制度：看起来采用排他性条款限制了专利的自然外溢，但专利保护却鼓励了专利发明者的研发投入，最终使得社会涌现了更多的专利（Grossmann and Steger，2008；Mokyr，2009；魏浩和巫俊，2018；唐保庆等，2018）。因而，一致行动协议在一定意义上演变成高新技术企业快速发展可资利用的一种"资本市场上的专利制度"。

利用我国 A 股上市公司的数据，本节实证检验了一家公司在 IPO 时实际控制人选择签订一致行动协议的潜在影响因素和相关经济后果，以回答一致行动协议究竟是加强内部人控制，谋求私人收益的控制权安排，还是像我们猜测的那样演变为传递自信信号、保护和鼓励创业团队人力资本投资的"资本市场上的专利制度"。

### 2.4.1 一致行动协议的影响因素

从影响因素来看，我们的研究结果表明，创业团队核心成员持股比例较低的企业和高科技企业在 IPO 时更可能签订一致行动协议。表 2.6 报告了影响因素部分的回归结果。被解释变量为 IPO 时实际控制人是否签订了一致行动协议（Dum_Concert）。主要解释变量分别是实际控制人持股比例（Share）、实际控制人是否相对控股（Dum_Share）和以国家统计局 2013 年版高技术产业制造业、服务业划分标准分类的高科技公司虚拟变量（Technology_NBS）。我们按照 2012 年证监会行业分类与国家统计局高技术产业分类标准进行匹配得出此变量。我们控制了发行前一年的企业特征和 IPO 时的治理特征等，包括公司规模（Size）、公司成长性（Growth）、财务杠杆（Leverage）、融资约束（Constraints）、两职兼任（Duality）、董事会规模（Board_Size）、董事会独立性（Independent）、公司年龄（Age）、董事会会议次数（Board_Meet）、两权分离度（Separation）、股权集中度（HI5）、行业效应及年度效应。

Model 1 和 Model 2 为全样本回归，分别采用第一大股东持股比例和第一大股东是否相对控股衡量实际控制人的持股状况。Model 3 和 Model 4 按第一大股东是否相对控股把样本分为两组进行子样本分类回归，Model 5 和 Model 6 则按照是否为高科技公司把样本分成两组进行子样本分类回归。从表 2.6 我们看到，在 Model 1 和 Model 2 的全样本回归中，第一大股东持股比例和第一大股东是否相对控股这两个变量的估计系数在 1% 的水平上显著为负，这表明当实际控制人持股比例较低时，更可能与创业团队其他成员签订一致行动协议。

是否为高科技公司这一虚拟变量的估计系数在1%的水平上显著为正,这说明与非高科技企业相比,高科技企业的创业团队在IPO时更可能签订一致行动协议。

在分样本回归中,第一大股东持股比例这一变量的估计系数不论是在Model 5的高科技公司样本还是在Model 6的非高科技公司样本中均显著为负;是否为高科技公司这一变量估计系数在Model 3的相对控股样本和Model 4的非相对控股样本中均显著为正。上述结果表明,实际控制人发起签订一致行动协议与其持股比例存在相互替代关系。一致行动协议作为创业团队向投资者发送的识别独特业务模式和投资对象的信号,更多地被高科技公司采用。

表 2.6　签订一致行动协议的影响因素

|  | (1) | (2) | (3) | (4) | (5) | (6) |
| --- | --- | --- | --- | --- | --- | --- |
| 被解释变量:Dum_Concert | | | | | | |
| 分组 | 全样本 | 全样本 | 相对控股 | 非相对控股 | 高科技 | 非高科技 |
| Share | −9.614*** | | | | −12.120*** | −8.784*** |
|  | (1.074) | | | | (1.703) | (1.426) |
| Dum_Share | | −0.513*** | | | | |
|  | | (0.128) | | | | |
| Technology_NBS | 5.751*** | 5.676*** | 4.229*** | 4.832*** | | |
|  | (0.607) | (0.541) | (0.793) | (0.867) | | |
| 控制变量 | 控制 | 控制 | 控制 | 控制 | 控制 | 控制 |
| 行业效应 | 控制 | 控制 | 控制 | 控制 | 控制 | 控制 |
| 年度效应 | 控制 | 控制 | 控制 | 控制 | 控制 | 控制 |
| 观测值 | 1 508 | 1 508 | 781 | 642 | 657 | 811 |
| 伪 $R^2$ | 0.197 | 0.151 | 0.135 | 0.130 | 0.243 | 0.175 |

注:括号内为标准误差经稳健性调整、公司和年份层面聚类处理后计算得到的标准误差;\*、\*\* 和 \*\*\* 分别表示在10%、5%和1%的水平上统计显著。

### 2.4.2　一致行动协议的经济后果

鉴于IPO往往是一些公司的创业团队签订一致行动协议最朴素直接的目的,而IPO首日(或开板首日)价格相对于发行价所形成的IPO折价率往往成为资本市场对某些特定行为的直接和客观评价(Ang and Brau,2002;陈胜蓝,2010;Leone et al.,2007),由此IPO折价率被用来验证管理团队是否向市场传递了关于企业价值的信号(Cohen and Dean,2005)。一个有效的资本市场将对于这一公司在 IPO 时所释放出的创业团队对未来业务模式充满自信的信号以及所推出的鼓励和保护创业团队人力资本投入的举措做出积极反应,因而市场愿意为在高科技行业中创业团队签订一致行动协议的行为支付更高溢价。这集中体现在该公司 IPO 时折价率的显著下降。

表 2.7 报告了我们的研究结果。其中 Model 1、Model 2 和 Model 3 直接采用上市首日(或开板日[①])相对于招股日的 IPO 折价率(Underpricing)作为被解释变量,Model 4、Model 5 和 Model 6 则采用经市场调整的 IPO 折价率(Adj_Underpricing)作为被解释变量。主要解释变量为 IPO 时该公司是否签订一致行动协议。在对 IPO 折价率进行的研究中,除了控制影响因素部分的控制变量,我们还控制了必要的 IPO 特征变量。Model 1 和 Model 4 以全样本进行回归,Model 2 和 Model 5 以高科技子样本进行分类回归,Model 3 和 Model 6 则以非高科技子样本进行分类回归。通过上述回归分析,我们希望揭示签订一致行动协议的高科技与非高科技公司之间,以及同样是高科技公司中签订协议与未签订协议公司的市场反应和认同的差异。

表 2.7 实际控制人签订一致行动协议对 IPO 折价的影响

| 被解释变量 | (1) | (2) | (3) | (4) | (5) | (6) |
|---|---|---|---|---|---|---|
| | Underpricing | | | Adj_Underpricing | | |
| 分组 | 全样本 | 高科技 | 非高科技 | 全样本 | 高科技 | 非高科技 |
| Dum_Concert | −0.075 | −0.403** | 0.158 | −0.070 | −0.391** | 0.158 |
| | (0.105) | (0.168) | (0.127) | (0.104) | (0.166) | (0.126) |
| 行业效应 | 控制 | 控制 | 控制 | 控制 | 控制 | 控制 |
| 年度效应 | 控制 | 控制 | 控制 | 控制 | 控制 | 控制 |
| 控制变量 | 控制 | 控制 | 控制 | 控制 | 控制 | 控制 |
| 调整 $R^2$ | 0.567 | 0.610 | 0.558 | 0.570 | 0.613 | 0.562 |
| 观测值 | 1590 | 680 | 910 | 1590 | 680 | 910 |

注:括号内为标准误差经稳健性调整、公司和年份层面聚类处理后计算得到的标准误差;*、** 和 *** 分别表示在 10%、5% 和 1% 的水平上显著。

从表 2.7 我们看到,在 Model 2 和 Model 5 的高科技企业中,是否签订一致

---

[①] 由于 2013 年以前上市首日报价无涨跌幅限制,上市首日收盘价即可充分反映市场对该公司的评价,故对 2013 年以前进行 IPO 的公司,被解释变量代表股票价格在上市首日相对于招股日的折价率。但从 2014 年起,相关政策规定新股上市首日价格涨幅不得高于 44%,上市首日收盘价受到规定限制而无法充分反映市场对上市公司的评价,故对 2013 年以后进行 IPO 的公司,文献通常采用开板首日相对于招股日的股票价格计算折价率。

行动协议这一虚拟变量的估计系数在5%的水平上显著为负。这表明在高科技企业中，IPO时实际控制人发起签订一致行动协议的IPO折价率比未签订协议的公司更低。而在Model 3和Model 6显示的非高科技公司中，一致行动协议的上述作用并不显著。上述结果表明，同样是签订一致行动协议，在高科技行业中实际控制人发起签订一致行动协议更容易获得市场积极反应和投资者正面认同，投资者愿意为其支付高的溢价。

我们注意到，一致行动协议并不是公司在面临接管威胁甚至野蛮人入侵时采取的有道德风险倾向的"事后"控制权安排，而是在IPO前招股说明书中明确向所有投资者披露的"事前"控制权安排。因此，尽管在形式上同样呈现了实际控制人承担责任与享有权利不一致的"现金流权与控制权相分离"的特点，但一致行动协议的签订实质上不同于金字塔结构、超额委派董事等加强内部人控制的事后控制权安排，它能够积极发挥保护和鼓励创业团队人力资本投资的作用。如果我们的分析是正确的，那么签订一致行动协议的高科技企业在研发队伍建设投入占比较高的同时，将不会显著增加实际控制人对上市公司资源的隧道挖掘，两种效应的叠加最终体现在企业未来良好的绩效表现上。

表2.8报告了我们的研究结果，Model 1、Model 2和Model 3检验了一致行动协议的签订是否鼓励了实际控制人进行更多的研发团队建设投入。样本容量为披露了研发人员占比（RDpeson_Rate）的2 861个公司—年数据。在Model 1的全样本回归中，签订一致行动协议的公司比未签订协议公司的研发人员占比提高了2.8个百分点。即使同样在高科技行业中，Model 2中针对高科技企业的分样本回归结果表明，签订一致行动协议的公司比未签订协议公司的研发人员占比提高了5.1个百分点。这表明在高科技企业中，签订一致行动协议确实鼓励了企业在研发团队建设方面的持续投入，因而，一致行动协议的签订成为有助于保护和鼓励人力资本投入的重要制度安排。

在Model 4、Model 5和Model 6中，我们检验了至少在形式上形成"控制权和现金流权分离"的一致行动协议是否会导致上市公司的隧道挖掘（Tunneling）行为显著增加，掏空上市公司，使公司其他股东的利益受到损害。相关结果表明，不论是在全样本还是在高科技、非高科技公司的分样本回归中，一致行动协议变量的系数均为负但在统计意义上不显著。上述结果一定程度上表明，实际控制人发起签订一致行动协议虽然在形式上形成控制权与现金流权的分离，但从实际后果来看，一致行动协议鉴定并未显著增加实际控制人对上市公司进行资源隧道挖掘的行为。按照前面的分析，不同于在董事会组织中超额委派董事这类有道德风险倾向的事后公司控制权设计，购买签订了一致行动协议公司的股票是投资者在对未来的控制权安排状况有充分的预期和进行充分评

表 2.8 IPO 后一致行动协议的长期经济后果

| 被解释变量 | RDperson_Rate | | | Tunneling | | | ROA | | |
|---|---|---|---|---|---|---|---|---|---|
| | (1) | (2) | (3) | (4) | (5) | (6) | (7) | (8) | (9) |
| 分组 | 全样本 | 高科技 | 非高科技 | 全样本 | 高科技 | 非高科技 | 全样本 | 高科技 | 非高科技 |
| Dum_Concert | 0.028*** | 0.051*** | 0.004 | −0.023 | −0.033 | −0.015 | 0.006** | 0.012** | 0.002 |
| | (0.010) | (0.018) | (0.010) | (0.021) | (0.028) | (0.029) | (0.003) | (0.005) | (0.004) |
| 控制变量 | 控制 | 控制 | 控制 | 控制 | 控制 | 控制 | 控制 | 控制 | 控制 |
| 行业效应 | 控制 | 控制 | 控制 | 控制 | 控制 | 控制 | 控制 | 控制 | 控制 |
| 年度效应 | 控制 | 控制 | 控制 | 控制 | 控制 | 控制 | 控制 | 控制 | 控制 |
| 调整 $R^2$ | 0.333 | 0.336 | 0.144 | 0.110 | 0.067 | 0.182 | 0.180 | 0.176 | 0.195 |
| 观测值 | 2 861 | 1 274 | 1 587 | 5 827 | 2 449 | 3 378 | 5 827 | 2 449 | 3 378 |

注：括号内为标准误差经稳健性调整、公司和年份层面聚类处理后计算得到的标准误差；*、** 和 *** 分别表示在 10%、5% 和 1% 的水平上显著。

估基础上做出的市场行为。因而,尽管同样导致现金流权与控制权分离,但在透明的规则和理性预期下完成的一致行动协议的积极作用大于消极作用。

在 Model 7、Model 8 和 Model 9 中,我们进一步以总资产收益率(ROA)为被解释变量,一般性地考察上述两种效应(保护和鼓励人力资本投资＋非必然带来隧道挖掘)的叠加对企业作为经济主体的最终业绩表现的影响。相关结果表明,在全样本回归和高科技公司中,一致行动协议变量的估计系数为正,且在5%的统计水平上显著。与未签订一致行动协议的高科技公司相比,签订一致行动协议的高科技公司绩效表现提高了 1.2 个百分点;而在非高科技企业中,一致行动协议的上述作用并不显著。这说明一致行动协议的有助于鼓励和保护人力资本投资的效应在信息不对称程度比较严重的高科技公司中更加显著。在上述意义上,一致行动协议类似于双重股权结构股票,由于满足了互联网时代对创新导向企业组织变革的内在需求,尽管看起来在形式上形成了所谓"现金流权与控制权的分离",但在实质上鼓励和保护人力资本投资,成为"资本市场的专利制度"。

## 2.5　有限合伙制度的控制权安排逻辑[①]

有限合伙投资协议(Limited Partnership Agreement),源于 10 世纪左右意大利的一种被称为 Commenda 的契约通常用于证券投资基金组织中。在采用有限合伙制的证券投资基金中,普通合伙人作为执行事务合伙人负责投资管理,对基金债务承担无限连带责任,而有限合伙人仅以其认缴的出资额为限对基金债务承担责任。然而我们注意到,近年来,通常用于证券投资基金组织的有限合伙协议在中国资本市场被一些即将上市和已经上市的公司用来作为搭建公司治理的基础构架。前者的典型例子是蚂蚁集团,而后者的典型案例是 2019 年 12 月完成股改的格力电器。[②] 本节把像蚂蚁集团和格力电器那样,基于有限合伙投资协议形成的控制链条称为有限合伙协议构架,简称 LP 构架。

需要说明的是,由于涉及金字塔控股结构和公司间股利税,有限合伙协议

---

[①] 参见郑志刚,李邈,金天,黄继承.有限合伙协议构架与上市公司治理[J].管理世界,2022(7):184-201.

[②] 蚂蚁集团基于三层的有限合伙协议构架完成了公司治理制度设计。在这一构架中,为有限责任公司杭州云铂担任普通合伙人的杭州君洁和君济进一步成为下层有限合伙企业杭州君瀚和杭州君澳的有限合伙人,而杭州君瀚和杭州君澳合计持有约 50.52% 的蚂蚁集团股份。这样,马云通过相对控股第一层的杭州云铂,成为第二层和第三层有限合伙企业的实际控制人,最终成为蚂蚁集团的实际控制人。而在 2019 年 12 月完成股改的格力股权架构中,董明珠通过有限合伙投资协议和持股框架可以对格力第一大股东珠海明骏持有的 15% 的股份表决产生实质影响。

作为上市公司的治理构架在英美等成熟的市场经济国家中鲜有存在。根据IPO招股说明书中披露的信息，2014—2019年在A股上市的非国有公司[①]中，有188家公司(约占同时间段内A股上市的非国有公司的16.3%)的实际控制人在IPO时构建了LP构架。

将有限合伙构架作为公司治理制度安排在理论上存在两种相互矛盾的解释视角。一是类似于金字塔控股链条一样，有限合伙构架事实上形成的普通合伙人的控制权与有限合伙人的现金流权的分离，导致了"负外部性"出现的可能(Johnson et al., 2000; Gavious et al., 2015; Jiang et al., 2010)。在有限合伙协议构架中，普通合伙人和有限合伙人在信息获取与表决权方面并不对等。例如，蚂蚁集团通过有限合伙构架实现了控制权配置权重向少数创始企业家的倾斜，在蚂蚁集团计划发行的一股一票下形成了事实上的"同股不同权构架"。[②]容易理解，创始企业家借助LP构架在股东大会中代表有限合伙人行使投票表决权，而这一反映控制权的投票权比例显然远远大于代表其为上市公司错误决策责任承担能力的现金流权比例。LP构架由此导致了少数创始企业家的"控制权"与其实际投入和持股所反映的"现金流权"分离的可能性。以往研究表明，控制权与现金流权分离的金字塔控股结构或超额委派董事等控制权安排加剧了实际控制人与中小股东之间的代理冲突，成为实际控制人隧道挖掘上市公司资源的制度根源。

二是LP构架有助于实现公司治理制度的设计初衷，即股东权利实施的专业化分工，有助于实现治理效率的提升。少数创始企业家作为普通合伙人执行股东传统上通过在股东大会对重大事项投票表决实施的Hart意义上股东所拥有的剩余控制权，而由管理团队和技术骨干等核心员工作为有限合伙人承担投资风险，体现Hart产权安排意义上的剩余索取权(Grossman and Hart, 1986; Hart and Moore, 1990; Hart, 1995)。普通合伙人与有限合伙人二者之间的专业化分工在证券投资基金的治理效率提升中得到集中体现。[③]虽然在证券投资

---

① 因为LP构架在国有企业中并不典型，所以我们剔除国有企业样本。
② 参见郑志刚.CEO不是马云，但在蚂蚁金服，为什么还是马云说了算？[J].中欧商业评论，2021(4).
③ 不同于有限合伙人的有限责任，普通合伙人所承担的无限连带责任成为负责投资管理的普通合伙人强大的激励和约束，使得普通合伙人在相关决策制定过程中谨小慎微。因而，无限连带责任赋予普通合伙人的最后责任人地位使得普通合伙人并不必然像现代股份公司的管理人一样以打工仔的心态经营管理股东这一老板的资产。与此同时，普通合伙人自身的投资通常在证券投资基金中占有较大的比重，构成了一项能够为未来风险承担责任的可置信承诺。这一较大比例的投入以十分自然的方式完成了现代股份公司中人为地向管理团队推出的股权激励计划。这一自有资金的投入向有限合伙人传递了十分清晰明确的信号；如果做出错误决策，普通合伙人将担负很大比例的损失。

基金中，有限合伙人和普通合伙人之间类似于现代股份公司的外部分散股东与管理团队之间一样都存在由于所有权与经营权分离，进而二者之间的信息不对称可能引发代理冲突，但在证券投资基金的治理构架中甚至通常不需要设置作为现代股份公司治理核心的董事会。那么，我们究竟应该如何认识和理解在中国上市公司治理实践中出现的十分独特的LP构架呢？

我们注意到，LP构架的兴起迎合了创新导向的组织重构对公司治理制度的创新需求。一方面，随着中国上市公司第一大股东平均持股比例低于标志相对控股权的三分之一，中国资本市场进入分散股权时代，频繁出现的"野蛮人"和外部接管威胁向创始企业家提出如何保持控制权稳定的现实诉求；另一方面，随着以互联网技术为标志的第四次工业革命浪潮的兴起，上市公司和外部投资者之间围绕业务模式创新的信息不对称程度加剧。如何在获得外部投资的同时保持具有专业背景和管理才能的创始企业家对业务模式的主导权也成为创始企业家迫切需要思考的问题。而在LP构架中，创始企业家作为普通合伙人或执行事务合伙人通过一层或多层有限合伙企业，以部分出资或技术出资获得作为上市公司主要股东的LP构架对上市公司的全部表决权。在LP构架股东权利实施的专业化分工中，有限合伙人不执行合伙企业事务而以出资为限承担企业风险。而核心员工作为有限合伙人的风险分担将鼓励创始企业家开展积极投融资决策，进而提高整个上市公司的风险承担水平。随着上市公司充分利用风险较高但净现值（NPV）为正的投资项目，企业经营管理效率、股东收益都将获得改善（John et al.，2008）。在上市公司仍遵循"一股一票"投票制的前提下，LP构架变相实现了通常通过发行AB双重股权结构股票才能完成的控制权配置权重向创始企业家倾斜，帮助业务模式高度依赖创始企业家的企业在获得资金支持的同时保持其对企业的有效控制，防范外部接管风险。LP构架因而可能成为顺应股权分散时代及互联网浪潮冲击下创新导向企业组织重构的诉求、缓解企业控制权风险的制度设计。

互联网时代对业务模式创新的要求意味着人力资本成为企业的关键战略资源，而研发创新是企业获取竞争力与长期发展的重要渠道。我们同样注意到，LP构架的出现同样有助于帮助上市公司应对上述挑战。一方面，在控制权配置权重向少数执行合伙事务的创始企业家倾斜，另一方面，有限合伙协议构架帮助作为有限合伙人的管理团队和技术骨干等核心员工获得上市公司剩余价值的索取权。这些与上市公司价值捆绑在一起的核心员工将进行更多的长期投资，减少短期行为，以期这些投资带来的长期回报（Jensen and Murphy，1990）。LP构架因而通过帮助核心员工与企业建立长期关系，缓解了上市公司面临的代理冲突（Jensen and Meckling，1976），激励作为有限合伙人的核心员工进行研发支出等长期投资（刘运国和刘雯，2007；Wu and Tu, 2007；Lerner and Wulf, 2007）。与员工持股计划等传统的员工激励授权或委托资管机构运作相比，LP构架专业化分工的特征意味着签订有限合伙协议的核心员工对作为普通合伙人的创始企业家充分信任，LP构架激励的稳定性和效果可能更好。因而，LP构架可能成为有效激励核心员工、推动企业创新的公司治理制度安排。

利用中国A股上市公司数据，本节将实证考察如果一家公司IPO时实际控制人采用有限合伙协议构架，那么，它将如何实现基本的公司治理目的，进而为企业带来怎样的长期经济后果，以此回答LP构架是否像我们猜测的那样实现了股东权利实施的专业化分工及核心员工激励的平衡。

### 2.5.1 股东权利实施在普通合伙人和有限合伙人之间的专业化分工

少数创始企业家作为普通合伙人在股东大会对重大事项执行投票的表决权，而管理团队和技术骨干等核心员工作为有限合伙人承担投资风险，由此形成了股东权利实施在有限合伙协议构架下的普通合伙人和有限合伙人二者之间的专业化分工。

从创始企业家加强控制权的视角，我们的研究表明，LP构架能够帮助熟悉业务模式并具有专业技能和管理经验的创始企业家扩大主导业务模式的影响力。表2.9报告了LP构架股东权利实施的专业化分工的相关回归结果。Model 1和Model 2的被解释变量分别为股东大会通过大股东提案数（Control_del）和实际控制人变更（Control_ste）。主要解释变量为IPO时创始企业家控制链条中存在的有限合伙公司数（LP）。我们控制了其他可能影响公司治理效果的因素，包括公司规模（Size）、公司成长性（Growth）、每股收益（EPS）、两职兼任（Duality）、流通股比例（Outshare）、董事会独立性（Independent）、公司年龄（Age）、董事会议次数（Board_Meet）、两权分离度（Separation）、股权集中度（HI5）、公司固定效应、行业效应以及年份效应。

Model 1和Model 2考察了LP构架对创始企业家在股东大会影响力和控制权稳定性的影响。从表2.9我们看到，Model 1的主要解释变量的回归系数为正且在1%的水平显著，这说明采用LP构架的上市公司股东大会将通过更多的大股东提案，从而帮助创始企业家扩大对上市公司的影响力。Model 2的主要解释变量的回归系数显著为负，说明采用LP构架的上市公司的实际控制人控制权更迭减少，稳定性提高，有效防御了外部接管和野蛮人入侵。LP构架由此成为创始企业家加强控制权、防御外部接管的控制权安排。

表 2.9 LP 构架与股东权利实施的专业化分工

| 被解释变量 | (1) Control_del | (2) Control_ste | (3) Under_inv | (4) LEV |
|---|---|---|---|---|
| LP | 0.579*** | −0.012*** | −0.349*** | 0.045*** |
|  | (7.19) | (4.62) | (−5.50) | (3.94) |
| 控制变量 | 控制 | 控制 | 控制 | 控制 |
| 固定效应 | 控制 | 控制 | 控制 | 控制 |
| 行业效应 | 控制 | 控制 | 控制 | 控制 |
| 年度效应 | 控制 | 控制 | 控制 | 控制 |
| $R^2$ | 0.048 | 0.022 | 0.049 | 0.199 |
| 观测值 | 2 684 | 2 684 | 2 684 | 2 684 |

注：括号内为 $t$ 值；上述模型为经过 Driscoll-Kraay 标准误调整后的结果；\*、\*\*和\*\*\*分别表示在 10%、5% 和 1% 的水平上显著。

从有限合伙人风险分担的视角，我们的研究表明，作为有限合伙人的管理团队和核心技术人员实现了对创始企业家的风险分担，从而鼓励创始企业家充分利用以往因风险较高而放弃的投资和融资机会。表 2.9 中 Model 3 的被解释变量为企业是否投资不足(Under_inv)，Model 4 的被解释变量为企业总负债占总资产的比重(LEV)。可以看到，在 Model 3 中主要解释变量的系数均为负且在 1% 的水平显著，这说明 LP 构架将鼓励创始企业家利用更多风险较高而 NPV 为正的项目，改善上市公司中的投资不足状况。Model 4 的主要解释变量的系数均为正且显著，这说明 LP 构架将鼓励创始企业家在融资时提高风险较高的债务融资的比重。以上结果表明，有限合伙人对普通合伙人的风险分担鼓励了创始企业家推动上市公司充分利用有价值但风险较高的投资机会，提高风险较高的债务融资比例。

### 2.5.2　LP 构架对核心技术和管理成员的激励

通过搭建 LP 构架，创始企业家将管理团队技术骨干等企业核心员工与上市公司价值捆绑在一起。LP 构架从而成为上市公司激励管理团队和核心技术人员等主要员工的持股平台。我们的研究表明，LP 构架将鼓励管理团队和核心技术人员更加注重长期利益，进行不确定性强、成本高、回报周期较长的企业研发投入，减少短期行为。

表 2.10 汇报了 LP 构架对研发的影响。Model 1 和 Model 2 的被解释变量为企业研发人员占比(R&D_p)。我们可以看到，Model 1 和 Model 2 主要解释变量的估计系数均在 1% 的水平显著为正，这表明与没有采用 LP 构架的上市

公司相比,采用 LP 构架的上市公司的研发人员投入力度更大。Model 3 和 Model 4 的被解释变量为旨在短期内获得研发成果的横向并购(R&D_m)。与企业投入研发人员进行创新相比,并购是一种能够在短期内直接获得新的产品和技术的行为(徐虹等,2015)。我们可以看到,Model 3 和 Model 4 主要解释变量的估计系数均为正但在统计意义上并不显著,这说明 LP 构架更倾向于长期的研发投入,而并非通过鼓励上市公司并购其他企业的研发成果进行创新。以上结果表明,LP 构架激励了管理团队和核心技术人员更关注长期利益,进而进行更多的企业长期研发投入。

表 2.10　LP 构架与公司研发投入

| 被解释变量 | (1) | (2) | (3) | (4) |
|---|---|---|---|---|
| | R&D_p | | R&D_m | |
| LP | 3.434*** | 3.007*** | 0.084 | 0.100 |
| | (2.96) | (3.28) | (0.77) | (0.94) |
| 控制变量 | | 控制 | | 控制 |
| 固定效应 | 控制 | 控制 | 控制 | 控制 |
| 行业效应 | 控制 | 控制 | 控制 | 控制 |
| 年度效应 | 控制 | 控制 | 控制 | 控制 |
| $R^2$ | 0.630 | 0.639 | 0.115 | 0.126 |
| 观测值 | 2 684 | 2 684 | 2 684 | 2 684 |

注:括号内为 $t$ 值;上述模型为经过 Driscoll-Kraay 标准误调整后的结果;*、** 和 *** 分别表示在 10%、5% 和 1% 的显著性水平上显著。

### 2.5.3　LP 构架的经济后果

在 LP 构架的治理效果方面,一方面,我们的研究表明,有限合伙协议构架有助于实现公司治理制度的设计初衷,即股东权利实施的专业化分工,帮助上市公司提高企业的经营效率。表 2.11 的 Model 1 和 Model 2 汇报了有关回归结果,其被解释变量为总资产周转率(Efficiency_a)。我们可以看到,主要解释变量的系数显著为正,说明有限合伙协议构架所特有的促进股东权利实施的深度专业化分工最终提高了上市公司的经营效率。

另一方面,我们的研究表明,尽管理论上有限合伙构架事实上形成的普通合伙人的控制权与有限合伙人的现金流权分离有可能导致"负外部性"的出现,但现实中没有导致创始企业家侵占上市公司利益的行为。表 2.11 的 Model 3 和 Model 4 汇报了有限合伙协议构架对大股东隧道挖掘的影响,其被解释变量为大股东资金占用(Occupy_r)。我们可以看到,主要解释变量的回归系数较小但为负值,表明有限合伙协议构架专业化分工实现的控制权向创业团队倾斜不会必然带来利用大于责任的实际控制权进行隧道挖掘掏空上市公司资源等短期行为。

表 2.11 LP 构架与公司研发投入

| 被解释变量 | (1) | (2) | (3) | (4) |
| --- | --- | --- | --- | --- |
| | Efficiency_a | | Occupy_r | |
| LP | 0.063*** | 0.106*** | −0.009 | −0.022 |
| | (6.35) | (7.37) | (−0.29) | (−0.75) |
| 控制变量 | | 控制 | | 控制 |
| 固定效应 | 控制 | 控制 | 控制 | 控制 |
| 行业效应 | 控制 | 控制 | 控制 | 控制 |
| 年度效应 | 控制 | 控制 | 控制 | 控制 |
| $R^2$ | 0.045 | 0.150 | 0.014 | 0.031 |
| 观测值 | 2 684 | 2 684 | 2 684 | 2 684 |

注:括号内为 $t$ 值;上述模型为经过 Driscoll-Kraay 标准误调整后的结果;*、** 和 *** 分别表示在 10%、5% 和 1% 的水平上统计显著。

## 2.6 小 结

从我国资本市场进入分散股权时代的现实背景出发,我们发现了加强公司控制的新的隐蔽的实现形式,包括实际控制人超额委派董事、主动防御员工持股计划的推出、一致行动协议的签订和有限合伙协议架构。通过讨论,我们试图得到控制权设计和董事会组织应遵循的一般原则,形成我国资本市场股权分散趋势和控制权配置倾斜盛行下公司控制权设计的系统思考。

我们讨论了"同股同权"构架下实际控制人超额委派董事的影响因素和经济后果,探索董事会组织应遵循的一般原则,避免 IPO 后实际控制人谋求公司控制权加强可能带来的道德风险。超额委派董事是实际控制人通过董事会组织过程中提名更多的董事,形成董事会对重大决策的实际影响力与其持股比例所反映的责任承担能力"分离"的公司治理现象。因而超额委派董事与金字塔结构等造成最终所有者对上市公司的控制权和现金流权的分离从而侵占外部股东权益的治理结构类似,构成了经济学意义上的"负外部性"。

不同于以往从激励视角考察员工持股计划,我们从控制权设计视角揭示员工持股计划演变为加强公司"内部人控制"手段的可能性,以此丰富学术界和实务界对员工持股计划的认识。传统上,员工持股计划被认为是提高雇员薪酬绩效敏感性、激励雇员的手段(王砾等,2017;沈红波等,2018)。一些企业通过员工持股计划,一方面将持股员工的投票权集中到少数管理者手中,另一方面增持了本公司股票,员工持股计划由此成为阻止改善公司治理的外部接管威胁(野蛮人入侵等)的反制力量。因而,传统上被认为是激励手段的员工持股计划一定程度上演变成实际控制人加强内部人控制的"防御型"计划,从而造成管理层盘踞、代理成本增加、外部分散股东的利益受损等,其负面效应甚至超过雇员充分激励带来的绩效改善。

在对以上两种"事前"控制权安排进行分析后,我们进一步讨论了作为"事后"控制权安排的一致行动协议在创业团队的资本投入有限的情况下,如何使高科技企业创业团队实现对公司的控制,鼓励人力资本持续投入,成为"资本市场的专利制度"。一致行动协议是部分或全部股东就特定的股东大会决议事项达成的、按约定方式行使表决权的股东投票协议。一致行动协议的研究与前两部分既具有一贯性又有其独特意义。其一,与员工持股计划具有(事后)道德风险倾向不同,协议的强制披露使外部股东对此有充分预期和相应的制度防范,降低了外部股东利益受损的可能性。其二,一致行动协议往往出现在投融资双方信息不对称程度更高的高科技和新兴产业。外部投资者与创业团队围绕业务发展模式的信息不对称导致创业团队无法获得资金,而投资者难以识别有潜在价值的项目。这一逆向选择问题对创新导向的企业组织重构提出内在需要。该设计不仅能向资本市场发出创业团队对业务发展模式充满信心的信号,还能有效避免外部投资者的干预,把围绕业务模式创新的专业决策交给专业的创业团队。因而,在创新业务模式下,控制权配置向创业团队倾斜的一致行动协议成为鼓励创业团队人力资本投入的控制权设计形式。

同样作为"事前"的控制权安排,与一致行动协议相似,有限合伙协议构架同样不具有道德风险倾向,而是成为顺应股权分散时代及互联网浪潮冲击下创新导向企业组织重构的诉求、缓解企业控制权风险的制度设计。有限合伙协议构架一方面实现了股东权利实施在普通合伙人和有限合伙人之间的专业化分工,另一方面成为一种激励管理层和核心技术成员的经济收益计划。因而,看似存在控制权与现金流权分离的"负外部性"的有限合伙协议构架,迎合了股权分散时代加强创始企业家的控制权与互联网浪潮下鼓励核心员工长期研发投入的需求,成为以创新为导向的新经济企业潜在的公司治理构架之一。

# 参 考 文 献

Aldatmaz, S., Ouimet, P., Van Wesep, E. D. The Option to Quit: The Effect of Employee Stock Options on Turnover[J]. *Journal of Financial Economics*, 2018, 127(1): 136-151.

Ang, J. S., Brau, J. C. Firm Transparency and the Costs of Going Public[J]. *Journal of Financial Research*, 2002, 25(1): 1-17.

Aubert, N., Garnotel, G., Lapied, A., Rousseau, P. Employee Ownership: A Theoretical and Empirical Investigation of Management Entrenchment vs Reward Management[J]. *Economic Modelling*, 2014, 40(2): 423-434.

Baran, L., Forst, A., Via, M. Dual Class Share Structure and Innovation[J]. *SSRN Electronic Journal*, 2018.

Beatty, A. The Cash Flow and Informational Effects of Employee Stock Ownership Plans[J]. *Journal of Financial Economics*, 1995, 38(2): 211-240.

Bertrand, M., Mullainathan, S. Enjoying the Quiet Life? Corporate Governance and Managerial Preferences[J]. *Journal of Political Economy*, 2003, 111(5): 1043-1075.

Biddle, G. C., Hilary, G., Verdi, R. S. How Does Financial Reporting Quality Improve Investment Efficiency?[J]. *Journal of Accounting and Economics*, 2009, 48(2): 112-131.

Boehmer, E., Sanger, G. C., Varshney, S. B. Managerial Bonding and Stock Liquidity: An Analysis of Dual-Class Firms[J]. *Journal of Economics and Finance*, 2004, 28(1): 117-131.

Bova, F., Yang, L. Employee Bargaining Power, Inter-firm Competition, and Equity-based Compensation[J]. *Journal of Financial Economics*, 2017, 126(2): 342-363.

Chaplinsky, S., Niehaus, G. The Role of ESOPs in Takeover Contests[J]. *The Journal of Finance*, 1994, 49(4): 1451-1470.

Chemmanur, T. J., Jiao, Y. Dual Class IPOs: A Theoretical Analysis[J]. *Journal of Banking & Finance*, 2012, 36(1): 305-319.

Claessens, S., Djankov, S., Lang, L. H. P. The Separation of Ownership and Control in East Asian Corporations[J]. *Journal of Financial Economics*, 2000, 58(1): 81-112.

Cocco, J. F., Volpin, P. F. Corporate Pension Plans as Takeover Deterrents[J]. *Journal of Financial and Quantitative Analysis*, 2013, 48(4): 1119-1144.

Cohen, B. D., Dean, T. J. Information Asymmetry and Investor Valuation of IPOs: Top Management Team Legitimacy as a Capital Market Signals[J]. *Strategic Management Journal*, 2005, 26(7): 683-690.

Conte, M. A., Blasi, J., Kruse, D., Jampani, R. Financial Returns of Public ESOP

Companies: Investor Effects vs Manager Effects[J]. *Financial Analysts Journal*, 1996, 52(4): 51-61.

Dann, L. Y., DeAngelo, H. Corporate Financial Policy and Corporate Control: A Study of Defensive Adjustments in Asset and Ownership Structure[J]. *Journal of Financial Economics*, 1988, 20(C): 87-127.

Dimitrov, V., Jain, P. C. Recapitalization of One Class of Common Stock into Dual-Class: Growth and Long-Run Stock Returns[J]. *Journal of Corporate Finance*, 2006, 12(2): 342-366.

Dyck, A., Zingales, L. Private Benefits of Control: An International Comparison[J]. *The Journal of Finance*, 2004, 59(2), 537-600.

Gavious, I., Hirsh, N., Kaufman, D. Innovation in Pyramidal Ownership Structures[J]. *Finance Research Letters*, 2015, 13: 188-195.

Gompers, P. A., Ishii, J., Metrick, A. Extreme Governance: An Analysis of Dual-Class Firms in the United States[J]. *Review of Financial Studies*, 2010, 23(3): 1051-1088.

Grossman, S. J., Hart, O. D. The Costs and Benefits of Ownership: A Theory of Vertical and Lateral Integration[J]. *Journal of Political Economy*, 1986, 94(4): 691-719.

Grossman, S. J., Hart, O. D. One Share-One Vote and the Market for Corporate Control[J]. *Journal of Financial Economics*, 1988, 20(C): 175-202.

Grossmann, V., Steger, T. M. Anti-Competitive Conduct, In-House R&D, and Growth[J]. *European Economic Review*, 2008, 52(6): 987-1008.

Harris, M., Raviv, A. Corporate Governance: Voting Rights and Majority Rules[J]. *Journal of Financial Economics*, 1988, 20(C): 203-235.

Hart, O. Corporate Governance: Some Theory and Implications[J]. *Economic Journal*, 1995, 105(430): 678-689.

Hart, O., Moore, J. Property Rights and the Nature of the Firm[J]. *Journal of Political Economy*, 1990, 98(6): 1119-1158.

Heckman, J. J. Sample Selection Bias as a Specification Error[J]. *Econometrica*, 1979, 47(1): 153-161.

Hilt, E. *When Did Ownership Separate from Control? Corporate Governance in the Early Nineteenth Century*[M]. National Bureau of Economic Research, 2007.

Hirshleifer, D., Thakor, A. V. Managerial Conservatism, Project Choice, and Debt[J]. *Review of Financial Studies*, 1992, 5(3): 437-470.

Jensen, M. C., Meckling, W. H. Theory of the Firm: Managerial Behavior, Agency Costs and Ownership Structure[J]. *Journal of Financial Economics*, 1976, 3(4): 305-360.

Jensen, M. C., Murphy, K. J. Performance Pay and Top-Manager Incentives[J].

*Journal of Political Economy*, 1990, 98(2): 225-264.

Jensen, M. C., Ruback, R. S. The Market for Corporate Control: The Scientific Evidence[J]. *Journal of Financial Economics*, 1983, 11(1-4): 5-50.

Jian, M., Wong, T. J. Propping Through Related Party Transactions[J]. *Review of Accounting Studies*, 2010, 15(1): 70-105.

Jiang, G., Lee, C. M. C., Yue, H. Tunneling through Interoperate Loans: The China Experience[J]. *Journal of Financial Economics*, 2010, 98(1): 1-20.

John, K., Knyazeva, A., Knyazeva, D. Employee Rights and Acquisition[J]. *Journal of Financial Economics*, 2015, 118(1): 49-69.

John, K., Litov, L., Yeung, B. Corporate Governance and Risk-Taking[J]. *The Journal of Finance*, 2008, 63(4): 1679-1728.

Johnson, S., La Porta, R., Lopez-de-Silanes, F., Shleifer, A. Tunneling[J]. *American Economic Review*, 2000, 90(2): 22-27.

Kim, E. H., Ouimet, P. Broad-Based Employee Stock Ownership: Motives and Outcomes[J]. *The Journal of Finance*, 2014, 69(3): 1273-1319.

Kose, J. Employee Rights and Acquisition[J]. *Journal of Financial Economics*, 2015, 118(1): 49-69.

La Porta, R., Lopez-de Silancs, F., Shleifer, A., Vishny, R. W. Law and Finance[J]. *Journal of Political Economy*, 1998, 106(6): 1113-1155.

La Porta, R., Lopez-de-Silanes, F., Shleifer, A. Corporate ownership around the world[J]. *The Journal of Finance*, 1999, 54(2): 471-517.

Lease, R. C., McConnell, J. J., Mikkelson, W. H. The Market Value of Control in Publicly-Traded Corporations[J]. *Journal of Financial Economics*, 1983, 11(1-4): 439-471.

Lease, R. C., McConnell, J. J., Mikkelson, W. H. The Market Value of Differential Voting Rights in Closely Held Corporations[J]. *Journal of Business*, 1984, 57(4): 443-467.

Leone, A. J., Rock, S., Willenborg, M. Disclosure of Intended Use of Proceeds and Underpricing in Initial Public Offerings[J]. *Journal of Accounting Research*, 2007, 45(1): 111-153.

Lerner, J., Wulf, J. Innovation and Incentives: Evidence from Corporate R&D[J]. *Review of Economics and Statistics*, 2007, 89(4): 634-644.

Masulis, R. W., Wang, C., Xie, F. Agency Problems at Dual-Class Companies[J]. *The Journal of Finance*, 2009, 64(4): 1697-1727.

Mokyr, J. Intellectual Property Rights, the Industrial Revolution, and the Beginnings of

Modern Economic Growth[J]. *American Economic Review*,2009,99(2):349-355.

Nenova, T. The Value of Corporate Voting Rights and Control:A Cross-Country Analysis[J]. *Journal of Financial Economics*,2003,68(3):325-351.

Rauh, J. D. Own Company Stock in Defined Contribution Pension Plans:A Takeover Defense? [J]. *Journal of Financial Economics*,2006,81(2):379-410.

Roe, M. J. The Institutions of Corporate Governance[R]. Economic and Business Discussion Paper Series, Harvard Law School Working Paper,2004.

Shleifer, A., Vishny, R. W. A Survey of Corporate Governance[J]. *The Journal of Finance*,1997,52(2):737-783.

Wu, J., Tu, R. CEO Stock Option Pay and R&D Spending:A Behavioral Agency Explanation [J]. *Journal of Business Research*,2007,60(5):482-492.

Zetzsche, D. A. Challenging Wolf Packs:Thoughts on Efficient Enforcement of Shareholder Transparency Rules[R]. Center for Business and Corporate Law Research Paper Series, Heinrich Heine University Working Paper,2010.

陈大鹏,施新政,陆瑶,李卓.员工持股计划与财务信息质量[J].南开管理评论,2019,22(1):166-180.

陈胜蓝.财务会计信息与IPO抑价[J].金融研究,2010(5):152-165.

陈胜蓝,吕丹.控股股东委派董事能降低公司盈余管理吗?[J].上海财经大学学报,2014,16(4):74-85.

陈运佳,吕长江,黄海杰,丁慧.上市公司为什么选择员工持股计划?——基于市值管理的证据[J].会计研究,2020(5):91-103.

黄速建,余菁.企业员工持股的制度性质及其中国实践[J].经济管理,2015,37(4):1-12.

黄张凯,刘津宇,马光荣.地理位置、高铁与信息:来自中国IPO市场的证据[J].世界经济,2016,39(10):127-149.

姜国华,岳衡.大股东占用上市公司资金与上市公司股票回报率关系的研究[J].管理世界,2005(9):119-126+157+171-172.

剧锦文.员工持股计划与国有企业的产权改革[J].管理世界,2000(6):85-92.

李增泉,余谦,王晓坤.掏空、支持与并购重组——来自我国上市公司的经验证据[J].经济研究,2005(1):95-105.

刘冰.企业权力制衡的制度设计[J].管理世界,2002(5):142.

刘运国,刘雯.我国上市公司的高管任期与R&D支出[J].管理世界,2007(1):128-136.

孟庆斌,李昕宇,张鹏.员工持股计划能够促进企业创新吗?——基于企业员工视角的经验证据[J].管理世界,2019,35(11):209-228.

邵帅,吕长江.实际控制人直接持股可以提升公司价值吗?——来自中国民营上市公司的证据[J].管理世界,2015(5):134-146+188.

沈红波,华凌昊,许基集.国有企业实施员工持股计划的经营绩效:激励相容还是激励不足[J].管理世界,2018,34(11):121-133.

施晓红.上市公司收购立法的缺陷及其完善——从方正科技"收购战"谈起[J].中国工业经济,2001(8):34-37.

苏冬蔚,林大庞.股权激励、盈余管理与公司治理[J].经济研究,2010,45(11):88-100.

孙即,张望军,周易.员工持股计划的实施动机及其效果研究[J].当代财经,2017(9):45-58.

唐保庆,邱斌,孙少勤.中国服务业增长的区域失衡研究——知识产权保护实际强度与最适强度偏离度的视角[J].经济研究,2018,53(8):147-162.

王化成,陈晋平.上市公司收购的信息披露——披露哲学、监管思路和制度缺陷[J].管理世界,2002(11):113-123+149-156.

王砾,代昀昊,孔东民.激励相容:上市公司员工持股计划的公告效应[J].经济学动态,2017(2):37-50.

魏浩,巫俊.知识产权保护、进口贸易与创新型领军企业创新[J].金融研究,2018(9):91-106.

徐虹,林钟高,芮晨.产品市场竞争、资产专用性与上市公司横向并购[J].南开管理评论,2015,18(3):48-59.

张华,张俊喜,宋敏.所有权和控制权分离对企业价值的影响——我国民营上市企业的实证研究[J].经济学(季刊),2004(S1):1-14.

张小宁.经营者报酬、员工持股与上市公司绩效分析[J].世界经济,2002(10):57-64.

章卫东,罗国民,陶媛媛.上市公司员工持股计划的股东财富效应研究——来自我国证券市场的经验数据[J].北京工商大学学报(社会科学版),2016,31(2):61-70.

郑志刚,李邈,李倩,郭杰.一致行动协议的控制权安排逻辑[J].世界经济,2021,44(4):201-224.

郑志刚,雍红艳,黄继承.员工持股计划的实施动机:激励还是防御[J].中国工业经济,2021(3):118-136.

郑志刚,邹宇,崔丽.合伙人制度与创业团队控制权安排模式选择——基于阿里巴巴的案例研究[J].中国工业经济,2016(10):126-143.

祝继高,叶康涛,陆正飞.谁是更积极的监督者:非控股股东董事还是独立董事?[J].经济研究,2015,50(9):170-184.

# 第3章
# 股权结构设计

股权结构设计和控制权安排是协调股东与经理人代理冲突的基础性公司治理制度安排。在分散的股权结构下,一家公司在体现公司控制权的投票权配置方面既可以选择权重平衡的"同股同权"构架,也可以选择权重倾斜的"同股不同权"构架。而在"同股不同权"构架的实现方式上,既可以选择直接发行两重或三重股权结构股票,也可以通过基于股权协议或获得股东背书和认同的内部管理制度变相形成"同股不同权"构架。"同股不同权"构架的核心是通过投票权配置权重向创业团队倾斜,实现了创业团队与外部投资者之间从短期雇佣合约到长期合伙合约的转化。上述构架顺应了以互联网技术为标志的第四次工业革命对创新导向下的企业权威重新配置的内在要求,因而受到诸多高科技企业在股权结构设计上的青睐。

## 3.1 苹果和谷歌:两种股权结构设计模式

对于股权结构设计这一重要而基础的公司治理问题,我们将从两家享誉全球的高科技企业谈起。其中一家是1980年12月12日在美国上市的高科技企业苹果公司(Apple Inc.)。上市至今,苹果创造了一系列令人瞩目的辉煌成就。例如,在世界500强排行榜中,苹果公司从2012年起曾连续多年成为全球市值最大的公司。另一家高科技企业是由拉里·佩奇和谢尔盖·布林共同创建、成立于1998年9月4日的全球最大搜索引擎公司谷歌(Google Inc.)。如同苹果一样,这家高科技企业同样创造了一系列令人惊叹的辉煌成就。从2015年开始重返"世界品牌500强"排行榜榜首的谷歌公司之后连续多年一直雄踞榜首,并多次成为 Brand Z 发起的全球最具价值品牌百强榜的第一名。

虽然同为享誉全球的高科技企业,但你是否注意到,苹果与谷歌却采用了两种完全不同的股权结构设计范式。我们首先看苹果公司。很多人熟悉苹果公司并不是因为其独具特色的股权结构设计,而是其畅销全球的数码产品。2010年,富士康集团开始在河南省郑州市兴建iPhone组装厂。这家一度拥有25万员工的工厂是世界上最大的iPhone组装厂,全球半数iPhone产自这里。

产业链遍布全球、代表全球高端制造业发展方向的苹果在股权结构设计上却采用了传统的"一股一票"的股东中心范式。人们所熟悉的苹果创始人史蒂夫·乔布斯和现任CEO蒂姆·库克尽管在很多人心目中是伟大的企业家和创造奇迹的产业英雄,但在苹果的股东中心范式的股权结构设计下,他们只是苹果股东所雇佣的职业经理人,甚至是"打工仔"。在苹果历史上,作为创始人的乔布斯曾一度被股东们扫地出门。与如今那些独角兽创始人IPO后身价动辄上百亿数千亿相比,于2011年接替乔布斯担任苹果CEO的蒂姆·库克在整个2018年财年共获得收入1.36亿美元(约合人民币9.3亿元),其中包括306万美元的底薪、933万美元的年终现金奖励和价值8 920万美元的股权奖励。在此前的2017年财年,库克的总收入为近1.02亿美元。他看上去略显"寒碜"的收入在一项捐献计划实施过程中被进一步证实。在2015年3月的一项捐献计划中,他计划捐献其持有的全部苹果股份,合计价值仅为1.2亿美元。

从乔布斯遭遇的变故和库克享受的待遇中我们不难体会到,在苹果所采用的股东中心主义的股权结构设计中,股东处于不可动摇的中心地位。正如奥利弗·哈特(Oliver Hart)教授在他发展的著名的现代产权理论所总结的那样,(集体享有)所有者权益的苹果股东对资产重组等(不完全合约中尚未规定的)重大事项在股东大会上以投票表决的方式进行最后裁决,同时以出资额为限对最终决策(可能做出的错误)承担有限责任。

苹果公司在股权结构设计上由此成为"同股同权"的典范,完美地诠释了股东中心导向的控制权安排的公司治理实践。我们注意到,尽管苹果公司是享誉全球的高科技公司,但无法改变其在行业细分上属于手机制造业,因而依然属于制造业的事实。这也许是苹果选择"同股同权"的股权结构设计范式的可能原因之一。

谷歌公司的股权结构设计完全不同于苹果的范式。当谷歌2004年在美国纳斯达克IPO上市时,它同时发行两类而不是一类股票。谷歌向外部投资人发行的是每股只有1个投票权的A类股票,而谷歌的两位共同创始人拉里·佩奇和谢尔盖·布林与CEO埃里克·施密特则持有每股有10个投票权的B类股票,由此导致谷歌形成了投票权配置权重向创业团队倾斜的"同股不同权"构架。佩奇、布林和施密特三人共持有谷歌大约 1/3 的 B 类股票，谷歌的控制权牢牢地掌控在创业团队手中。佩奇、布林和施密特三人从不需要像乔布斯一样担心有一天由于无法给股东带来预期的回报而被股东无情地辞退。我们注意到，虽然同为高科技企业，但谷歌属于标准的 IT 行业，而苹果很大程度上依然属于需要大量生产设备和人工投入的制造业。

谷歌的"同股不同权"构架显然是不同于苹果"同股同权"构架的股权结构设计新范式。那么，这种股权结构新范式是在最近二十年随着以互联网技术为标志的第四次工业革命浪潮涌起时才出现的吗？

让我们简单回顾一下"同股不同权"构架股票设计和发行的实践历史。其实，早在 200 多年前美国纽约州就允许推出一种名为渐减投票权（graduated voting rights）的股票以限制大股东的权利，防范大股东剥削小股东。在这样的设计下，如果股东持股较少，那么股东拥有一股一票的投票权。当股东持股较多时，则投票权要打折。例如，当只有 4 股时，股东可以享有一股一票。但是当拥有 20 股时，股东只能享有 9 股的投票权，平均每股 0.45 票。当持股数达到 100 股时，股东便只能享有 25 股的投票权，平均每股 0.25 票。有学者利用纽交所 1826 年的数据开展的经验考察发现，一家公司发行的上述构架股票的渐减程度越大，该公司的市值越高（Hilt，2007）。200 年前的渐减投票权股票的发行的事实表明，同股未必一定"同权"，可以根据外部环境的变化因地制宜地适当调整权重，毕竟股票交易是一种基于个人意愿的自愿交易行为。

谷歌在股权结构设计上采用的双重股权结构股票（dual-class stocks）同样有着上百年的历史。只不过长期以来这种形式上投票权不平等的范式被认为是不利于外部投资者权益保护的股权结构设计，并遭到主流公司治理理论的唾弃。例如，我们观察到在发行 AB 双重股权结构股票的公司中，一股多票的 A 类股票的市场价值要高于一股只有一票投票权的 B 类股票，Lease 等提出一种十分聪明的度量控制权私人收益方法（Lease et al.，1983，1984；Nenova，2003）。一个理性的投资者只有预期到通过持有 B 类股票获得公司控制权未来带来她的私人收益超过她为了获取控制权付出的成本，她才有激励花费高于 A 类股票的价格去购买 B 类股票。因而 A 类股票和 B 类股票二者的价格差额成为这个理性投资者预期获得控制权后未来所可能谋求的私人收益。在 Lease et al.（1983，1984）看来，AB 双重股权结构股票的发行成为实际控制人获得控制权私人收益的重要工具。双重股权结构股票的发行不利于外部投资者权益的保护，在上述控制权私人收益的度量方法下，其政策含义不言而喻。

哈特等多位学者在 20 世纪 80 年代完成的理论模型分析中表明，"一股一票"股东投票表决机制有助于减少经理人盘踞和内部人控制问题，保护中小股东权益,因而"一股一票"所反映的同股同权被主流公司治理理论认为是股权结构设计应该遵循的基本原则(Grossman and Hart,1988;Harris and Raviv,1988)。

直到 20 世纪 90 年代末,在哈佛大学安德烈·施莱弗教授率领的法金融研究团队开展的各国法律对投资者权益保护程度评价的经典研究中,他们仍然把是否实行一股一票作为评价法律对投资者权利保护的重要指标(LLSV,1998)。那些没有采用一股一票的国家被施莱弗团队认为是在法律上对投资者权益保护不足的国家。而一国法律如果对投资者权益保护不足,那么按照法金融文献的结论和政策含义,该国的金融发展水平将受到抑制,进而拖累该国的经济增长。在他们开展国际经验比较的 49 个样本国家和地区中,真正实行一股一票的国家和地区只有 11 个;双重股权结构股票在加拿大、丹麦、瑞士、挪威、芬兰、瑞典、意大利、墨西哥、巴西较为普遍,而在英国、法国、澳大利亚、南非和智利不多见;在 20 世纪 90 年代初,约有 6% 的美国公司采用双重股权结构,其市值约占美国股市总市值的 8%(LLSV,1998)。

然而,当人类进入 21 世纪,随着以互联网技术为标志的第四次工业革命浪潮的兴起,人们突然发现在二十年前依然被主流公司治理理论唾弃的双重股权结构股票几乎在一夜之间成为很多高科技企业青睐的股权结构设计范式。于 2004 年上市的谷歌只是选择发行 AB 双重股权结构股票上市的众多高科技企业之一。

由于允许发行 AB 双重股权结构股票,美国成为全球高科技企业选择上市的目标市场。京东、百度、优酷等大量来自中国的优秀互联网企业相继在美国以 AB 双重股权结构上市。我们以 2014 年在美国纳斯达克上市的京东为例。在京东同时发行的两类股票中,B 类每股具有 1 票投票权,而 A 类每股则具有 20 票投票权。出资规模只占 20% 的创始人刘强东通过持有 A 类股票,获得京东 83.7% 的投票权,实现了对京东的绝对控制。

在一些高科技企业流行发行双重股权结构股票的同时,2017 年 3 月 2 日在美国纽交所上市的 Snap 甚至推出三重股权结构股票。其中,A 类股票每股 10 份投票权,B 类股票每股 1 份投票权,而 C 类股票没有投票权。分享全部 A 股的两位联合创始人 Evan Spiegel 和 Bobby Murphy 通过上述三重股权结构股票共拥有该公司 88.6% 的投票权,Snap 由此被牢牢掌控在两位联合创始人手中。

除了通过直接发行双重甚至多重股票实现"同股不同权"的股权结构设计,很多企业通过基于创业团队与主要股东达成的股权协议,以及其他内部管理制度,变相形成"同股不同权"的构架。来自中国的两家互联网企业阿里和腾讯成为这方面两个典型的例子。

## 3.2 阿里的合伙人制度和腾讯的股权协议

2014年9月19日,阿里巴巴集团在纽约证券交易所挂牌上市。从阿里上市时的股权结构来看,其第一大股东为持股31.8%的软银。作为综合性的风险投资公司,该公司于1981年由日本人孙正义在日本创立,并于1994年在日本上市。阿里的第二大股东为当时持股15.3%的雅虎。而阿里的合伙人共持有13%,其中马云本人仅持股7.6%。如果抛开以马云为首的阿里合伙人与主要股东签订的股权协议和阿里为了加强公司控制而推出的合伙人制度,相信很多人会把阿里与日资控股的企业联系在一起。那么,阿里真的是日本人孙正义控股的日资企业吗?

按照阿里合伙人与主要股东在阿里上市前达成的一致行动协议,软银超出30%的股票投票权将转交阿里合伙人代理,在30%权限内的投票权将支持阿里合伙人提名的董事候选人。作为交换,只要软银持有15%以上的普通股,即可提名一位董事候选人出任董事会观察员,履行投票记录等事宜。雅虎则统一将至多1.215亿普通股(雅虎当时所持的1/3,约占阿里总股本的4.85%)的投票权交由阿里合伙人代理。我们看到,根据阿里合伙人与主要股东达成的股权协议,以马云为首的28位(截至2021年年底是38位)合伙人有权任命阿里董事会的大多数成员,集体成为公司的实际控制人。作为阿里的内部管理制度,合伙人制度设立的初衷即是淡化创始人的个人色彩,突出合伙人这一领导集体的重要性。在2009年阿里成立十周年之际,"不希望背着荣誉去奋斗"的十八罗汉一起辞去"创始人"身份,组成合伙人,"用合伙人取代创始人"。阿里巴巴集团前执行副主席蔡崇信在阿里上市时答记者问曾经对此解释道,"一群志同道合的合伙人,比一两个创始人更有可能把优秀的文化持久地传承发扬"。在阿里由11人组成的董事会中,有5位执行董事全部由合伙人提名。阿里大部分的执行董事和几乎全部高管都由阿里合伙人团队出任。第一大股东软银在阿里董事会中委派一名没有表决权的观察员。

通过股权协议和合伙人制度,阿里完成了"同股不同权"构架的搭建。一个明证是,在阿里寻求集团整体上市的过程中,曾经挂牌B2B业务的港交所曾是马云和他的团队考虑的首选地。但鉴于当时的港交所尚不能接纳阿里通过合伙人制度变相实现的"同股不同权"构架,阿里不得不选择到更加包容的美国纽交所实现整体上市。阿里时任CEO陆兆禧先生在阿里放弃中国香港上市后曾提到:"今天的中国香港市场,对新兴企业的治理结构创新还需要时间研究和消化。"

除了阿里,腾讯是另外一家借助股权协议加强公司控制的例子。但与阿里明确被界定为"同股不同权"构架不同,腾讯 2004 年在港交所上市时似乎并没有受到香港监管当局的太多质疑。这一方面是由于持股比例并不算太低的腾讯创业团队与来自南非的第一大股东 Naspers 共同分享董事会提名权。而不像在阿里,持股并不太多的马云和他的合伙人要独享阿里董事会的提名权,容易给人造成"四两拨千斤"的印象。另一方面是由于腾讯马化腾团队对腾讯董事会组织的控制完全基于与主要股东签署的股权协议,而没有像阿里把作为内部管理制度的合伙人制度与股权协议捆绑在一起。

我们注意到,2004 年腾讯在香港上市时,马化腾和另一腾讯创始人张志东持股比例合计为 20.86%,低于第一大股东 Naspers。但按照腾讯创业团队与 Naspers 达成的股权协议,在董事会组织中,创始人提名人数和大股东 Naspers 提名人数要相等,创始人提名的马化腾、刘炽平以及大股东 Naspers 提名的 Jacobus Petrus (Koos) Bekker、Charles St Leger Searle 四位成为腾讯董事会中的非独立董事;李东生、杨绍信、Iain Ferguson Bruce、Ian Charles Stone 等四名独立非执行董事的产生延续了类似的逻辑;而公司 CEO 由创始人提名,CFO 由 Naspers 提名。

此外,按照腾讯创始团队与 Naspers 的约定,公司所有股东大会或董事会的决议案必须由股东大会或董事会出席投票的 75% 通过才有效,而不是简单多数同意即可。我们认为,上述设计与这样的股权设计考量有关:马化腾和另一腾讯创始人张志东的持股比例合计为 20.86%,在 75% 通过才有效的规定下,20.86% 接近"一票否决"的持股比例。与公司治理实践中普遍采用的重大事项只需要三分之二赞同即可通过的规定相比,上述设计加强公司控制的意味更加明显。

尽管腾讯并不能被认为是"同股不同权构架",但其创业团队在董事会组织中的主导作用无疑和阿里通过合伙人制度形成的集体实际控制人格局具有异曲同工之妙。

## 3.3　为什么高科技企业更加青睐"同股不同权"构架?

如果我们把谷歌和百度的 AB 双重股权结构股票的发行理解为直接构建"同股不同权"构架,那么阿里基于股权协议和合伙人制度则变相实现了"同股不同权"构架的构建。而无论是美国的谷歌和脸书,还是中国的百度和阿里,它们都是与互联网技术有关的高科技企业。我们的问题是,为什么高科技企业更加青睐投票权配置权重向创业团队倾斜的"同股不同权"构架呢?

第一，以互联网技术为标志的第四次工业革命带来的加剧的信息不对称对创新导向下的企业权威重新配置提出了内在需求。

在互联网时代，"大数据"的数据采集方式和"云计算"的数据处理能力在公司现金流识别问题上带来方向相反的深刻变化。一方面，它使得资本市场投融资双方的信息不对称问题有所减缓。例如，阿里集团旗下新零售旗舰银泰商厦基于大数据分析可以将 22 到 25 岁的女性识别为目标客户，进行精准营销。但另一方面，基于互联网技术的新兴产业发展日新月异，使得投融资双方在现有业务发展模式下现金流来源的信息不对称加剧。长期以来习惯于基于现金流分析、利用净现值（NPV）法则来判断一个项目是否可行的外部投资者现在突然发现，在一些与互联网技术相关的业务模式中，甚至很难理解现金流是如何产生的。例如，对于新经济企业借助平台提供的捆绑品性质的服务，以往使用起来得心应手的折现现金流分析和净现值法则突然间变得无从下手。比如一些二手车直卖网的广告是"买方直接买，卖方直接卖，没有中间商赚差价"。如果这些平台业务开展并非像一些投资者预期的通过赚取卖家和买家之间的价差形成现金流，那么它们的现金流又是从何而来呢？没有现金流，净现值又如何能为正？净现值不为正又如何进行投资？而对于那些提供捆绑品性质的服务的新经济平台，其业务模式的创新之处可能恰恰在于中介服务也许并不赚钱，但和中介业务捆绑在一起的广告以及其他衍生服务赚钱。无怪乎近年来在金融圈有一个流行的说法，"做好了就是互联网金融，做不好就是非法集资诈骗"。小米的雷军曾经有句名言，"只要站在风口，猪也能飞起来"。但问题是谁有能力识别哪只是即将飞起来的猪？谁又有能力识别是否站在风口？

以互联网技术为标志的第四次工业革命浪潮导致的信息不对称的影响还体现在更多方面。例如，技术产生的不确定性使得不同投资者之间的观点变得比以往更加不一致，以至于认为股价虚高的股东很容易将所持有的股票转手给认为股价依然有上升空间的潜在投资者，使得"现在股东"与"将来股东"之间的利益冲突严重（Bolton et al., 2006）。由于互联网时代专业化分工的深入，那些从事其他专业的外部投资者由于缺乏相关的专业会计知识和财务报表分析能力，总体精明程度下降（Frieder and Subrahmanyam, 2004），从而不得不转而依赖引领业务范式创新的专业创业团队。

总之，我们看到，随着第四次工业革命的深入和互联网时代的来临，外部投资者对现金流来源识别和业务模式创新的信息不对称程度不是减缓了，反而是加剧了。于是，投融资双方在互联网时代加剧的信息不对称下的逆向选择问题出现了：一方面希望获得外部资金支持来加速独特业务模式发展的创业团队由于无法说清楚现金流从何而来，总是被人怀疑是"骗子"，很难获得外部融资，而另一方面"不差钱"外部投资者则很难找到具有潜在投资价值的项目,资本市场资金空转踩踏事件时有发生。

因此,互联网时代对创新导向的企业权威重新配置提出了迫切需要。一方面,新的治理范式需要能够向资本市场发出明确的信号,破解逆向选择难题,以寻求外部资金的支持;另一方面,它需要能够有效避免不知就里的外部投资者指手画脚,过度干预,把围绕业务模式创新的专业决策交给"术业有专攻"的创业团队,让"专业的人办专业的事"。而不平等投票权的股权结构设计能够使对资源配置产生重要影响的权威向创业团队倾斜,无疑有助于上述目标的实现。我们看到,在上百年的发展历程中饱受质疑和批评的 AB 双重股权结构正是由于迎合了第四次工业革命对创新导向的企业权威重新配置的内在需要,而重新获得了理论界和实务界的认同。

第二,技术密集型的高科技企业有形资产权重低,估值波动大,很容易在资本市场上成为接管对象,因此需要建立有效防范"野蛮人入侵"的制度安排,以鼓励创业团队人力资本的持续投入。

在资本市场,固定投入有限从而有形资产权重不高、题材时髦从而估值波动较大的高科技企业,很容易成为资本市场接管商青睐的并购对象。由于控制权的不当安排,乔布斯一度被迫离开自己亲手参与创办的苹果公司。也许我们用中国俗语"早知如此,何必当初"来评价被迫去职的乔布斯当时的内心感受是最恰当不过的。容易理解,如果预期到自己一手创建的企业未来将轻易地被闯入的野蛮人占为己有,那还有哪个创业团队愿意不辞辛劳夜以继日地打拼呢?创业团队的人力资本事前投资激励由此将大为降低。而没有对野蛮人入侵设置足够高的门槛,挫伤的也许不仅仅是创业团队人力资本的投资激励,还会伤及整个社会的创新氛围和创新文化。如果任由野蛮人肆虐横行,那么未来我们在资本市场上观察到的也许更多是巧取豪夺,而不是人力资本的投入和技术创新。

事实上,防范"野蛮人入侵"对于进入分散股权时代的中国资本市场发展具有特殊的现实意义。一个可以预见的事实是,并购行为将会比以往任何时候都更加频繁,甚至不惜以相对极端的"野蛮人入侵"和控制权纷争面貌出现。著名的万科股权之争和血洗南玻 A 董事会等公司治理事件事实上都是在这一背景下发生的。我国上市公司以往对经理人内部人控制等传统经理人机会主义行为倾向的重视,正在由于门外野蛮人入侵等股东机会主义行为的存在而削弱。包括我国在内的全球公司治理理论和实务界迫切需要探索互联网时代的公司治理制度设计,以积极应对野蛮人入侵的股东机会主义行为频繁发生的问题。而在资本市场为野蛮人设置门槛的理论和实践意义就像在研发领域设立保护和鼓励创新的专利制度一样。不平等投票权由此成为在互联网时代保护和鼓励人力资本投入的另一种"资本市场上的专利制度"。

第三，上述从股东中心向企业家中心的公司治理范式转变一定程度上还与公司治理学术界对"所有权与经营权"二者之间关系的重新认识的推波助澜不无关系。

现代公司治理问题的提出始于 Berle 和 Means 在 1932 年出版的《现代公司和私有财产》一书。在这本以反思 20 世纪二三十年代全球经济大萧条出现的金融制度根源为题材的著作中，Berle 和 Means 认为大萧条的出现一定程度与现代股份公司所扮演的消极角色有关。他们在书中抱怨："随着公司财富的所有权变得更加广为分散，对这些财富的所有权与控制权已经变得越来越少地集中于同一个人之手。在公司制度下，对行业财富的控制可以而且正在被以最少的所有权利益来完成。财富所有权没有相应的控制权，而财富的控制权没有相应的所有权，这似乎是公司演进的逻辑结果。"在所有权和经营权分离的现代股份公司，外部分散股东将面临拥有经营权的职业经理人的挥霍和滥用，股东会因此蒙受巨大损失，这不仅成为 20 世纪二三十年代大萧条爆发的金融制度根源，而且"对过去三个世纪赖以生存的经济秩序构成威胁"。该书所强调的经理人与股东之间的代理冲突由此为公司治理理论研究和政策实践打上了深深的印记。

然而，回顾近代全球经济发展历史，我们不难发现，现代股份公司借助所有权和经营权分离所实现的"经理人职业化"和"资本社会化"之间的专业化分工，为人类社会文明进步揭开了全新的一页。按照加利福尼亚大学伯克利分校 J. 布拉德福特·德隆(J. Bradford De Long)教授的研究，在人类历史上 250 万年前旧石器时代至今的漫长岁月里，世界人均 GDP 在 99.99% 的时间长度内基本没什么变化。但在过去的 250 年中，世界人均 GDP 突然有了一个几乎是垂直上升的增长。这可以从马克思的观察"资产阶级在它的不到一百年的阶级统治中所创造的生产力，比过去一切世代创造的全部生产力还要多，还要大"[①]中得到侧面证明。这一变化显然离不开现代股份公司这一支撑专业化分工的生产组织制度的出现。以至于尼古拉斯·默里·巴特勒(Nicholas Murray Butler)把现代股份公司称为"近代人类历史中一项最重要的发明"，认为"如果没有它，连蒸汽机、电力技术发明的重要性也得大打折扣"[②]。

---

① 马克思,恩格斯. 共产党宣言[M]. 北京:人民出版社,2018.
② 中央电视台财经频道. 公司的力量[EB/OL]. 2010. http://jingji.cntv.cn/special/gsdll/01/index.shtml,访问日期 2010 年 8 月 23 日。

构成现代股份公司基本特征的"所有权和经营权的分离"一方面带来了"经理人职业化"与"资本社会化"的专业化分工,使效率得以极大提升;另一方面也成为股东和经理人之间代理冲突的根源,产生代理成本。然而,长期以来,受 Berle and Means(1932)反思大萧条的影响,公司治理的理论和实务界看到的更多是现代股份公司由于所有权与经营权分离产生的代理冲突和由此形成的代理成本,而把现代股份公司中最重要的经理人职业化和资本社会化的专业化分工忽略了。公司治理理论和实务界逐渐认识到,正确的公司治理制度设计理念应该是如何在现代股份公司专业化分工带来的效率提升和所有权与经营权分离衍生出来的代理冲突之间进行平衡,而不是顾此失彼。

而"同股不同权"的股权结构设计则有助于经理人和股东之间的专业化分工程度进一步加深。在不平等投票权的股权结构下,一方面由创业团队掌握高科技企业控制权,专注业务模式创新;另一方面,面对基于互联网技术的新兴产业快速发展日益加剧的信息不对称,外部投资者则"退化"为类似于债权人的普通投资者,把自己并不熟悉的业务模式创新决策让渡给创业团队,而使自己更加专注风险分担。"让专业的人做专业的事",由此使得资本社会化和经理人职业化之间的专业化分工在更深的层面展开。这事实上是现代股份公司诞生以来所秉持的专业化分工逻辑的延续。它同样是亚当·斯密在《国富论》中讨论"别针工厂"时提及的专业化分工思想的体现。

在上述意义上,"同股不同权"的股权结构设计对专业化分工加深的重视和强调也标志着公司治理理论和实务界逐步在理念和行动中走出 Berle and Means(1932)以来对所有权与经营权二者关系的认识误区,从以往强调控制权占有转向追求专业化分工带来效率改善的合作共赢。

正是在上述三个方面的现实和理论背景下,我们看到,过去的二十多年见证了高科技企业股权结构设计理念从"同股同权"构架到"同股不同权"构架的转变。发行不平等投票权股票的"同股不同权"构架一度被认为不利于外部投资者权益保护,到如今已成为各国鼓励创新型企业快速发展的普遍政策工具:各国和各地区纷纷修改上市规则"拥抱"发行不平等投票权股票的新经济企业。

以不平等投票权为标志的企业家中心的公司治理范式正在演变为高科技企业公司治理制度变革的全球趋势。2018 年,香港完成二十五年来最重要的上市制度改革,开始接纳和包容同股不同权构架。2018 年 7 月 9 日 IPO 的小米成为以 AB 股在港上市的第一家内地企业。2019 年,5 年前因违反"同股同权"原则而被拒绝挂牌的阿里在香港第二上市,重新登陆香港市场。我国内地的 A 股迎头赶上,在较短的时间内创立科创板,允许 AB 双重股权结构股票发行,2020 年 1 月 20 日,我国 A 股第一只"同股不同权股票"优刻得科技鸣锣上市。

## 3.4 "同股不同权"股权结构的设计理念和相关实践

### 3.4.1 股权设计的现代理念

从哈特的不完全合约视角出发,由于股东能够以所出资的可承兑收入为所做出的错误决策承担责任,因而股东成为公司治理的权威,进而在传统公司治理实践中长期奉行"股东中心"的公司治理范式。然而,投票权配置权重向创业团队倾斜这一新的股权结构设计范式背后又体现了哪些股权设计的现代理念呢?概括而言,有以下四个方面。

第一,通过"同股不同权"的股权结构设计,以往作为代理冲突双方的股东与经理人实现了从短期雇佣合约向长期合伙合约的转化(郑志刚等,2016)。如果我们把苹果的权威配置模式理解为一种短期雇佣合约,那么股东与经理人之间的关系可以描述为"流水的经理人,流水的股东"。例如,对于苹果CEO库克来说,他的任何糟糕的业绩表现都会成为股东罢免他的理由。而"同股不同权"构架形成的投票权配置权重向创业团队倾斜将以往"流水的经理人,流水的股东"演变为"铁打的经理人,流水的股东"。对于一些进行长期价值投资的战略投资者,甚至演变为"铁打的经理人,铁打的股东"。因此"同股不同权"构架实质上是完成了创业团队与外部投资者从短期雇佣合约到长期合伙合约的转化,由此在二者之间建立了合作共赢的长期合伙关系。以阿里合伙人制度为例,在"长期合伙合约"下的阿里合伙人成为阿里事实上的"不变的董事长"或者说"董事会中的董事会"。阿里由此不仅是软银、雅虎等主要股东的,而且也是马云和他的合伙人的。这为阿里合伙人与软银、雅虎等主要股东长期合作共赢打下了坚实的制度基础。

亚当·斯密在《国富论》中为我们描述了被雇佣的"打工仔"和作为主人的"合伙人"在心理与行为上的差异。"在钱财的处理上,股份公司的董事是为他人尽力,而私人合伙公司的合伙人则纯为自己打算。所以,要想股份公司的董事们监视钱财用途,像私人合伙公司的合伙人那样周到,那是很难做到的。有如富家管事一样,他们往往拘泥于小节,而非主人的荣誉,因此他们非常容易使他们自己在保有荣誉这一点上置之不顾了。于是,疏忽和浪费,常为股份公司业务经营上多少难免的弊端"。

第二,通过"同股不同权"的股权结构设计,负责分担风险的股东和负责业务模式创新的经理人二者之间的专业化分工进一步加深,实现了管理效率的提升。现代股份公司由于实现了"资本社会化"和"经理人职业化"的专业化分工,与控制权与经营权不分的新古典资本主义企业相比,极大地提升了管理经营效率,带来了人类财富的快速增长。我们看到,面对基于互联网技术的新兴产业的快速发展和日益加剧的信息不对称,在"同股不同权"构架下,通过投票权配置权重向持有 A 类股票的创业团队(阿里合伙人)倾斜,创业团队掌握了公司实际控制权,专注业务模式创新;而 B 类股票持有人(软银、雅虎等)则"退化"为类似债权人的普通投资者,把自己并不熟悉的业务模式创新决策让渡给 A 类股票持有人,从而使自己更加专注风险分担。"让专业的人做专业的事",同股不同权架构使资本社会化和经理人职业化之间的专业化分工在更深的层面展开。这事实上是现代股份公司诞生以来所秉持的专业化分工逻辑的延续。"同股不同权"的股权结构设计对专业化分工的加深也标志着公司治理理论和实务界逐步在理念和行动中走出了 Berle and Means(1932) 的误导,从以往强调控制权占有转向追求如何在专业化分工带来效率改善与缓解代理冲突从而降低代理成本二者之间实现平衡。

第三,同股不同权的股权结构设计为创业团队防范野蛮人入侵设置重要门槛,鼓励创业团队围绕业务模式创新进行更多的人力资本投资,迎合了互联网时代对创新导向的企业组织重构的内在需求。这一点对于进入分散股权时代的我国资本市场现实意义尤为重大。以 2015 年万科股权之争为标志,野蛮人出没和控制权纷争从此成为进入分散股权时代的我国资本市场的常态。然而,当万科创始人王石率领的管理团队由于险资宝能的举牌而焦头烂额、寝食难安时,刘强东、阿里合伙人通过直接发行双重股权结构股票或推出合伙人制度,将京东、阿里等的控制权牢牢掌握在自己的手中,可以心无旁骛地致力于业务模式的创新,使业务发展一日千里。我们看到,一方面,王石团队与宝能等围绕"谁的万科"争论不休;另一方面,阿里不仅是软银雅虎的,而且是马云创业团队的,是大家的阿里。这事实上同样是双重股权结构股票在经历了近百年的"不平等"指责后重新获得理论界与实务界认同背后的重要原因之一。

第四,面对资本市场中众多的潜在投资项目,同股不同权的股权设计向外部投资者展示了创业团队对业务模式创新的自信,成为投资者识别独特业务模式和选择潜在投资对象的信号。正如前面分析所指出,新兴产业日新月异的发展使得创业团队与外部投资者之间围绕业务发展模式创新的信息不对称日益加剧。一方面希望获得外部资金支持来加速独特业务模式发展的创业团队很难获得外部融资,而另一方面外部投资者则很难找到具有投资价值的项目,出现逆向选择的困境。如果说旧车市场是靠质量担保传递旧车质量的信号来解决逆向选择问题的,那么,资本市场很大程度是通过"不平等投票权"股票的发行向外部投资者传递实际控制人对业务模式创新自信的信号来解决资本市场新的逆向选择问题。在上述意义上，不平等投票权股票的发行构成了博弈论中所谓的分离均衡战略，成为创业团队传递业务模式独特性的重要信号。这一信号使创业团队与"同股同权"等传统股权结构设计模式相区别，吸引外部投资者选择创业团队的项目作为投资对象。

通过总结同股不同权的股权结构设计理念，我们看到它是在长期合伙基础下实现的合作共赢，而不是简单的"谁雇用谁"。在阿里，马云合伙人绝不是被软银和雅虎的"资本"简单雇用的"劳动"。同样的，软银和雅虎的"资本"也不是被马云合伙人的"劳动"简单雇用的"资本"。雇佣关系背后体现的"主仆关系"很难形成平等的合作伙伴关系，这使得二者之间的合作共赢难以持久。

事实上，同股不同权构架虽然在形式上是"不平等"的，但它却给投资者带来更多的长期回报，实现了股东收益最大化，最终使合作双方在结果上是"平等"的。阿里在2014年上市时的市值为1700亿美元，到仅仅四年后的2018年，阿里的市值就超过4000亿美元。软银的孙正义曾经表示，在他投资的800多个项目中很多项目投资是失败的，但投资阿里的成功使其长期保持日本的"首富"位置。而2004年上市时仅仅投资3200万美元的腾讯大股东Naspers在2018年上半年第一次减持时每股收益翻了上百倍，成为真正意义上的"价值投资"。投资者是否愿意购买和以什么价格购买与B类股票投票权不同的A类股票完全是标准的市场行为，我们可以把外部股东之所以愿意放弃坚持资本市场通行的"同股同权""股权至上"等原则而购买"同股不同权"的股票理解为外部投资者愿意向创业团队的人力资本投入支付溢价。

我们注意到，无论是阿里合伙人制度还是腾讯"大股东背书"模式，它们都没有发行AB双重股权结构股票，但变相实现了"不平等投票权"股票的发行，成为股权结构设计的重要制度创新。这些实践为新兴产业快速发展过程中面对信息不对称和合约不完全问题时如何自发形成市场化解决方案提供了重要的借鉴。

### 3.4.2 向创业团队倾斜的投票权应注意的问题

为了更好地突出上述设计理念，在投票权配置权重向创业团队倾斜的股权结构设计实践中，我们应该重点关注以下几个问题。

第一，成为合作一方的创业团队需要以真金白银的投入作为可承兑收入，以便至少部分能为自己可能做出的错误决策承担责任。在阿里的股权结构设计中，集体成为实际控制人的阿里合伙人团队共同持有阿里13%的股票，而其中马云本人持股7.6%。上述投入构成软银和雅虎愿意与阿里合伙人合作、并同意形成同股不同权构架的可承兑收入。由于上述可承兑收入的存在，软银和雅虎意识到，做出错误的决策后遭受损失的不仅仅是他们，还有马云和他的合伙人本身。在阿里合伙人与软银、雅虎的股权协议中曾有这样的规定：如果马云持股比例低于1%，则相关投票委托协议不再有效。我们看到，这样的规定同样是出于上述考虑。

可承兑收入固然在说服主要股东同意投票权配置权重向创业团队倾斜中十分重要，但马云等合伙人的卓越表现和良好声誉同样构成双方建立长期合伙合约关系的基础。创立于1999年的阿里经过二十多年的发展已成为享誉全球的企业间电子商务（B2B）的著名品牌；在2004年推出的第三方支付平台支付宝使阿里进一步在互联网移动支付业务中声名鹊起；而从2009年起人为打造的"双十一"网购狂欢节，逐年刷新11月11日当日全天交易额纪录，不仅成为中国电子商务行业的年度盛事，并且其影响开始扩大到国际电子商务领域。

第二，通过"日落条款"的设计实现控制权在创业团队和股东之间的状态依存。所谓"日落条款"是指在《公司章程》中对投票权配置权重倾斜的创业团队所持有A类股票转让退出、转为B类股票以及创业团队权力限制的各种条款的总称。由于投票权配置权重倾斜可能对外部分散股东的利益造成损害，日落条款在同股不同权股权结构设计中的重要性自不待言。我们以2020年1月在我国A股市场推出的第一只"同股不同权"构架股票优刻得科技为例。季昕华、莫显峰及华琨三人通过《一致行动协议》而成为优刻得的实际控制人。三位实际控制人持有的A类股份每股拥有的表决权数量为其他股东所持有的B类股份每股拥有的表决权的5倍。在IPO完成后，直接持有19%股份的三位实际控制人将获得55%的表决权。通过建立上述投票权配置权重倾斜的股权结构安排，季昕华、莫显峰及华琨对公司的经营管理以及对需要股东大会决议的事项具有绝对控制权，限制了除共同控股股东及实际控制人外的其他股东通过股东大会对发行人重大决策的影响。

为防范实际控制人A类股份表决权的滥用或损害公司及其他中小股东的利益，优刻得的《公司章程》对配置权重倾斜的A类股票相关事项作了如下规定。其一，公司股东对下列事项行使表决权时，每一A类股份享有的表决权数量应当与每一B类股份的表决权数量相同。① 对《公司章程》作出修改；② 改变A类股份享有的表决权数量；③ 聘请或者解聘公司的独立董事；④ 聘请或者解聘为公司定期报告出具审计意见的会计师事务所；⑤ 公司合并、分立、解散或者变更公司形式。其二，公司股票在交易所上市后，除同比例配股、转增股本情形外，不得在境内外发行A类股份，不得提高特别表决权比例。A类股份不得在二级市场进行交易。其三，出现下列情形之一的，A类股份应当按照1∶1的比例转换为B类股份。持有A类股份的股东不再符合《上海证券交易所科创板股票上市规则》及《优刻得科技股份有限公司关于设置特别表决权股份的方案》规定的资格和最低持股要求,或者丧失相应履职能力、离任、死亡;持有A类股份的股东向他人转让所持有的A类股份,或者将A类股份的表决权委托他人行使。

"日落条款"的规定几乎成为所有推出同股不同权构架的通例。例如,在谷歌的"同股不同权"的股权结构设计下,如果佩奇等人手中的A类股票选择上市流通,则这些A类股票将被自动转换为B类股票。这意味着,如果创业团队对公司业务模式创新的引领依然充满信心,那就继续持有A类股票,通过投票权配置权重的倾斜而成为公司的实际控制人,不断引领业务模式的创新和公司的持续发展;如果创业团队对业务模式创新和新兴产业发展趋势不再具有很好的理解和把握,选择把A类股票出售转为B类股票,则意味着创业团队重新把控制权"归还"给股东,在一股一票和同股同权的框架下,按照公司治理最优实践来选择和组建能够为股东带来高回报的全新管理团队。谷歌的实际控制权于是在佩奇等创业团队和股东之间实现了所谓的"状态依存"。

即使在日落条款色彩并不十分明显的阿里的公司章程中,按照相关规定,只有马云持股不低于1%,合伙人才对阿里董事会拥有特别提名权,可任命半数以上的董事会成员。这意味着,如果马云本人持股低于1%,阿里合伙人在董事会组织中的主导作用将重新回到软银、雅虎等主要股东手中。

尽管几乎在奉行同股不同权构架的所有公司中都会有这样那样的"日落条款",但由于投票权权重配置的倾斜对外部股东权益保护的潜在挑战,同股不同权构架无论在理论还是在实践中都存在一定的争议。作为对上述潜在挑战的市场调节,我们观察到,同股不同权构架的股票往往比同股同权构架股票的价格波动更大。例如,在港交所完成上市制度改革后,登陆香港的采用同股不同权架构的企业小米、美团等遭遇在IPO后股价跌回,甚至跌破发行价的尴尬局面。

第三,即使在同股不同权构架在高科技企业中盛行的今天,由于股东所具有的独一无二的责任承担能力,股东作为公司治理权威的地位并没有从根本上动摇。股东的权威性集中体现在股东大会作为公司最高权力机构的法律地位和公司法对股东相关权益的保护。同股不同权构架只是投票权配置权重向创业团队倾斜,但并没有改变股东大会作为公司最高权力机构的法律地位。即使在阿里,合伙人对阿里的集体实际控制是取决于阿里合伙人与主要股东之间达成的股权协议。把业务模式创新的主导权交给创业团队,并不是意味着主要股东对控制权的完全放弃。伴随双重股权结构股票的发行,一个公司往往会推出严格的"日落条款",以保证控制权在创业团队与主要股东之间状态依存。

第四,注意类似阿里合伙人制度等制度创新在股权结构设计上发挥的独特作用。在2019年9月10日阿里巴巴20周年年会上,宣布正式退休的马云说:"今天不是马云的退休,而是一个制度传承的开始;今天不是一个人的选择,而是一个制度的成功"。合伙人制度无疑是马云推动阿里传承计划顺利进展的关键制度之一。作为阿里的内部管理制度,合伙人制度设立的初衷即是淡化创始人的个人色彩,突出合伙人这一领导集体的重要性。

通过股权协议,在主要股东软银和雅虎的背书和支持下,阿里合伙人"集体"成为阿里的实际控制人。阿里合伙人由此成为阿里"董事会中的董事会"和"不变的董事长"。这意味着,阿里的实际控制人并非某一具体的创始人,而是阿里合伙人集体。马云的退休并不会波及阿里合伙人集体对阿里的实际控制。阿里合伙人规模从2014年在美国纽交所上市时的28人扩大到2019年年底的38人,他们成为阿里产生未来领导的稳定的人才储备库。而成为阿里的合伙人首先必须满足在阿里巴巴工作五年以上等一系列苛刻条件。新合伙人候选人通过特定提名程序和为期一年的考察后,最终需要获得75%以上合伙人的支持,才能有望成为新的合伙人。合伙人形成的"人才蓄水池"的一个客观效果是,阿里管理团队成员提前完成了新团队组建过程中不可避免的磨合过程,降低了以往无论来自空降还是晋升,新团队组建过程中彼此磨合所带来的各种隐性成本和显性成本。而"事前组建"的管理团队,通过预先共同认同的价值文化体系的培育和股权激励计划的推行,使公司治理制度设计通常面临的代理冲突在一定程度上得到化解。我们认为,阿里2014年在美国上市时,软银、雅虎等主要股东之所以愿意放弃对一个企业通常而言至关重要的控制权,是因为在一定意义上他们愿意向"事前组建管理团队"和"公司治理机制前置"的阿里合伙人集体支付溢价。如同在电商和第三方支付业务等方面的重大创新一样,合伙人制度成为阿里在公司控制权安排和企业传承中十分重要的制度创新。

## 3.5 双重股权结构股票如何设计才能鼓励创新?[①]

作为同股不同权的主要表现形式,不同于传统的一股一票原则,双重股权结构是给予部分股东与其持股比例不对等的投票权或其他相关权利的股权设计架构。它将公司股票分为高投票权和低投票权两类,两类股票每股的现金流权相同,但前者每股的投票权更大。双重股权结构作为控制权不对称分配的途

---

① 参见郑志刚,朱光顺,李倩,黄继承.双重股权结构、日落条款与企业创新——来自美国中概股企业的证据[J].经济研究,2021(12):94-110.

径(Taylor and Whittred，1998)，实现了投票权配置权重向部分兼具创业团队身份的股东倾斜，保证了企业在引入外部资金的同时，其控制权不被稀释。21世纪以来，随着以互联网技术为标志的第四次工业革命浪潮的兴起，创新导向的企业向组织设计变革和企业权威重新配置提出内在需求，已出现一百多年的双重股权结构受到众多创新导向的新经济企业的特别青睐。在此背景下，新加坡股票交易所、香港股票交易所纷纷修改上市制度，包容接纳双重股权结构企业上市。2018年9月26日，我国正式提出未来将允许同股不同权的创新型企业在内地A股上市，中国科创板和创业板近期也相继放开了对双重股权结构的限制。2019年12月24日，优刻得科技股份有限公司在科创板获准上市，标志着中国内地资本市场首家双重股权结构上市公司诞生。2020年11月20日，该公司在科创板正式挂牌上市。

在围绕双重股权结构的有限经验研究中，Boehmer et al.(2004)、Bauguess et al.(2012)研究发现，双重股权结构的公司在股票收益率和会计绩效方面要比同等的竞争公司表现更好；Dimitrov and Jain(2006)则发现一家公司从单一股权结构转变为双重股权结构的四年内，其长期异常股票收益率显著为正。那么，上述经验研究观察到的双重股权结构的实施或变更所提高的股东价值从何而来？Chemmanur and Jiao(2012)从理论上证明了"在高短期不确定性项目的内在价值远高于低短期不确定性项目"的行业中，双重股权结构可以通过提升经理人控制权与职位安全促进企业创新。郑志刚等(2016)基于通过合伙人制度变相建立同股不同权构架的阿里的案例研究发现，投票权配置权重向创业团队倾斜有助于将股东和创业团队之间的短期雇佣合约转化为长期合伙合约，从而实现专业化深度分工，提升经营管理效率。由于创新活动具有高成本、长期性与不确定性等特征，在传统短期雇佣合约下，管理者出于声誉、职业规划等担忧，往往更倾向于风险规避的短期行为(Stein，1989；Shleifer and Vishny，1989；Hirshleifer and Thakor，1992)，而对于高风险特征的创新激励投入不足(胡国柳等，2019)，因而长期合伙合约的实质是鼓励创新活动的人力资本投资。那么，双重股权结构对企业创新究竟会产生怎样的影响呢？

同时，传统上对双重股权结构的批评是导致表征责任承担能力的现金流权与表征公司重大决策实际影响力的控制权二者之间的分离，进而形成实际控制人盘踞，使扮演重要公司治理角色的外部接管威胁缺失，由此可能对外部分散股东的潜在利益造成损害(Masulis et al.，2009；Gompers et al.，2010)。石晓军和王骜然(2017)的研究表明，在外部监督约束机制不成熟的新兴市场国家，独特的公司治理机制与创始人担任CEO的安排叠加起来并不利于互联网企业的创新。上述制度安排的收益与成本的权衡会影响双重股权结构对创新的作用效果。

我们注意到,不同于早期的双重股权结构股票设计,近十多年来,发行双重股权结构股票的公司往往会同时推出严格的日落条款,以保证控制权在创业团队与主要股东之间状态依存。日落条款的引入表明,把业务模式创新的主导权交给创业团队,并不意味着主要股东完全放弃控制权。Baran et al.(2018)的实证研究发现,在双重股权结构公司中,创新对企业价值的提升作用仅体现在IPO后的前五年。而日落条款对双重股权结构的实施条件或期限施加了限定,以确保在双重股权结构最初的合理性消失后,能通过高投票权的A类股票转让退出实现股权结构的顺利过渡(Anand,2018)。那么,同步推出日落条款的双重股权结构是否在一定程度上弥补了其外部接管威胁不足这一设计缺陷呢?

为研究双重股权结构如何设计才能有助于企业创新,本节选取2009—2018年在美上市的中概股公司作为研究对象。选取中概股公司的原因在于:首先,不同于中国资本市场,美股允许双重股权结构的公司上市,赴美上市的中概股企业有相当比例采用了同股不同权的股权架构,这为我们的研究提供了可检验的场景;其次,由于中概股上市公司的主要经营业务在中国,需要遵守中国资本市场的规章制度,在中国科创板和创业板相继放开了对双重股权结构限制的背景下,使用文化上同源的中概股公司数据可以更贴近中国资本市场实践,一定程度上可以为双重股权结构登陆A股科创板提供逻辑基础和政策依据。在企业创新投入方面,考虑到创新活动的短期不确定性(Belloc,2012),企业创新水平并不能立即反映到专利申请上,并且相关数据统计也不完善。本节使用企业研发支出占期末总资产的比重(RD)以及经行业中位数调整的(RD_adj)来衡量企业创新。

图3.1展示了本节使用的中概股数据中不同股权类型的上市公司在历年的分布情况。从时间趋势来看,采用双重股权结构的中概股企业呈持续上升态势。到2018年,采用双重股权结构上市的中概股企业已占当年全部上市中概股企业的39.58%,双重股权结构在中概股上市公司中的流行程度由此可见一斑。这一方面表明随着以互联网技术为标志的第四次工业革命浪潮的深入,双重股权结构这一创新导向的企业组织设计变革方向正在获得越来越多的认同;另一方面也从侧面表明现阶段中国资本市场通过推出科创板接纳同股不同权架构,吸引优秀的新经济企业回归,以适应全球资本市场竞争态势的必要性。

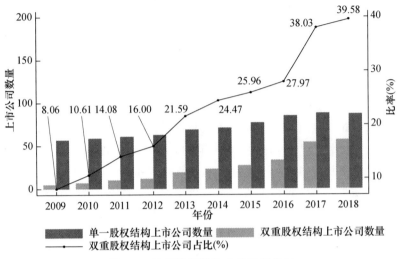

图 3.1　双重股权结构企业年度分布

### 3.5.1　双重股权结构对企业创新的影响

表 3.1 报告了基本回归结果,第(1)—(2)列报告未添加控制变量的结果,第(3)—(4)列则进一步添加了控制变量。由回归结果可以看出,企业是否实施双重股权结构的虚拟变量(Dual)的回归系数均显著为正,这表明双重股权结构股票的发行会促进企业加大研发投入。以第(3)列为例,在其他条件不变的情况下,相比于没有实施双重股权结构的上市公司,实施了双重股权结构的上市公司的研发投入要高 1.78 个百分点。而在整体样本中,研发投入占总资产的比值(RD)的均值为 3.09%。这表明,相比于不实行同股不同权的中概股企业,实施同股不同权的中概股企业的研发投入要增加大约 58%(=1.78%/3.09%),经济意义十分显著。

表 3.1　双重股权结构影响企业创新的基本结果

| VARIABLES | (1) RD | (2) RD_adj | (3) RD | (4) RD_adj |
|---|---|---|---|---|
| Dual | 0.0179*** | 0.0169*** | 0.0178*** | 0.0169*** |
|  | (0.0062) | (0.0059) | (0.0060) | (0.0058) |
| 控制变量 | 未控制 | 未控制 | 控制 | 控制 |
| 年份固定效应 | 控制 | 控制 | 控制 | 控制 |
| 行业固定效应 | 控制 | 控制 | 控制 | 控制 |
| 观测值 | 964 | 964 | 964 | 964 |
| 组内 $R^2$ | 0.3148 | 0.1655 | 0.3164 | 0.1686 |

注:***、**、*分别表示在1%、5%和10%水平上显著;括号中为聚类到城市层面的稳健标准误。

不同行业对创新的需求不同,高技术行业相比于其他行业对创新的需求更大。我们进一步依据国家统计局发布的《高技术产业(制造业)2017》和《高技术产业(服务业)2018》的产业分类标准,将样本企业划分为高、低技术行业企业,从行业异质性角度研究双重股权结构对创新的促进作用。表3.2报告了区分高技术、低技术行业的回归结果。回归结果显示,双重股权结构(Dual)显著促进了高技术行业内的企业研发投入(R&D)的增加,而对非高技术行业内的企业R&D则没有显著影响。这说明双重股权结构促进创新的作用存在行业异质性,其对高技术行业的企业创新的促进作用更大。由此可见,双重股权结构的创新促进作用也是众多高科技企业一改传统主流的同股同权构架,选择发行投票权配置权重向创业团队倾斜的AB双重股权结构股票上市的重要诱因。

表3.2 双重股权结构的异质性影响

| | 高技术行业 | | 低技术行业 | |
| --- | --- | --- | --- | --- |
| | (1) | (2) | (3) | (4) |
| | RD | RD_adj | RD | RD_adj |
| Dual | 0.0233*** | 0.0219** | 0.0106 | 0.0105 |
| | (0.0074) | (0.0078) | (0.0104) | (0.0106) |
| 控制变量 | 控制 | 控制 | 控制 | 控制 |
| 年份固定效应 | 控制 | 控制 | 控制 | 控制 |
| 行业固定效应 | 控制 | 控制 | 控制 | 控制 |
| 观测值 | 465 | 465 | 499 | 499 |
| 组内 $R^2$ | 0.3427 | 0.2457 | 0.2485 | 0.2332 |

注:***、**、*分别表示在1%、5%和10%水平上显著;括号中为聚类到城市层面的稳健标准误。

### 3.5.2 双重股权结构影响企业创新的机制分析

双重股权结构保证了创始人在引入外部投资者的同时,其控制权不被稀释,这有助于保证管理团队的稳定,提高管理者对创新的容忍程度。已有研究表明,风险容忍度的提高使得管理者无须过度担心其正常决策招致的履职风险,能够有效促进创新(Manso,2011;Ederer and Manso,2013)。双重股权结构不仅能够激励管理者勤勉进取,专注于业务模式而不用担心被辞退,还有助于提高其风险承受能力和长期的人力资本投入。同时,在创始人团队主导的治理格局下,他们较少受到短期市场压力的影响,不必为了讨好股东而采取短视行为(Jordan et al.,2016;Bebchuk and Kastiel,2017),能够专注于长期市场,最终有助于企业创新水平的提升(Chemmanur and Jiao,2012)。此外,对企业运营模式更为熟悉的创业团队往往持有高投票权股票并担任 CEO 职位,从而可以更好地发挥创业团队的人力资本优势,落实其想法。我们主要从保留优秀的人力资本视角研究双重股权结构对企业创新的影响。在机制检验部分,本节将检验双重股权结构是否可以降低 CEO 离职概率与保留创始团队的人力资本。

我们从上市公司公告与资讯中整理了 CEO 的离职原因。借鉴张天舒等(2013)、胡国柳(2019)、Stein and Zhao(2019)的研究,如果 CEO 的离职条件满足① CEO 离职时的年龄小于 60 岁;② CEO 的离职原因显示为"辞职""辞退""股权争夺",则将 CEO 离职定义为非正常离职(Turnover),赋值为 1;否则赋值为 0。借鉴石晓军和王骜然(2017)的做法,我们使用创始人是否担任 CEO 来衡量双重股权结构是否有助于保留创业团队的人力资本,如果该上市公司该年份创始人同时担任 CEO,则 Founder_CEO 赋值为 1,否则赋值为 0。表 3.3 中的第(1)列显示双重股权结构对 CEO 非正常离职情况的影响,Dual 的回归系数显著为负,表明双重股权结构能够有效降低管理者非正常离职的概率。第(2)列进一步考察双重股权结构是否有助于保留创始团队的人力资本,回归结果表明,双重股权结构显著提高创始人担任 CEO 的概率。上述实证结果说明,双重股权结构有助于通过降低 CEO 的非正常离职概率与提高创始人担任 CEO 概率保留企业优秀的人力资本,支持本节的理论预期。

表 3.3　机制检验——双重股权结构与管理团队人力资本

| 变量 | (1) Turnover | (2) Founder_CEO | (3) RD | (4) RD_adj | (5) RD | (6) RD_adj |
|---|---|---|---|---|---|---|
| Dual | −0.8068*** | 1.8341*** | | | | |
| | (0.3051) | (0.4500) | | | | |
| Turnover | | | −0.0106* | −0.0100* | | |
| | | | (0.0060) | (0.0057) | | |
| Founder_CEO | | | | | 0.0180*** | 0.0176*** |
| | | | | | (0.0051) | (0.0048) |
| 控制变量 | 控制 | 控制 | 控制 | 控制 | 控制 | 控制 |
| 年份固定效应 | 控制 | 控制 | 控制 | 控制 | 控制 | 控制 |
| 行业固定效应 | 控制 | 控制 | 控制 | 控制 | 控制 | 控制 |
| 观测值 | 873 | 954 | 964 | 964 | 964 | 964 |
| 组内 $R^2$ | | | 0.3042 | 0.1550 | 0.3246 | 0.1790 |

注:***、**、*分别表示在 1%、5% 和 10% 水平上显著;括号中为聚类到城市层面的稳健标准误。

表 3.3 中的第(3)—(6)列进一步检验了双重股权结构是否可以通过降低 CEO 离职概率与提高创始人担任 CEO 概率促进企业创新研发。第(3)列和第(4)列的结果显示,CEO 非正常离职概率的降低可以显著促进企业 R&D 的增加,第(5)列和第(6)列的结果显示,创始人担任 CEO 可以促进企业 R&D 的增加,这说明双重股权结构通过降低 CEO 离职概率与提高创始人担任 CEO 概率促进了企业 R&D 的增加。

### 3.5.3 日落条款在双重股权结构中的作用

Bebchuck and Kastiel(2017)指出,双重股权结构的净收益会随时间逐渐消减,从时间维度看,双重股权结构的成本会上升,收益会下降,可能引发无效率问题。已有研究表明,双重股权结构对企业价值的提升往往体现在 IPO 后的前 5 至 6 年,但随着时间的推移,价值提升作用会消失甚至产生折价(Cremers et al.,2018；Baran et al.,2018)。而日落条款对双重股权结构的实施条件或期限施加了限定,以确保在双重股权结构最初的合理性消失后,可以通过高投票权的 A 类股票转让退出实现股权结构的顺利过渡(Anand,2018)。为研究双重股权结构影响企业研发创新的时效性,本节考察了双重股权结构对上市公司在不同年份研发投入的动态影响。表 3.4 的回归结果显示,在 IPO 前 5 年,实施双重股权结构可以显著提高上市公司的 R&D；但在之后年份,双重股权结构则不再产生显著影响。这说明由于收益的降低与成本的上升,双重股权结构对上市公司创新投入的正向影响存在随时间逐渐消减的现象。这也为推出日落条款以实现股权结构的顺利过渡提供了合理性。

表 3.4 双重股权结构影响创新的时效性研究

| 变量 | (1) RD | (2) RD_adj | (3) RD | (4) RD_adj |
| --- | --- | --- | --- | --- |
| 实施双重股权结构第一年 | 0.0474*** (0.0110) | 0.0467*** (0.0109) | 0.0457*** (0.0086) | 0.0449*** (0.0084) |
| 实施双重股权结构第二年 | 0.0144*** (0.0052) | 0.0137** (0.0054) | 0.0144*** (0.0042) | 0.0145*** (0.0041) |
| 实施双重股权结构第三年 | 0.0223*** (0.0072) | 0.0218*** (0.0075) | 0.0247*** (0.0050) | 0.0247*** (0.0051) |
| 实施双重股权结构第四年 | 0.0257*** (0.0060) | 0.0259*** (0.0063) | 0.0302*** (0.0042) | 0.0308*** (0.0042) |

(续表)

| 变量 | (1)<br>RD | (2)<br>RD_adj | (3)<br>RD | (4)<br>RD_adj |
|---|---|---|---|---|
| 实施双重股权结构第五年 | 0.0112<br>(0.0076) | 0.0102<br>(0.0079) | 0.0168*<br>(0.0085) | 0.0159*<br>(0.0087) |
| 实施双重股权结构第六年 | 0.0081<br>(0.0090) | 0.0084<br>(0.0088) | 0.0134<br>(0.0097) | 0.0140<br>(0.0094) |
| 实施双重股权结构第七年 | 0.0018<br>(0.0079) | 0.0001<br>(0.0079) | 0.0066<br>(0.0078) | 0.0048<br>(0.0077) |
| 实施双重股权结构第八年 | −0.0060<br>(0.0085) | −0.0067<br>(0.0078) | −0.0019<br>(0.0082) | −0.0029<br>(0.0075) |
| 实施双重股权结构第九年 | −0.0109**<br>(0.0045) | −0.0136***<br>(0.0042) | −0.0069*<br>(0.0037) | −0.0101***<br>(0.0033) |
| 实施双重股权结构第十年 | 0.0074<br>−0.0067 | 0.0033<br>(0.0064) | −0.0070*<br>(0.0036) | −0.0067*<br>(0.0034) |
| 控制变量 | 控制 | 控制 | 控制 | 控制 |
| 年份固定效应 | 控制 | 控制 | 控制 | 控制 |
| 行业固定效应 | 控制 | 控制 | 控制 | 控制 |
| 观测值 | 964 | 964 | 755 | 755 |
| 组内 $R^2$ | 0.3371 | 0.1951 | 0.3608 | 0.2372 |

注：\*\*\*、\*\*、\*分别表示在1%、5%和10%水平上显著；括号中为聚类到城市层面的稳健标准误。第(1)—(2)列的回归样本为全样本，其中"实施双重股权结构第十年"表示如果该上市公司实施双重股权结构十年或以上，则赋值为1，否则赋值为0；第(3)—(4)列的回归样本仅保留上市年份不超过十年的样本。

如前所述，与双重股权结构同步推出的企业内部监管机制的加强在一定程度上可以弥补外部接管威胁不足的设计缺陷。表3.5对此进行验证，考察日落条款在双重股权结构中促进企业创新投入的作用。其中，Sunset表示如果该公司实施双重股权结构并同时推出日落条款，则赋值为1，否则赋值为0。第(1)—(2)列以交叉项的方式考察日落条款的作用，此时Dual的回归系数可以解释为相比于未实施双重股权结构的中概股上市公司，实施双重股权结构但未相应推出日落条款的上市公司其R&D并没有显著更高。这与石晓军和王鹜然(2017)关于外部监管缺失下双重股权结构对创新的影响的研究结论类似。如果不能同步推出日落条款这一内部监督机制，则双重股权结构并不能有效促进企业研发投入的增加。Dual与Sunset交叉项的回归系数显著为正，表明相比于未实施双重股权结构的中概股上市公司，实施双重股权结构并同步推出日落条款的上市公司的 R&D 显著更高。双重股权结构促进企业 R&D 提升的效应只表现在同步实施日落条款的上市公司中。

表 3.5 中的第(3)—(4)列只保留实施了双重股权结构的公司样本,以考察在实施了双重股权结构的上市公司中,推出日落条款是否可以更有效促进企业 R&D 的增加。研究结果表明,相比于没有推出日落条款的双重股权结构公司,推出了日落条款的双重股权结构公司的研发投入显著更高,进一步证明了日落条款在双重股权结构中的重要作用。

表 3.5 不平等投票权、日落条款与企业研发投入

| 变量 | 全样本企业 | | 双重股权结构企业 | |
| --- | --- | --- | --- | --- |
| | (1) | (2) | (3) | (4) |
| | RD | RD_adj | RD | RD_adj |
| Dual×Sunset | 0.0185*** | 0.0181*** | 0.0222* | 0.0214* |
| | (0.0058) | (0.0059) | (0.0118) | (0.0112) |
| Dual | 0.0035 | 0.0029 | | |
| | (0.0100) | (0.0099) | | |
| 控制变量 | 控制 | 控制 | 控制 | 控制 |
| 年份固定效应 | 控制 | 控制 | 控制 | 控制 |
| 行业固定效应 | 控制 | 控制 | 控制 | 控制 |
| 观测值 | 964 | 964 | 247 | 247 |
| 组内 $R^2$ | 0.3228 | 0.1761 | 0.4325 | 0.3476 |

注:***、**、*分别表示在 1%、5% 和 10% 水平上显著;括号中为聚类到城市层面的稳健标准误。

新千年以来,在互联网浪潮下产生的众多新经济企业表现出流行运用双重股权结构与在"实体经济"层面持续创新两个突出特点。在中国科创板和创业板相继放开对双重股权结构限制的背景下,本节以在美国上市的同为中国企业的中概股企业为例为中国资本市场推行双重股权制度提供证据支持。研究结果表明,在目前中国资本市场外部监管不完善的情况下,通过日落条款这一内部监督机制的设立可以形成对外部监管的有效补充,因而对中国资本市场正在积极推进的双重股权结构的相关制度安排的完善带来了丰富的政策启示。

## 3.6 Snap 三重股权结构股票设计的启示

投票权配置权重向创业团队倾斜无疑是公司治理中十分重要的股权结构

设计创新。在公司治理实践中,股权结构设计创新的步伐并没有停止。在投票权配置权重倾斜的股权结构设计中,一些公司推出了没有投票权的普通股,而一些公司甚至在 AB 双重股权结构股票的基础上进一步推出了 ABC 三重股权结构股票。这些股权结构设计的创新为我们从新的角度理解和把握股权结构设计的边界以及所应遵循的原则带来启发。

2012 年 4 月 13 日,谷歌曾推出无表决权的股票(non-voting share),旨在缓解由于股票或期权补偿导致的创业团队控制力下降的问题。首席执行官拉里、佩奇和联合创始人谢尔盖·布林表示:"我们已经为谷歌奋斗了很多年,还希望能为它奋斗更长的时间。因此,我们希望公司的架构可以确保我们实现改变世界的愿望"。需要说明的是,谷歌发行的没有投票权的股票不是大家已经熟悉的本来就没有表决权的优先股,而是普通股。这种无表决权的普通股发行代表了实践中投票权向创业团队配置权重倾斜的一种更为激进的尝试。

从目前的资料看,首次发行三重股权结构股票的是一个名叫 Zynga 的社交游戏公司。成立于 2007 年 6 月的 Zynga 曾一度创造了社交游戏的奇迹。在 2011 年上市时,Zynga 发行的股票分为三类,从而形成所谓的 ABC 三重股权结构股票。在由 CEO 马克·平克斯设计的三重股权结构股票中,平克斯拥有的 A 类股票每股有高达 70 个投票权,控制公司投票权的 36.2%,IPO 前进入公司的私募投资人持有的 B 类股票每股拥有 7 个投票权,而普通股东持有的 C 类股票每股仅拥有 1 个投票权。到 2012 年不到一年的时间里,Zynga 的股价暴跌了四分之三,公司为此流失了大量人才。CEO 马克·平克斯一度上榜"2012 年度最差 CEO"。Zynga 对股权结构设计创新的尝试可以说以失败告终。

另一家尝试发行 ABC 三重股权结构股票的例子来自著名的摄影类手机应用 Snap。Snap 在 2011 年由当时仍然在校的两名斯坦福大学学生 Evan Spiegel 和 Bobby Murphy 注册成立。由于他们所创造的"阅后即焚"模式很好地使用户在隐私权的保护和观点分享的愿望满足之间找到了一种平衡,Snap 在 APP 商店上架之后受到 18—34 岁的年轻群体的热烈欢迎。在 Snap 于 2017 年上市前由投行 Piper Jaffray 完成的一项调查显示,当年每天有平均 1.58 亿人使用 Snap,每天有超过 25 亿个"snap"被创造出来;Snap 已经超越 Instagram、Twitter 和 Facebook,成为最受美国青少年欢迎的网络社交平台之一。

2017 年 3 月 2 日,Snap 在美国纽交所上市。在其所设计的 ABC 三重股权结构股票中,A 类股票每股拥有 10 份投票权(类似于双重股权结构股票中的 B 类股票);B 类股票每股拥有 1 份投票权(类似于双重股权结构股票中的 A 类股票);而 C 类股票则没有投票权。A 类股票在两位联合创始人之间分享,此外,两位联合创始人还持有为数不少的 C 类股票,用于必要时流通变现。通过上述

(续表)

| 控制权模式<br>表现形式 | 一股一票 | 双重股权结构股票 | 三重股权结构股票 |
|---|---|---|---|
| 对业务模式前景的信号传递强弱程度 | 无信号 | 强信号 | 超强信号 |
| 风险分担与业务模式创新的专业化分工程度 | 中度分工 | 高度分工 | 极度分工 |
| 风险的分担 | 股东独自承担 | 同甘共苦 | 只共苦不同甘 |
| 退出机制和控制权的状态依存 | 以脚投票＋公司治理机制 | 控制权的状态依存 | 实际控制人缺乏退出机制，投资者投机色彩浓郁 |

从现金流权与控制权的分离程度来看，在"同股同权"构架下，一方面股东对重大事项以"一股一票"投票表决的方式在股东大会上进行最后裁决，另一方面以出资额为限为可能做出的错误决策承担责任，因而股东的现金流权与控制权是对称的，并未出现分离。一个例外是，在金字塔控股结构下，处于金字塔顶端的实际控制人会借助金字塔结构实现对所控股子公司和孙公司的现金流权与控制权的分离。在双重和三重股权结构这两类"同股不同权"构架下，通过将投票权配置权重向创业团队倾斜，创业团队实现了现金流权与控制权的分离。其中，ABC三重股权结构形成的二者分离程度往往更高。

从创业团队通过股权结构设计所传递的业务模式前景的信号强弱程度来看，传统"同股同权"构架下的"一股一票"在互联网时代加剧的信息不对称背景下导致外部融资的逆向选择问题，而AB双重股权结构股票的发行则成为不同于"一股一票"构架的分离战略，向外部资本市场传递了创业团队对业务模式创新充满信心的信号。而通过引入甚至没有投票权的股票类型，ABC三重股权结构股票则向资本市场传递了更加强烈的"不愿为野蛮人入侵留下任何可乘之机"的信号。

从风险分担与业务模式创新专业化分工程度来看，虽然在"一股一票"下，职业经理人对日常的经营管理做出决策，但重大事项仍然需要股东以集体表决的方式进行最后裁决，因而股东的风险分担与创业团队的业务模式创新二者仅实现了专业化的中度分工。而在双重和三重股权结构股票设计中，通过投票权配置权重向创业团队倾斜使创业团队专注业务模式的创新，而股东在一定意义上退化为仅仅承担风险的普通投资者，无权对创业团队主导的业务模式创新"指手划脚"，专业化分工程度由此得到进一步提升。其中在三重股权结构股票设计中，专业化分工程度甚至达到持有无投票权的C类股票的外部投资者无染指可能的极致。

从风险分担来看，在同股同权构架下，受益顺序排在最后的股东作为剩余索取者承担企业经营的全部风险。而在同股不同权构架下，为了说服外部股东接受投票权配置权重向创业团队倾斜，创业团队往往需要持有一定比例的股份作为可承兑收入，由此形成创业团队与外部股东共同分担风险的格局。但在三重股权结构股票的设计中，被"剥夺"投票权并被排斥在"长期合伙人"之外的C类股票持有人往往不打算长期持有这家公司的股份，而是随时准备"以脚投票"，因而只是做到了承担经营风险的"共苦"，但缺乏相应的投票表决机制实现"同甘"。

从退出机制和控制权的状态依存来看，同股同权构架下的股票可以借助资本市场实现自由的流通和控制权的转移，但需要通过建立规范的公司治理构架来监督约束经理人。而在同股不同权构架下，通过引入日落条款，公司实现了控制权的状态依存。但在ABC三重股权构架下，由于不同类型的股票之间缺乏顺畅的身份转化和退出机制，外部投资者购买没有投票权的C类股票就像是在"下赌注"，投机色彩浓郁。

## 3.7 小　　结

股权结构设计和控制权安排是协调股东与经理人代理冲突的基础性公司治理制度安排。现代股份公司从荷兰东印度公司开始已经有四百多年的发展历程中，其间股权结构设计从两个维度展开。一是股权的集中与分散。中国资本市场从2015年开始进入分散股权时代，尽管为数不少的上市公司依然保持传统的"一股独大"。二则是在分散的股权结构下，一家公司在体现公司控制权的投票权配置方面既可以选择权重平衡的"同股同权"构架，也可以选择权重倾斜的"同股不同权"构架。而在"同股不同权"构架的实现方式上，既可以选择直接发行双重或三重股权结构股票，也可以通过基于股权协议或获得股东背书和认同的内部管理制度变相形成同股不同权构架。我们提到的谷歌、京东和小米是直接发行AB双重股权结构股票构建同股不同权的例子，而阿里则是通过股权协议和合伙人制度变相完成同股不同权架构的例子。

在同股不同权构架诞生至今近百年的历史中，由于违反了被视作公司治理正统的同股同权原则，其被认为不利于股东权益的保护，长期受到主流公司治理理论和实务界的唾弃。直到最近的二十年，随着越来越多的高科技企业选择同股不同权构架上市，这种又被称为"不平等投票权"的股权结构设计范式重新引起公司治理理论和实务界的重视。

同股不同权构架的核心是通过投票权配置权重向创业团队倾斜,实现了创业团队与外部投资者之间从短期雇佣合约到长期合伙合约的转化,深化了股东分担风险和创业团队主导业务模式创新这一传统的专业化分工,提升了管理效率。上述构架顺应了以互联网技术为标志的第四次工业革命对创新导向的企业权威重新配置的内在要求,因而受到诸多高科技企业的青睐。

然而,配置权重倾斜的股权结构设计的潜在风险是对外部分散股东利益的损害。因此,在确保控制权状态依存的日落条款成为同股不同权构架的标配的同时,市场以比同股同权股票价格更大的波动幅度和频率来对这种投机色彩更加浓郁的股票做出调整。

需要说明的是,基于投资者意愿自主选择购买的同股不同权构架股票并没有从根本上动摇以股东作为公司治理权威地位的股东中心主义,只是股东与创业团队为了建立长期合作伙伴关系、实现合作共赢而使投票权在特定状态条件下向创业团队倾斜。尽管相比较而言,高科技企业更加青睐同股不同权构架,但这并不意味传统的一股一票下的同股同权构架由此变得一无是处。我们注意到,同样是高科技企业,市值过万亿美元的微软和亚马逊等依然采取传统的"同股同权"构架。因而,对股权结构设计的一个正确理念是,同股不同权并非对投资者利益最不好的保护,而一股一票也并非对投资者利益最好的保护。

# 参 考 文 献

Anand, A. *Governance in Dual Class Share Firms*[M]. Social Science Electronic Publishing, 2018.

Bauguess, S. W., Slovin, M. B., Sushka, M. E. Large Shareholder Diversification, Corporate Risk Taking, and the Benefits of Changing to Differential Voting Rights[J]. *Journal of Banking & Finance*, 2012, 36(4): 1244-1253.

Bebchuk, L. A., Fried, J. M. Executive Compensation and Agency Problem[J]. *Journal of Economic Perspectives*, 2003, 17(3): 71-92.

Bebchuk, L. A., Kastiel, K. The Untenable Case for Perpetual Dual-Class Stock[J]. *Virginia Law Review*, 2017, 103(4): 585-630.

Belloc, F. Corporate Governance and Innovation: A Survey[J]. *Journal of Economic Surveys*, 2012, 26(5): 835-864.

Berle, A. A., Means, G. C. *The Modern Corporation and Private Property*[M]. New York: The MacMillan Company, 1932.

Bernstein, S. Does Going Public Affect Innovation? [J]. *The Journal of Finance*, 2015, 70(4): 1365-1403.

Blair, M. M. Corporate "Ownership": A Misleading Word Muddies the Corporate Governance Debate[J]. *Brookings Review*, 1995, 13(1): 16-19.

Bolton, P., Scheinkman, J., Xiong, W. Executive Compensation and Short-Termist Behaviour in Speculative Markets[J]. *Review of Economic Studies*, 2006, 73(3): 577-610.

Chemmanur, T. J., Jiao, Y. Dual Class IPOs: A Theoretical Analysis[J]. *Journal of Banking & Finance*, 2012, 36(1): 305-319.

Chisholm, M. The Wealth of Nations[J]. *Transactions of the Institute of British Geographers* (New Series), 1980, 5(3): 255-276.

Cremers, M., Lauterbach, B., Pajuste, A. The Life-cycle of Dual Class Firms[R]. European Corporate Governance Institute Finance Working Paper, 2018.

Desai, M. A. Capitalism the Apple Way vs. Capitalism the Google Way[N]. *The Atlantic Monthly*, September 20, 2017.

Dimitrov, V., Jain, P. C. Recapitalization of One Class of Common Stock into Dual-class: Growth and Long-run Stock Returns[J]. *Journal of Corporate Finance*, 2006, 12(2): 342-366.

Ederer, F., Manso, G. Is Pay for Performance Detrimental to Innovation? [J]. *Management Science*, 2013, 59(7): 1496-1513.

Frieder, L., Subrahmanyam, A. Nonsecular Regularities in Returns and Volume[J]. *Financial Analysts Journal*, 2004, 60(4): 29-34.

Gompers, P. A., Ishii, J., Metrick, A. Extreme Governance: An Analysis of Dual-Class Firms in the United States [J]. *Review of Financial Studies*, 2010, 23(3): 1051-1088.

Grossman, S. J., Hart, O. D. One Share-One Vote and The Market for Corporate Control[J]. *Journal of Financial Economics*, 1988, 20(C): 175-202.

Harris, M., Raviv, A. Corporate Governance: Voting Rights and Majority Rules[J]. *Journal of Financial Economics*, 1988, 20(C): 203-235.

Jordan, B. D., Kim, S., Liu, M. H. Growth Opportunities, Short-term Market Pressure, and Dual-class Share Structure[J]. *Journal of Corporate Finance*, 2016, 41: 304-328.

La Porta, R., Lopez-de-Silanes, F., Shleifer, A., Vishny, R. W. Law and Finance [J]. *Journal of Political Economy*, 1998, 106(6): 1113-1155.

Lease, R. C., McConnell, J. J., Mikkelson, W. H. The Market Value of Control in Publicly-Traded Corporations [J]. *Journal of Financial Economics*, 1983, 11(1-4): 439-471.

Lease, R. C., McConnell, J. J., Mikkelson, W. H. The Market Value of Differential Voting Rights in Closely Held Corporations [J]. *Journal of Business*, 1984, 57(4): 443-467.

Leland, H. E., Pyle, D. H. Information Asymmetries, Financial Structure, and Financial Intermediation[J]. *The Journal of Finance*, 1977, 32(2): 371-387.

Manso, G. Motivating Innovation[J]. *The Journal of Finance*, 2011, 66(5): 1823-1860.

Masulis, R. W., Wang, C., Xie, F. Agency Problems at Dual-class Companies[J]. *The Journal of Finance*, 2009, 64(4): 1697-1727.

Nenova, T. The Value of Corporate Voting Rights and Control: A Cross-Country Analysis[J]. *Journal of Financial Economics*, 2003, 68(3): 325-351.

Shleifer, A., Vishny, R. W. Management Entrenchment: The Case of Manager-specific Investments[J]. *Journal of Financial Economics*, 1989, 25(1): 123-139.

Stein, L. C. D., Zhao, H. Independent Executive Directors: How Distraction Affects Their Advisory and Monitoring Roles[J]. *Journal of Corporate Finance*, 2019, 56: 199-223.

Stein, J. C. Efficient Capital Markets, Inefficient Firms: A Model of Myopic Corporate Behavior[J]. *Quarterly Journal of Economics*, 1989, 104(4): 655-669.

Taylor, S., Whittred, G. Security Design and the Allocation of Voting Rights: Evidence from the Australian IPO Market[J]. *Journal of Corporate Finance*, 1998, 4(2): 107-131.

胡国柳,赵阳,胡珺.D&O保险、风险容忍与企业自主创新[J].管理世界,2019,35(8):121-135.

石晓军,王骜然.独特公司治理机制对企业创新的影响——来自互联网公司双层股权制的全球证据[J].经济研究,2017,52(1):149-164.

张天舒,黄俊,吴承根.公司高管主动离职影响因素及其财富效应的研究[J].财贸经济,2013(1):56-63+136.

郑志刚,邹宇,崔丽.合伙人制度与创业团队控制权安排模式选择——基于阿里巴巴的案例研究[J].中国工业经济,2016(10):126-143.

# 第4章
# 分散股权时代的中小股东和机构投资者：野蛮人 V.S. 改善公司治理的外部力量

在上市公司分散的股权结构下，中小股东和机构投资者在公司治理结构中的作用凸显。如何引导和规范中小股东和机构投资者以发挥其应有的作用，成为公司治理理论界与实务界必须回答的问题。作为分散股权发展阶段我国资本市场发生的十分典型而独特的并购现象，"险资举牌"为未来董事会和管理层成员变更等公司治理制度的变化创造了条件，缓解了内部人控制问题，因而险资举牌通过提高股权制衡度，扮演积极股东角色，成为我国资本市场进入股权分散发展阶段上市公司改善治理结构的重要途径。但举牌险资从财务投资者转变为战略投资者将削弱其抑制大股东的隧道挖掘行为和提升公司绩效的相关效应；而举牌险资从同业并购到跨界并购同样会削弱上述效应。谨守"财务投资"和"非跨界并购"成为险资举牌扮演积极股东角色、改善公司治理结构的重要作用边界。上述研究不仅有助于对我国资本市场喧嚣一时的险资举牌开展公司治理效应评估，同时为规范险资等机构投资者的并购活动和治理行为带来丰富的政策含义。而伴随着我国资本市场法律环境的改善和中小股民权利意识的增强，近年来呈现爆发式增长的"小股东起义"事件也成为我国资本市场进入股权分散时代的重要公司治理途径和潜在的公司治理机制之一。

## 4.1 险资举牌[①]

我国资本市场在2015年以万科股权之争为标志进入分散股权时代。以险资宝能举牌万科为代表的"险资举牌"成为这一时期我国资本市场发生的十分典型而独特的并购现象。在万科股权之争、"血洗"南玻A董事会等由险资举牌引发的公司治理事件发生后，无论是公司股东、管理层，还是监管当局，都一时间陷入公司治理政策应对的缺失困境中。媒体甚至监管当局一度把举牌的险资与"野蛮人""妖精"和"害人精"等联系在一起。上述局面的发生一定意义上成为我国资本市场仓促进入股权分散发展阶段不得不付出的制度成本。

所谓"险资举牌"指的是保险公司通过收购股票的方式争夺目标公司控制权所形成的接管威胁。当股票收购超过一定比例（例如5%）时，企业需要按照监管规定进行被称为"举牌"的公开信息披露。[②] 我们看到，险资举牌现象的出现一方面离不开我国资本市场发展进入分散股权发展阶段这一大的时代背景，另一方面则与大众对我国现行会计核算准则及险资入市相关政策的误读和曲解有关。我国公司治理理论和实务界有必要客观评估险资举牌为我国资本市场带来的特殊公司治理含义，以帮助我国公司治理理论与实务界积极思考在资本市场进入分散股权发展阶段后，上市公司如何选择合理的治理模式。这构成了我们开展研究的现实出发点。

公司治理理论界需要对机构投资者在公司治理中所扮演的角色不断深化认识。由于以下三方面的原因，长期以来，我国学术界围绕机构投资者公司治理行为的研究并没有形成大的突破，其至陷入某种停滞状态。

第一，以往文献和公司治理实践对机构投资者内涵存在不同理解。机构投资者既可以指投资者是机构，以区别在中国被称为"散户"的个体投资者，也可以指机构存在是为了投资（资本运营）的机构投资者。二者的含义显然并不相

---

① 参见郑志刚,石丽娜,黄继承."险资举牌"现象与股权分散趋势下我国上市公司的治理[Z].中国人民大学财政金融学院工作论文,2019.
② 《中华人民共和国证券法》第四章"上市公司的收购"第六十三条规定："通过证券交易所的证券交易,投资者持有或者通过协议、其他安排与他人共同持有一个上市公司已发行的有表决权股份达到百分之五时,应当在该事实发生之日起三日内,向国务院证券监督管理机构、证券交易所作出书面报告,通知该上市公司,并予公告,在上述期限内不得再行买卖该上市公司的股票,但国务院证券监督管理机构规定的情形除外。投资者持有或者通过协议、其他安排与他人共同持有一个上市公司已发行的有表决权股份达到百分之五后,其所持该上市公司已发行的有表决权股份比例每增加或者减少百分之五,应当依照前款规定进行报告和公告,在该事实发生之日起至公告后三日内,不得再行买卖该上市公司的股票,但国务院证券监督管理机构规定的情形除外"。

同。机构投资者在我国资本市场更多被用来区别个体投资者,是对持股比例较大的非个体投资者的笼统的说法。西方文献中的机构投资者更多指的是为了投资(资本运营)而存在的机构投资者,或者说以共同基金、保险基金和养老基金为代表的专门进行投资的金融机构。把行为存在较大差异的"专门投资的金融机构"和"涉及并购的非金融机构"放在一起的早期粗糙的研究结果显然并不令人满意。

第二,即使是标准意义上的作为"专门投资的金融机构"的机构投资者,其性质同样各不相同。相关文献的研究表明,根据压力敏感类型、承担的投资责任、与投资对象的商业关系密切程度以及投资周期长短等的不同,即使同样是专门投资的金融机构,但不同类型的机构在公司治理中所扮演的角色也有所不同(Brickley et al., 1988; Bushee, 2001; Chen et al., 2007; Yan and Zhang, 2009)。正是由于注意到公司治理角色的差异,近年来出现了专门研究某一类性质的机构投资者参与公司治理的行为和效应的趋势。例如,不同于 Maug (1998)、Admati and Pfleiderer (2009)、Edmans (2009)以及 Edmans and Manso (2011)等一般讨论机构投资者"以脚投票"的公司治理效应,Davis and Kim (2007)、Ashraf et al. (2012)、Matvos and Ostrovsky (2008)、Chou et al. (2007)、Ng et al. (2009)和 Cremers and Romano (2011)等关注共同基金的"以手投票"(通过投票等方式主动参与公司治理)行为。Duan and Jiao(2016)则直接研究影响共同基金选择行为方式的两种因素。

第三,即使对于同样性质的机构投资者行为展开分析,以往文献对机构投资者所扮演的公司治理角色也尚未形成一致的认识。例如,Shleifer and Vishney (1986)、Morck et al. (1988)、Cyert et al. (2002)、Bertrand and Mullainathan(2003)和 Dittmar and Mahrt-Smith (2007)等强调机构投资者的存在有助于解决分散股东在提供"公共品"性质的监督经理人问题上的搭便车倾向,因而机构投资者在公司治理中可以扮演积极的股东角色,形成对经理人有效的监督,降低代理成本,提高公司价值。Admati et al. (1994)和 Parrino et al. (2003)的经验证据却表明,机构投资者在不满意公司管理层的经营决策时,更倾向于选择"以脚投票",而不是积极参与公司治理。Duggal and Millar(1999)则认为,机构持股与公司业绩之间并不存在确定的关系,因而不能简单地认为机构投资者存在是改善还是恶化了公司治理。

具体到我国资本市场的机构投资者组成,非险资的"专门投资的金融机构"不仅数量有限,而且由于上述机构目前的组织方式与运营模式与美国的共同基金相去甚远,我们无法把关于共同基金的研究结论直接运用于我国资本市场中的"专门投资的金融机构"。值得庆幸的是,我们可以借鉴西方对机构投资者某一特殊类型(例如共同基金)的行为开展研究的思路,围绕开放程度相对较高、研究样本具有一定规模、同时性质上较为接近的险资这类机构投资者开展专门的研究。

从我国独特的制度背景出发,本节通过分析以险资为代表的机构投资者公司治理角色的"两面性",探讨如何识别机构投资者发挥公司治理作用的边界条件以及如何规范机构投资者的公司治理行为,以对"险资举牌"现象进行公司治理效应评估。

### 4.1.1 险资举牌的经济后果

表4.1报告存在险资举牌现象的公司与对照组相比在总资产收益率(Roa)、净资产收益率(Roe)和托宾 Q(TQ)方面的变化情况。考虑到除了通过二级市场公开举牌,还存在协议转让、非公开等举牌方式,我们接下来区分全部类型和二级市场公开收购这两种险资举牌类型以分别考察其相应的公司治理含义。其中,(1)、(3)、(5)列是对经过倾向得分匹配(PSM)配对全部观测值进行的回归,(2)、(4)、(6)列是对二级市场公开收购险资举牌样本及其配对样本进行的回归。

表 4.1 险资举牌事件对公司绩效的影响

|  | Roa | | Roe | | TQ | |
| --- | --- | --- | --- | --- | --- | --- |
|  | 全样本<br>(1) | 二级市场<br>(2) | 全样本<br>(3) | 二级市场<br>(4) | 全样本<br>(5) | 二级市场<br>(6) |
| Event | −0.0146<br>(−0.50) | 0.0098<br>(0.36) | −0.045<br>(−0.63) | 0.0325<br>(0.57) | −0.5892<br>(−0.68) | 0.0707<br>(0.10) |
| After | 0.0033<br>(0.66) | −0.0034<br>(−0.63) | −0.0018<br>(−0.15) | −0.0142<br>(−1.24) | −0.1242<br>(−0.85) | 0.0775<br>(0.56) |
| Event×After | 0.0119**<br>(2.44) | 0.0091*<br>(1.75) | 0.0259**<br>(2.21) | 0.0167<br>(1.52) | 0.195<br>(1.37) | 0.4226***<br>(3.20) |
| Firm_age | −0.0033***<br>(−2.72) | −0.0012<br>(−0.84) | −0.0074**<br>(−2.46) | −0.003<br>(−1.02) | 0.0798**<br>(2.20) | 0.0004<br>(0.01) |
| Firm_size | −0.0100<br>(−1.05) | −0.0212*<br>(−1.77) | −0.0058<br>(−0.25) | −0.0426*<br>(−1.68) | −1.9794***<br>(−7.08) | −1.5561***<br>(−5.10) |
| Leverage | 0.0406***<br>(2.63) | 0.0306*<br>(1.70) | 0.1537***<br>(4.12) | 0.1313***<br>(3.45) | −0.0596<br>(−0.13) | −0.3573<br>(−0.78) |
| Top1 | 0.0110<br>(0.55) | −0.0011<br>(−0.05) | 0.0444<br>(0.91) | 0.0382<br>(0.76) | 0.2971<br>(0.50) | −0.5783<br>(−0.95) |
| Top2_10 | 0.0502***<br>(3.29) | 0.0380**<br>(2.20) | 0.1074***<br>(2.91) | 0.0615<br>(1.69) | 0.1066<br>(0.24) | −0.1421<br>(−0.32) |

(续表)

| | Roa | | Roe | | TQ | |
|---|---|---|---|---|---|---|
| | 全样本 (1) | 二级市场 (2) | 全样本 (3) | 二级市场 (4) | 全样本 (5) | 二级市场 (6) |
| Growth | −0.0020** | −0.0014 | −0.0076*** | −0.0051** | −0.0034 | −0.0195 |
| | (−2.38) | (−1.18) | (−3.75) | (−2.01) | (−0.14) | (−0.64) |
| Board_size | −0.0101 | −0.0159 | −0.0126 | −0.0318 | −0.1078 | 0.4925 |
| | (−0.73) | (−1.01) | (−0.37) | (−0.95) | (−0.26) | (1.23) |
| Independence | −0.0375 | −0.0856** | −0.1639** | −0.1689** | −0.3385 | 0.1975 |
| | (−1.11) | (−2.14) | (−2) | (−2.01) | (−0.34) | (0.19) |
| State | −0.0170** | −0.0204*** | −0.0248 | −0.0252* | −0.0195 | −0.2373 |
| | (−2.49) | (−2.92) | (−1.5) | (−1.71) | (−0.1) | (−1.34) |
| 常数项 | 0.2033** | 0.2948*** | 0.2707 | 0.5616** | 21.0089*** | 15.5230*** |
| | (2.09) | (2.61) | (1.15) | (2.36) | (7.36) | (5.4) |
| 年度效应 | 控制 | 控制 | 控制 | 控制 | 控制 | 控制 |
| 行业效应 | 控制 | 控制 | 控制 | 控制 | 控制 | 控制 |
| 观察值 | 736 | 514 | 736 | 514 | 736 | 514 |
| F | 4.43 | 4.86 | 4.20 | 5.29 | 11.95 | 10.73 |
| $R^2$ | 0.1634 | 0.2073 | 0.1560 | 0.2214 | 0.3450 | 0.3660 |

注:括号内为 $t$ 值;*、**、*** 分别表示在10%、5%、1%水平显著。

在表4.1中,我们采用的DID分析框架主要关注倍差变量Event×After估计系数的经济含义与统计显著水平。该变量的经济含义为相对于未发生险资举牌事件的公司,发生险资举牌事件的公司在事件发生前后企业绩效的变化情况。从表4.1有关全样本的实证分析中我们看到,倍差变量Event×After的估计系数在(1)和(3)列中在5%的统计水平上显著为正,表明险资举牌公司相对于非举牌公司在险资举牌事件发生后总体会计绩效显著上升,其中总资产收益率(Roa)和净资产收益率(Roe)分别比事件发生前高1.19个百分点和2.59个百分点。由于包含协议转让等险资举牌形式,(5)列显示市场对全部险资举牌类型总体反应平淡,倍差变量Event×After的估计系数并不显著。在围绕二级市场公开收购的举牌类型的相关公司治理效应考察中,Event×After的估计系数在(2)列中在10%的水平上显著为正,表明被举牌公司相对于非举牌公司在险资举牌事件发生后总资产收益率明显上升,比事件发生前高0.91个百分点;(4)列表明净资产收益率相比事件发生前也有所上升,这表现在估计系数的符号仍然为正但统计上不显著。在各类绩效指标中,市场托宾Q与事件发生前相比上升最为显著,高达 42.26 个百分点。我们认为,这一定程度上是由于通过二级市场公开收购股票的险资举牌方式接管威胁意味更浓,将向市场传递专业的险资会更加主动地参与上市公司治理的信号,因而市场的反应较为强烈。综合以上信息,我们看到,无论是通过二级市场公开收购股票实现的险资举牌还是全部险资举牌类型,险资举牌都有助于提升上市公司绩效。在上述意义上,险资举牌所反映的接管威胁开始在我国资本市场扮演重要的外部公司治理机制角色。我们的研究同时表明,这种效应在股权制衡度较低、第一大股东的影响较大的上市公司中更加显著。提高股权制衡程度,实现分权控制,成为险资举牌改善治理结构、扮演积极股东角色更为基本和重要的途径。

### 4.1.2 险资举牌的作用机制

传统上,内部人控制导致的股价偏离真实价值是引发接管威胁的重要诱因。以往文献通常认为外部接管威胁可能扮演积极股东角色在很大程度上是通过改变内部人控制格局的董事会改组和管理层更迭来实现的(Scharfstein,1988;Hirshleifer and Thakor,1994;Harford,2003)。我们首先检验险资举牌是否有助于缓解"中国式内部人控制"问题。借鉴相关文献,我们同样采用公司董事会和管理层成员被迫更迭来评估险资举牌是否有助于缓解"中国式内部人控制"问题。除了缓解内部人控制问题,抑制控股股东隧道挖掘成为本节考察险资举牌改善公司治理的另外一条路径。

表 4.2 报告了险资举牌事件对公司董事会和管理层成员被迫更迭的影响。其中,(1)、(4)列是对所有配对样本进行的回归,(2)、(5)列是对其中股权制衡度高于和等于中位数的样本进行的回归,(3)、(6)列是对其中股权制衡度低于中位数的样本进行的回归。(1)、(2)、(3)列的被解释变量为董事会成员是否变更,(4)、(5)、(6)列的被解释变量是用关联交易比率(Rpt)衡量的隧道挖掘。主要解释变量是当年是否发生险资举牌(Event),在(4)、(5)、(6)中,为了克服内生性,我们采用 DID 模型,主要解释变量是交互项。

**表 4.2　险资举牌事件对管理层成员变更和大股东隧道挖掘行为的影响**

| 变量 | Board_dummy | | | Rpt | | |
| --- | --- | --- | --- | --- | --- | --- |
|  | 全样本 (1) | 制衡度高 (2) | 制衡度低 (3) | 全样本 (4) | 制衡度高 (5) | 制衡度低 (6) |
| Event | 0.9234* | −0.3117 | 2.0718** | −0.1413 |  | −0.3431 |
|  | (1.87) | (−0.31) | (2.02) | (−0.4) |  | (−0.78) |
| After |  |  |  | 0.0675 | −0.0178 | 0.1824* |
|  |  |  |  | (1.13) | (−0.27) | (1.76) |

(续表)

| 变量 | Board_dummy | | | Rpt | | |
| --- | --- | --- | --- | --- | --- | --- |
| | 全样本<br>(1) | 制衡度高<br>(2) | 制衡度低<br>(3) | 全样本<br>(4) | 制衡度高<br>(5) | 制衡度低<br>(6) |
| Event×After | | | | −0.1417** | −0.0713 | −0.2133* |
| | | | | (−2.45) | (−1.11) | (−1.94) |
| 控制变量 | 控制 | 控制 | 控制 | 控制 | 控制 | 控制 |
| 年度效应 | 控制 | 控制 | 控制 | 控制 | 控制 | 控制 |
| 行业效应 | 控制 | 控制 | 控制 | 控制 | 控制 | 控制 |
| 观测值 | 104 | 53 | 56 | 736 | 370 | 366 |
| LR chi2 | 27.44 | 18.26 | 25.92 | 3.07 | 1 | 2.37 |
| 伪 $R^2$ | 0.1945 | 0.2538 | 0.3454 | 0.119 | 0.0659 | 0.162 |

注:括号内为 $t$ 值;*、**、*** 分别表示在10%、5%、1%水平显著。

总体而言,(1)、(2)、(3)列的结果表明,险资举牌事件的发生能显著提高董事会和高管团队成员被迫更迭的可能性。(4)、(5)、(6)列的回归结果表明,险资举牌事件的发生有助于抑制大股东隧道挖掘行为,从而一定程度地缓解股东之间利益冲突引发的"水平型"代理问题。在实现机制和路径上,作为机构投资者,险资举牌通过引发董事会和管理层成员变更、缓解内部人控制问题和抑制大股东的隧道挖掘行为来实现提升企业市场和会计绩效的目的。险资举牌的积极股东角色在股权制衡度不高的公司中更加突出的事实表明,险资举牌通过提高公司的股权制衡程度来实现改善公司治理结构、提升公司绩效的目的。因而,提高股权制衡程度和实现分权控制成为险资举牌扮演公司治理角色最基本和重要的途径。

## 4.2 小股东起义[①]

合计持有股份3.15%的个人股东王振华和梁树森于2013年3月31日向深市A股上市公司东方宾馆提交了《关于罢免公司全体董事的议案》临时提案。在4月15日召开的2013年度东方宾馆股东大会上,上述两位股东提交的罢免全体董事的议案虽然(在控股股东主导下)遭到股东大会的否决,但东方宾馆投资大角山酒店的关联交易议案在控股股东回避表决后同样在这次股东大会上被否决。值得注意的是,在这一事件中,提议罢免全体董事并主导关联交易议

---

① 参见郑志刚,石丽娜,黄继承,郭杰.中国上市公司"小股民行动"现象的影响因素与经济后果[J].世界经济,2019(1):170-192.

案否决的王振华和梁树森仅仅是两位个人股东。上述事件由于一改以往在公司治理实践中由控股股东主导、小股东被动选择"以脚投票"的印象,不仅提出不同于控股股东议案的"新"议案(在东方宾馆案例中,甚至提出罢免全体董事),而且否决控股股东提出的"旧"议案(在东方宾馆案例中,控股股东提议的关联交易案遭到股东大会的否决),而被一些媒体形象地称为"小股东起义"①。借鉴媒体的相关表述和思想,所谓的"小股东起义"指的是第一大股东(或控股股东)之外的中小股东或者通过行使提案权提出临时议案,或者通过在股东大会上行使投票权,最终否决大股东提出的议案的行为。②

我们看到,东方宾馆事件只是近年来在我国上市公司中发生的诸多"小股东起义"事件之一。伴随着我国资本市场法律环境的改善和中小股民权利意识的增强,"小股东起义"事件近年来呈现爆发式增长的趋势。按照我们的统计,从2010年到2015年,我国上市公司中至少发生了207起所谓的"小股东起义"事件。我们的理解是,这些"小股东起义"事件不仅成为标志我国资本市场进入股权分散时代的典型事件之一③,而且将对我国上市公司治理实践产生深远持久的影响。

以往研究表明,我国上市公司控股股东与外部分散股东之间存在严重的利益冲突,控股股东会以关联交易、资金占用等形式对外部分散股东进行"隧道挖掘"(张华等,2004;李增泉等,2005;姜国华等,2005;Jiang et al.,2010)。除了董事会独立性、法律环境以及以媒体和税务实施为代表的法律外制度(Wu et al.,2009;叶康涛等,2007;王鹏,2008;李培功和沈艺峰,2010),计量上采用第一大股东与第二到第五大股东持股比例对比来刻画的"股权制衡"同样被证明与控股股东隧道挖掘的减少存在显著正相关关系(李增泉等,2004;陈信元和汪辉,

---

① 在《南方周末》2014年7月4日《股票就是选票,股民也是股东》一文的报道中,记者形象地把上述行为描述为"小股东起义"。参见网址:http://search.infzm.com/search.php?q=小股民"起义"&sitesearch=infzm.com&page=0。

② 2018年10月26日发布的新《公司法》第一百零二条规定,"单独或者合计持有公司百分之三以上股份的股东,可以在股东大会召开十日前提出临时提案并书面提交董事会;董事会应当在收到提案后二日内通知其他股东,并将该临时提案提交股东大会审议。临时提案的内容应当属于股东大会职权范围,并有明确议题和具体决议事项。"

③ 我国上市公司股东权利保护的事实改善和风险分担的意识加强使得原控股股东倾向于选择股权分散的股权结构;而从2005年到2007年进行的股权分置改革使股票的自由流通,甚至控制权变更成为可能;随着可以投资股票等资金比例上限不断提高,险资等机构投资者开始大举进入资本市场,甚至通过在二级市场公开举牌一度成为一些上市公司的第一大股东。上述三个因素使我国资本市场在不知不觉中进入股权分散时代。而影响持续深远的2015年万科股权之争的爆发标志我国资本市场开始进入股权分散时代。参见郑志刚.股权分散时代如何选择公司治理模式?[J].证券市场导报,2016(12)。

2004;白重恩等,2005)。然而,被认为是潜在治理机制之一的"股权制衡"是如何通过具体的实现机制来抑制控股股东的隧道挖掘行为呢?这一问题对于公司治理理论和实务界依然还是一只尚未打开的"黑箱"。近年来,黎文靖等(2012)、孔东民等(2013)利用中小股东网络投票参与度开展的相关考察有助于我们形成中小股东如何参与上市公司治理的相关认识。

本节利用近年来可以获得的第一大股东之外的中小股东通过提出不同于控股股东议案的新议案和否决控股股东提出的旧议案的"小股东起义"事件,关注我国上市公司"小股东起义"事件的影响因素和经济后果,我们可以更加清晰地揭示中小股东如何通过主动参与上市公司治理来抑制控股股东的隧道挖掘行为,从而一定程度打开了"股权制衡"如何改善公司治理的"黑箱"。

### 4.2.1 小股东起义事件的影响因素

表4.3报告了提出议案类"小股东起义"事件影响因素的实证结果。被解释变量为当年是否发生提出议案类"小股东起义"事件。Model 1是对所有样本进行的回归分析,Model 2是对其中控股股东为国有性质的样本进行的回归分析,Model 3是对控股股东为非国有性质的样本进行的回归分析。从表4.3我们看到,第一大股东持股比例的估计系数在10%的水平上显著为负。这表明第一大股东持股比例越小,中小股东越容易形成力量的制衡,因此发动"起义"的可能性越大。第二至第十大股东持股比例的估计系数在1%的水平上显著为正。这从另外的角度表明,非第一大股东的力量越强大,对第一大股东形成股权制衡程度就越高,此时公司发生提出议案类"小股东起义"事件的可能性越大。我们看到,无论是第一大股东持股比例的下降,还是第二到第十大股东持股比例的上升,都与我国资本市场进入分散股权时代有关。毕竟,随着我国上市公司股东权利保护的事实改善和风险分担的意识加强,原控股股东倾向于选择股权分散的股权结构。董事会独立性的估计系数在10%的水平上显著为负。这意味着,当独立性较弱的董事会并不能很好履行保护中小股东利益的职能时,中小股东被迫奋起反击,此时上市公司发生提出议案类"小股东起义"事件的可能性增加。从Model 2和Model 3我们进一步看到,控股股东为国有性质同时持股比例较高的企业发生提出议案类"小股东起义"事件的可能性越低;而在控股股东性质为非国有的上市公司中,如果独董并不能有效履行预期的维护中小股东利益的职责,中小股东更可能通过发动"起义"而自救。Model 2和Model 3的实证结果表明,控股股东的国有性质成为与持股比例类似的拉大股

东之间制衡力量的机制,小股东起义更可能发生在非国有控股的上市公司中。

表4.3 提出议案类"小股东起义"事件的影响因素

| 变量 | Event1 | | |
|---|---|---|---|
| | All | State-owned | Non-state |
| | Model 1 | Model 2 | Model 3 |
| Top1 | −1.867* | −3.068* | −0.406 |
| | (−1.76) | (−1.80) | (−0.29) |
| Top2_10 | 3.520*** | 4.118** | 3.727** |
| | (3.29) | (2.51) | (2.53) |
| Independence | −5.204* | 0.010 | −8.668** |
| | (−1.91) | (0) | (−2.21) |
| Duality | 0.415 | | 0.133 |
| | (1.44) | | (0.43) |
| Mng_share | 0.498 | 7.227*** | 0.249 |
| | (0.69) | (2.64) | (0.32) |
| Separation | −3.010 | −1.566 | −5.807** |
| | (−1.52) | (−0.51) | (−2.10) |
| Firm_size | −0.016 | −0.080 | 0.164 |
| | (−0.12) | (−0.39) | (0.80) |
| Firm_age | −0.022 | 0.010 | −0.029 |
| | (−0.74) | (0.25) | (−0.65) |
| Roa | −0.111 | −2.428 | 0.068 |
| | (−0.04) | (−0.50) | (0.02) |
| Leverage | 0.539 | −0.658 | 0.973 |
| | (0.67) | (−0.50) | (0.94) |
| Growth | −0.094 | 0.094 | −0.161 |
| | (−0.52) | (0.22) | (−0.77) |
| TQ | −0.057 | −0.160 | −0.047 |
| | (−0.55) | (−0.78) | (−0.37) |
| Board_size | 0.018 | −0.030 | 0.060 |
| | (0.25) | (−0.28) | (0.54) |
| State | 0.349 | | |
| | (1.07) | | |
| 常数项 | −2.493 | −0.369 | −5.268 |
| | (−0.87) | (−0.09) | (−1.17) |
| 年度效应 | 控制 | 控制 | 控制 |
| 行业效应 | 控制 | 控制 | 控制 |
| 观测值 | 8 217 | 2 763 | 4 642 |
| LR chi2 | 68.66 | 52.16 | 44.6 |
| 伪 $R^2$ | 0.0719 | 0.1495 | 0.0758 |

注:括号内为 $t$ 值;*、**、*** 分别表示在10%、5%、1%水平显著。

概括而言,当中小股东的力量相对较大、可以和控股股东抗衡时,中小股东发起提案的可能性增加;同时缺乏可以依靠的独立性较高的董事会成为引发中小股东发起提案的诱因;而中小股东行使投票表决权来否决控股股东提出的议案则主要受到公司绩效的影响。上述结果意味着主动参与意识相对较弱的中小股东只有在切实利益受到威胁时才更愿意站出来维护自己的权益。"小股东起义"从动机转变为现实一定程度与我国资本市场进入分散股权时代、股东力量对比发生显著变化有关。这反过来支持了本书提出的我国资本市场开始进入分散股权时代的观点。

### 4.2.2 "小股东起义"事件的经济后果

基于"小股东起义"是否引发董事会成员变更和提升企业长期绩效等更为直接的经济后果的考察发现,中小股东通过提出人事任免类议案,促使董事会成员的变更,以期实现改善公司治理结构、提升公司绩效的目的。本节采用DID模型实证考察了"小股东起义"事件可能带给相关上市公司的经济后果。表4.4的结果表明,相比于对照组,提出议案类"小股东起义"事件将给公司带来长期会计绩效的提升。那么,上述绩效的提升是借助何种机制实现的?如前所述,我们猜测,提出议案类"小股东起义"事件可能是通过影响董事会成员的更迭进而改善公司治理结构,最终实现了公司长期绩效的提升。

表4.4 提出议案类"小股东起义"事件的发生对公司绩效的影响

| 变量 | Roa | | |
| --- | --- | --- | --- |
| | All<br>Model 1 | State-owned<br>Model 2 | Non-state<br>Model 3 |
| Event1 | $-0.014^{**}$<br>$(-2.18)$ | $-0.010$<br>$(-0.70)$ | $-0.015^{**}$<br>$(-2.14)$ |
| After | $0.000$<br>$(0.06)$ | $0.005$<br>$(1.30)$ | $-0.004$<br>$(-1.57)$ |
| Event1×After | $0.010^{*}$<br>$(1.77)$ | $0.006$<br>$(0.40)$ | $0.012^{**}$<br>$(2.01)$ |
| Firm_size | $-0.005^{***}$<br>$(-3.05)$ | $-0.010^{***}$<br>$(-3.28)$ | $-0.005^{**}$<br>$(-2.46)$ |
| Firm_age | $-0.001^{*}$<br>$(-1.90)$ | $-0.002^{**}$<br>$(-2.16)$ | $0.000$<br>$(-0.70)$ |
| Leverage | $-0.020^{***}$<br>$(-3.48)$ | $-0.027^{***}$<br>$(-2.80)$ | $-0.006$<br>$(-0.70)$ |

(续表)

| 变量 | Roa | | |
|---|---|---|---|
| | All | State-owned | Non-state |
| | Model 1 | Model 2 | Model 3 |
| Growth | 0.005*** | 0.008 | 0.005*** |
| | (5.41) | (1.32) | (5.30) |
| 常数项 | 0.122*** | 0.258*** | 0.096** |
| | (3.20) | (3.74) | (2.01) |
| 年度效应 | 控制 | 控制 | 控制 |
| 行业效应 | 控制 | 控制 | 控制 |
| 观测值 | 1 020 | 387 | 633 |
| $F$ | 14.11 | 3.91 | 13.16 |
| $R^2$ | 0.1604 | 0.1156 | 0.227 |

注:括号内为 $t$ 值;*、**、***分别表示在10％、5％、1％水平显著。

表4.5报告了"小股东起义"事件对公司董事会成员变更的影响。其中Model 1、Model 2是对所有配对样本进行的回归,Model 3、Model 4是对控股股东为国有性质样本进行的回归,Model 5、Model 6是对控股股东为非国有性质样本进行的回归。Model 1、Model 3、Model 5是同时考察提出议案类事件和否决议案类事件对董事会成员变更的影响,Model 2、Model 4、Model 6是只考察相对更加主动积极参与公司治理的提出议案类事件对董事会成员变更的影响。

表4.5 "小股东起义"事件对董事会成员变更的影响

| 变量 | Board_dummy | | | | | |
|---|---|---|---|---|---|---|
| | All | | State-owned | | Non-state | |
| | Model 1 | Model 2 | Model 3 | Model 4 | Model 5 | Model 6 |
| Event1 | 1.783*** | 1.457*** | 1.206*** | 0.893*** | 1.794*** | 1.442*** |
| | (5.55) | (5.02) | (3.58) | (3.32) | (4.44) | (4.01) |
| Event2 | 0.732** | | 0.744 | | 0.784** | |
| | (2.50) | | (1.49) | | (1.98) | |
| Firm_size | 0.185* | 0.115 | 0.319** | 0.269* | 0.118 | 0.009 |
| | (1.89) | (1.23) | (2.17) | (1.90) | (0.65) | (0.05) |
| Firm_age | 0.002 | −0.008 | 0.062 | 0.054 | −0.031 | −0.038 |
| | (0.09) | (−0.36) | (1.44) | (1.26) | (−0.95) | (−1.17) |
| Leverage | −0.066 | 0.436 | −0.699 | −0.250 | 0.115 | 0.752 |
| | (−0.10) | (0.71) | (−0.69) | (−0.26) | (0.12) | (0.81) |

(续表)

| 变量 | Board_dummy | | | | | |
| --- | --- | --- | --- | --- | --- | --- |
| | All | | State-owned | | Non-state | |
| | Model 1 | Model 2 | Model 3 | Model 4 | Model 5 | Model 6 |
| Roa | 3.808<br>(0.60) | 0.882<br>(0.14) | 7.324<br>(0.57) | 5.078<br>(0.41) | −2.809<br>(−0.32) | −6.269<br>(−0.73) |
| Growth | −0.340*<br>(−1.80) | −0.399**<br>(−2.13) | 5.610<br>(1.54) | 5.326<br>(1.47) | −0.448**<br>(−2.03) | −0.495**<br>(−2.27) |
| 常数项 | −4.447**<br>(−1.98) | −2.655<br>(−1.27) | −7.916**<br>(−2.24) | −6.640*<br>(−1.95) | −2.276<br>(−0.58) | 0.362<br>(0.10) |
| 年度效应 | 控制 | 控制 | 控制 | 控制 | 控制 | 控制 |
| 行业效应 | 控制 | 控制 | 控制 | 控制 | 控制 | 控制 |
| 观测值 | 404 | 404 | 166 | 166 | 236 | 236 |
| LR chi2 | 67.88 | 61.55 | 37.46 | 35.2 | 50.52 | 46.56 |
| 伪 $R^2$ | 0.1213 | 0.1100 | 0.1634 | 0.1535 | 0.1544 | 0.1423 |

注:括号内为 Z 值;*、**、*** 分别表示在 10%、5%、1% 统计水平上显著。

从表 4.5 我们看到,总体而言,提出议案类"小股东起义"事件的发生能显著提高董事会成员发生变更的可能性,无论是全部配对样本、控股股东为国有性质还是控股股东为非国有性质样本都是如此。提出议案类事件是否发生的估计系数在 1% 的水平上显著为正,这一定程度表明中小股东提名新董事的议案将对董事会成员的变更产生直接影响。因而,提出新议案成为我国资本市场进入股权分散时代下小股东更加主动积极参与公司治理的典型特征。这从另外的角度表明,"小股东起义"已成为我国资本市场进入分散股权时代重要的公司治理途径和潜在的公司治理机制之一。

## 4.3 如何规范机构投资者?

我国资本市场已在不知不觉中进入分散股权时代。回顾 2015 年以来的中国资本市场,险资频繁举牌,甚至"血洗"上市公司董事会,这些场景仍然让人记忆犹新。养老金的入市势必再次搅动资本市场的"一池春水"。对照成熟市场经济国家的实践,作为重要机构投资者,无论是险资还是养老金都是资本市场的"宠儿"。而在中国,险资居然成为"不受欢迎的人"。那么,我们应该如何规范已经入市的险资和即将入市的养老金,使它们成为合格的机构投资者呢?

### 4.3.1 作为机构投资者,委派董事数量占董事会内部董事的比例应严格以持股比例为上限

理论上和实践中,如同形成金字塔式控股结构的企业集团一样,拥有高于持股比例的董事委派比例同样是控制权与现金流权分离的重要实现机制之一。这里所谓的控制权指的是借助股东大会或董事会表决实现对公司重大事项的影响力,而现金流权则反映的是由实际出资额体现的责任承担能力。例如,持有子公司30%股份的控股母公司,通过同样持股30%的子公司可以在孙公司重大事项的表决中至少获得30%的投票支持。现实中的典型例子是,母公司提议以其他应收款方式由子公司无偿占用孙公司的部分资金。由于在孙公司股东大会或董事会议案表决的影响力,母公司所提出的议案顺利通过成为大概率事件。这使得享有子公司30%的现金流权的母公司从上述资金占用中至少获得30%的收益。母公司在孙公司投入的资本比例只占到孙公司全部资本的9%(30%×30%),因而母公司由于资金无偿被占用(甚至面临未来无法到期偿还的风险)的损失仅限于其投入孙公司的9%的现金流权。这意味着借助上述分离机制,母公司通过子公司对孙公司的资金占用,以9%的成本获得了超过30%的收益,获得的收益和承担的责任并不对称。其中部分成本转由孙公司的外部分散股东承担,使他们的利益受到损害。这种行为在公司治理文献中被称为处于金字塔顶端的大股东对处于底端的外部分散股东的"隧道挖掘"。在宝能系"血洗"南玻A董事会的案例中,董事会由9位董事组成,其中除了3位独董,持股比例仅25.77%的宝能系却委派了6位内部董事中的3位。换句话说,宝能系委派了全部内部董事的50%。因此,未来我们需要对上述委派董事比例的限制做出明确规定,把更大的比例留给来自外部、利益中性和注重声誉的独立董事。

我们看到,一方面,从风险分担和法律对投资者保护的改善来看,经过长期减持,很多上市公司的第一大股东的持股比例已低于20%;而另一方面,会计准则对长期股权投资在持股高于或等于20%才可以使用权益法核算的规定,客观上助长了险资持续举牌、持股达到20%以上的冲动,这使得险资稍不留神就成为第一大股东。如果我们没有对通过二级市场举牌成为第一大股东的机构投资者委派董事的比例做出必要的限制,那么通过委派与持股比例并不对称的董事比例,险资很可能由于对公司重要事务的实际影响力而一不小心从财务投资者演变为战略投资者。当不幸遭遇桀骜不驯甚至意气用事的管理团队时,新入

主股东做出"血洗"董事会之举可能就变得在所难免。

### 4.3.2 险资委派董事的治理角色定位

险资等机构投资者按持股比例所委派的董事更多是用来履行监督职能,以保证机构投资者的合法权益不受侵害,而并非越界直接插手日常的经营管理事务。

现代股份公司通过资本社会化和经理人职业化实现了风险分担与职业经营之间的专业化分工,极大地提升了企业的生产组织效率。因而,所有权和经营权的分离一方面是引起经理人与股东之间代理冲突的原因,但另一方面也恰恰是现代股份公司的精髓所在。对于代理冲突,需要依靠激励机制的设计和治理机制的完善来实现,而不是简单地由所有者扮演也许并不称职的经营者的角色。在南玻 A 事件中,如果比例有限的宝能系董事代表在曾南等管理团队做出可能有损股东利益的投资举措时说服其他董事否决相关议案,相信没有人会对宝能系非议。问题出在宝能系代表没有谨守上述边界,而是越界提出由宝能系的代表代替曾南履行董事长的职责,以至于出现后来不堪收拾的局面。

通过对比险资是否染指控制权的公司治理效应的差异,我们的研究发现,成为战略投资者将削弱险资举牌原本带来的抑制控股股东隧道挖掘行为和改善上市公司绩效的相关效应。我们把随着险资从财务投资者向战略投资者转变中公司治理效应所发生的方向性转变概括为险资举牌现象的"谨守财务投资"边界条件。这意味着,如果险资举牌能够谨守财务投资者的边界,适度参与公司治理,那么将有助于改善被举牌公司的治理结构,否则可能适得其反。

表 4.6 是按照险资是否染指控制权的分样本回归结果。在遭遇险资举牌的上市公司中,险资染指控制权的公司共 13 家。其中,(1)、(3)列是对险资染指控制权的配对样本进行的回归,(2)、(4)列是对险资未染指控制权的配对样本进行的回归。我们看到,倍差变量 Event×After 的估计系数在(2)、(4)列中在 5% 的水平上显著为负,在(1)列中仅在 10% 的水平上显著,在(3)列甚至不显著。这从新的角度表明,在险资未染指控制权、谨作为财务投资者的被举牌公司中,险资举牌事件抑制大股东隧道挖掘行为、提升公司绩效的效应更加显著。

表 4.6 险资是否染指控制权的分样本回归结果

|  | Oth_rec | | Rpt | |
| --- | --- | --- | --- | --- |
|  | 战略投资者<br>(1) | 财务投资者<br>(2) | 战略投资者<br>(3) | 财务投资者<br>(4) |
| Event | −0.0072 |  | −0.0835 |  |
|  | (−0.36) |  | (−0.29) |  |
| After | 0.0140** | 0.0018 | −0.0454 | 0.1187 |
|  | (2.21) | (0.44) | (−0.50) | (1.57) |
| Event×After | −0.0122* | −0.0078** | −0.0924 | −0.1507** |
|  | (−1.78) | (−2.04) | (−0.94) | (−2.15) |
| Firm_age | 0.0013 | 0.0007 | 0.0632** | 0.0373** |
|  | (0.73) | (0.72) | (2.49) | (2.06) |
| Firm_size | −0.0139 | −0.0012 | −0.4237** | −0.5338*** |
|  | (−0.96) | (−0.16) | (−2.06) | (−3.90) |
| Leverage | 0.0615** | 0.0197* | −0.5296 | 0.1979 |
|  | (2.35) | (1.69) | (−1.41) | (0.93) |
| Top1 | 0.1166*** | −0.0126 | −0.1251 | 0.3980 |
|  | (2.97) | (−0.83) | (−0.22) | (1.44) |
| Top2_10 | 0.0590** | 0.0025 | −0.3563 | 0.2595 |
|  | (2.32) | (0.21) | (−0.98) | (1.21) |
| Growth | −0.0005 | 0.0019*** | −0.0126 | −0.0298** |
|  | (−0.49) | (2.72) | (−0.85) | (−2.32) |
| Board_size | −0.0473** | −0.0073 | −0.0996 | 0.6438*** |
|  | (−2.56) | (−0.64) | (−0.38) | (3.07) |
| Independence | −0.0392 | 0.0113 | −0.0560 | −0.1335 |
|  | (−0.67) | (0.45) | (−0.07) | (−0.29) |
| State | −0.0026 | 0.0089 | 0.1598 | −0.0256 |
|  | (−0.26) | (1.62) | (1.14) | (−0.25) |
| 常数项 | 0.2087 | 0.0196 | 4.3795** | 3.4832** |
|  | (1.47) | (0.26) | (2.15) | (2.56) |
| 年度效应 | 控制 | 控制 | 控制 | 控制 |
| 行业效应 | 控制 | 控制 | 控制 | 控制 |
| 观测值 | 170 | 566 | 170 | 566 |
| F | 1.87 | 1.64 | 2.73 | 2.21 |
| $R^2$ | 0.211 | 0.0838 | 0.2808 | 0.1101 |

注:括号内为 Z 值;*、**、*** 分别表示在 10%、5%、1%统计水平上显著。

本节的研究同时表明,与被举牌上市公司业务存在交叉的险资举牌同业并购相比,险资举牌混合并购同样会削弱险资举牌抑制控股股东的隧道挖掘行为和改善公司绩效的公司治理效应。我们认为,这在一定程度上与险资举牌那些信息更为对称的行业,实现"非跨界"的并购,进而产生更多的协同效应有关。

这里所谓的同业并购指的是举牌险资或其主要股东与被举牌上市公司的主要业务存在交叉。理论上,在更为熟悉从而信息更为对称的相同行业开展并购有利于实现并购协同效应,可以使险资更加专业地发挥积极股东角色,更好地制衡控股股东与管理层,抑制大股东隧道挖掘行为,提升公司绩效。因而险资举牌是否跨界并购同样是影响险资举牌公司治理效应的重要因素,它构成险资发挥积极股东角色、改善公司治理结构的另一个重要的作用边界。

表 4.7 报告了混合并购对险资举牌抑制大股东隧道挖掘行为和提升公司绩效相关效应的影响。其中,(1)、(2)、(3)列是检验险资举牌对公司绩效的影响,(4)、(5)列是检验险资举牌对大股东隧道挖掘行为的影响。交叉项 Event×After×Overlap 为是否发生险资举牌事件(Event)、是否在险资举牌事件发生后(After)以及是否同业并购(Overlap)三项的乘积。

表 4.7 同业并购的实证结果

|  | Roa (1) | Roe (2) | TQ (3) | Oth_rec (4) | Rpt (5) |
| --- | --- | --- | --- | --- | --- |
| Event | −0.0148 | −0.0454 | −0.5966 | −0.0007 | −0.1412 |
|  | (−0.50) | (−0.64) | (−0.69) | (−0.04) | (−0.40) |
| After | 0.0036 | −0.0013 | −0.1152 | 0.0046 | 0.0674 |
|  | (0.72) | (−0.11) | (−0.79) | (1.33) | (1.13) |
| Event×After | 0.0054 | 0.0143 | −0.0050 | −0.0050 | −0.1390* |
|  | (0.88) | (0.96) | (−0.03) | (−1.18) | (−1.89) |
| Event × After × Overlap | 0.0120* | 0.0215 | 0.3703* | −0.0047 | −0.0051 |
|  | (1.71) | (1.27) | (1.81) | (−0.98) | (−0.06) |
| Firm_age | −0.0034*** | −0.0074** | 0.0791** | 0.0008 | 0.0431*** |
|  | (−2.74) | (−2.48) | (2.18) | (0.90) | (2.92) |
| Firm_size | −0.0107 | −0.0071 | −2.0015*** | −0.0035 | −0.4920*** |
|  | (−1.12) | (−0.31) | (−7.16) | (−0.54) | (−4.32) |
| Leverage | 0.0396** | 0.1519*** | −0.0901 | 0.0230** | 0.1271 |
|  | (2.57) | (4.07) | (−0.20) | (2.18) | (0.69) |

(续表)

|  | Roa<br>(1) | Roe<br>(2) | TQ<br>(3) | Oth_rec<br>(4) | Rpt<br>(5) |
| --- | --- | --- | --- | --- | --- |
| Top1 | 0.0109 | 0.0441 | 0.2923 | 0.0025 | 0.2775 |
|  | (0.54) | (0.91) | (0.50) | (0.18) | (1.16) |
| Top2_10 | 0.0494*** | 0.1060*** | 0.0822 | 0.0133 | 0.1302 |
|  | (3.24) | (2.87) | (0.18) | (1.27) | (0.72) |
| Growth | −0.0019** | −0.0074*** | 0.0004 | 0.0012** | −0.0253** |
|  | (−2.23) | (−3.60) | (0.01) | (2.07) | (−2.50) |
| Board_size | −0.0115 | −0.0151 | −0.1505 | −0.0154 | 0.4172** |
|  | (−0.82) | (−0.45) | (−0.37) | (−1.61) | (2.51) |
| Independence | −0.0422 | −0.1722** | −0.4811 | 0.0093 | −0.1323 |
|  | (−1.24) | (−2.09) | (−0.48) | (0.40) | (−0.33) |
| State | −0.0185*** | −0.0275* | −0.0658 | 0.0069 | −0.0053 |
|  | (−2.69) | (−1.65) | (−0.33) | (1.45) | (−0.07) |
| 常数项 | 0.2173** | 0.2959 | 21.4424*** | 0.0599 | 3.7519*** |
|  | (2.23) | (1.25) | (7.50) | (0.89) | (3.23) |
| 年度效应 | 控制 | 控制 | 控制 | 控制 | 控制 |
| 行业效应 | 控制 | 控制 | 控制 | 控制 | 控制 |
| 观测值 | 736 | 736 | 736 | 736 | 736 |
| $F$ | 4.39 | 4.1 | 11.67 | 1.63 | 2.95 |
| $R^2$ | 0.1675 | 0.1584 | 0.3486 | 0.0697 | 0.119 |

注:括号内为 $t$ 值;*、**、*** 分别表示在10%、5%、1%水平显著。

从表4.7我们看到,尽管交叉项 Event×After×Overlap 在(2)列中不显著,但在(1)、(3)列的估计系数不仅出现预期为正的符号,而且在(1)、(3)列中在10%的水平上显著;在(4)、(5)列中估计系数同样出现预期的负向关系但不显著。这在一定程度上表明进行"同业并购"的险资举牌能够更加专业地扮演积极股东的角色,从而更好地抑制大股东的隧道挖掘行为,提升公司绩效;而举牌险资进行混合跨界并购则可能削弱险资举牌抑制大股东隧道挖掘、提升公司价值的相关公司治理效应。

我们把上述险资举牌发挥公司治理效应的边界条件概括为"非跨界并购"边界条件。"非跨界并购"和"谨守财务投资"边界条件共同构成了险资举牌发挥公司治理效应的重要作用边界和未来相关监管政策制定关注的重点。

### 4.3.3 鼓励险资等机构投资者从持有普通股转为持有优先股

相对于普通股而言，优先股的持有人在股利支付和公司破产清偿时的财产索取方面具有优先权。作为"伪装了的债务"，持有优先股不仅有利于险资等机构投资者投资的保值增值，而且优先股股东不具有表决权的特点从制度上防止了机构投资者过多干预并不擅长的生产经营活动等越界行为的发生。我国从2013年开始优先股的试点，目前仅有数十家上市公司发行优先股。经过数十年的发展，股权至上和"资本雇佣劳动"的逻辑好不容易获得我国资本市场的基本认同，很多投资者似乎还没有准备好接受"没有控制权的股东"这一看似角色错位的新的控制权安排理念，使得没有投票权的优先股在实际推行过程中举步维艰。其实，很多投资者并没有意识到，有时放弃控制权、把自己并不熟悉的业务交给值得信任并建立长期合伙关系的管理团队经营，反而会给自己带来更大的投资回报。这方面值得我们学习的榜样是持股比例高达31%却放任马云合伙人实际控制阿里巴巴的软银，以及持股比例高达80%却允许持股比例仅20%的刘强东通过发行AB双重股权结构股票享有实际控制权的京东的分散股东们。

优先股并没有在我国资本市场盛行的另一个理由是我们在相关规定中并未明确机构投资者持有优先股通常应享有的税收减免优惠。这使得一些机构投资者对持有优先股的激励不足，反过来没有形成上市公司发行优先股的稳定需求。作为对照，美国一方面通过征收公司间股利税，使金字塔结构的企业集团面临双重甚至多重课税，处于严重的税负劣势，这使得很多企业宁愿选择扁平式的组织结构；另一方面按照美国相关税法的规定，机构投资者投资优先股所获股利中的70%可以免缴所得税。由于个体投资者投资优先股不具有税收减免优惠，这使得优先股成为很多机构投资者青睐的对象。未来我们也许应该一方面通过完善公司间股利税的征收，使看起来负面效应多于正面效应的金字塔结构组织的企业集团逐步扁平化；另一方面，通过推出相应的税收优惠，鼓励上市公司多发行优先股、机构投资者多持有优先股。

那么，在从观念和相应制度保障上使险资等停留在财务投资者的角色后，应该如何使他们扮演积极而非消极的机构投资者的角色呢？险资等机构投资者事实上至少可以通过三条途径扮演积极角色。

第一，最直接和简单的"以脚投票"。机构投资者可以通过增持或减持所持的普通股或优先股向资本市场和上市公司本身传递所持股公司的治理状况、盈利前景判断的信号。大的机构投资者的减持行为往往会引发资本市场的连锁反应，使得其他投资者纷纷减持，而这为真正的接管商乘虚而入创造了时机。

因此，为了避免机构投资者的减持，上市公司有激励努力改善公司治理，向股东提供尽可能高的回报。

第二，在股东大会上提出特别议案，甚至联合其他机构投资者否决有损外部股东的议案。这方面的一个典型例子是上海家化几家机构投资者联合起来在股东大会上否决当时管理团队提出的并购海鸥手表的议案。必要时，持股比例符合要求的机构投资者还可以提议召开临时股东大会。

第三，险资等机构投资者还可以对持有股票的公司治理状况进行排名，定期发布，借助媒体的力量履行监督角色。这方面的一个著名例子来自美国加州公务员养老基金（CalPERs）。CalPERs每年按照股东回报、经济价值增加、公司治理等指标列出业绩平淡公司的名单，然后派代表与名单中的公司进行谈判。如果这些公司拒绝接受改进公司业绩的建议，CalPERs将威胁把名单公布于众。为了避免媒体曝光带来高管个人声誉和公司公众形象的损失，这些高管和公司往往愿意接受CalPERs的相关意见和建议。由此，CalPERs不仅成为值得分散股东信赖的积极股东，而且也成为上市公司完善公司治理结构的良师益友。

## 4.4 小　　结

本章探讨了分散股权时代下小股东与机构投资者的行为及后果，分析了分散股权时代应如何规范机构投资者以发挥其对大股东的监督作用。

以险资宝能举牌万科为代表的"险资举牌"是进入分散股权发展阶段我国资本市场发生的十分典型而独特的并购现象。"险资举牌"通过提高股权制衡程度成为险资扮演公司治理角色最基本和重要的途径。作为机构投资者，险资通过举牌，为未来董事会和管理层成员变更等公司治理制度的变化创造条件，以此缓解内部人控制问题、抑制大股东对小股东的隧道挖掘行为，最终提升企业市场表现和会计绩效。有别于欧美等成熟资本市场接管威胁主要针对监督管理层，我们的研究基于中国的证据表明，机构投资者的作用不仅体现在解决小股东在监督管理层时的搭便车倾向，还体现在对作为实际控制人的大股东隧道挖掘行为的抑制作用。通过对我国资本市场喧嚣一时的险资举牌的公司治理效应开展评估，本章的讨论有助于理论界与实务界形成对险资举牌的客观认识，为监管当局规范险资等机构投资者的并购活动和治理行为，以及进入分散股权发展阶段的我国上市公司选择合理的治理模式带来丰富的政策含义。

伴随着我国资本市场法律环境的改善和中小股民权利意识的增强，"小股东起义"事件近年来呈现爆发式增长的趋势。本章分析了中小股东如何提出新议案和否决旧议案,揭示了中小股东主动参与上市公司治理、抑制控股股东隧道挖掘行为的具体实现路径,从而一定程度地打开了以往文献观察到的股权制衡有助于改善公司治理的"黑箱"。当中小股东的力量相对较大、可以和控股股东抗衡时,中小股东发起提案的可能性增加;缺乏可以依靠的独立性较高的董事会同样是引发小股东发起提案的诱因;而中小股东是否行使投票表决权来否决控股股东提出的议案则主要受到公司绩效的影响。上述结果意味着主动参与意识相对较弱的中小股东只有在切实利益受到威胁时才更愿意站出来维护自己的权益。与企业绩效等远因相比,通过提出不同于大股东议案和否决大股东提出议案的"小股东起义"成为引起董事会成员变更的近因,因而小股东起义成为董事会成员变更的影响因素之一。尽管从短期看市场对"小股东起义"事件的反应是负面的,但从长期看表征中小股东主动参与公司治理意识觉醒的"小股东起义"事件确实能够带来公司治理结构的调整,进而带来企业长期绩效的改善。因而,"小股东起义"成为我国资本市场进入分散股权时代重要的公司治理途径和潜在的公司治理机制之一。

我国资本市场已在不知不觉中进入股权分散时代,险资频繁举牌,这要求我们规范险资和养老金,使它们成为合格的机构投资者。随着从财务投资者向战略投资者身份的变化,险资举牌所扮演的公司治理角色经历从"积极股东"向"野蛮人"的转变,因而险资举牌的公司治理角色具有两面性。这集中体现在险资染指控制权将削弱险资举牌抑制控股股东的隧道挖掘行为和提升公司绩效的效应。因而举牌险资只有谨守财务投资者的边界,适度参与公司治理,才能有助于改善被举牌公司的治理结构,提升公司绩效;否则可能适得其反。

# 参 考 文 献

Acharya, V. V., Gottschalg, O. F., Hahn, M., Kehoe, C. Corporate Governance and Value Creation: Evidence from Private Equity[J]. *Review of Financial Studies*, 2013, 26(2): 368-402.

Admati, A. R., Pfleiderer, P. The "Wall Street Walk" and Shareholder Activism: Exit as a Form of Voice[J]. *Review of Financial Studies*, 2009, 22(7): 2645-2685.

Admati, A. R., Pfleiderer, P., Zechner, J. Large Shareholder Activism, Risk Sharing, and Financial Market Equilibrium[J]. *Journal of Political Economy*, 1994, 102(6): 1097-1130.

Ashraf, R., Jayaraman, N., Ryan, H. E. Do Pension-related Business Ties Influence Mutual Fund Proxy Voting? Evidence from Shareholder Proposals on Executive Compensation[J]. *Journal of Financial and Quantitative Analysis*, 2012, 47(3): 567-588.

Bertrand, M., Mullainathan, S. Enjoying the Quiet Life? Corporate Governance and Managerial Preferences[J]. *Journal of Political Economy*, 2003, 111(5): 1043-1075.

Brickley, J. A., Lease, R. C., Smith, C. W. Ownership Structure and Voting on Antitakeover Amendments[J]. *Journal of Financial Economics*, 1988, 20(C): 267-291.

Bushee, B. J. Do Institutional Investors Prefer Near-Term Earnings Long-Run Value? [J]. *Contemporary Accounting Research*, 2001, 18(2): 207-246.

Chen, J., Leung, W. S., Goergen, M. The Impact of Board Gender Composition on Dividend Payouts[J]. *Journal of Corporate Finance*, 2017, 43: 86-105.

Chen, X., Harford, J., Li, K. Monitoring: Which Institutions Matter? [J]. *Journal of Financial Economics*, 2007, 86(2): 279-305.

Chou, J., Ng, L., Wang, Q. Do Governance Mechanisms Matter for Mutual Funds? [R]. Working Paper, University of Wisconsin-Milwaukee, 2007.

Claessens, S., Djankov, S., Lang, L. H. P. The Separation of Ownership and Control in East Asian Corporations[J]. *Journal of Financial Economics*, 2000, 58(1): 81-112.

Cremers, K. J. M., Romano, R. Institutional Investors and Proxy Voting on Compensation Plans: The Impact of the 2003 Mutual Fund Voting Disclosure Rule[J]. *American Law and Economics Review*, 2011, 13(1): 220-268.

Cyert, R. M., Kang, S. H., Kumar, P. Corporate Governance, Takeovers, and Top-Management Compensation: Theory and Evidence[J]. *Management Science*, 2002, 48(4): 453-469.

Davis, G. F., Kim, E. H. Business Ties and Proxy Voting by Mutual Funds[J]. *Journal of Financial Economics*, 2007, 85(2): 552-570.

Dittmar, A., Mahrt-Smith, J. Corporate Governance and The Value of Cash Holdings [J]. *Journal of Financial Economics*, 2007, 83(3): 599-634.

Duan, Y., Jiao, Y. The Role of Mutual Funds in Corporate Governance: Evidence from Mutual Funds' Proxy Voting and Trading Behavior[J]. *Journal of Financial and Quantitative Analysis*, 2016, 51(2): 489-513.

Duggal, R., Millar, J. A. Institutional Ownership and Firm Performance: The Case of Bidder Returns[J]. *Journal of Corporate Finance*, 1999, 5(2): 103-117.

Edmans, A. Blockholder Trading, Market Efficiency, and Managerial Myopia[J]. *The Journal of Finance*, 2009, 64(6): 2481-2513.

Edmans, A., Manso, G. Governance Through Trading and Intervention: A Theory of Multiple Blockholders[J]. *The Review of Financial Studies*, 2011, 24(7): 2395-2428.

Eriksson, T., Madsen, E. S., Dilling-Hansen, M., Smith, V. Determinants of CEO and Board Turnover[J]. *Empirica*, 2001, 28(3): 243-257.

Fama, E. F., Jensen, M. C. Agency Problems and Residual Claims[J]. *Journal of Law and Economics*, 1983, 26(2): 327-349.

Gompers, P. A., Metrick, A. Institutional Investors and Equity Prices[J]. *Quarterly Journal of Economics*, 2001, 116(1): 229-259.

Harford, J. Takeover Bids and Target Directors' Incentives: The Impact of a Bid on Directors' Wealth and Board Seats[J]. *Journal of Financial Economics*, 2003, 69(1): 51-83.

Hirshleifer, D., Thakor, A. V. Managerial Performance, Board of Directors and Takeover Bidding[J]. *Journal of Corporate Finance*, 1994, 1(1): 63-90.

Jiang, G., Lee, C. M. C., Yue, H. Tunneling through Interoperate Loans: The China Experience[J]. *Journal of Financial Economics*, 2010, 98(1): 1-20.

La Porta, R., Lopez-de-Silanes, F., Johnson, S., Shleifer, A. Tunneling[J]. *American Economic Review*, 2000, 90(2): 22-27.

La Porta, R., Lopez-de-Silanes, F., Shleifer, A. Corporate Ownership Around the World[J]. *The Journal of Finance*, 1999, 54(2): 471-517.

La Porta, R., Lopez-de-Silanes, F., Shleifer, A., Vishny, R. W. Law and Finance[J]. *Journal of Political Economy*, 1998, 106(6): 1113-1155.

Matvos, G., Ostrovsky, M. Cross-ownership, Returns, and Voting in Mergers[J]. *Journal of Financial Economics*, 2008, 89(3): 391-403.

Maug, E. Large Shareholders as Monitors: Is There a Trade-off between Liquidity and Control[J]. *The Journal of Finance*, 1998, 53(1): 65-98.

Morck, R., Shleifer, A., Vishny, R. W. Management Ownership and Market Valuation: An Empirical Analysis[J]. *Journal of Financial Economics*, 1988, 20(C): 293-315.

Parrino, R. CEO Turnover and Outside Succession A Cross-sectional Analysis[J]. *Journal of Financial Economics*, 1997, 46(2): 165-197.

Parrino, R., Sias, R. W., Starks, L. T. Voting with Their Feet: International Ownership Changes around Forced CEO Turnover[J]. *Journal of Financial Economics*, 2003, 68(1): 3-46.

Pfeffer, J. Size and Composition of Corporate Boards of Directors: The Organization and Its Environment[J]. *Administrative Science Quarterly*, 1972, 17(2): 218-228.

Pugliese, A., Bezemer, P., Zattoni, A., et al. Boards of Directors' Contribution to Strategy: A Literature Review and Research Agenda[J]. *Corporate Governance: An International Review*, 2009, 17(3): 292-306.

Scharfstein, D. The Disciplinary Role of Takeovers[J]. *Review of Economic Studies*, 1988, 55(2): 185-199.

Scharfstein, D. S., Stien, J. C. Herd Behavior and Investment[J]. *American Economic Review*, 1990, 80(3): 465-479.

Shleifer, A., Vishny, R. W. Large Shareholders and Corporate Control[J]. *Journal of Political Economy*, 1986, 94(3): 461-488.

Wu, S., Xu, N., Yuan, Q. State Control, Legal Investor Protection, and Ownership Concentration: Evidence from China[J]. *Corporate Governance: An International Review*, 2009, 17(2): 176-192.

Yan, X., Zhang, Z. Institutional Investors and Equity Returns: Are Short-term Institutions Better Informed?[J]. *Review of Financial Studies*, 2009, 22(2): 893-924.

白重恩,刘俏,陆洲,宋敏,张俊喜.中国上市公司治理结构的实证研究[J].经济研究,2005(2):81-91.

陈信元,汪辉.股东制衡与公司价值:模型及经验证据[J].数量经济技术经济研究,2004(11):102-110.

姜国华,岳衡.大股东占用上市公司资金与上市公司股票回报率关系的研究[J].管理世界,2005(9):119-126+157+171-172.

孔东民,刘莎莎,黎文靖,邢精平.冷漠是理性的吗?中小股东参与、公司治理与投资者保护[J].经济学(季刊),2013,12(1):1-28.

黎文靖,孔东民,刘莎莎,邢精平.中小股东仅能"搭便车"么?——来自深交所社会公众股东网络投票的经验证据[J].金融研究,2012(3):152-165.

李培功,沈艺峰.媒体的公司治理作用:中国的经验证据[J].经济研究,2010,45(4):14-27.

李增泉,孙铮,王志伟."掏空"与所有权安排——来自我国上市公司大股东资金占用的经验证据[J].会计研究,2004(12):3-13+97.

李增泉,余谦,王晓坤.掏空、支持与并购重组——来自我国上市公司的经验证据[J].经济研究,2005(1):95-105.

王鹏.投资者保护、代理成本与公司绩效[J].经济研究,2008(2):68-82.

叶康涛,陆正飞,张志华.独立董事能否抑制大股东的"掏空"?[J].经济研究,2007(4):101-111.

张华,张俊喜,宋敏.所有权和控制权分离对企业价值的影响——我国民营上市企业的实证研究[J].经济学(季刊),2004(S1):1-14.

# 第 5 章
# 亟待完善的董事会组织：从超额委派的董事到返聘的独董

作为联结股东和管理团队之间的纽带以及诸多公司治理机制发挥作用的平台，董事会构成公司治理的核心。在我国资本市场的独特制度背景下，本章将围绕在我国上市公司董事会组织实践中发生的诸如独董返聘、超额委派董事和"独董说不"的任期阶段特征等"中国故事"展开讨论，并在最后对我国资本市场进入分散股权时代后特别有借鉴意义的董事会独立性提高和董事长轮值制度这两个重要公司治理问题开展前瞻性讨论。

在董事会制度建设方面，从我国独董在两个任期对董事会议案出具否定意见呈现阶段特征(也就是在即将离职的第二阶段相比希望连任的第一阶段更可能说"不")的经验证据出发，我们建议，在我国上市公司董事会组织中积极推行独董任期交错制度；在董事会文化建设方面，本章的经验研究表明，控股股东超额委派董事、返聘原来的独董继续担任独董、"逆淘汰"说"不"独董，以及董事长与总经理的社会连接都将导致董事会中任人唯亲文化的盛行，助长内部人控制格局的形成。在我国的上市公司董事会制度建设中，始终或明或暗、或多或少笼罩着任人唯亲的董事会文化的影子，而任人唯亲董事会文化的根源反过来依然在于不合理的董事会制度设计。

## 5.1 董事会组织中的中国故事

本章讨论来自作为我国上市公司治理制度重要方面的董事制度运行过程

中具有中国文化和制度元素的故事。这五个公司治理故事分别围绕董事如何产生、如何更迭、如何履职等环节展开。有些故事是和全体董事有关，而有些则与董事会组成中十分重要的独立董事有关。第一个故事与董事如何产生有关，讲述董事会组织中实际控制人超额委派董事的故事。第二个故事与独董的更迭有关，讲述独董换届了但"未连任"的故事。第三个故事同样与独董的更迭有关，讲述一些独董在任期结束间隔几年后重新被返聘为新一届董事会独董的故事。第四个故事与独董的履职有关，讲述独董对董事会相关议案说"不"、出具否定意见的任期阶段特征的故事。第五个故事则讲述董事长与经理人之间的社会连接如何影响我国上市公司中任人唯亲的董事会文化的形成。

这些故事虽然并不一定会在每一家上市公司中都发生，但在我国的上市公司中，为数不少的公司曾经发生过其中的一个故事，甚至发生过几个故事。因此，本章把它们概括为上市公司董事制度中的"中国故事"。"中国故事"并不意味着这些故事只会在中国发生，更不意味着我们需要发展别具一格的中国公司治理理论去解释它。这里只是强调这些公司治理故事中有深深的中国文化和制度元素的烙印。只有很好地理解了中国文化和制度特色，才能真正理解这些故事发生背后所包含的一般公司治理逻辑。

第一个故事是关于董事会组织中的超额委派董事。2017年6月，W公司完成了新一届董事会换届。在由11名成员组成的新一届董事会中，除了5名独立董事，其他6名为内部董事。而持股比例仅29%的大股东T推荐了其中的3名，占到全部内部董事的50%，远远高于其持股比例，从而形成所谓的"超额（比例）委派董事"。我们看到，超额委派董事在实现董事会组织这一基本目的的同时，很好地体现了实际控制人加强公司控制的意图，成为实际控制人控制权安排的一种重要实现形式。公司名义上属于全体股东，但部分主要股东通过在董事会中委派超过自己持股比例的代表，可以在董事会相关议案的表决中发挥更大的影响力，使其意志得到很好的贯彻和实施，由此成为实际控制人。

那么，为什么说上市公司超额委派董事现象在我国资本市场制度背景下更为典型呢？我们知道，在亚洲和欧洲有很多家族企业，这些家族企业也会委派董事。但是请不要忘记，这些家族企业在股权层面通常相对或绝对控股，并不担心控制权旁落，它们往往倾向于在董事会组织中引入专业技能突出的职业经理人作为董事，以弥补家族成员管理才能的匮乏和不足。因而，超额委派董事并非这些看似需要加强公司控制的亚欧家族企业的典型做法。而对于大家更为熟悉的股权高度分散的英美公司治理模式，其流行的董事会组织实践是除CEO外其余均为外部（独立）董事，因而也鲜有大股东超额委派董事的现象发生。而在2003—2015年期间，我国约有17%的上市公司存在不同程度的超额委派董事现象,最大的超额委派董事比例高达50%。容易理解,这一现象的出现一定程度与我国无论国有还是非国有控股公司流行的"一股独大"的股权结构以及大股东对董事会组织的大包大揽的传统有关。在上述意义上,超额委派董事成为我国资本市场制度背景下围绕董事产生的十分独特的中国公司治理故事。

那么,我们应该如何解读董事会组织中实际控制人超额委派董事的现象呢?对其相关机制的认识,我们事实上可以从实际控制人如何借助金字塔控股结构实现公司控制的分析中得到启发。假设有一家企业集团形成了母公司持股子公司50%股份而子公司也持股孙公司50%股份的金字塔控股结构。虽然母公司对孙公司持有的现金流权只有25%(50%×50%,由母公司出资占孙公司全部资本比例所体现),但其(通过50%控股子公司)对孙公司的控制权却是50%(由子公司对孙公司50%投票表决权所体现),导致所谓的控制权和现金流权的分离。这里所谓的控制权反映的是实际控制人在上市公司股东大会上以投票表决方式实现的对重大决策的影响力,而现金流权反映的是以实际投入上市公司出资额为表征的责任承担能力,二者的分离则意味着承担责任与享有权利的不对称,形成一种经济学意义上的"负外部性"。实际控制人由此可以利用控制权与现金流权的分离机制,通过关联交易、资金占用等方式对子公司和孙公司的资源进行隧道挖掘,使子公司和孙公司外部分散股东的利益受到损害。

我们看到,在形成控制权与现金流权分离、产生经济学意义上的"负外部性"上,这里观察到的W公司的T股东超额委派董事的行为,与实际控制人通过金字塔结构加强控制的经济后果是一致的。只不过金字塔控股结构是利用控制链条实现控制权和现金流权的分离,而超额委派董事则是作为实际控制人的主要股东利用董事会组织中提名更多董事从而形成董事会重大决策的实际影响力与其持股比例所反映的责任承担能力的分离实现的。但金字塔控股结构和超额委派董事都意味着承担责任与享有权利的不对称,使实际控制人进行隧道挖掘、损害外部分散股东的利益成为可能。

我们完成的关于实际控制人超额委派董事的经验研究表明,实际控制人超额委派董事越多,未来以关联交易方式进行的隧道挖掘行为越严重,企业未来的经济绩效表现越差;而当企业为非国有性质、两权分离程度高和实际控制人持股比例较低时,在实际控制人超额委派董事的企业中,隧道挖掘行为会更加严重,相应的经济绩效表现会更差。因此,我们提出的政策建议是,在董事会的组织结构安排上应该合理地设置主要股东提名董事的上限,以确保其责任承担能力与控制能力对等。

第二个和第三个故事都与独董的更迭有关。我们首先讲独董换届未连任的故事。在英美的上市公司中,如果一个独董需要离职,往往会选择公开辞职的方式,该信息将同时出现在上市公司作为公众公司需要履行的信息披露义务而发布的公告中。而独董的中途离职往往向投资者传递了公司负面的信息,容易引起股价波动,有时甚至会使独董自身的声誉受损。然而,同样是独董更迭,我们在中国资本市场中观察到一种体现中国文化和制度元素的特殊更迭方式——独董换届未连任。其中的制度元素是指我国上市公司需满足如下相关规定:董事会中成员人数不能少于1/3,独董有两个任期,且每个任期不超过三年。一个独董在两个任期之间可以选择或被选择是否连任。其中的文化元素则来自在中国长期盛行的"和为贵"的商业文化,人们不希望打破业已形成的人际关系。一些需要离职的独董选择在上一届任期届满、新一届尚未开始时,以"换届未连任"的方式"静悄悄地离开,不带走一片云彩"。由于与换届的信息混杂在一起,独董在这种方式下的离职弱化了独董更迭通常伴随的负面效应,避免了股价剧烈波动。因此,独董换届未连任成为深深刻有我国制度和文化元素烙印的我国资本市场制度背景下十分独特的独董更迭故事。

我们对这一现象的观察和思考同样从一个案例解剖开始。K公司第六届董事会的独董L在2012年换届时出人意料地没有继任第七届独董;2013年,K公司由于在2009—2012年间在公司治理、信息披露、财务会计等方面的违规行为而被监管机构限期责令改正。上述案例给我们的启发是,除了独董公开辞职,外部投资者也许还可以通过观察独董换届时是否连任这一特殊途径来解读其可能传递的公司治理状况信息。

我们围绕这一问题的经验研究表明,如果一个独董在上一届任期届满以后选择以换届未连任的方式悄悄地离职,那么这样的公司未来出现违规行为的概率相比于没有上述现象的公司会显著增加。如果这一离职独董具有会计背景,那么,这个公司未来出现违规行为的概率将更高,情节将更加严重。因此,我们不要认为独董"换届未连任"是以和平的方式解决了争端,平静的背后恰恰隐藏着更大的危机,"此时无声胜有声"。这事实上也为我们观察和解读一个公司的治理状况和未来潜在违规风险提供了特殊的途径。如果投资人正在考虑投资,甚至并购一个公司,而这家公司曾经有独董换届未连任,那么在决策时要倍加谨慎。

围绕独董的更迭,这里还有另外一个故事与大家分享。那就是我们观察到的一些公司的独董在任满两期以后,经过短暂的离开,又重新被聘请回公司继续出任独董的所谓"独董返聘"现象。例如,在深交所上市的Y公司在2011年聘任A和B担任第七届独董,而A和B都曾在2002—2008年担任该公司第四、五届独董;在上交所上市的Z公司把曾在2000—2008年任职第一、二、三届独董的W在其离任两年后于2010年重新返聘,担任第四届独董。简单的统计表明,在2009—2014年间,我国上市公司中存在返聘独董现象的公司占当年换届公司的比例从2009年的1.36%上升到2014年的9.67%。

我们看到,独董返聘现象的发生一方面同样离不开我们前面提及的我国上市公司每位独董只有两个任期、每个任期为期三年的制度背景,另一方面则还与文化因素有关。如果说是否允许选择"不独立"的候选人作为独董是制度问题,那么,在满足独董基本任职资格的前提下,选择任人唯亲还是任人唯贤则显然是一个文化问题。毕竟,至少在形式上这些返聘的独董并没有违反监管当局关于独董任期不得超过两届的规定。作为对照,我们注意到一些国家虽然没有对上市公司董事的任期进行限制,但董事任期超过一定年限(例如10年)则不再被认为是独立董事。因而,独董返聘现象同样是在我国资本市场制度背景下发生的十分独特的中国公司治理故事。

我们的问题是,这样返聘回来的独董还是真正的"独立"董事吗?这与在公司治理实践中设置利益中性、主要依靠声誉激励的独董的初衷还一致吗?我们担心,独董返聘现象会在一定程度上削弱独董的独立性,并妨碍其监督职能的有效履行。带着这样的疑问,我们实证检验了独董返聘现象的影响因素和经济后果。我们的研究表明,在董事长近年未发生变更、董事长来源于内部晋升、董事长在上市公司领薪以及独立董事从未发表否定意见的公司中更可能返聘独董,因而,这些因素成为鉴定和识别一个公司是否具有任人唯亲董事会文化的重要标识。从独董返聘带来的经济后果来看,与不存在独董返聘现象的对照组相比,存在独董返聘现象的公司未来发生关联交易的可能性更大,代理成本更高,企业绩效表现更差。而对于被返聘回来的独董本人,我们观察到,一方面是相比于那些首次聘任的独董,这些返聘回来的独董更少对董事会议案说"不",而出具否定意见往往被认为是独董履职的重要表现;另一方面,这些返聘的独董更倾向于支持董事会向管理层发放高的薪酬,但用来反映激励增强的管理层薪酬绩效敏感性却没有发生显著变化,因而增加的薪酬流于损害股东利益的所谓"经理人超额薪酬"。

第四个故事与刚刚提到的独董的履职有关。我们知道,对董事会议案说"不"本身是独董履行监督职能的一种真实、直接而重要的表现。从2004年12月开始,我国沪、深交易所要求上市公司披露独董针对董事会提案发表的具体意见,包括提案内容、董事会表决结果、投反对票或弃权票的董事姓名和理由等信息。这为我们观察独董履职状况带来便利。理论上,独董对董事会提案发表的意见类型可以包括"赞成""反对""弃权""保留意见""无法发表意见""提出异议"和"其他"等。但容易理解,一方面,受中国传统文化的影响,独董较少采取极端的"反对"票形式来表达自己的反对意见,而是采取其他更为缓和的方式提出异议;另一方面,唐雪松等(2010)的研究表明,我国上市公司对董事会中说

"不"的独董存在逆淘汰机制——相比于未对董事会说"不"的独董,说"不"的独董未来一年内离任现职的可能性要高出 1.36 倍。我们看到,至少由于上述两个方面的原因,在 2005—2013 年全部 A 股上市公司的超过 11 072 件董事会提案中,仅有 0.98% 的提案被独董出具了非"赞成"类型的意见,可见说"不"的独董少之又少。

有趣的是,同一独董在他的两个任期内说"不"的行为也会有差异。这是我们在这里想给大家分享的关于独董说"不"任期阶段特征的故事。由于独董任期限制等制度因素,我们看到独董说"不"的任期阶段特征同样成为我国资本市场中十分独特的公司治理故事。我们完成的一个围绕独董在任期不同阶段说"不"的实证研究表明,我国上市公司独董在其首个任期和第二任期中的监督行为会存在显著差异。通常而言,在第二个任期,独董对董事会提案出具否定意见的可能性是首个任期的 1.41 倍。

那么,我们应该如何解释这种有趣的现象呢?容易理解,对于一个在任期第一阶段谋求连任的独董来说,面对可能存在的逆淘汰机制和任人唯亲的董事会文化,选择沉默将是该独董的明智之举;只有在不得不离开的第二个任期,维护独董声誉和职业发展的考量才可能会超过逆淘汰机制和文化的效应,上升为占据主导的因素。

同样有趣的是,我们的观察发现,在那些曾经发生过逆淘汰的公司中,独董在第一阶段将更加倾向于选择沉默和顺从。对董事会中说"不"的独董进行逆淘汰不仅短期内而且会在长期中影响独董未来监督的有效性,成为我国上市公司独董并未发挥预期的监督作用的重要原因之一。基于上述观察,我们倾向于建议,在我国上市公司董事会组织中可以考虑积极推行独董任期交错制度,即董事会分批进行更迭。除了有助于保持董事会运行的稳定和政策的持续,上述制度对于我国目前施行的两个任期的独董制度的特别好处在于,这将使得每届董事会自然存在处于不同任期阶段的独董,由此使独董说"不"的可能性增加,从而提高独董监督的有效性。

第五个故事有关基于董事长与总经理的社会连接所形成的任人唯亲的董事会文化。与成熟市场经济国家上市公司的股权结构不同,在我国上市公司中,无论是国有还是民营公司大都选择了"一股独大"的股权结构。民营企业往往是家族企业,因而家族成为上市公司治理的核心。在平衡家族成员的信任和外部职业经理人能力的基础上,民营上市公司形成以家族为中心的任人唯亲的董事会文化自不待言。而在国有上市公司中,作为实际控制人的董事长逐步成为内部人控制格局的核心和任人唯亲董事会文化的中心。在那些董事长长期任职甚至兼任总经理的国有上市公司中,内部人控制问题和相应的任人唯亲的董事会文化尤为严重。只不过这里的"亲"并非民营上市公司中的家族成员,而是董事长认同和信赖的"朋友"或"朋友的朋友"。即使退休后,董事长依然通过安排所信赖的部下成为继任者的方式持续保持对公司经营管理重大决策的影响力。因而,在我国,国有上市公司董事会成员的聘任(包括新聘、留任乃至返聘)问题上,社会连接(所谓的"人际关系")发挥了重要作用。这是形成任人唯亲的董事会文化的开始。同学、同事、同乡、校(战)友等在个人经历上的交集或人际社会网络的节点使双方之间建立与陌生人相比更为"熟悉"和"亲密"的关系。意料之中地,我们通过对社会连接的实证研究发现,董事长和总经理之间基于同乡形成的社会连接,显著提升了董事会向包括董事长、总经理在内的高管所发放的薪酬水平。但是这种高薪并没有带来薪酬绩效敏感性的相应提高。这表明由社会连接带来的薪酬的提升,演变为一种特殊的经理人超额薪酬,并没有发挥应有的激励效果,对于上市公司而言,这样无效的激励是对上市公司现金的浪费,此时社会连接带来的是"合谋"而非"合作"。一方面,董事长与总经理之间的社会连接将通过"合谋"增加上市公司支出,掏空上市公司,危害股东尤其是中小股东的利益,进而形成"内部人控制"。另一方面,上述社会连接的存在显著降低了董事长及总经理的更迭概率,使董事长主导下的内部人控制格局趋于稳定。因此,我国上市公司基于同乡形成的社会连接并没有实现预期的增强信任、共同承担风险和面对挑战的正面效应,而是成为加强内部人控制、掏空上市公司资源的工具,事与愿违地蜕化为"任人唯亲"。

让我们简单总结这五个发生在我国资本市场制度背景下关于董事制度的中国故事。第一个故事与董事的产生有关,讲述在"一股独大"的股权结构下,大股东如何通过超额委派董事加强实际控制。第二个故事和第三个故事与独董的更迭有关,前一个故事是关于独董换届未连任,后一个故事是关于独董返聘。这两个故事不仅与我国资本市场独董任期等制度因素有关,而且与任人唯亲的董事会文化等文化因素有关。第四个关于独董说"不"任期阶段特征的故事是在第二个和三个故事考察独董治理行为的基础上从纵向动态的维度开展的有趣考察。第五个故事通过董事长和总经理的社会连接对我国资本市场出现的任人唯亲的董事会文化形成根源和实际机制进行直接讨论。我们看到,只有结合上述制度因素和文化因素,我们才能真正理解我国上市公司在董事会组织、独董更迭和履职环节呈现的与众不同的"中国故事"。而只有读懂这些独特的中国公司治理故事,我们才能真正了解中国上市公司的董事会是怎样运行的,才能有针对性地提出改进我国上市公司治理实践的政策建议。

在接下来的各节中,我们首先围绕这五个董事会组织中的"中国故事"分别提供相应的经验证据,并讨论其对公司治理实践可能的政策含义。我们注意到,在我国上市公司董事会制度建设中始终或明或暗、或多或少笼罩着任人唯亲的董事会文化的影子,而任人唯亲的根源反过来依然在于不合理的董事会制度设计。本章最后两节对我国资本市场进入分散股权时代特别有借鉴意义的董事会独立性提高和董事长轮值制度这两个重要问题开展前瞻性讨论。

## 5.2 超额委派董事现象[①]

Aghion and Tirole(1997)将公司控制权区分为形式权威(Formal Authority)和真正权威(Real Authority)。股东通过出资集体享有公司财产权,成为公司的形式权威;而管理团队负责日常的经营管理,在相关信息的获得上具有优势,成为真正权威。事实上,作为联结股东和管理团队之间的纽带和诸多公司治理机制发挥作用的平台,董事会构成了公司治理的核心(Hermalin and Weisbach,1998)。董事会的基本特征(例如,董事会的规模、独立董事占全部董事会成员的比例所反映的董事会的独立性以及董事长是否兼任经理人等)将通过影响董事出席会议的频率和次数,甚至对董事会议案是否出具否定意见等,在公司治理中扮演重要角色(王跃堂等,2006;叶康涛等,2011;魏刚等,2007;胡奕明和唐松莲,2008;刘诚等,2012;祝继高等,2015)。因而,实际控制人除了利用基于持股比例的投票表决权在股东大会层面发挥作用,还可以通过委派董事在董事会层面形成影响力。委派董事由此成为实现公司控制的重要形式(程敏英和魏明海,2013;陈德球等,2013)。

除了独立董事,董事会成员中还包括非独立董事。这些非独立董事往往由大股东或者重要股东提名委派,参与或者不参与公司的经营管理(前者为非执行董事,后者为执行董事)。按照我国《公司法》的规定,持股比例超过3%的股东可以提名董事。虽然规定非独立董事由大股东或重要股东进行提名委派,但相关法律对该比例没有明确限制。陆正飞和胡诗阳(2015)基于2006—2012年的所有A股上市公司的研究样本发现,上市当年,公司的非执行董事的占比不到29%,之后逐年上升并最后稳定在33%左右。魏明海等(2013)基于家族企业的经验研究甚至观察到,关联大股东的持股比例越高、家族成员在董事会以及董监高中占据席位比例越高,家族企业的关联交易行为越严重,公司市场价值越低。

由于提名委派董事的名额和比例并没有明确限制,在公司治理实践中,一些公司实际控制人在提名委派董事时,往往倾向于委派超过持股比例的董事,

---

[①] 参见郑志刚,胡晓霁,黄继承.超额委派董事、大股东机会主义与董事投票行为[J].中国工业经济,2019(10):155-174.

使自己委派的董事在董事会中占据更多的席位。实际控制人以此来实现和加强对于公司重要决策的影响力,使有利于自身利益的主张和政策在董事会表决中得以通过。所谓超额委派董事是指实际控制人通过在董事会组织过程中提名更多的董事,形成对重大决策的实际影响力与其持股比例所反映的责任承担能力"分离"的公司治理现象。

让我们回忆第 2 章中的案例。在南玻 A 当时的董事会构成中,9 名董事会成员,除了 3 名独立董事,持股总计 26.36% 的宝能系却委派了 6 名非独立董事中的 3 名,占到全部非独立董事的 50%。而万科于 2017 年 6 月 30 日举行的董事会换届选举产生的 11 名成员中,除了 5 名独立(或外部)董事,持股比例为 29.38% 的第一大股东深圳市地铁集团有限公司提名了 6 名内部董事中的 3 名董事,同样占到全部非独立董事的 50%。我们看到,超额委派董事在实现董事会组织这一基本目的的同时,很好地体现了实际控制人加强公司控制的意图,成为实际控制人控制权安排的一种重要实现形式。公司在名义上属于全体股东,但部分主要股东通过在董事会中委派超过自己持股比例的代表,可以在董事会相关议案的表决中发挥更大的影响力,使其意志得到很好地贯彻和实施,由此成为实际控制人。

如前所述,超额委派董事是我国资本市场制度背景下围绕董事产生的十分独特的中国公司治理故事。在形成控制权与现金流权分离,产生经济学意义上的"负外部性"上,超额委派董事的行为,与利用金字塔结构、交叉持股和不平等投票权(LLS,1999;Claessens et al.,2000;张华等,2004;李增泉等,2005;肖星等,2012)等的逻辑类似,为实控人以资产出售、转移定价和贷款担保、关联交易以及资金占用等形式攫取公司资源、侵占外部分散股东的利益,导致更低的公司价值和经营绩效(Lemmon and Lins,2003;Baek et al.,2004;Baek et al.,2006;张华等,2004;李增泉等,2005;渡边真理子,2011;石水平,2010;王亮亮,2018)提供了可能。超额委派董事因此同样意味着承担责任与享有权利的不对称,构成经济学意义上的"负外部性"。

### 5.2.1　超额委派董事的经济后果

本节将实证检验实际控制人超额委派董事的经济后果,以对超额委派董事的公司治理效应进行评估。在表 5.1 中,从模型 1 到模型 4 考察实际控制人超额委派董事对企业绩效的影响;从模型 5 到模型 8 考察实际控制人对隧道挖掘的影响。从表 5.1 的模型回归结果我们看到,无论是以实际控制人超额委派董事的比例($L\_Overratio_1$ 和 $L\_Overratio_2$)作为解释变量,还是以实际控制人是否形成超额委派董事的虚拟变量($L\_Overdummy_1$ 和 $L\_Overdummy_2$)作为解

第 5 章　亟待完善的董事会组织：从超额委派的董事到返聘的独董

表 5.1　实际控制人超额委派董事的一般经济后果

| 变量 | 模型 1 | 模型 2 | 模型 3 | 模型 4 | 模型 5 | 模型 6 | 模型 7 | 模型 8 |
|---|---|---|---|---|---|---|---|---|
| | ROA | | | | Tunneling | | | |
| $L\_Overratio_1$ | -0.0078*** | | | | 0.0441*** | | | |
| | (-2.854) | | | | (5.769) | | | |
| $L\_Overratio_2$ | | -0.0075*** | | | | 0.0424*** | | |
| | | (-2.819) | | | | (5.957) | | |
| $L\_Overdummy_1$ | | | -0.0041*** | | | | 0.0205*** | |
| | | | (-2.645) | | | | (4.828) | |
| $L\_Overdummy_2$ | | | | -0.0049*** | | | | 0.0246*** |
| | | | | (-2.619) | | | | (4.375) |
| Share | 0.0333*** | 0.0335*** | 0.0384*** | 0.0388*** | -0.0050 | -0.0065 | -0.0345 | -0.0365 |
| | (2.821) | (2.850) | (3.299) | (3.332) | (-0.204) | (-0.267) | (-1.478) | (-1.569) |
| Seperation | 0.0241*** | 0.0242*** | 0.0238*** | 0.0238*** | 0.0338 | 0.0333 | 0.0358* | 0.0358* |
| | (3.023) | (3.036) | (2.993) | (2.990) | (1.625) | (1.598) | (1.721) | (1.726) |
| Size | 0.0144*** | 0.0144*** | 0.0143*** | 0.0143*** | 0.0033* | 0.0032* | 0.0036** | 0.0036** |
| | (18.777) | (18.812) | (18.743) | (18.780) | (1.842) | (1.829) | (2.007) | (2.010) |
| Leverage | -0.1523*** | -0.1524*** | -0.1526*** | -0.1527*** | 0.0045 | 0.0050 | 0.0064 | 0.0067 |
| | (-34.617) | (-34.640) | (-34.725) | (-34.740) | (0.558) | (0.624) | (0.789) | (0.834) |

(续表)

| 变量 | 模型 1 | 模型 2 | 模型 3 | 模型 4 | 模型 5 | 模型 6 | 模型 7 | 模型 8 |
|---|---|---|---|---|---|---|---|---|
| | ROA | | | | Tunneling | | | |
| Growth | 0.0229*** | 0.0229*** | 0.0229*** | 0.0229*** | 0.0002 | 0.0002 | 0.0003 | 0.0002 |
| | (19.077) | (19.065) | (19.062) | (19.089) | (0.146) | (0.155) | (0.157) | (0.098) |
| Independence | −0.0323*** | −0.0324*** | −0.0313*** | −0.0316*** | −0.0465* | −0.0458* | −0.0528** | −0.0511** |
| | (−2.848) | (−2.862) | (−2.745) | (−2.774) | (−1.934) | (−1.907) | (−2.187) | (−2.120) |
| H15 | −0.0294* | −0.0295* | −0.0308** | −0.0312** | 0.1369*** | 0.1375*** | 0.1448*** | 0.1469*** |
| | (−1.942) | (−1.951) | (−2.029) | (−2.054) | (3.838) | (3.863) | (4.066) | (4.130) |
| 常数项 | −0.2288*** | −0.2288*** | −0.2273*** | −0.2273*** | −0.0545 | −0.0545 | −0.0639* | −0.0639* |
| | (−13.345) | (−13.369) | (−13.282) | (−13.305) | (−1.503) | (−1.506) | (−1.752) | (−1.758) |
| 行业效应 | 控制 | 控制 | 控制 | 控制 | 控制 | 控制 | 控制 | 控制 |
| 年度效应 | 控制 | 控制 | 控制 | 控制 | 控制 | 控制 | 控制 | 控制 |
| 观测值 | 16 326 | 16 326 | 16 326 | 16 326 | 16 326 | 16 326 | 16 326 | 16 326 |
| 调整的 $R^2$ | 0.306 | 0.306 | 0.306 | 0.306 | 0.097 | 0.097 | 0.093 | 0.093 |

注：括号内为标准误差经异方差调整、企业层面聚类处理后计算得到的 $t$ 值；*、** 和 *** 分别表示在 10%、5% 和 1% 的水平上显著。

释变量,实际控制人超额委派董事都与企业绩效(ROA)在1%的统计水平上显著负相关,与关联交易所反映的隧道挖掘(Tunneling)在1%的统计水平上显著正相关。上述回归结果较为一致地表明,实际控制人超额委派董事会导致关联交易金额和隧道挖掘行为的增加,最终波及企业绩效,使得企业绩效表现变差。

以往关于超级控制权实现机制的文献表明,由于借助金字塔结构实现了现金流权与控制权的两权分离,母公司可以对孙公司进行资源转移和隧道挖掘,形成对孙公司外部分散股东利益的损害(Johnson et al.,2000;Claessens et al.,2000;张华等,2004;李增泉等,2005;姜国华和岳衡,2005;Jiang et al.,2010)。表5.1的研究则表明,与两权分离这一超级控制权获取方式的经济后果类似,实际控制人超额委派董事同样有助于实际控制人实现现金流权与控制权的两权分离,进而进行资源转移和隧道挖掘,损害外部分散股东的利益。因而,与两权分离一样,超额委派董事同样使实际控制人能够承担的责任与实际享有的权利不对称,形成一种经济学意义上的"负外部性",是公司治理实践中股东之间利益冲突新的表现形式。

接下来,我们进一步通过分组回归来探讨在什么样的情形下实际控制人超额委派董事更容易导致上述经济后果发生。回归结果报告在表5.2中。

表 5.2　分组回归结果

| | 模型1<br>国有企业 | 模型2<br>非国有企业 | 模型3<br>形成相对控股 | 模型4<br>没有形成相对控股 | 模型5<br>两权分离程度高 | 模型6<br>两权分离程度低 |
|---|---|---|---|---|---|---|
| | | | ROA | | | |
| L_Overdummy_1 | −0.0009 | −0.0062** | −0.0036 | −0.0044** | −0.0042** | −0.0036 |
| | (−0.507) | (−2.298) | (−1.644) | (−2.184) | (−2.540) | (−1.011) |
| Share | 0.0469** | 0.0353*** | 0.0189 | 0.0383* | 0.0336*** | 0.0635** |
| | (2.195) | (2.695) | (0.969) | (1.688) | (2.730) | (2.341) |
| Seperation | 0.0149 | 0.0199* | 0.0236** | 0.0147 | 0.0258** | −0.0230 |
| | (1.163) | (1.892) | (2.406) | (1.122) | (2.950) | (−0.220) |
| Size | 0.0126*** | 0.0177*** | 0.0116*** | 0.0181*** | 0.0145*** | 0.0135*** |
| | (12.878) | (15.874) | (12.405) | (15.706) | (17.642) | (8.559) |
| Leverage | −0.1510*** | −0.1525*** | −0.1483*** | −0.1569*** | −0.1517*** | −0.1596*** |
| | (−23.452) | (−25.271) | (−25.803) | (−24.671) | (−32.306) | (−15.898) |
| Growth | 0.0233*** | 0.0218*** | 0.0220*** | 0.0238*** | 0.0236*** | 0.0188*** |
| | (12.510) | (14.108) | (15.338) | (12.001) | (17.618) | (8.261) |
| Independence | −0.0492*** | −0.0093 | −0.0288* | −0.0301* | −0.0224* | −0.0757*** |
| | (−3.253) | (−0.582) | (−1.908) | (−1.814) | (−1.846) | (−3.020) |

(续表)

|  | 模型 1<br>国有企业 | 模型 2<br>非国有企业 | 模型 3<br>形成<br>相对控股 | 模型 4<br>没有形成<br>相对控股 | 模型 5<br>两权分离<br>程度高 | 模型 6<br>两权分离<br>程度低 |
|---|---|---|---|---|---|---|
|  | ROA | | | | | |
| HI5 | −0.0435 | −0.0193 | −0.0125 | 0.0440 | −0.0285* | −0.0460 |
|  | (−1.625) | (−1.070) | (−0.640) | (1.278) | (−1.770) | (−1.345) |
| 常数项 | −0.1860*** | −0.3059*** | −0.1635*** | −0.3166*** | −0.2331*** | −0.1928*** |
|  | (−8.590) | (−11.952) | (−7.666) | (−12.129) | (−12.684) | (−5.691) |
| 行业效应 | 控制 | 控制 | 控制 | 控制 | 控制 | 控制 |
| 年度效应 | 控制 | 控制 | 控制 | 控制 | 控制 | 控制 |
| 观测值 | 8 161 | 8 165 | 9 103 | 7 223 | 13 646 | 2 680 |
| 调整的 $R^2$ | 0.328 | 0.296 | 0.308 | 0.311 | 0.299 | 0.351 |

注:括号内为标准误差经稳健性调整、公司和年份层面聚类处理后计算得到的 $t$ 统计量;*、** 和 *** 分别表示在 10%、5% 和 1% 的水平上显著。

在表 5.2 中,我们分别按照作为实际控制人的主要股东的股权性质(模型 1 和模型 2)、主要股东是否具有相对控制权(模型 3 和模型 4)以及两权分离程度高低(模型 5 和模型 6)进行分组回归。在根据主要股东股权性质的分组中,在非国有性质的组别中解释变量 L_Overdummy_1 的系数为负,并且在 5% 的显著性水平上显著。这表明在非国有性质的企业中,实际控制人超额委派董事获得超级控制权将有助于实际控制人隧道挖掘行为的实现,最终带来糟糕的企业绩效表现。容易理解,国有企业的董事任命具有浓郁的行政色彩,相关董事,尤其是董事长往往是由上级组织部门和国资委委派,董事们的目标多元,甚至冲突,既是"经济人"又是"政治人"。与国有企业相比,民营企业具有更为明确和强烈的盈利目标,当实际控制人有机会超额委派董事、获得超级控制权时,他们将有更强的动机进行隧道挖掘,导致企业无法令人满意的企业绩效。

在作为实际控制人的主要股东是否形成相对控股的分组回归分析中,我们看到,实际控制人如果尚未相对控股,此时实际控制人超额委派董事会带来更糟糕的企业绩效。这集中体现在没有形成相对控股的分组中,实际控制人超额委派董事与企业绩效显著负相关。对于这一结果的出现,我们可以从以下两方面予以解释。其一,当实际控制人不具有相对控股权时,因为其持股比例较低,所以与其他分散股东利益并不一致。由于利益不一致,因而,实际控制人有较强的动机进行隧道挖掘。其二,实际控制人通过超额委派董事获得超级控制权,使其原本有限持股所反映的现金流权与通过超额委派加强的超级控制权的分离程度变得更高,外部性更加严重,因而实际控制人此时进行隧道挖掘的动机会更强。

在根据两权分离程度高低进行的分组回归中,我们的研究发现,在两权分离程度高的组别中,通过超额委派董事获得的超级控制权能够为实际控制人进行隧道挖掘提供更多便利,长期看将导致企业绩效的恶化。当借助金字塔结构实现的两权分离程度高时,控制权处于并不稳定的状态,此时更需要实际控制人通过超额委派董事加强对公司的控制,获得超级控制权。超级控制权使外部性进一步增加,使得实际控制人有更强烈的动机来利用超级控制权进行隧道挖掘,损害股东的利益。

### 5.2.2 超额委派董事与投非赞成票影响的分析

出于个人声誉、职业发展以及避免可能的监管处罚的考虑,董事有强烈的动机在可能有损股东利益的议案中投非赞成票(Jiang et al., 2016)。董事投非赞成票除了能够直接改善被投非赞成票的议案内容(叶康涛等,2011),还能够向投资者传递警示信号、引起监管部门的注意以及改善上市公司的治理情况。因而,在董事会决议表决中投非赞成票被公司治理文献证明是董事履行监督职能的重要体现。

我们的研究发现,实际控制人超额委派董事对董事投非赞成票行为及其监督效果也有影响。实际控制人超额委派董事的比例越高,董事投非赞成票的可能性越低。因而,实际控制人是否超额委派董事成为影响董事投票行为的重要因素,是在公司治理理论和实务中考察董事投票行为时不可忽视的重要因素。

表 5.3 检验实际控制人超额委派董事的比例对董事投非赞成票的影响。我们分别采用超额委派董事的程度(Overratio)和是否超额委派董事的虚拟变量(Overdummy)作为主要的解释变量,并用不同的口径予以度量。在回归时除了控制公司特征、治理特征,我们还控制了年份和行业的固定效应。

表 5.3 超额委派董事对董事投非赞成票的影响分析

| | 模型 1 | 模型 2 | 模型 3 | 模型 4 | 模型 5 | 模型 6 |
|---|---|---|---|---|---|---|
| | \multicolumn{6}{c}{Companyvote} | | | | | |
| $Overdummy_1$ | −0.3485** | | | | | |
| | (−2.4647) | | | | | |
| $Overratio_1$ | | −0.8470*** | | | | |
| | | (−2.8195) | | | | |
| $Overdummy_2$ | | | −0.2797** | | | |
| | | | (−2.4650) | | | |
| $Overratio_2$ | | | | −0.5140** | | |
| | | | | (−2.0523) | | |

（续表）

| | 模型 1 | 模型 2 | 模型 3 | 模型 4 | 模型 5 | 模型 6 |
|---|---|---|---|---|---|---|
| | | | Companyvote | | | |
| Overdummy$_3$ | | | | −0.2290* | | |
| | | | | (−1.8600) | | |
| Overatio$_3$ | | | | | | −0.3104 |
| | | | | | | (−1.4077) |
| Share | −3.9369*** | −4.5403*** | −4.0038*** | −4.3315*** | −3.9406*** | −4.1552*** |
| | (−5.5387) | (−6.1965) | (−5.6197) | (−5.8951) | (−5.5441) | (−5.6954) |
| Seperation | 0.0420 | 0.0578 | 0.0654 | 0.0687 | 0.0356 | 0.0461 |
| | (0.0778) | (0.1070) | (0.1211) | (0.1269) | (0.0659) | (0.0852) |
| Chairman | 0.0363 | 0.1566 | 0.0899 | 0.1226 | 0.0340 | 0.0539 |
| | (0.3793) | (1.3384) | (0.8486) | (0.9766) | (0.3377) | (0.4533) |
| Size | −0.0468 | −0.0489 | −0.0478 | −0.0469 | −0.0476 | −0.0468 |
| | (−1.0689) | (−1.1180) | (−1.0901) | (−1.0710) | (−1.0877) | (−1.0686) |
| Leverage | 0.4776** | 0.4802** | 0.4732** | 0.4782** | 0.4742** | 0.4743** |
| | (2.1627) | (2.1716) | (2.1389) | (2.1655) | (2.1488) | (2.1469) |
| Growth | 0.0517 | 0.0489 | 0.0487 | 0.0488 | 0.0508 | 0.0489 |
| | (0.8624) | (0.8152) | (0.8130) | (0.8157) | (0.8478) | (0.8186) |
| Roa | −2.6753*** | −2.6996*** | −2.7017*** | −2.7021*** | −2.6898*** | −2.6988*** |
| | (−5.3624) | (−5.4177) | (−5.3835) | (−5.4151) | (−5.3829) | (−5.4060) |
| HI5 | 2.3459** | 2.4148** | 2.3664** | 2.4167** | 2.3580** | 2.4131** |
| | (2.4509) | (2.5591) | (2.4672) | (2.5436) | (2.4634) | (2.5362) |
| Independence | −2.2384*** | −2.0398*** | −2.1916*** | −2.2389*** | −2.2348*** | −2.2532*** |
| | (−2.9520) | (−2.6788) | (−2.8898) | (−2.9492) | (−2.9451) | (−2.9661) |
| Instratio | −1.4611* | −1.4660* | −1.4810* | −1.4558* | −1.4628* | −1.4675* |
| | (−1.8423) | (−1.8349) | (−1.8606) | (−1.8272) | (−1.8427) | (−1.8434) |
| State | 0.3121*** | 0.3178*** | 0.3158*** | 0.3194*** | 0.3103*** | 0.3110*** |
| | (3.3987) | (3.4482) | (3.4216) | (3.4412) | (3.3735) | (3.3641) |
| ST | 0.2028 | 0.2060 | 0.2031 | 0.2035 | 0.2021 | 0.2045 |
| | (1.4030) | (1.4204) | (1.4040) | (1.4065) | (1.4004) | (1.4156) |
| 常数项 | 1.3097 | 1.2834 | 1.3370 | 1.2732 | 1.3316 | 1.2897 |
| | (1.3848) | (1.3598) | (1.4126) | (1.3464) | (1.4089) | (1.3642) |
| 年度效应 | 控制 | 控制 | 控制 | 控制 | 控制 | 控制 |
| 行业效应 | 控制 | 控制 | 控制 | 控制 | 控制 | 控制 |
| 观测值 | 16 344 | 16 344 | 16 344 | 16 344 | 16 344 | 16 344 |
| 伪 $R^2$ | 0.0606 | 0.0606 | 0.0606 | 0.0606 | 0.0606 | 0.0606 |

注：括号内为标准误差经异方差调整、企业层面聚类处理后计算得到的 $Z$ 值；*、**和***分别表示在10%、5%和1%的水平上显著。

表 5.3 报告的回归结果显示,采用不同的超额委派董事度量方式,回归结果均一致地表明,实际控制人超额委派董事与董事投非赞成票之间存在稳定的负相关关系。尽管模型 6 中超额委派董事程度(Overratio$_3$)的回归系数并不显著,但是仍然保持了负相关关系。以模型 1 和模型 2 为例,模型 1 中是否超额委派董事的虚拟变量(Overdummy$_1$)的系数显著为负,并且在 1% 的水平上显著。这表明相较于没有超额委派董事的情形,超额委派董事的公司出现董事投非赞成票的可能性会更低。超额委派董事的公司相较于没有超额委派董事的公司,其投非赞成票的几率低约 35 个百分点。模型 2 中以超额委派董事的程度(Overratio$_1$)作为解释变量的系数显著为负。这表明超额委派董事的比例越大,董事投非赞成票的概率越低,超额委派董事程度 1 个标准差的变化(0.20)将引起董事投非赞成票的概率下降约 17%。上述结果一致地表明,在实际控制人超额委派董事的情况下,董事投非赞成票的可能性降低。

从主要控制变量的回归结果来看,实际控制人持股比率(Share)低的公司更有可能出现董事投非赞成票的情形。容易理解,在实际控制人的控制影响力较低、各个股东之间的制衡能力较强的治理环境中,董事更便于行使监督职能,从而更容易出现投非赞成票的状况。就公司特征而言,企业资产负债率(Leverage)显著为正、资产利润率(Roa)显著为负,这意味着在高杠杆和会计绩效差的企业中,出于维护自身声誉、防范风险的考虑,董事更有可能投非赞成票。而董事会的独立性(Independence)、机构持股比例(Instratio)等治理特征均显著为负,这表明治理水平良好的公司可能的委托代理问题并不突出,出现董事投非赞成票的可能更低。

### 5.2.3 超额委派董事与董事投非赞成票的监督效果

我们的研究表明,董事投非赞成票所预期带来的抑制隧道挖掘、提升企业绩效的监督效果只有在实际控制人没有超额委派董事的情形下才能显现。因而实际控制人没有超额委派董事将成为董事投非赞成票以发挥监督功效的重要前提条件。

董事投非赞成票的行为往往与以前年度的业绩等公司特征相关,因而上市公司是否存在董事投非赞成票具有选择性偏差。为了克服选择性偏差可能带来的内生性问题的影响,本节采用处理效应模型来控制董事投票行为的自选择偏差问题。借鉴公司治理文献中通常的处理方法,以及基于前文影响因素考察部分的分析,我们先用控制变量和合适的工具变量对上市公司是否存在董事投

表 5.4 超额委派董事对董事投票行为监督效果的影响

| 变量 | 模型 1 Companyvote | 模型 2 全样本 $\Delta Orec_{t+1}$ | 模型 3 $\Delta Roa_{t+1}$ | 模型 4 没有超额委派董事 $\Delta Orec_{t+1}$ | 模型 5 $\Delta Roa_{t+1}$ | 模型 6 超额委派董事 $\Delta Orec_{t+1}$ | 模型 7 $\Delta Roa_{t+1}$ |
|---|---|---|---|---|---|---|---|
| Companyvote | | −0.0504*** | 0.0652*** | −0.0537*** | 0.0709*** | −0.0063 | −0.0034 |
| | | (−4.6043) | (2.9644) | (−4.7266) | (3.0761) | (−0.1822) | (−0.0447) |
| Change | 0.2168*** | | | | | | |
| | (5.6871) | | | | | | |
| Lambda | −0.7125** | −0.0111* | −0.5996*** | 0.0261*** | −0.0352*** | 0.0057 | 0.0026 |
| | (−2.4373) | (−1.8076) | (−34.1835) | (4.8182) | (−3.1816) | (0.3357) | (0.0702) |
| Roa | | 0.0246*** | −0.0324*** | −0.0147** | −0.5955*** | 0.0353* | −0.6991*** |
| | | (4.7204) | (−3.0599) | (−2.2339) | (−32.2263) | (1.7573) | (−13.5158) |
| Overratio₁ | −0.4691*** | −0.0022 | −0.0010 | −0.0027 | −0.0012 | 0.0036 | −0.0020 |
| | (−3.4131) | (−1.3960) | (−0.2783) | (−1.5856) | (−0.2822) | (0.3574) | (−0.1012) |
| Share | −1.7789*** | −0.0044 | 0.0240** | −0.0065 | 0.0274*** | 0.0193 | −0.0605 |
| | (−4.6964) | (−1.1005) | (2.5053) | (−1.5583) | (2.7640) | (1.0846) | (−1.3558) |
| Seperation | −0.2150 | −0.0010 | −0.0029 | −0.0006 | −0.0029 | −0.0062 | −0.0168 |
| | (−0.8353) | (−0.5190) | (−0.4850) | (−0.2921) | (−0.4817) | (−0.7801) | (−0.8170) |
| Chairman | 0.0745 | −0.0001 | 0.0001 | −0.0001 | −0.0012 | 0.0004 | 0.0100* |
| | (1.3124) | (−0.2256) | (0.0665) | (−0.0931) | (−0.7667) | (0.1741) | (1.7833) |
| Size | −0.0282 | 0.0015*** | 0.0010* | 0.0014*** | 0.0014*** | 0.0017** | −0.0033* |
| | (−1.3644) | (6.7423) | (1.9158) | (6.0667) | (2.6587) | (2.1297) | (−1.7835) |
| Leverage | 0.2732** | −0.0064*** | −0.0255*** | −0.0071*** | −0.0262*** | 0.0017 | −0.0167 |
| | (2.3535) | (−4.2135) | (−7.2137) | (−4.5215) | (−7.1390) | (0.3088) | (−1.1324) |

（续表）

| 变量 | 模型 1 | 模型 2 | 模型 3 | 模型 4 | 模型 5 | 模型 6 | 模型 7 |
|---|---|---|---|---|---|---|---|
| | | 全样本 | | 没有超额委派董事 | | 超额委派董事 | |
| | Companyvote | $\Delta Orec_{t+1}$ | $\Delta Roa_{t+1}$ | $\Delta Orec_{t+1}$ | $\Delta Roa_{t+1}$ | $\Delta Orec_{t+1}$ | $\Delta Roa_{t+1}$ |
| Growth | 0.0020 | 0.0008* | 0.0022** | 0.0013*** | 0.0018* | −0.0051** | 0.0060* |
| | (0.0854) | (1.7319) | (2.3081) | (2.6906) | (1.7367) | (−2.1776) | (1.7241) |
| HI5 | 0.7413 | −0.0032 | 0.0161 | −0.0021 | 0.0152 | −0.0086 | 0.0735 |
| | (1.5233) | (−0.8953) | (1.6327) | (−0.5528) | (1.5306) | (−0.4158) | (1.2675) |
| Independence | −0.2856 | −0.0084** | −0.0061 | −0.0095*** | −0.0074 | 0.0070 | 0.0129 |
| | (−0.8669) | (−2.4672) | (−0.6963) | (−2.6291) | (−0.8025) | (0.5099) | (0.3642) |
| Instratio | −0.9302** | 0.0004 | 0.1457*** | 0.0012 | 0.1429*** | −0.0113 | 0.2045*** |
| | (−2.4386) | (0.1036) | (13.6055) | (0.2786) | (12.8987) | (−0.7570) | (5.5937) |
| State | 0.1402*** | 0.0016*** | −0.0066*** | 0.0017*** | −0.0065*** | 0.0020 | −0.0124*** |
| | (3.0723) | (3.6660) | (−5.5347) | (3.7640) | (−5.2029) | (1.0739) | (−3.1312) |
| ST | 0.3028*** | −0.0065*** | −0.0178*** | −0.0071*** | −0.0186*** | −0.0006 | −0.0071 |
| | (4.3274) | (−3.7415) | (−4.8222) | (−3.8729) | (−4.7994) | (−0.1244) | (−0.5365) |
| 常数项 | 0.1240 | −0.0306*** | −0.0143 | −0.0265*** | −0.0245* | −0.0794*** | 0.0886* |
| | (0.2765) | (−5.5384) | (−1.1081) | (−4.5358) | (−1.7978) | (−2.9252) | (1.9434) |
| 年度效应 | 控制 | 控制 | 控制 | 控制 | 控制 | 控制 | 控制 |
| 行业效应 | 控制 | 控制 | 控制 | 控制 | 控制 | 控制 | 控制 |
| 观测值 | 17 511 | 17 509 | 17 509 | 16 227 | 16 227 | 1 282 | 1 282 |
| 伪 $R^2$ | 0.0607 | | | | | | |
| 调整的 $R^2$ | | 0.0586 | 0.2809 | 0.0612 | 0.2801 | 0.0520 | 0.3114 |

注：括号内为标准误差经异方差调整、企业层面聚类处理后计算得到的 t 值；*、** 和 *** 分别表示在 10%、5% 和 1% 的水平上显著。

非赞成票(Companyvote)行为进行第一阶段的 Probit 回归,计算得到逆米尔斯比率(Inverse Mills Ratio)Lambda,然后代入经济后果检验方程进行第二阶段的 OLS 回归。我们采用当年董事长是否发生更替作为董事是否投非赞成票的工具变量。选用这一工具变量的核心逻辑在于董事长作为董事会的核心享有更高的权威。若当年发生了董事长更替,则新任董事长的任职时间将迟于现任董事的任职时间,因而对董事会形成内部人控制格局的可能性较低,从而使董事保持更强的独立性。董事长的更替行为与当年会计绩效无直接联系,因而这一工具变量符合外生性和相关性的要求。表 5.4 报告了处理效应模型的回归结果。

为了揭示实际控制人超额委派董事对董事投票行为的监督效果的影响,在表 5.4 报告的回归结果中,模型 1、2 和 3 报告的全样本回归结果是基准,模型 4、5 和模型 6、7 则围绕实际控制人是否超额委派开展分类回归,以揭示实际控制人超额委派董事可能带来的对董事投票行为的监督效果的影响。模型 1 报告了处理效应第一阶段的回归结果,模型 2 和模型 3 报告了全样本下第二阶段的回归结果。限于篇幅,在模型 4、5 和模型 6、7 的分类回归中,我们直接报告第二阶段的相应结果。从模型 1 我们看到,公司当年是否存在董事变更的虚拟变量(Change)的回归系数为正,并且在 1% 的水平上显著,这表明董事投非赞成票同董事长的更迭之间存在显著的正向关系,与叶康涛等(2011)的研究保持一致。而模型 2 和模型 3 对应的第二阶段的回归结果表明逆米尔斯比率(Lambda)的系数均显著,这一定程度表明样本存在选择性偏差。在控制了样本的选择偏差之后,模型 2 的回归结果显示,董事是否投非赞成票(Companyvote)的系数为负,并在 1% 的统计水平上显著。这表明董事投非赞成票行为能够降低下一年的资金占用程度的增加额($\Delta Orec_{t+1}$),抑制控股股东的掏空行为。模型 3 中董事是否投非赞成票(Companyvote)的系数为正,并在 1% 的统计水平上显著。这表明董事投非赞成票的行为能够增加下一年的经济绩效变化额($\Delta Roa_{t+1}$),起到提升会计绩效的作用。因而模型 2 和模型 3 一致地表明,在控制样本选择性偏差带来的内生性问题之后,董事投非赞成票的行为能够起到预期的监督效果。上述结果构成我们接下来评估实际控制人超额委派董事对董事投票行为实际监督效果影响进行评估的基准。

在模型 4 和模型 5 报告的实际控制人没有超额委派董事的分组回归中,我们观察到类似于全样本的回归结果,且抑制掏空行为和提升企业绩效的效应在不存在实际控制人超额委派董事的情形中更为突出。然而,在模型 6 和模型 7 针对存在实际控制人超额委派董事的情形的分类回归中,我们看到董事的非赞成行为对于抑制掏空行为和提升企业绩效的估计系数在统计上均不显著。而分组回归结果的相关估计系数的差异检验统计显著。上述分组回归的结果一定程度表明，在存在实际控制人超额委派董事的情形下，董事投非赞成票所预期的抑制掏空行为和提升企业绩效的作用大打折扣。上述讨论在一定意义上表明，实际控制人没有超额委派董事成为董事说"不"发挥预期的抑制掏空行为、提升企业绩效等监督效果的前提条件。

### 5.2.4 缓解超额委派董事影响董事投票的可能机制

围绕如何通过可能的机制设计来缓解实际控制人超额委派董事行为对董事投非赞成票的负面抑制影响，本节从以下两方面展开可能的分析。

第一，在董事会的组织结构安排上，独立董事的席位比例安排是重要的制衡机制。以往的大量实证研究都表明，独立董事能够从维护自我声誉、规避监管处罚的动机出发，通过投非赞成票来积极地履行监督职能。被视为外部监督力量的独立董事的比例越高，董事会投非赞成票的可能性也会越大，从而缓解由于实际控制人在内部董事结构中过度委派董事导致的说"不"监督功能被抑制的现象。

第二，来自非控股股东的股权制衡安排也非常重要。非实际控制人除了通过持有股份比例参与股东大会层面的决策，还能够通过委派董事来更多地获取、享有经营决策信息，在董事会的决策过程中积极建言、发挥应有的治理功效。因而，除实际控制人之外的其他股东的持股比例将成为实际控制人超额委派董事重要的制衡力量。作为非实际控制人的其他股东持股比例越高，其参与治理的动机越强。一方面，企业可以利用委派董事的方式参与董事会的决策过程，代表这些股东力量的董事在董事会中将有机会进行表达、充分行使代表其背后股东利益的投票权，以此减少由于实际控制人在董事会组织中超额委派董事、占据主导地位压制"不和谐"声音的情形；另一方面，非控股股东的持股比例越大，其在股东大会表决中的影响力也越大，甚至成为分散股东的"意见领袖"，更容易导致损害股东利益的议案在股东大会表决中被否决。在上述同时来自董事会层面和股东大会层面的其他股东的股权制衡下，其他股东与实际控制人之间的"力量抗衡"使降低实际控制人通过超额委派董事所抑制的董事投非赞成票、发挥监督职能的负面影响成为可能。

表5.5和表5.6分别报告了按照独立董事比例高低和股权制衡度高低分组的回归检验结果。

表 5.5 独立董事比例高低分组

| 变量 | 独立董事比例低 模型 1 | 独立董事比例高 模型 2 | 独立董事比例低 模型 3 | 独立董事比例高 模型 4 |
|---|---|---|---|---|
| | Companyvote | | | |
| Overdummy$_1$ | −0.3889** | −0.2883 | | |
| | (−2.2713) | (−1.1878) | | |
| Overratio$_1$ | | | −0.8403** | −0.7604 |
| | | | (−2.2440) | (−1.6303) |
| 常数项 | 0.3710 | 0.5608 | 0.4163 | 0.5131 |
| | (0.2412) | (0.3680) | (0.2715) | (0.3368) |
| 控制变量 | 控制 | 控制 | 控制 | 控制 |
| 年度效应 | 控制 | 控制 | 控制 | 控制 |
| 行业效应 | 控制 | 控制 | 控制 | 控制 |
| 观测值 | 10 326 | 5 985 | 10 326 | 5 985 |
| 伪 $R^2$ | 0.0604 | 0.0884 | 0.0607 | 0.0889 |

注:括号内为标准误差经异方差调整、企业层面聚类处理后计算得到的 $z$ 值;*、** 和 *** 分别表示在 10%、5% 和 1% 的水平上显著。

表 5.5 按照独立董事比例高低分组,对实际控制人超额委派董事对于董事投非赞成票行为的影响结果进行分类回归。以同年同行业的独立董事比例的均值作为分组标准,模型 1 和模型 3 对应较低的独立董事比例分组,而模型 2 和模型 4 对应较高的独立董事比例分组。模型 1 和模型 3 的回归结果显示,无论是以实际控制人是否超额委派董事的虚拟变量(Overdummy$_1$)还是实际控制人超额委派董事的比例(Overratio$_1$)作为主要解释变量,其回归系数均显著为负。相反,模型 2 和模型 4 的结果则显示,在较高独立董事比例分组中,无论是以实际控制人是否超额委派董事的虚拟变量(Overdummy$_1$)还是实际控制人超额委派董事的比例(Overratio$_1$)作为主要解释变量,尽管其回归系数为负,但是在统计上并不显著。上述结果表明,实际控制人超额委派董事抑制董事投非赞成票的行为只有在较低独立董事比例的分组中才会出现。因此,提高独立董事比例从而提高董事会的独立性,成为缓解实际控制人通过超额委派董事抑制非赞成票行为的可能实现途径之一。

表 5.6 分别报告了按照股权制衡度高低和第二至第十大股东持股比例高低分组的回归结果。这里同样以同年同行业的均值作为分组标准。借鉴陆正飞和胡诗阳(2015)等的研究,这里以第二至第十大股东持股比例之和与第一大股东持股比例的比值作为股权制衡度的代理变量。模型 1 和模型 2 分别报告了股权制衡度低和股权制衡度高的情形下的分组回归结果。回归结果显示,在

股权制衡度低即第二至第十大股东持股比例之和与第一大股东持股比例的比值较低的情况下,实际控制人超额委派董事比例(Overratio$_1$)显著为负。相反,在股权制衡度较高的情况下,实际控制人超额委派董事比例(Overratio$_1$)为负,但并不显著。上述结果表明,只有在股权制衡度低的情况下,实际控制人超额委派董事才会降低董事投非赞成票的可能性。类似地,模型3和模型4报告了按照第二至第十大股东持股比例之和高低分组的回归结果。模型3的结果显示,在第二至第十大股东持股比例低的情况下,实际控制人超额委派董事比例(Overratio$_1$)为负,并在1%的显著性水平上显著;模型4的结果则显示,在第二至第十大股东持股比例较高的情况下,实际控制人超额委派董事比例(Overratio$_1$)并不显著。上述结果一致地表明非实际控制人较高的持股比例、较高的股权制衡度将有助于缓解实际控制人通过超额委派董事对董事行使监督职能形成的抑制作用。

表5.6 股权制衡度高低分组

| 变量 | 股权制衡度低 模型1 | 股权制衡度高 模型2 | 第二至第十大股东持股比例低 模型3 | 第二至第十大股东持股比例高 模型4 |
| --- | --- | --- | --- | --- |
| | Companyvote | | | |
| Overratio$_1$ | −0.8550** | −0.8530 | −0.9777*** | −0.6843 |
| | (−2.4266) | (−1.6062) | (−2.6317) | (−1.4521) |
| 常数项 | −0.5915 | 2.2895* | 1.7681 | 0.5563 |
| | (−0.4710) | (1.7044) | (1.4709) | (0.4218) |
| 控制变量 | 控制 | 控制 | 控制 | 控制 |
| 年份效应 | 控制 | 控制 | 控制 | 控制 |
| 行业效应 | 控制 | 控制 | 控制 | 控制 |
| 观测值 | 9 846 | 6 448 | 8 409 | 7 898 |
| 伪 $R^2$ | 0.0640 | 0.0795 | 0.0584 | 0.0898 |

注:括号内为标准误差经异方差调整、企业层面聚类处理后计算得到的z值;*、**和***分别表示在10%、5%和1%的水平上显著。

## 5.3 独董换届未连任现象[①]

我国一些上市公司存在原本可以连任两届但只任满一届的独立董事并非由于健康、年龄和违规处罚等,在董事会换届时没有继续出任新一届董事会独

---

① 参见刘思敏,郑建强,黄继承,郑志刚.独立董事换届"未连任"与公司违规行为[J].金融评论,2021(4):77-91,125-126.

董的现象。与成熟市场经济国家潜在问题公司的独董往往直接辞职相比,独董以换届未连任方式完成的更迭与我国传统"和为贵"的商业文化有关,因而成为我国制度和文化背景下独特的公司治理故事。看似通过换届悄无声息离开公司的独董换届未连任现象成为解读上市公司治理状况的特殊渠道和重要途径,一定程度起到"此时无声胜有声"的效果。而具有财务会计背景的独董对于公司发生违规行为的预测一般更为敏锐,其换届未连任所传递的公司内部治理存在缺陷的信息更为丰富。

### 5.3.1 独立董事的换届未连任

上市公司独立董事除了公开辞职,还可以选择以换届未连任的方式离职。从表5.7报告的各年公司换届情况来看,2005—2012年,有41.84%的换届存在独董未连任现象,18.35%的换届存在会计背景的独董未连任的现象,17.53%的换届存在不少于一位独董同时未连任的现象。我们以董事会换届公司数量最多的2007年为例。当年共有340家公司进行换届,其中至少有一个独董(并非由于健康、年龄和受到违规处罚等)未连任的公司有218家,其余122家公司换届时将有连任资格的独董全部留任下一届独董。在存在独董换届未连任现象的218家公司中,88家公司出现会计背景的独董换届未连任现象,121家公司不止一位独董换届未连任。表5.7报告的存在未连任独董的公司中未连任独董人数的描述性统计显示,未连任公司中未连任独董人数的中位数从2006—2008年的2位下降到2009—2012年的1位,除2011年外其他年份均出现董事会中多于4位符合连任条件的独董未连任的现象。

表 5.7 样本公司换届年度分布

| 换届年份 | 董事会换届(次数) | | | | | | | "未连任"公司中未连任独董人数 | |
|---|---|---|---|---|---|---|---|---|---|
| | 未连任 | 连任 | 未连任公司占比 | 会计背景独董未连任公司 | 会计背景独董未连任公司占比 | 多人未连任 | 多人未连任公司占比 | 中位数 | 最大值 |
| 2005 | 115 | 143 | 44.57% | 19 | 7.36% | 40 | 15.50% | 1 | 4 |
| 2006 | 165 | 141 | 53.92% | 61 | 19.93% | 88 | 28.76% | 2 | 4 |
| 2007 | 218 | 122 | 64.12% | 88 | 25.88% | 121 | 35.59% | 2 | 5 |
| 2008 | 159 | 150 | 51.46% | 82 | 26.54% | 100 | 32.36% | 2 | 4 |
| 2009 | 90 | 200 | 31.03% | 48 | 16.55% | 34 | 11.72% | 1 | 4 |
| 2010 | 174 | 316 | 35.51% | 82 | 16.73% | 47 | 9.59% | 1 | 5 |

(续表)

| 换届年份 | 董事会换届（次数） | | | | | | | "未连任"公司中未连任独董人数 | |
|---|---|---|---|---|---|---|---|---|---|
| | 未连任 | 连任 | 未连任公司占比 | 会计背景独董未连任公司 | 会计背景独董未连任公司占比 | 多人未连任 | 多人未连任公司占比 | 中位数 | 最大值 |
| 2011 | 189 | 378 | 33.33% | 99 | 17.46% | 62 | 10.93% | 1 | 3 |
| 2012 | 165 | 322 | 33.88% | 79 | 16.22% | 42 | 8.62% | 1 | 5 |
| 合计 | 1 275 | 1 772 | 41.84% | 558 | 18.35% | 534 | 17.53% | — | — |

对于上市公司而言，由于无须发布专门公告，换届未连任可以将独董离职这一通常被认为是负面消息的消极影响降到最低。相比而言，如果独董公开辞职，上市公司就要对独董辞职原因以发布公告的方式进行信息披露，资本市场可以从独董辞职公告中部分解读出公司经营状况变化的相关信息，独董公开辞职往往会引发股市不小的波动（Gupta and Fields，2009；Dewally and Peck，2010；Fahlenbrach et al.，2017；辛清泉等，2013）。为了减少投资者的猜测和由此引起的股价波动，公司甚至不惜在公告中采用"忙碌""个人原因""健康原因"等模棱两可的措辞（Dewally and Peck，2010；Bar-Hava et al.，2021；吴冬梅和刘运国，2012）。对于独董而言，以公开辞职方式离职将使自己形成缺乏合作精神的声誉，为未来的职业发展蒙上阴影（Bebchuk and Fried，2003）。即便确实出于年龄、健康、违规等不可抗力因素而离开，打算离职的独董通常也并不愿意采用公开辞职这样相对激烈的方式，而是愿意选择换届未连任，悄无声息地离开公司。因此，与公开辞职相比，换届未连任无论对于上市公司还是独董都是更受青睐的独董离职方式。

如果说一个独董任满两届后由于受到任职期限的限制而离职，那么确实没有太多信息含量。但原本可以连任两届的独董，并非由于健康、年龄和违规处罚等却在任满一届后换届时"未连任"的信息含量则丰富得多。我们以2009年开始担任K公司第六届董事会独董的L为例。在2012年公司董事会换届时，刚刚任满一届、未受任何违规处罚且正处于年富力强时期的他却出人意料地没有继任公司第七届董事会独董。继续观察K公司在独董L"未连任"后的表现，我们发现K公司由于2009—2012年在公司治理、信息披露、财务会计等方面的违规行为而在2013年被监管机构限期责令改正。K公司在2013年暴露的违规行为事实上可以从L在2012年换届未连任中得到某种警示。直觉上，当独董察觉到公司出现自己无力改变的公司治理问题苗头时，独董的两全其美的明智决策是在公司董事会换届时以不再连任的方式悄无声息地离开公司。这使得我国资本市场外部投资者除独董公开辞职外,还可以通过观察独董换届时是否连任这一特殊途径来解读其可能传递的公司治理状况信息。

表 5.8 左半部分考察换届当年在不同未连任(连任)情形下违规行为的均值差异检验结果,右半部分考察换届后 1 年发生的公司违规行为在不同未连任(连任)情形下的均值差异检验结果。从中可以看到,在换届当年存在独董未连任现象的公司有违规行为的概率显著高于所有具有连任资格的独董都连任下一届的公司;存在多名独董未连任下一届的公司在换届后 1 年的违规概率更高;此外,当公司董事会中存在具有财会背景的独董时,若该独董未连任下一届,则公司下一年有违规行为的概率比具有财会背景独董连任的公司高 4%,且差异在 5% 的水平上显著。

表 5.8　公司违规行为与独董未连任的均值差异检验

| 变量 | 换届与否 | 换届当年 | | | 换届后 1 年 | | |
| --- | --- | --- | --- | --- | --- | --- | --- |
| | | 观测值 | 均值 | 差异 | 观测值 | 均值 | 差异 |
| Departure | 0 | 1 452 | 0.121 | −0.025* | 1 432 | 0.128 | −0.020 |
| | 1 | 988 | 0.146 | | 973 | 0.148 | |
| Deptr_multi | 0 | 2 020 | 0.126 | −0.026 | 1 996 | 0.130 | −0.034* |
| | 1 | 420 | 0.152 | | 409 | 0.164 | |
| Deptr_finance | 0 | 1 344 | 0.124 | −0.015 | 1 328 | 0.123 | −0.039** |
| | 1 | 460 | 0.139 | | 449 | 0.163 | |

注:括号内的数字表示 $p$ 值;*、** 和 *** 分别表示在 10%、5% 和 1% 的水平上显著。

接下来我们将更系统地考察独董换届未连任现象出现与公司未来发生违规行为之间的关系,希望以此揭示我国上市公司独董换届未连任现象背后的"玄机"。

### 5.3.2　独董换届未连任现象对公司违规行为的影响

表 5.9 报告了独董换届未连任现象对公司违规行为发生可能性的影响的基准模型实证结果。被解释变量为公司是否发生违规行为并受到监管机构的处罚(Violation)。模型(1)和模型(2)考察换届当年公司是否发生违规行为,模型(3)和模型(4)考察换届后 1 年公司是否发生违规行为;其中模型(2)和模型(4)利用包含财务背景独董的董事会换届子样本,比较财务背景独董未连任和财务背景独董连任两组公司的违规行为。表 5.9 的回归结果表明,无论是在换届当年还是换届后一年,"未连任公司"发生违规行为的可能性都显著大于"连任公司"。

表 5.9　独董未连任与上市公司违规

| 变量 | (1) Violation | (2) Violation | (3) Violation | (4) Violation |
| --- | --- | --- | --- | --- |
| Departure | 0.286** |  | 0.224* |  |
|  | (0.030) |  | (0.100) |  |
| Deptr_finance |  | 0.179 |  | 0.367** |
|  |  | (0.282) |  | (0.022) |
| Age | −0.065*** | −0.071*** | −0.038** | −0.053** |
|  | (0.000) | (0.000) | (0.044) | (0.016) |
| L_ROA | −2.177 | −2.165 | −2.732** | −2.813* |
|  | (0.103) | (0.145) | (0.035) | (0.052) |
| L_lev | 1.596*** | 1.539*** | 1.546*** | 1.239** |
|  | (0.000) | (0.001) | (0.001) | (0.018) |
| L_size | −0.195*** | −0.208** | −0.157** | −0.137 |
|  | (0.009) | (0.014) | (0.042) | (0.117) |
| L_shareprop1 | −0.011** | −0.011* | −0.013** | −0.018*** |
|  | (0.039) | (0.076) | (0.021) | (0.006) |
| L_shareblc | −0.014** | −0.019*** | −0.011* | −0.019** |
|  | (0.027) | (0.007) | (0.084) | (0.013) |
| L_duality | 0.168 | 0.174 | 0.392** | 0.249 |
|  | (0.288) | (0.350) | (0.011) | (0.154) |
| L_boardsize | 0.035 | 0.054 | 0.028 | 0.021 |
|  | (0.405) | (0.264) | (0.551) | (0.712) |
| L_inderatio | 0.006 | 0.001 | −0.003 | 0.003 |
|  | (0.685) | (0.946) | (0.838) | (0.873) |
| L_ln_brdmeet | 0.400* | 0.584** | 0.327 | 0.451 |
|  | (0.061) | (0.019) | (0.174) | (0.112) |
| 行业效应 | 控制 | 控制 | 控制 | 控制 |
| 年度效应 | 控制 | 控制 | 控制 | 控制 |
| 观测值 | 2 440 | 1 804 | 2 405 | 1 777 |

注：括号内的数字表示 $p$ 值；*、** 和 *** 分别表示在 10%、5% 和 1% 的水平上显著。

同时，我们发现在表 5.9 的模型(2)中，财务背景独董未连任对当年违规行为的影响系数并不显著；而在模型(4)中，财务背景独董未连任的上市公司换届后 1 年发生违规行为的概率显著高于财务背景独董连任的上市公司。这一定程度上表明财会背景独董能更加敏锐地觉察到公司可能发生的潜在的违规行为(后来才会暴露，并由监管机构做出处罚)，并选择在适当的时机以适当的方式离开问题公司。因而财务背景独董的未连任能够更敏锐地向资本市场外部投资者传递关于公司治理存在缺陷的信息。这与之前强调财务背景独董在公司治理中的特殊角色的文献的相关结论保持一致(Chtourou et al.,2001;Park and Shin,2004)。

在公司层面的控制变量上,公司资产收益率(L_ROA)的估计系数为负,资产负债率指标(L_lev)的估计系数在1%的水平上显著为正。这表明绩效越差、资产负债率越高的公司陷入财务困境的可能性越大,为了扭转困境,铤而走险发生违规行为的可能性相应变大。这与 Firth et al.(2011)等考察我国上市公司财务重述行为的相关结论具有一致性。公司资产规模(size)的估计系数显著为负表明给定其他条件相同,与规模相对较大公司的相比,规模相对较小的公司发生违规行为的可能性更大。这一定程度反映了规模相对较大的公司违规成本较高、违规动机较弱、营运更加规范的事实。此外,董事长兼任总经理变量(L_duality)与公司违规行为发生的可能性呈现正相关关系,表明领导结构缺乏制衡的公司更倾向于发生违规行为(Fama and Jensen,1983;Dechow et al.,1996;Sharma,2004)。

### 5.3.3 未连任原因的进一步分析

我们发现,存在独董换届未连任现象的公司在换届当年和换届后一年发生违规行为的可能性高于全部独董连任下一届的公司。特别地,相比于财会背景独董连任的公司,财会背景独董未连任的公司在换届后出现违规行为的概率和频率均显著高于换届前,一般的独董换届后未连任公司的违规概率并没有显著高于换届前。接下来,我们进一步探讨两个问题:一是相对于对照组公司,一般独董未连任的上市公司换届前后违规行为并没有显著增加的现象,究竟是因为独董未连任并没有包含相应的公司治理缺陷信息,还是因为换届前违规行为已经存在;二是他们的未连任究竟是因为公司被发现违规,从而他们负有连带责任使他们被视为不合适担任公司独董被迫离职所致(只不过选择了换届未连任这一两全齐美的方式),还是因为他们看到了已有的或潜在的违规行为而主动离开问题公司。我们希望以此识别独董未连任与公司违规行为之间(互为)因果链条的真实方向。

未连任行为的被动抑或主动在实证研究中往往是难以识别的。但值得庆幸的是,由于违规行为的实际发生与最终被监管当局发现之间存在一定的时滞,因此可以通过考察换届前尚未暴露和已经暴露的违规行为来一定程度对其因果关系方向进行识别。换句话说,在技术上我们控制了已经被监管当局发现因而可能牵连独董的情形,若公司的违规行为在独董换届前并没有暴露,则一定程度表明未连任行为更可能是独董基于声誉考虑的主动离职行为,而非受到已经暴露的违规行为牵连的被动离职行为。

首先,我们考察公司在换届前一年内是否存在已暴露(Declared)和未暴露(UnDeclared)的违规行为。表 5.10 中的模型(1)和模型(2)考察一般独董未连任与违规行为的关系,模型(4)和模型(5)考察财会背景独董未连任的结果。

表 5.10 未连任与换届时违规行为是否已暴露的实证结果

| 变量 | 一般独董 | | | 财会背景独董 | | |
|---|---|---|---|---|---|---|
| | (1) Declared | (2) UnDeclared | (3) UnDeclared | (4) Declared | (5) UnDeclared | (6) UnDeclared |
| Departure | 0.126 | 0.303** | | | | |
| | (0.575) | (0.025) | | | | |
| Deptr_Finance | | | | −0.450 | 0.261 | |
| | | | | (0.187) | (0.110) | |
| Treat | | | −0.500 | | | 0.312 |
| | | | (0.128) | | | (0.488) |
| Period[−3,0] | | | −0.470** | | | −0.066 |
| | | | (0.020) | | | (0.836) |
| Interact[−3,0] | | | 0.758** | | | −0.025 |
| | | | (0.011) | | | (0.955) |
| Age | −0.017 | −0.058*** | −0.014 | −0.024 | −0.064*** | −0.022 |
| | (0.554) | (0.001) | (0.662) | (0.466) | (0.001) | (0.640) |
| L_ROA | −5.261*** | −1.389 | −5.452** | −6.646*** | −0.870 | −8.031*** |
| | (0.006) | (0.271) | (0.015) | (0.001) | (0.555) | (0.008) |
| L_lev | 0.070 | 1.613*** | 0.352 | 0.513 | 1.650*** | 0.146 |
| | (0.915) | (0.000) | (0.527) | (0.490) | (0.000) | (0.856) |
| L_size | −0.305** | −0.214*** | −0.078 | −0.224 | −0.226*** | −0.147 |
| | (0.015) | (0.004) | (0.558) | (0.101) | (0.008) | (0.404) |
| L_shareprop1 | 0.000 | −0.010* | −0.005 | 0.002 | −0.011* | −0.006 |
| | (0.999) | (0.059) | (0.589) | (0.826) | (0.056) | (0.625) |
| L_shareblc | −0.003 | −0.013** | 0.008 | −0.002 | −0.017** | −0.006 |
| | (0.746) | (0.041) | (0.457) | (0.845) | (0.020) | (0.716) |
| L_duality | −0.644** | 0.149 | −0.193 | −0.472 | 0.057 | −0.564 |
| | (0.042) | (0.360) | (0.530) | (0.173) | (0.764) | (0.268) |
| L_boardsize | −0.037 | 0.040 | 0.086 | −0.074 | 0.037 | 0.080 |
| | (0.592) | (0.357) | (0.143) | (0.389) | (0.452) | (0.279) |
| L_inderatio | 0.009 | 0.006 | −0.009 | −0.002 | −0.005 | −0.028 |
| | (0.703) | (0.667) | (0.682) | (0.933) | (0.786) | (0.307) |

(续表)

| 变量 | 一般独董 | | | 财会背景独董 | | |
|---|---|---|---|---|---|---|
| | (1) Declared | (2) UnDeclared | (3) UnDeclared | (4) Declared | (5) UnDeclared | (6) UnDeclared |
| L_ln_brdmeet | 0.242 | 0.439** | 0.094 | 0.239 | 0.536** | 0.056 |
| | (0.529) | (0.043) | (0.765) | (0.556) | (0.030) | (0.893) |
| 行业效应 | 控制 | 控制 | 控制 | 控制 | 控制 | 控制 |
| 年度效应 | 控制 | 控制 | 控制 | 控制 | 控制 | 控制 |
| 观测值 | 2 432 | 2 440 | 1 213 | 1 979 | 1 985 | 710 |

注:括号内的数字表示 $p$ 值;*、** 和 *** 分别表示在10%、5%和1%的水平上显著。

模型(1)和模型(4)的结果表明,各未连任解释变量对换届时是否存在已暴露违规行为(Declared)的回归结果均不显著。然而对于换届时是否存在未暴露违规行为(UnDeclared),模型(2)中独董未连任(Departure)的估计系数5%水平显著为正。这表明独董未连任公司比其他公司在换届前存在未暴露违规行为的概率更高,而财会背景独董未连任公司在换届前的违规行为并没有显著高于财会背景独董连任公司(如模型(5)所示)。我们看到,在换届之前,一般独董未连任的公司已经有实际存在而尚未暴露的违规行为。此外,那些选择未连任的独董并非受到已经暴露违规行为的牵连而离职,而是选择在这些已发生的违规行为尚未暴露时离任。至于那些财会背景独董则更多地是在违规行为发生前便察觉到潜在的公司治理问题,从而选择在董事会换届时以未连任方式悄无声息地离开公司。

我们注意到,讲究"和为贵"的独董在察觉到公司有违规行为的苗头后,可能需要等待合适的离职时机(例如董事会换届)。存在一种可能的情况是,在察觉到公司有违规行为后,原本可能选择主动辞职以保全名声的独董由于正好面临当年董事会换届,于是等待换届之时离任,以避免主动辞职造成的市场剧烈反应。如果将换届当年的违规行为计入离职后,则会包含一些可能存在的独董主动辞职反应的信息,从而高估独董"未连任"的相关效应。当我们将换届当年的违规行为剔除,从而尽可能真实地刻画独董换届"未连任"所包含的公司治理信息时,结论依然没有变化。

### 5.3.4 多名独董未连任与公司违规

除了一般性地考察是否存在独董换届未连任的现象,我们还特别关注董事会中多位独董同时未连任的特殊公司治理含义。表5.11报告了多名独董未连任与上市公司违规行为的关系,主要解释变量为多名独董未连任的虚拟变量

(Deptr_multi)和未连任独董占该届有连任资格独董的比例(Deptr_prop)。模型(1)和模型(2)考察换届当年,模型(3)和模型(4)考察换届后1年。从表5.11我们看到,Deptr_multi 的估计系数分别为 0.380 和 0.401,明显大于表5.9中 Departure 的估计系数(0.286 和 0.224),且在5%的水平上显著。这表明当多名有连任资格的独董未连任下一届独董时,该公司当年和下一年出现违规行为的可能性更大。此外,模型(2)和模型(4)的结果表明,未连任独董占当年有连任资格独董的比例越高,公司未来发生违规行为的概率越高。

表 5.11 多名独董未连任与公司违规行为

| 变量 | (1)<br>Violation | (2)<br>Violation | (3)<br>Violation | (4)<br>Violation |
| --- | --- | --- | --- | --- |
| Deptr_multi | 0.380** <br> (0.024) |  | 0.401** <br> (0.017) |  |
| Deptr_prop |  | 0.511*** <br> (0.002) |  | 0.488*** <br> (0.005) |
| Age | −0.066*** <br> (0.000) | −0.066*** <br> (0.000) | −0.037** <br> (0.048) | −0.038** <br> (0.045) |
| L_ROA | −2.210* <br> (0.097) | −2.088 <br> (0.119) | −2.725** <br> (0.037) | −2.727** <br> (0.036) |
| L_lev | 1.613*** <br> (0.000) | 1.598*** <br> (0.000) | 1.550*** <br> (0.001) | 1.534*** <br> (0.001) |
| L_size | −0.197*** <br> (0.009) | −0.194*** <br> (0.010) | −0.156** <br> (0.043) | −0.156** <br> (0.043) |
| L_shareprop1 | −0.011** <br> (0.041) | −0.010** <br> (0.044) | −0.013** <br> (0.022) | −0.012** <br> (0.022) |
| L_shareblc | −0.013** <br> (0.031) | −0.013** <br> (0.028) | −0.011* <br> (0.087) | −0.012* <br> (0.079) |
| L_duality | 0.166 <br> (0.298) | 0.171 <br> (0.281) | 0.390** <br> (0.011) | 0.392** <br> (0.011) |
| L_boardsize | 0.035 <br> (0.405) | 0.037 <br> (0.371) | 0.025 <br> (0.597) | 0.030 <br> (0.518) |
| L_inderatio | 0.006 <br> (0.689) | 0.006 <br> (0.653) | −0.002 <br> (0.888) | −0.003 <br> (0.854) |
| L_ln_brdmeet | 0.390* <br> (0.068) | 0.405* <br> (0.058) | 0.334 <br> (0.162) | 0.320 <br> (0.184) |
| 行业效应 | 控制 | 控制 | 控制 | 控制 |
| 年度效应 | 控制 | 控制 | 控制 | 控制 |
| 观测值 | 2 440 | 2 440 | 2 405 | 2 405 |

注:括号内的数字表示 $p$ 值;*、** 和 *** 分别表示在10%、5%和1%的水平上显著。

总之,与不存在独董换届未连任现象的公司相比,存在独董未连任现象的公司发生违规行为的概率和频率更高,并且未连任的独董越多,公司发生违规行为的可能性越大。此外,与一般独董未连任相比,财会背景独董对公司潜在的治理缺陷更加敏锐,其换届未连任的事前警示作用更强,离任后公司未来发生违规行为的概率更高。

## 5.4 独董返聘现象[①]

从"既不独立又不懂事"的"花瓶"董事,到同时兼任多家职务的"忙碌董事",再到不符合相关任职规定的"独立董事辞职潮",我国近年来围绕上市公司独立董事的相关媒体报道持续吸引着公众的眼球,同时也引起学术界极大的研究兴趣。一种基于我国资本市场制度背景的独特的独董更迭现象引起了我们的关注。Y 公司在 2011 年聘任 A 和 B 担任其第七届独董,而 A 和 B 都曾在 2002—2008 年受聘担任该公司第四、五届独董。本节中,我们把上述现象概括为"独董返聘"现象。在我们的研究所观察的 2008—2014 年间,存在独董返聘现象的公司占当年换届公司的比例从 2008 年的 0.45% 上升到 2014 年的 8.94%。从形式上看,独董返聘现象似乎并没有违反监管当局关于独董任职期限与条件的相关规定[②],但这种现象是否会削弱独董的独立性,从而影响其监督职能履行的有效性呢?又是什么因素导致独董返聘现象的发生呢?我们并不能从现有的文献中找到相关问题的答案。

我们注意到,上述独董返聘现象是在我国资本市场对独董任期和年限做出限制的制度背景下发生的。作为对照,大多数国家并未对上市公司董事的任期进行严格限制,只是在一些国家独董任期超过一定年限不再被认为是独立董事。[③] 在上述意义上,独董返聘现象成为我国资本市场制度背景下发生的十分独特的独董更迭和公司治理故事。

理论上,独董返聘既可能由于上市公司对独董监督和咨询能力的信任,但也可能与任人唯亲的董事会文化有联系。我们知道,我国相关法律法规通常会

---

   [①] 参见郑志刚,刘思敏,郑建强.独董"返聘"现象、任人唯亲的董事会文化与公司治理[Z].中国人民大学财政金融学院工作论文,2019.
   [②] 根据中国证监会 2001 年 8 月 16 日发布的《关于在上市公司建立独立董事制度的指导意见》(下称《指导意见》)的规定,"独立董事每届任期与该上市公司其他董事任期相同,任期届满,连选可以连任,但是连任时间不得超过六年";"最近一年内……不得在上市公司或者其附属企业任职"。
   [③] 例如,美国密歇根州规定担任独立董事的条件之一是"被任命前三年内没有担任过该公司董事(包括独立董事)",1989 年 10 月 1 日, http://www.legislature.mi.gov/(S(0dpifwn1ol42 wuwbddrrtioo))/mileg.aspx?page=getObject&objectName=mcl-450-1107,访问日期 2019 年 6 月 2 日。

对具备什么资质的候选人可以成为上市公司独董做出严格规定，以确保来自"外部"和"独立"的独董监督的有效性。然而，在符合任职条件的独董候选人中，相关法律法规并没有明确排斥和严格限制董事长或总经理的"朋友"或"朋友的朋友"成为独董。这意味着，上市公司在独董基本任职资格得到满足的前提下，在具体选择上既可以"任人唯贤"，也可以"任人唯亲"。借鉴秦晖在《走出帝制：从晚清到民国的历史回望》一书中关于制度和文化差异识别的思考，我们也许可以把是否允许选择"不独立"的候选人作为独董归结于制度问题，而把在满足独董基本任职资格的前提下，选择任人唯亲或任人唯贤归结于文化问题。本节由此可以将独董返聘现象与任人唯亲的董事会文化联系在一起。独董返聘现象本身可能成为我国上市公司存在任人唯亲董事会文化的直接体现。在任人唯亲董事会文化主导下，一些公司董事会在换届时更倾向于选择"善于合作，懂得配合"的独董，独董由此通过返聘变相实现任期延长。

### 5.4.1 独董返聘现象的影响因素

表5.12报告了公司发生独董返聘现象的影响因素分析。我们看到，在控制了其他影响因素后，第(1)列中董事长在六年内是否发生变更(Change6)在1%的统计水平上显著为负。这意味着与独董任期存在交叉的董事长更可能返聘曾经同为同事的独董，而任职较短的"新任"董事长则较少发生类似的行为。在第(2)列中，董事长在上市公司领薪(Salary_yes)的公司比不在上市公司领薪的公司更容易返聘独董(在1%水平上显著)。这与郑志刚等(2012)所发现的不在上市公司领薪的董事长不会受到控股公司绩效考核和相关约束的限制从而有助于打破任人唯亲的董事会文化的研究结论具有一致性。第(3)列中，Compa_yes的回归系数在5%的统计水平上显著为正，表明独董从未提出否定意见的公司(即董事会文化由"一团和气"所主导的公司)更倾向于返聘独董。从独董返聘影响因素公司层面的考察发现，独董返聘现象往往发生在董事长具有较大影响力、独董与董事长之间具有稳定的社会连接、存在"一团和气"主导的董事会文化的公司中。因此，在未来如何减少独董返聘现象的政策建议中，不仅要从董事长权力等制度设计上寻找答案，还要把营造"君子和而不同"的董事会文化作为重要方向，以打破目前的"一团和气"董事会文化。除了利用公司是否发生独董返聘现象的虚拟变量进行logit回归，本节还将公司当年的返聘独董人数作为另一个被解释变量，进行OLS回归以检验结果的稳健性，结果如表5.12的第(5)—(8)列所示，结论仍然保持稳健。

控制变量中，公司资产规模(Size)和董事会规模(Boardsize)的回归系数为正，这表明在其他条件不变的情况下，规模较大的公司更倾向于返聘独董。这

表 5.12 公司独董返聘的影响因素

| 变量 | (1) | (2) | (3) | (4) | (5) | (6) | (7) | (8) |
|---|---|---|---|---|---|---|---|---|
| | 是否返聘 | | | | 返聘人数 | | | |
| Change6 | −0.482** | | | −0.374** | −0.026*** | | | −0.022** |
| | (0.010) | | | (0.049) | (0.003) | | | (0.010) |
| Salary_yes | | 0.825*** | | 0.780*** | | 0.033*** | | 0.031*** |
| | | (0.000) | | (0.000) | | (0.000) | | (0.000) |
| Compa_yes | | | 0.823** | 0.777*** | | | 0.026*** | 0.024*** |
| | | | (0.018) | (0.027) | | | (0.001) | (0.002) |
| Contr_change | −0.261 | −0.290 | −0.304 | −0.176 | −0.008 | −0.010 | −0.011 | −0.005 |
| | (0.285) | (0.237) | (0.213) | (0.475) | (0.298) | (0.194) | (0.169) | (0.522) |
| Gender_ch | −0.130 | −0.199 | −0.116 | −0.177 | −0.008 | −0.010 | −0.006 | −0.010 |
| | (0.753) | (0.633) | (0.783) | (0.668) | (0.582) | (0.508) | (0.682) | (0.519) |
| Age_ch | 0.015 | 0.021 | 0.021 | 0.016 | 0.001 | 0.001* | 0.001* | 0.001 |
| | (0.251) | (0.106) | (0.104) | (0.238) | (0.194) | (0.077) | (0.087) | (0.156) |
| Duality | 0.049 | −0.099 | 0.100 | −0.060 | 0.000 | −0.006 | 0.003 | −0.004 |
| | (0.844) | (0.693) | (0.695) | (0.814) | (0.985) | (0.561) | (0.809) | (0.688) |
| Share_prop1 | −0.007 | −0.005 | −0.009 | −0.003 | −0.000 | −0.000 | −0.000* | −0.000 |
| | (0.285) | (0.409) | (0.122) | (0.620) | (0.171) | (0.271) | (0.073) | (0.415) |
| Shareblc | −0.007 | −0.009 | −0.009 | −0.007 | −0.000 | −0.000 | −0.000 | −0.000 |
| | (0.401) | (0.310) | (0.318) | (0.417) | (0.434) | (0.443) | (0.420) | (0.525) |
| Boardsize | 0.073 | 0.072 | 0.075 | 0.069 | 0.003 | 0.003 | 0.003 | 0.003 |
| | (0.151) | (0.156) | (0.142) | (0.188) | (0.182) | (0.166) | (0.185) | (0.169) |

续表

| 变量 | (1) | (2) | (3) | (4) | (5) | (6) | (7) | (8) |
|---|---|---|---|---|---|---|---|---|
| | 是否返聘 | | | | 返聘人数 | | | |
| Inderatio | −0.011 | −0.011 | −0.009 | −0.013 | −0.001 | −0.000 | −0.000 | −0.001 |
| | (0.518) | (0.516) | (0.579) | (0.446) | (0.436) | (0.445) | (0.446) | (0.368) |
| State | −0.011 | 0.054 | −0.047 | 0.084 | −0.003 | −0.000 | −0.005 | 0.002 |
| | (0.956) | (0.782) | (0.809) | (0.669) | (0.677) | (0.975) | (0.561) | (0.849) |
| Lev | 0.129 | 0.068 | 0.170 | 0.174 | 0.006 | 0.003 | 0.007 | 0.009 |
| | (0.765) | (0.879) | (0.692) | (0.710) | (0.640) | (0.791) | (0.570) | (0.498) |
| ROA_AVR3 | 2.136 | 2.057 | 2.658 | 1.749 | 0.049 | 0.046 | 0.064 | 0.032 |
| | (0.295) | (0.311) | (0.186) | (0.416) | (0.459) | (0.489) | (0.335) | (0.630) |
| Size | 0.165** | 0.184** | 0.172** | 0.158** | 0.007** | 0.007** | 0.007** | 0.006* |
| | (0.023) | (0.013) | (0.019) | (0.035) | (0.032) | (0.031) | (0.029) | (0.074) |
| Firm_age | −0.002 | 0.001 | −0.006 | 0.008 | −0.000 | −0.000 | −0.001 | 0.000 |
| | (0.944) | (0.955) | (0.819) | (0.758) | (0.800) | (0.922) | (0.631) | (0.884) |
| 常数项 | −10.213*** | −11.835*** | −11.527*** | −11.498*** | −0.176** | −0.236*** | −0.220*** | −0.210*** |
| | (0.000) | (0.000) | (0.000) | (0.000) | (0.017) | (0.001) | (0.003) | (0.004) |
| 行业效应 | 控制 | 控制 | 控制 | 控制 | 控制 | 控制 | 控制 | 控制 |
| 年度效应 | 控制 | 控制 | 控制 | 控制 | 控制 | 控制 | 控制 | 控制 |
| 观测值 | 3 602 | 3 602 | 3 602 | 3 602 | 3 669 | 3 669 | 3 669 | 3 669 |
| $R^2$ | | | | | 0.034 | 0.035 | 0.032 | 0.039 |

注:括号内的数字表示 $p$ 值;*、**和***分别表示在10%、5%和1%的水平上显著。

显然是由于公司规模越大,在换届时对独董的需求量越大,并且以往可供返聘的候选独董数量也越多,从而客观上促使独董返聘行为的发生。公司前三年的平均资产收益率(ROA_AVG3)与独董返聘行为正相关但不显著。这一定程度表明,在曾经业绩表现良好的氛围下,管理层容易倾向于保持现状而不愿意改变,同时董事长容易"包容"和"原谅"独董以往的"无所作为"。上述两个因素的综合作用促使独董返聘发生的可能性增大。

### 5.4.2 独董返聘现象的经济后果

返聘的独董更可能与管理层建立私人友谊,产生偏袒管理层的倾向,延长的任期将以监督职能的削弱和投资者利益的损害为代价。

表 5.13 展示了 PSM-DID 模型的检验结果,被解释变量(RPT)为关联交易总金额。具体而言,我们同时考察关联交易总金额绝对值的自然对数(RPT_lnamt)和经总资产调整的公司关联购销总金额(RPT_TA)。解释变量 Treat 是返聘虚拟变量,若公司发生返聘现象则取 1,反之取 0。After 为考察期间,分别取返聘后一年($t=1$)、返聘后两年内($t=1,2$)和返聘后三年内($t=1,2,3$)为 1,返聘前的相应年份为 0。Interact 是独董返聘变量与考察期间的交叉项,其估计系数 $\beta_3$ 刻画出返聘独董对公司关联交易行为的真实影响。同时,我们控制了必要的公司特征因素。相对于未返聘独董的公司,有返聘独董行为的公司返聘后一年的关联交易金额显著高于返聘前一年,且 Interact 系数分别在 10%(第 1 列)和 5%(第 4 列)的水平上显著。在两年的考察期间内,返聘公司经总资产调整后的关联购销总额也在 10% 的显著性水平上有所上升(见第 5 列)。表 5.13 的结果表明,相对于未返聘独董的公司,存在独董返聘现象的公司的大股东通过关联交易转移资源的行为不再被独董制度有效抑制。

表 5.13 独董返聘与公司关联交易

|  | (1) | (2) | (3) | (4) | (5) | (6) |
| --- | --- | --- | --- | --- | --- | --- |
|  | RPT_lnamt | RPT_lnamt | RPT_lnamt | RPT_TA | RPT_TA | RPT_TA |
|  | [−1,1] | [−2,2] | [−3,3] | [−1,1] | [−2,2] | [−3,3] |
| Treat | −0.707 | −0.457 | −0.154 | −0.011 | −0.005 | −0.001 |
|  | (0.135) | (0.299) | (0.720) | (0.527) | (0.775) | (0.925) |
| After | −0.661 | −0.339 | −0.101 | −0.024* | −0.004 | 0.002 |
|  | (0.139) | (0.386) | (0.795) | (0.090) | (0.787) | (0.907) |
| Interact | 0.958* | 0.551 | 0.163 | 0.026** | 0.018* | 0.012 |
|  | (0.053) | (0.186) | (0.696) | (0.021) | (0.078) | (0.232) |

(续表)

|  | (1) RPT_lnamt [−1,1] | (2) RPT_lnamt [−2,2] | (3) RPT_lnamt [−3,3] | (4) RPT_TA [−1,1] | (5) RPT_TA [−2,2] | (6) RPT_TA [−3,3] |
| --- | --- | --- | --- | --- | --- | --- |
| Contr_change | 0.253 | 0.045 | 0.149 | −0.026 | −0.022* | −0.018 |
|  | (0.549) | (0.899) | (0.684) | (0.110) | (0.100) | (0.122) |
| Gender_ch | −0.908 | −0.316 | −0.181 | −0.021 | −0.014 | −0.001 |
|  | (0.424) | (0.628) | (0.779) | (0.131) | (0.280) | (0.943) |
| Age_ch | −0.066** | −0.052** | −0.056** | −0.002* | −0.002* | −0.002** |
|  | (0.031) | (0.049) | (0.032) | (0.061) | (0.052) | (0.014) |
| L_duality | −0.355 | −0.581 | −0.714 | −0.025** | −0.022** | −0.017* |
|  | (0.486) | (0.228) | (0.106) | (0.024) | (0.035) | (0.093) |
| L_share_prop1 | −0.003 | −0.001 | 0.005 | 0.001* | 0.001* | 0.001 |
|  | (0.803) | (0.920) | (0.700) | (0.065) | (0.055) | (0.139) |
| L_shareblc | −0.022 | −0.014 | −0.009 | −0.000 | −0.000 | −0.000 |
|  | (0.139) | (0.305) | (0.493) | (0.819) | (0.998) | (0.941) |
| L_boardsize | 0.101 | 0.129* | 0.116* | 0.011* | 0.009** | 0.009** |
|  | (0.214) | (0.064) | (0.083) | (0.075) | (0.044) | (0.022) |
| L_inderatio | −0.059 | −0.051 | −0.040 | −0.001 | −0.001 | −0.001 |
|  | (0.232) | (0.284) | (0.257) | (0.283) | (0.313) | (0.447) |
| L_lev | 4.415*** | 3.861*** | 4.095*** | 0.006 | 0.011 | 0.008 |
|  | (0.000) | (0.000) | (0.000) | (0.862) | (0.748) | (0.782) |
| L_size | 1.529*** | 1.387*** | 1.368*** | 0.006 | 0.008 | 0.009 |
|  | (0.000) | (0.000) | (0.000) | (0.452) | (0.331) | (0.220) |
| Firm_age | −0.003 | 0.016 | 0.002 | 0.006** | 0.005* | 0.004* |
|  | (0.967) | (0.761) | (0.976) | (0.032) | (0.068) | (0.064) |
| 常数项 | −16.568*** | −11.501*** | −7.615** | −0.198 | −0.086 | −0.076 |
|  | (0.000) | (0.001) | (0.014) | (0.109) | (0.496) | (0.447) |
| 行业效应 | 控制 | 控制 | 控制 | 控制 | 控制 | 控制 |
| 年度效应 | 控制 | 控制 | 控制 | 控制 | 控制 | 控制 |
| 观测值 | 614 | 1 198 | 1 734 | 614 | 1 198 | 1 734 |
| $R^2$ | 0.328 | 0.301 | 0.279 | 0.173 | 0.146 | 0.136 |

注：括号内的数字表示 $p$ 值；*、** 和 *** 分别表示在 10%、5% 和 1%的水平上显著。

被返聘的心怀"知遇之恩"的独董反过来会进一步强化任人唯亲的董事会文化，削弱独董整体的监督职能。部分返聘独董甚至"助纣为虐"，成为一些公司管理层损害外部分散股东利益的"帮凶"。在任人唯亲的董事会文化下，CEO与董事之间以损害股东的利益为代价，互相发放超额薪酬，导致经理人超额薪酬现象的出现。我国监管当局对独董任期加以限制的初衷正是为了防止独董与上市公司高管因任期过长而变得关系过于紧密,从而影响独董的独立性和监督有效性。

表 5.14 展示了返聘独董对薪酬绩效敏感性的影响。薪酬绩效敏感性指的是高管薪酬随公司绩效变动而变动的程度。被解释变量(ln_salary)为薪酬总额的自然对数,我们分别考察董事长、前三名董事和前三名高管的薪酬水平,从而更全面地认识独董返聘现象对于各类管理层薪酬的影响。解释变量 Treat×ROA[①]是返聘虚拟变量与年末 ROA 的乘积,其系数刻画出返聘前处理组相对于控制组的薪酬绩效敏感性。After×ROA 为考察期间与年末 ROA 的乘积,其系数刻画出控制组薪酬绩效敏感性的时间变化趋势。Interact×ROA 是交叉项与年末 ROA 的乘积,其估计系数 $\beta_6$ 表示相对于控制组来说,返聘公司在返聘独董后薪酬绩效敏感性的变化。我们还控制了必要的公司特征因素。我们看到,相对于未返聘独董的公司,返聘独董的公司的董事长、董事和高管的薪酬绩效敏感性均显著下降,董事长的整体薪酬水平却显著上升。表 5.14 的结果表明,任人唯亲的董事会文化将导致公司的薪酬激励契约设计不再有效,被返聘的独董无法制约公司董事长为自己发放高薪酬。

表 5.14　独董返聘与管理层薪酬

| 变量 | (1) 董事长 | (2) 前三名董事 | (3) 前三名高管 | (4) 董事长 | (5) 前三名董事 | (6) 前三名高管 |
| --- | --- | --- | --- | --- | --- | --- |
| Interact [−1,1] | | | | 1.295** (0.039) | 0.125 (0.553) | 0.084 (0.314) |
| Interact [−2,2] | | | | 1.714*** (0.004) | 0.080 (0.562) | 0.103 (0.194) |
| Interact [−3,3] | | | | 1.384** (0.023) | 0.046 (0.737) | 0.136 (0.115) |
| Interact×ROA [−1,1] | −12.342* (0.053) | −3.747 (0.106) | −1.902** (0.015) | −22.241*** (0.004) | −4.456* (0.061) | −1.975* (0.091) |
| Interact×ROA [−2,2] | −13.346** (0.022) | −3.966** (0.037) | −1.907*** (0.004) | −26.042*** (0.000) | −4.334** (0.013) | −2.237** (0.027) |
| Interact×ROA [−3,3] | −5.443 (0.340) | −3.482** (0.014) | −1.777** (0.012) | −15.556** (0.026) | −3.703*** (0.009) | −2.473** (0.022) |

注:括号内的数字表示 $p$ 值;*、** 和 *** 分别表示在 10%、5% 和 1% 的水平上显著。

---

① 受篇幅限制,表 5.14 中没有报告该变量,我们这里只报告了最重要的交叉项的估计系数。

概括而言,本节的研究发现,相对于未返聘独董的公司,发生独董返聘现象的公司返聘独董后其关联交易金额显著增加,返聘公司的管理层薪酬绩效敏感性明显下降,而返聘公司董事长的薪酬水平更高。上述结果反映出,任人唯亲的董事会文化将导致返聘公司的代理成本上升,从而加剧股东(尤其是中小股东)与公司管理层之间的矛盾。

## 5.5 "独董说不"的任期阶段特征[①]

在上一节,我们发现返聘独董受任人唯亲的董事会文化的影响而更少出具否定意见。然而令我们感到有趣的是,本节的研究表明,不仅不同的独董投票行为不同,即使是同一独董在两个任期内说"不"的行为也会有差异。这就是"独董说不"任期阶段特征这一我国资本市场制度背景下十分独特的公司治理故事。

为了表述的方便,我们把同一公司不同独董的个体特征存在的差异称为"独董特征的水平差异",而把同一公司同一独董在公司任职的不同阶段的行为差异称为"独董特征的垂直差异"。我们看到,以往关于独董履职行为的研究文献更多从"独董特征的水平差异"出发加以考察。例如以往研究表明,独董的性别(Adams and Ferreira,2009)、会计或法律等职业背景(Fich,2005;Francis et al.,2015;魏刚等,2007)、独董来源地(Giannetti et al.,2014;孙亮和刘春,2014)等个体特征不同,独董所发挥的公司治理作用也不同。本节的研究关注"独董特征的垂直差异"及其相关效应。

对于"独董特征的垂直差异"的相关效应,以往文献主要从经验积累与独立性丧失两种不同的视角进行考察,得出不尽一致的结论。一方面,组织行为学中工作经验积累能提高绩效表现的相关理论(以下简称"经验积累理论")表明,任职期限较长的独董对公司经营管理更为熟悉,与管理层信息不对称程度降低,更可能发挥强的监督作用(Fiedler,1970;Buchanan,1974)。例如,Liu and Sun(2010)的研究发现,如果审计委员会中有更多在任时间长的独董,那么公司的盈余管理会明显降低。另一方面,随着在任时间增长,独董与管理层的长期交往使得合谋可能性提高(Bebchuk et al.,2002),导致独董实质上丧失独立性,从而无法发挥预期的监督作用(Canavan et al.,2004)。例如,Vafeas(2003)的研究发现,薪酬委员会中如果有在任时间超过 20 年的董事,那么经理人获得的

---

[①] 参见郑志刚,阚铄,林毅坤,胡波,黄继承.任期阶段与独立董事意见发表[Z].中国人民大学财政金融学院工作论文,2016.

薪酬水平显著更高,这表明董事会成员任职期限过长损害股东利益。Nguyen and Nielsen(2010)基于独董偶然死亡事件的研究发现,相对于其他独董死亡事件,在公司长期任职独董的死亡事件造成的公司股价负面反应显著更弱,部分支持了 Vafeas(2003)的观点。

我国上市公司关于独董任期的相关实践为从新的视角检验"独董特征的垂直差异"的相关公司治理效应提供了十分独特的场景。按照中国证监会2001年颁布的《关于上市公司建立独立董事制度的指导意见》的规定,"独立董事每届任期与该上市公司其他董事任期(三年)相同,任期届满,连选可以连任,但是连任时间不得超过六年"。上述规定意味着一位独董在一家公司任满两个任期后必须离任,只有在首个任期的独董才涉及连任问题,因而同一位独董在任期的不同阶段连任的动机不同。这一制度背景因此成为我国上市公司独董在不同任期阶段的监督行为存在差异的特殊原因。

同样重要的是,已往有关"独董特征的垂直差异"文献(Vafeas,2003;Liu and Sun,2010)在研究独董的任职期限与公司治理作用的关系时,往往通过公司的盈余管理、经理人薪酬水平等间接指标来评价独董的公司治理作用,没有直接涉及独董真实的监督行为。正如 Pettigrew(1992)指出的,在对独董作用的讨论中缺乏对独董真实行为的考察,导致研究结果的逻辑跳跃幅度过大,受到严重的内生性问题干扰。我国上市公司披露的独董对董事会提案意见发表的独特数据为我们解决上述问题提供了可能。从2004年12月开始,我国沪、深交易所要求上市公司披露独董针对董事会提案发表的具体意见,包括提案内容、董事会表决结果、投反对票或弃权票的董事姓名和理由等信息。而对董事会议案说"不"本身是独董履行监督职能的一种真实、直接而重要的表现(唐雪松等,2010),通过研究独董是否对董事会提案提出否定意见,我们可以直接观察独董在公司决策形成中的参与情况(叶康涛等,2011)。

本节将独董任期阶段特征与独董履行监督职能的集中真实体现——发表否定性意见联系在一起,利用我国上市公司实践中独特的数据和研究场景,实证考察了在不同任期阶段由于连任动机差异对独董发表否定性意见的行为的影响。

### 5.5.1 独董任期阶段与提出否定意见的概率

表5.15报告了以独董的任期阶段(是否处于首个任期的虚拟变量 First Tenure)作为主要解释变量,对独董是否提出否定意见的虚拟变量 Opinion Dummy 进行回归的检验结果。由于 Opinion Dummy 为0—1变量,本节使用 Logit 模型进行检验。为缓解可能存在的异方差问题以及残差项依赖问题,本节对回归标准误差进行异方差稳健性处理(White,1980)以及独董层面的聚类

处理(Petersen,2009),结果报告在表 5.15 中。为了便于解释回归结果的经济含义,表 5.15 报告了 Logit 模型的边际影响系数。

表 5.15 独董任期阶段与提出否定意见的概率

| 变量 | 模型 1 | 模型 2 | 模型 3 |
|---|---|---|---|
| | | Opinion Dummy | |
| First Tenure | −0.028*** | −0.029*** | −0.036*** |
| | (0.000) | (0.000) | (0.000) |
| Ln(Compensation) | | 0.004 | 0.012** |
| | | (0.421) | (0.045) |
| Ln(Age) | | −0.030* | −0.021 |
| | | (0.054) | (0.180) |
| Gender | | −0.016* | −0.013 |
| | | (0.059) | (0.109) |
| Academic | | 0.008 | 0.007 |
| | | (0.174) | (0.206) |
| Law | | −0.000 | 0.002 |
| | | (0.974) | (0.847) |
| Finance | | 0.007 | 0.009 |
| | | (0.201) | (0.137) |
| Government | | 0.015** | 0.016** |
| | | (0.015) | (0.012) |
| Experience | | −0.009 | −0.009 |
| | | (0.208) | (0.214) |
| Offense | | | 0.036*** |
| | | | (0.002) |
| $Ln(TA)_{t-1}$ | | | −0.009** |
| | | | (0.015) |
| $Lev_{t-1}$ | | | −0.011 |
| | | | (0.575) |
| $ROA_{t-1}$ | | | −0.001 |
| | | | (0.991) |
| $MB_{t-1}$ | | | −0.008** |
| | | | (0.040) |
| Ln(Firm Age) | | | −0.022*** |
| | | | (0.001) |
| $Cr1_{t-1}$ | | | 0.018 |
| | | | (0.374) |
| Ln(Board) | | | −0.012 |
| | | | (0.397) |

(续表)

| 变量 | 模型 1 | 模型 2 | 模型 3 |
|---|---|---|---|
| | | Opinion Dummy | |
| Independent | | | −0.048 |
| | | | (0.426) |
| Duality | | | −0.008 |
| | | | (0.344) |
| State | | | −0.010 |
| | | | (0.108) |
| 行业效应 | 控制 | 控制 | 控制 |
| 年度效应 | 控制 | 控制 | 控制 |
| 观测值 | 7 517 | 7 517 | 7 517 |
| 伪 $R^2$ | 0.331 | 0.334 | 0.342 |

注：回归系数为 Logit 模型边际影响，括号内为标准误差经稳健性调整、独董层面聚类处理后计算得到的 $p$ 值；\*、\*\*、\*\*\* 分别表示在 10%、5%、1% 水平显著。

从表 5.15 中模型 1 的结果我们可以看到，任期阶段（First Tenure）的回归系数在 1% 的水平上显著为负，说明独董在首个任期更倾向于不提出否定意见。模型 2 加入独董层面的控制变量，模型 3 进一步加入独董任职公司层面的控制变量，相关结果显示任期阶段仍在 1% 的统计水平上与提出否定意见的可能性显著负相关。以上结果说明，独董在上市公司的履职过程中，其监督行为会随着在任时间的变化出现明显差异。模型 3 的估计结果显示，较之于首个任期，独董在第二个任期公开质疑董事会提案的概率显著上升约 3.6%，结合独董提出否定意见的平均概率 9.9%，可以计算得到独董第二任期说"不"的可能性是首个任期的 1.44 倍。

事实上，Jiang et al.（2016）在利用我国强制披露上市公司独董意见的数据考察独董声誉和职业关注是否构成"独董说不"的隐性激励时，同样观察到独董所处任期会影响"独董说不"的现象。但我们想强调，要想对独董监督行为的任期阶段特征进行完整诠释，在强调声誉和职业关注等隐性激励的同时，并不能忽视我国资本市场存在的逆淘汰"说不的独董"的机制和文化的影响（唐雪松等，2010）。对独董监督呈现任期阶段特征的一个完整解释是：对于在任期第一阶段且谋求连任的独董而言，逆淘汰"说不的独董"机制和文化（唐雪松等，2010）对独董监督行为的影响超过独董对声誉和未来职业发展的关注，成为发挥主导作用的因素；在第二个任期，由于临近任期的结束，维护独董声誉和职业关注（Fama and Jensen，1983；Jiang et al.，2016）的因素超过逆淘汰机制和文化的因素，成为占据主导的效应。上述两种视角的结合才能最终合理解释中国资本市场"独董说不"存在阶段特征的现象。

### 5.5.2 独董监督为何呈现任期阶段特征？

现在让我们从独董监督行为具有任期阶段特征这一经验观察现象出发，进一步思考究竟是连任动机，还是经验积累和独立性丧失成为导致独董监督呈现任期阶段特征背后更为根本的原因。

我们借鉴 Jiang et al.(2016)等文献的方法，以独董任职本公司前在同行业公司担任董事或高管的总任期长度衡量该独董对公司所在行业的经验知识（Ind_Experience）。其检验逻辑是，如果经验累积是关键的影响机制，那么曾在相同行业公司工作的独董应能更多地发现公司的议案问题，并提出质疑，同时这些独董应更少地表现出在两个任期间说"不"的概率存在差异的现象。我们将独董的产业经验知识（Ind_Experience）加入模型进行回归检验，相关结果报告在表 5.16 中。

表 5.16  产业经验对独董任职阶段行为特征的影响

| 变量 | 模型 1 | 模型 2 | 模型 3 |
|---|---|---|---|
| | Opinion Dummy | | |
| First Tenure | −0.039*** | −0.039*** | −0.033*** |
| | (0.000) | (0.000) | (0.000) |
| Ind_Experience | −0.002 | −0.002 | |
| | (0.203) | (0.259) | |
| First Tenure × Ind_Experience | | −0.000 | |
| | | (0.915) | |
| Experience | | | −0.005 |
| | | | (0.537) |
| First Tenure × Experience | | | −0.012 |
| | | | (0.445) |
| 董事会层面控制变量 | 控制 | 控制 | 控制 |
| 公司层面控制变量 | 控制 | 控制 | 控制 |
| 行业效应 | 控制 | 控制 | 控制 |
| 年度效应 | 控制 | 控制 | 控制 |
| 观测值 | 7 517 | 7 517 | 7 517 |
| 伪 $R^2$ | 0.342 | 0.342 | 0.342 |

注：回归系数为 Logit 模型的边际影响；括号内为标准误差经稳健性调整、独董层面聚类处理后计算得到的 $p$ 值；*、**、*** 分别表示在 10%、5%、1% 水平显著。为节约篇幅，省略了控制变量的回归结果。

从表 5.16 我们看到,在控制独董上任前的产业经验后,模型 1 显示任期阶段变量(First Tenure)仍然显著,而产业经验变量本身并不显著,这一定程度表明经验可能并非独董提出质疑的主要影响因素。模型 2 同时引入产业经验和任期阶段的交叉项,发现其回归系数并不显著,这说明有丰富产业经验的独董和无丰富产业经验的独董在任期阶段上都存在行为差别。此外,考虑到独董的职业经验并不一定局限于同一产业,在模型 3 中我们进一步加入任期阶段变量和独董上任前是否曾在其他公司担任独董(Experience)的交叉项以检验独董职业经验的影响,结果同样显示独董是否有职业经验并不明显影响独董提出否定意见和任期阶段的关系。我们逐年比较独董任期内每一年提出否定意见的概率,发现在独董两个任期更换前后年份(任职第三年和第四年)之间,独董提出否定意见的概率存在跳跃性的上升。由于这一结果不能为经验累积或独立性丧失的理论所解释,而与连任动机的理论预期一致。因此,我们提出连任动机是影响独董出具否定意见倾向的关键影响机制。

另一个问题是,与高管的合谋关系是否会降低独董公开质疑管理层的倾向,从而影响到独董在两个任期之间提出否定意见的行为差别?

因为管理层在选聘独立董事中发挥了重要作用,很多独董在上任前与管理层可能已有私人关系,所以一定程度上与管理层的"合谋"在独董的整个任职过程中都存在。这种共谋关系可能降低独董敢于公开质疑董事会的倾向。为了检验独立性丧失效应对连任动机对独董在任期不同阶段说"不"行为的影响,我们参考研究董事和经理层社会联系的文献(Coles et al. , 2014;Khanna et al. , 2015),以独董是否在 CEO(或董事长)任期内上任衡量独董和管理层的"合谋"倾向。由于管理层在推荐候选独董和决定任用中都发挥着重要作用,那些在现任 CEO 任内上任的独董更可能与 CEO 存在私人联系与合谋。正如 Khanna et al. (2015)所指出的,这一度量指标比传统的从校友关系、共事经历等方面衡量合谋倾向更具有解释力。因此,我们在第 4.1 节基准模型设定中加入独董是否在现任 CEO 任期内上任的虚拟变量(Co-opted),检验与管理层合谋是否会降低独董提出否定意见的可能。同时,我们进一步加入 Co-opted 与主要解释变量任期阶段的交叉项,以检验与管理层合谋是否会影响主要结果。相关结果报告在表 5.17 中。

第 5 章　亟待完善的董事会组织：从超额委派的董事到返聘的独董 | 163

表 5.17　与管理层合谋对独董任职阶段行为特征的影响

| 变量 | 模型 1 | 模型 2 |
|---|---|---|
| | Opinion Dummy | |
| First Tenure | −0.036*** | −0.028*** |
| | (0.000) | (0.001) |
| Co-opted | −0.014** | −0.008 |
| | (0.024) | (0.278) |
| First Tenure* Co-opted | | −0.020 |
| | | (0.103) |
| 董事会层面控制变量 | 控制 | 控制 |
| 公司层面控制变量 | 控制 | 控制 |
| 行业效应 | 控制 | 控制 |
| 年度效应 | 控制 | 控制 |
| 观测值 | 7 517 | 7 517 |
| 伪 $R^2$ | 0.343 | 0.343 |

注：回归系数为 Logit 模型的边际影响；括号内为标准误差经稳健性调整、独董层面聚类处理后计算得到的 $p$ 值；\*、\*\*、\*\*\* 分别表示在 10%、5%、1% 水平显著。为节约篇幅，省略了控制变量的回归结果。

从表 5.17 的模型 1 我们看到，在 CEO 任期内上任的独董提出否定意见的概率更低，这与以往文献发现的独董和管理层合谋，独董独立性丧失会抑制独董履行监督职能(Bebchuk et al.，2002；Canavan et al.，2004)的结论保持一致。但在控制了这一潜在因素后，主要解释变量的任期阶段特征仍保持显著。模型 2 交叉效应的考察则进一步说明是否和管理层有共谋关系并没有明显影响到独董任期阶段与提出否定意见的关系。表 5.17 的结果由此表明，独董与高管的合谋关系的确会降低独董公开质疑管理层的倾向，但并没有明显影响到独董在两个任期之间提出否定意见的行为差别。

### 5.5.3　连任动机影响独董任期阶段行为的进一步证据

通过以上两个讨论我们发现，任期阶段特征影响独董出具否定意见可能性的一个重要机制在于，独董为争取连任而避免在首个任期公开质疑董事会提案。这一影响机制背后重要的制度背景是在我国很多上市公司中，独董公开对董事会提案提出异议会导致连任概率明显下降(唐雪松等，2010)。对履行监督职能的独董进行"逆淘汰"的现象使独董在首个任期对董事会提案说"不"变得谨小慎微，甚至尽量避免。因此，如果连任动机这一影响机制存在，那么独董在首个任期避免提出否定意见的效应应该在曾经有独董遭受"逆淘汰"的公司更加明显。循着这样的逻辑，在本节中我们考察曾经存在独董"逆淘汰"现象的公司中独董任期阶段对独董监督行为的影响，为连任动机是独董任期阶段行为的重要实现机制提供进一步证据。

我们首先定义公司历史上是否有独董遭受"逆淘汰"的变量 Ad_Select。对于那些独董上任前曾有其他独董由于出具否定意见不能连任的公司，变量 Ad_Select 等于1，其他公司为0。通过这一变量我们一定程度可以识别一个公司是否有将履行监督职能的独董"逆淘汰"的历史。描述性统计显示，48.40%（3 638/7 517）的独董在有"逆淘汰"公开提出质疑独董历史的公司中任职，侧面印证了在我国上市公司独董更迭过程中普遍存在"逆淘汰"机制（唐雪松等，2010）和"任人唯亲"的董事会文化（郑志刚等，2012）。

我们首先通过模型1检验曾有"逆淘汰""说不独董"历史的公司是否影响现任独董监督职能的履行；在模型2中，我们加入主要解释变量任期阶段（First Tenure），检验在考虑"逆淘汰"独董历史的前提下主要结果的稳健性；在模型3中，我们进一步引入变量 Ad_Select 与变量 First Tenure 的交叉项，检验是否如我们预期的那样，在有"逆淘汰"独董历史的公司，任期阶段对独董说"不"的影响更为明显。相关结果报告在表5.18中。

表 5.18　董事会"逆淘汰"行为、独董任期阶段与提出否定意见

| 变量 | 模型1 | 模型2 | 模型3 |
| --- | --- | --- | --- |
| | Opinion Dummy | | |
| Ad_Select | −0.042*** | −0.037*** | −0.018** |
| | (0.000) | (0.000) | (0.021) |
| First Tenure | | −0.028*** | −0.009 |
| | | (0.000) | (0.261) |
| First Tenure × Ad_Select | | | −0.055*** |
| | | | (0.000) |
| 董事会层面控制变量 | 控制 | 控制 | 控制 |
| 公司层面控制变量 | 控制 | 控制 | 控制 |
| 行业效应 | 控制 | 控制 | 控制 |
| 年度效应 | 控制 | 控制 | 控制 |
| 观测值 | 7 517 | 7 517 | 7 517 |
| 伪 $R^2$ | 0.346 | 0.349 | 0.352 |

注：回归系数为Logit模型的边际影响；括号内为标准误差经稳健性调整、独董层面聚类处理后计算得到的 $p$ 值；*、**、*** 分别表示在10%、5%、1%水平显著。为节约篇幅，省略了控制变量的回归结果。

从表 5.18 中模型 1 的结果我们看到,一个公司历史上曾经出现"逆淘汰"独董的现象会明显抑制独董出具否定意见的倾向。与无上述现象的公司相比,这些公司的独董提出否定意见的概率平均低 4.2 个百分点,回归系数在 1% 的水平上显著。这一结果显示,将敢于公开质疑公司的独董"逆淘汰"出董事会,短期内导致敢于说"不"的独董自身失去职位,从长期看则抑制和打击了公司未来其他独董履行监督职能的积极性。因此,逆淘汰"说不独董"的行为不仅短期甚至长期都会影响独董监督的有效性,并且成为我国上市公司独董并未发挥预期的监督作用的重要原因之一。这一结果也对唐雪松等(2010)等文献关注的"逆淘汰"行为对独董的个人短期影响构成重要补充。表 5.18 中模型 2 的结果则显示在控制了"逆淘汰"历史的影响后,主要解释变量任期阶段仍保持显著;而模型 3 则进一步显示历史上有独董被"逆淘汰"的公司,独董首个任期提出否定意见的概率在 1% 水平上显著更低。此时任期阶段变量(First Tenure)的回归系数不再显著,表明任期阶段特征对独董是否说"不"的影响主要发生在独董曾经被"逆淘汰"的公司。表 5.18 的结果进一步表明,独董在首个任期较少公开质疑董事会提案的重要原因是希望避免因发表否定性意见而惨遭"逆淘汰"的"悲剧",连任动机因而成为影响独董是否发表否定性意见的突出因素。

### 5.5.4 "独董特征的垂直差异"对公司治理水平的实际影响

通过观察独董对公司议案的投票行为,我们从独董实际公司治理行为的角度证明了独董在不同任期阶段的行为并不同质,存在"独董特征的垂直差异"。具体来说,我们发现在首个任期,独董为能够获得连任而倾向于避免公开质疑董事会提案。我们接下来关心的问题是,"独董特征的垂直差异"究竟对公司治理水平产生了什么实际影响?换言之,既然独董在首个任期由于连任动机而未能履行外部监督职能,那么主要由处于首个任期的独董组成的董事会而公司治理状况是否更差呢?

本节以公司的代理成本为例,从公司层面考察独董任期阶段特征的公司治理效应。之所以选择代理成本作为主要考察对象,是因为缓解代理冲突以降低经理人与股东、大股东与小股东间的代理成本是独董履行监督职能的主要目标之一(Fama and Jensen,1983;Del Guercio et al.,2003)。如果董事会中较多的独董处于首个任期,独董的有效监督行为就会相对较少(例如,对董事会提案较少发表否定性意见),因此公司的代理成本可能较高。

被解释变量为公司的代理成本。参考 Ang et al.(2000)、Sun and Tong (2003),本节以公司的营业费用与管理费用之和占营业收入的比例衡量公司的第一类代理成本(Agency Cost 1),即股东与经理人之间的代理冲突所产生的代理成本;参考 Jiang et al.(2010)、孙亮和刘春(2014),以公司年末其他应收款账面价值占公司总资产的比例衡量公司的第二类代理成本(Agency Cost 2),即大股东与小股东之间的代理冲突所产生的代理成本。主要解释变量为独董群体的任期阶段构成(First Tenure Dummy)。我们首先计算处于首个任期的独董占公司全部在任独董人数的比例,然后逐年按公司这一比例大于或小于(等于)当年样本中值分为两组,其中大于样本中值的 First Tenure Dummy 等于1,小于(等于)样本中值时等于0。我们对影响公司代理成本的其他因素进行必要的控制。以统计的样本公司数据检验独董群体任期构成对公司代理成本的影响,我们把对第一类代理成本的检验结果报告在表5.19的模型1和2中,把对第二类代理成本的检验结果报告在表5.19的模型3和4中。

从表5.19我们看到,对于那些董事会中多数独董处于首个任期的公司(首个任期独董占比超过样本中值),公司的第一类代理成本和第二类代理成本显著更高,公司面临较为严重的股东与经理人、大股东与小股东间的代理冲突。这体现在,区别独董任期构成的虚拟变量 First Tenure Dummy 的回归系数在至少5%的水平显著为正,回归结果对于控制影响公司代理成本的其他因素保持稳健。其背后的原因显然离不开独董出于保留职位、获得连任的考虑,在首个任期的监督行为不足(例如,避免公开质疑董事会提案),发挥的监督作用有限,导致公司的代理成本较高。我们的讨论与以往通过盈余管理、经理人薪酬水平等指标来间接评价独董的公司治理作用的其他"独董特征的垂直差异"文献(Vafeas,2003;Liu and Sun,2010)具有可比性和一致性。

表 5.19  独董任期阶段与公司代理成本

| 变量 | 模型 1 | 模型 2 | 模型 3 | 模型 4 |
|---|---|---|---|---|
| | Agency Cost 1 | | Agency Cost 2 | |
| First Tenure Dummy | 0.018*** | 0.013** | 0.007*** | 0.006*** |
| | (0.005) | (0.028) | (0.000) | (0.000) |
| $Ln(TA)_{t-1}$ | | −0.019*** | | −0.003*** |
| | | (0.000) | | (0.000) |
| $EBIT\_TA_{t-1}$ | | −0.524*** | | −0.164*** |
| | | (0.000) | | (0.000) |
| $Lev_{t-1}$ | | −0.151*** | | 0.024*** |
| | | (0.000) | | (0.000) |
| $OCF\_TA_{t-1}$ | | 0.023 | | 0.010 |
| | | (0.655) | | (0.467) |

(续表)

| 变量 | 模型 1 | 模型 2 | 模型 3 | 模型 4 |
|---|---|---|---|---|
| | Agency Cost 1 | | Agency Cost 2 | |
| $FA\_TA_{t-1}$ | | −0.003 | | −0.034*** |
| | | (0.916) | | (0.000) |
| $Cr1_{t-1}$ | | −0.099*** | | −0.019*** |
| | | (0.000) | | (0.001) |
| $Ln(Compensation)_{t-1}$ | | −0.006 | | 0.002 |
| | | (0.258) | | (0.218) |
| Ln(Board) | | −0.008 | | −0.000 |
| | | (0.635) | | (0.994) |
| Independent | | −0.060 | | 0.007 |
| | | (0.337) | | (0.706) |
| Ln(Firm Age) | | 0.007 | | −0.003 |
| | | (0.473) | | (0.193) |
| Duality | | 0.016** | | 0.009*** |
| | | (0.010) | | (0.000) |
| State | | −0.039*** | | −0.012*** |
| | | (0.000) | | (0.000) |
| 行业效应 | 控制 | 控制 | 控制 | 控制 |
| 年度效应 | 控制 | 控制 | 控制 | 控制 |
| 观测值 | 2 577 | 2 571 | 2 577 | 2 571 |
| 调整的 $R^2$ | 0.083 | 0.201 | 0.156 | 0.246 |

注：括号内为标准误差经稳健性调整、公司层面聚类处理后计算得到的 $p$ 值；*、**、*** 分别表示在 10%、5%、1% 水平显著。

## 5.6 董事长和总经理的社会连接与任人唯亲的董事会文化[①]

社会连接指的是基于亲缘、地缘和业缘所形成的人与人之间与一般人相比更为亲密的关系，而董事长与总经理之间的同乡关系是上市公司董事之间各种复杂社会连接中具有典型性和代表性的一种。本节以董事长与在其主导下任

---

① 参见郑志刚，刘小娟，张浩，侯文轩.社会连接视角下的"中国式"内部人控制问题研究[J].经济管理，2021(3)：98-112.

命的总经理之间的同乡关系所形成的社会连接为例,探讨社会连接与任人唯亲的董事会文化的关系。

### 5.6.1 董事长与总经理的社会连接

传统上,社会连接被认为有助于在人与人之间建立信任(Uzzi,1999)并缓解信息不对称(Coles et al.,2014)。以往文献分别从同学和朋友关系(Hwang and Kim,2009;Cohen et al.,2013)、同为俱乐部成员(Schmidt,2015)以及共同的职业经历(Cooney et al.,2015)等对社会连接的不同度量,围绕建立信任、缓解信息不对称等方面开展了大量的研究(Uzzi,1999;Hwang and Kim,2009;Fracassi and Tate,2012;Coles et al.,2014;陆瑶和胡江燕,2014)。

基于同乡关系的社会连接在我国上市公司董事会最主要的成员董事长与在其主导下聘任的总经理之间普遍存在。① 理论上,这样的社会连接在上市公司的公司治理中可以沿着两个相反方向发挥作用。一是用来增强董事长和总经理之间的互信,形成利益共同体,共同承担风险和面对挑战。例如,郭广昌与其同学梁信军在1992年出资3.8万元创立了复星前身的广信科技发展有限公司。在公司初具规模后,他们的两位浙江同乡兼校友——汪群斌和范伟加盟,形成了所谓的"复星创业四人组"②。以生物制药作为主攻方向的复星于1998年在上交所上市(股票代码:600196.SH)。截至2018年12月31日,复星国际总资产超过6388亿元人民币。③

二是成为加强内部人控制的工具,损害外部分散股东的利益,使社会连接最终蜕化为"任人唯亲"。例如,在东软集团(股票代码:600718.SH)2017年的营业收入和净利润分别同比下降7.81%和42.81%之时,当年高管人均薪酬达到600万元,在全部上市公司高管薪酬排名中排第80位。被媒体认为与高管超额薪酬"脱不了干系"的是,该公司10名高管中有9名毕业于同一所大学。在这9名高管中,部分高管不仅是校友,还是同乡关系。④

---

① 在国有控股的上市公司中,尽管董事长和总经理是由上级国资委任命的,但传统上,在总经理人选问题上,上级部门往往会征询作为公司"一把手"董事长的意见。一个被董事长强烈反对提名的总经理很少能够获得上级部门的任命。而对于非国有控股的上市公司,董事长对于总经理聘任的影响力更大。

② 郭广昌评论说:"团队的配合就是性格的配合,群斌是性格上很细,范伟也是这种特点,而我和信军就比较活跃,我们走在一起,是一种机会和幸运,当然也会有必然性,因为我们相互欣赏和志同道合。"

③ 参见腾讯财经于2017年3月题为"一文看懂郭广昌商业帝国——复星集团成长史"的相关报道(https://finance.qq.com/a/20170329/002237.htm)以及复星国际官网(https://www.fosun.com/aboutus/1.html)。

④ 参见运营商世界网于2018年8月题为"东软集团营收净利增幅大举下滑,清一色的校友系高管脱不了干系!"的相关报道 http://www.cfyys.com.cn/show-list-27139.html,访问日期:2018年8月7日。

### 5.6.2 社会连接与董事薪酬影响分析

在一家公司中,当董事长和总经理基于"同乡"关系建立某种社会连接时,与职场人士之间通常保持彬彬有礼的绅士风度(心理距离)相比,他们就共同构成了所谓的"熟人社会"单元(费孝通,1948),该熟人社会单元对内有助于减少分歧,对外则有助于团结一致(陈柏峰,2011)。然而,董事会内部的这种"和谐统一"到底是基于缓解信息不对称后的"心照不宣",从而有助于企业发展,还是社会连接将董事会成员的利益捆绑,董事会"明修栈道,暗度陈仓",形成内部人控制。对此,学术界尚未得出一致结论。在董事薪酬设计这一问题上,一方面,Horton et al. (2012)指出社会连接为连接双方提供了更多的资源,加强了沟通,因而经理人有理由以高薪的方式对资源进行合理补偿;另一方面,上市公司董事长与总经理基于同乡和校友关系形成的社会连接将二者的利益捆绑在一起,在"任人唯亲"的董事会文化下形成"类一致行动人"协议,表现为对内少有分歧的董事长和总经理,通过彼此之间互发高工资而实现"合谋"。这将是一种更为隐蔽的腐败方式(Vanhonacker,2004),无疑增加了股东与经理人之间的代理成本。因此,我们认为无论是对资源的补偿,还是任人唯亲下的内部人控制,存在社会连接的公司都将表现出高管领取高薪酬的现象。

表 5.20 的被解释变量 Board_salary 是薪酬最多前三名董事的薪酬平均值的对数值,Chair_salary 是董事长薪酬的对数值,CEO_salary 是总经理薪酬的对数值,Social_tie 是董事长与总经理之间的同乡连接。回归控制了公司基本特征变量和公司治理指标,还控制了年度和行业固定效应。在表 5.20 中,第(1)列是单变量回归结果,(2)、(3)、(4)列是加入控制变量的结果,我们看到无论是否加入控制变量,社会连接的代理变量都显著为正,这表明在董事长和总经理之间存在基于同乡关系的社会连接的公司中,董事长薪酬、总经理薪酬和董事平均薪酬均比没有上述社会连接的公司高。该结果与 Hwang and Kim (2009)、Horton et al. (2012)等基于美国证据观察到的结果保持一致。

表 5.20 社会连接对董事长、总经理等高管薪酬的影响分析

| 变量 | (1) Board_salary | (2) Board_salary | (3) Chair_salary | (4) CEO_salary |
|---|---|---|---|---|
| Social_tie | 0.148*** | 0.097*** | 2.208*** | 0.151* |
|  | (4.71) | (3.20) | (9.26) | (1.91) |
| ROA |  | 0.036*** | 0.135*** | 0.053*** |
|  |  | (11.31) | (6.06) | (5.56) |

(续表)

| 变量 | (1) Board_salary | (2) Board_salary | (3) Chair_salary | (4) CEO_salary |
| --- | --- | --- | --- | --- |
| Size | | 0.259*** | 0.476*** | 0.233*** |
| | | (19.68) | (5.23) | (7.63) |
| Tobin-q | | −0.012*** | −0.147*** | −0.021 |
| | | (−2.84) | (−4.97) | (−1.34) |
| Leverage | | −0.000 | 0.009 | 0.000 |
| | | (−0.45) | (1.51) | (0.09) |
| Top1 | | −0.010*** | −0.098*** | −0.010*** |
| | | (−9.69) | (−12.53) | (−4.23) |
| Boardsize | | 0.029*** | −0.299*** | 0.025 |
| | | (4.30) | (−5.57) | (1.55) |
| Independenceratio | | −1.146*** | −2.058 | −0.737 |
| | | (−4.53) | (−1.02) | (−1.27) |
| State | | −0.182*** | −2.493*** | −0.169** |
| | | (−4.53) | (−8.89) | (−2.05) |
| 常数项 | 6.250*** | 7.070*** | 5.001** | 7.385*** |
| | (24.74) | (25.55) | (2.31) | (11.31) |
| 年份固定效应 | 控制 | 控制 | 控制 | 控制 |
| 观测值 | 2 869 | 2 869 | 2 869 | 2 869 |
| 调整 $R^2$ | 0.29 | 0.38 | 0.20 | 0.10 |
| 行业固定效应 | 控制 | 控制 | 控制 | 控制 |

注:括号内为 $t$ 值;***、**和*分别表示在1%、5%和10%的统计水平上显著。

### 5.6.3 社会连接对薪酬绩效敏感性的影响分析

根据经典的薪酬理论,在进行薪酬设计时要同时考虑参与约束(Individual Rationality)和激励相容(Incentive Compatibility),一个有效的薪酬设计体系能缓解委托代理问题,而一个无效的薪酬设计体系本身就会构成代理问题(Bebchuk and Fried,2003)。为了进一步考察社会连接到底扮演着加强信任还是内部人控制的角色,在验证了社会连接会提高高管薪酬的基础上,我们进一步对薪酬设计的有效性进行考察。参考主流文献,我们同样采用薪酬绩效敏感性来测量激励的有效性(Hwang and Kim,2009)。薪酬绩效敏感性是考察薪酬合约制定是否有效的常用指标。薪酬绩效敏感性高,意味着激励有效,因此接受激励的人必将更加努力地工作,从而缓解委托代理问题。我们已经证明社会连接会提升高管薪酬,那么,高薪是否发挥了应有的作用,提高了董事的薪酬绩效敏感性呢?

中国现在的社会形态是在传统社会下形成的关系型社会的延续,这种"关系"既可以降低交易成本,又可能滋生腐败(王永钦等,2006)。在经济社会早期,"关系"比"规则"的履约成本更低,而在经济转型后期,"关系"则往往伴随着腐败。我们认为,现阶段观察到的社会连接带来的高薪更多的是监督缺失的表征,根据经理人权力理论(Berle and Means, 1932; Shivdasani and Yermack, 1999),此时的高薪不仅不能缓解代理问题,更可能仅仅是一种利益输送手段,因而并不会达到预期的激励效果。

表5.21的第(1)列考察了绩效与董事薪酬之间的关系,我们看到,会计绩效(ROA)与董事薪酬在1%的显著性水平上显著为正,这表明我国上市公司已经初步建立起了薪酬和绩效之间的联系机制,与已有文献的结论保持一致。第(2)到(4)列报告了加入社会连接与绩效交叉项(ROA_Social_tie)的结果。第(2)列和第(3)列的回归结果显示,无论被解释变量是董事薪酬还是董事长薪酬,社会连接与绩效交叉项的估计系数在统计上不显著。第(4)列的结果显示,当被解释变量为总经理薪酬时,社会连接与绩效交叉项的估计系数不仅在统计

表 5.21 社会连接对薪酬绩效敏感性的影响分析

| 变量 | (1)<br>Board_salary | (2)<br>Board_salary | (3)<br>Chair_salary | (4)<br>CEO_salary |
| --- | --- | --- | --- | --- |
| ROA | 0.037*** | 0.006 | 0.095** | 0.054*** |
|  | (11.49) | (0.99) | (2.14) | (3.14) |
| Social_tie |  | 0.024 | 1.943*** | 0.161 |
|  |  | (0.34) | (3.64) | (1.47) |
| ROA_Social_tie |  | 0.011 | 0.069 | −0.003 |
|  |  | (1.62) | (1.19) | (−0.16) |
| 常数项 | 7.258*** | 7.423*** | 5.350 | 7.371*** |
|  | (27.03) | (8.59) | (1.21) | (11.27) |
| 控制变量 | 控制 | 控制 | 控制 | 控制 |
| 行业固定效应 | 控制 | 控制 | 控制 | 控制 |
| 年份固定效应 | 控制 | 控制 | 控制 | 控制 |
| 观测值 | 2 869 | 2 869 | 2 869 | 2 869 |
| 调整 $R^2$ | 0.38 | 0.46 | 0.20 | 0.10 |

注:括号内为 $t$ 值;***、**和*分别表示在1%、5%和10%的显著性水平上显著。

上不显著,而且符号由正变为负。上述结果表明,基于董事长与总经理的同乡关系形成的社会连接尽管显著提高了高管的平均薪酬(参见表 5.20),但并没有带来显著增加的薪酬绩效敏感性。因而伴随上述社会连接形成的高管薪酬的提升并没有发挥应有的激励效果,一定程度上只是徒增了上市公司的管理费用,成为由股东被迫承担的代理成本。

### 5.6.4 社会连接对经理人更迭的影响分析

任人唯亲的董事会文化一方面表现为经理人超额薪酬(Bebchuk and Fried,2003;Brick et al.,2006),另一方面表现为监督职能弱化(Subrahmanyam,2008)。薪酬是对高管的激励,与之配合的监督机制则是董事会做出的辞退决策,表现为经理人更迭。前述研究表明社会连接将增加公司高管的薪酬发放,且社会连接带来的超额薪酬并没有发挥理想的激励效果。那么,社会连接对经理人的监督有效性是否有影响?

我们认为当董事长与总经理之间存在社会连接时,董事会成员之间共享相同的价值观,实现了"物以类聚,人以群分"(McPherson et al.,2001)。长久的共事关系,加之彼此之间的社会连接,使得他们不愿打破这种原有的平衡,进而表现为经理人离职概率的下降。Weisbach(1988)和 Hwang and Kim(2009)的研究也表明社会连接通过影响董事会的监督效率,使得原本缓解代理问题的经理人解职机制失效,即存在社会连接的企业经理人离职敏感性下降。在基于上述社会连接和在此基础上结成的利益共同体主导的董事会中,即使总经理做出不利于公司发展的决策,董事长也会影响董事会,使董事会难以按照程序罢免不称职的总经理,造成总经理可以获得更长的在位时间,从而加强实际控制的可能性。

表 5.22 中奇数列的被解释变量是董事长及总经理离职(Change),偶数列的被解释变量是董事长及总经理的非外在原因离职(Changein)[①]。表 5.22 第(1)列的回归结果显示,社会连接的回归系数在 1% 的水平上显著为负,这意味着董事长与总经理基于同乡关系形成的社会连接将显著降低董事长和总经理的离职概率,稳定业已形成的内部人控制格局。从几率的经济含义上看,以第(1)列为例,如果一家公司的董事长和总经理之间存在基于同乡关系形成的社会连接,则该公司董事长和总经理离职的概率仅为没有上述社会连接的公司的 74.4%,形成稳定控制的可能性更大。以非外在原因离职为被解释变量的结果汇报在表 5.22 的偶数列中,相关结论与奇数列保持一致。

---

① 非外在原因离职是指不包括因退休和健康而发生的离职。

表 5.22 社会连接对经理人更迭的影响分析

| 变量 | (1) | (2) | (3) | (4) | (5) | (6) |
|---|---|---|---|---|---|---|
| | 全样本 | | SOE | | Non-SOE | |
| | Change | Changein | Change | Changein | Change | Changein |
| Social_tie | −0.295*** | −0.271*** | −0.164 | −0.143 | −0.879*** | −0.847*** |
| | (−3.08) | (−2.79) | (−1.41) | (−1.19) | (−3.30) | (−3.15) |
| 几率比 | 0.744*** | 0.762*** | 0.849 | 0.867 | 0.415*** | 0.429*** |
| 常数项 | 1.458 | 1.820* | 2.471** | 2.943** | −0.425 | 0.156 |
| | (1.51) | (1.85) | (2.18) | (2.56) | (−0.19) | (0.08) |
| 控制变量 | 控制 | 控制 | 控制 | 控制 | 控制 | 控制 |
| 行业固定效应 | 控制 | 控制 | 控制 | 控制 | 控制 | 控制 |
| 年份固定效应 | 控制 | 控制 | 控制 | 控制 | 控制 | 控制 |
| 观测值 | 2 866 | 2 866 | 2 259 | 2 259 | 592 | 580 |
| 伪 $R^2$ | 0.0644 | 0.0661 | 0.0659 | 0.0686 | 0.143 | 0.146 |

注:括号内为 $t$ 值;***、**和*分别表示在1%、5%和10%的水平上显著。

按照企业性质的分样本结果显示,在非国有企业中,即表 5.22 的第(5)列和第(6)列,社会连接稳定内部人控制格局的现象更为显著且系数绝对值更大。这表明在稳定内部人控制格局方面,社会连接对于国有企业和非国有企业的影响存在差异。几率比结果表明,在非国有企业中,如果一家公司的董事长和总经理之间存在基于同乡关系形成的社会连接,则该家公司的董事长和总经理离职的概率仅为没有上述社会连接的公司的 41.5%,社会连接的内部人控制角色更为显著。在国有企业中,社会连接的系数在统计上不再显著。我们认为这与国有企业的董事长和总经理自上而下的"行政任命"有很大关系。因此,在研究任人唯亲的董事会文化时,不可忽略企业产权性质的影响。

结合上一节,我们的研究结果表明,董事长与总经理之间基于同乡关系形成社会连接,一方面将导致主导公司决策的董事长向包括同乡总经理在内的高管发放没有与绩效挂钩的超额薪酬;另一方面作为获得超额薪酬的回报,上述社会连接反过来有助于维护以董事长为核心的内部人控制格局,降低董事长和总经理的离职概率。因此,原本用来增强信任和缓解信息不对称的社会连接,由此演变为加强"中国式"内部人控制的工具,甚至蜕化为赤裸裸的任人唯亲。

### 5.6.5 社会连接导致"中国式"内部人控制和"任人唯亲"董事会文化的影响机制

传统的内部人控制源于股权分散,而从中国公司治理的实践来看,无论是国有企业还是非国有企业都存在持股比例并不低的第一大股东,那么为何第一大股东对高管通过社会连接形成内部人控制,进而谋求私人收益的行为视而不见呢?为何第一大股东无法发挥监督职能呢?基于此,我们通过两方面开展机制分析和检验:一是社会连接将降低董事会出具否定意见的可能性,二是社会连接将降低聘任声誉卓著的会计师事务所的可能性。

影响机制之一是减少董事会出具否定意见的可能性。上市公司董事的主要职责是监督、评价管理层,以维护全体股东的利益(Schwartz-Ziv and Weisbach,2013)。参与董事会议案的讨论、行使投票权,尤其是投非赞成票是董事发挥监督职能、约束高管行为的重要机制(叶康涛等,2011)。不难理解,董事长与总经理之间基于同乡关系形成的社会连接将强化董事长"一言堂"的局面,削弱董事会中原本应有的"反对声音",表现为董事在董事会中投非赞成票的数量和概率降低,最终导致以董事长为核心的"中国式"内部人控制格局和任人唯亲的董事会文化的形成。我们运用固定效应模型检验了社会连接对董事投非赞成票的影响,结果汇报在表 5.23 中。被解释变量为董事会投非赞成票的数量(Vote_num)①,解释变量是董事长与总经理之间是否存在社会连接(Social_tie)。第(2)列的回归结果显示,在控制了其他相关因素后,社会连接(Social_tie)的系数在 5% 的显著性水平上为负。这表明社会连接降低了董事投非赞成票的数量,董事会中应有的"反对声音"被削弱。以上结果意味着社会连接通过削弱董事会出具否定意见,为内部人控制格局和任人唯亲董事会文化的形成创造了条件。

表 5.23 机制分析

| 变量 | (1) | (2) | (3) | (4) | (5) |
|---|---|---|---|---|---|
| | Vote_num | | | BigFour | |
| Social_tie | −0.100* | −0.104** | −0.106*** | −0.054*** | −0.017* |
| | (−1.89) | (−1.96) | (−7.85) | (−4.74) | (−1.91) |
| 常数项 | 0.206*** | 0.660 | 0.207*** | −2.665*** | −0.058 |
| | (7.06) | (0.76) | (19.91) | (−24.75) | (−0.39) |
| 控制变量 | 不控制 | 控制 | 不控制 | 控制 | 控制 |
| 行业固定效应 | 控制 | 控制 | 控制 | 控制 | 公司固定效应 |

---

① 我们下载了样本期内上市公司的董事会决议文件,然后基于董事会决议文件内容整理了董事投非赞成票的数量。

(续表)

| 变量 | (1) | (2) | (3) | (4) | (5) |
|---|---|---|---|---|---|
| | Vote_num | | BigFour | | |
| 年份固定效应 | 控制 | 控制 | 控制 | 控制 | 控制 |
| 观测值 | 2 868 | 2 868 | 2 868 | 2 868 | 2 775 |
| 调整 $R^2$ | 0.38 | 0.39 | 0.12 | 0.38 | 0.91 |

资料来源:作者整理。

注:括号内为 $t$ 值;***、**、* 分别表示在1%、5%和10%的水平上显著。

影响机制之二是降低聘任声誉卓著的会计师事务所的可能性。股东与管理层之间的信息不对称既是现代股份公司所有权和经营权分离、专业化分工的结果,也是形成内部人控制问题的制度根源(Jensen and Meckling,1976)。当董事长与总经理之间存在基于同乡关系的社会连接时,希望形成内部人控制格局的董事长将在同乡总经理的帮助下倾向于选择不利于减缓信息不对称的公司治理机制,最终形成以董事长为核心的内部人控制格局。已有研究表明,规模较大的审计机构有动机也有能力发现企业财务报表中没有及时披露或者没有公允报告的信息,并将其公之于众,成为减缓股东与管理层之间信息不对称的重要公司治理机制。雷光勇等(2009)基于中国上市公司的证据表明,四大会计师事务所是缓解股东与管理层信息不对称的重要公司治理机制。然而,一个试图基于社会连接而形成内部人控制格局的董事长显然没有激励聘请声誉卓著的四大会计师事务所作为外部审计单位。因此,是否聘请四大会计师事务所(BigFour)成为社会连接影响公司治理监督效应的潜在机制之一。

表5.23中第(3)到(5)列的结果表明,无论是否控制其他变量,社会连接(Social_tie)的估计系数显著为负。这意味着当董事长与总经理之间存在基于同乡关系的社会连接时,公司会避免选择监管更加严格的四大会计师事务所,通过"操纵"外部监督水平来进一步维护高管实施内部人控制的环境和任人唯亲的董事会文化。①

我们的研究表明,董事长和总经理基于同乡关系形成的社会连接是导致"中国式"内部人控制问题出现的重要社会原因。这集中体现在以下三方面:第一,社会连接将带来包括董事长和总经理在内的高管的薪酬显著增加,但增加

---

① 我们针对审计师选择的回归模型与已有文献(雷光勇等,2009)保持一致,但是我们也注意到,上市公司对于审计师的选择具有很强的连贯性,即一旦选择了某家会计师事务所,几年内就不会发生变化,为了避免这种情况对结果造成的干扰,我们补充了控制公司固定效应的回归结果,相关结果汇报在表5.23的第(5)列。回归结果显示,即使控制更加严格的固定效应,这里提出的社会连接将降低聘任声誉卓著的会计师事务所的可能性的机制依然成立。

的薪酬并没有发挥预期的激励效果,反而成为股东被迫承担的高额的代理成本;第二,社会连接还将降低董事长和总经理的离职概率,维持和巩固以董事长为核心的"中国式"内部人控制格局;第三,社会连接通过降低董事会出具否定意见和降低聘请权威外部审计机构的可能性,促使"中国式"内部人控制问题的出现可能性更大。

不同于以往文献证明的社会连接通过加强沟通来缓解信息不对称和建立信任的观点,我们的研究结果表明,在中国的一些上市公司中,董事长委任同乡作为总经理是董事长加强和维护公司控制、实现内部人控制的途径。基于董事长与总经理之间的同乡关系形成的社会连接在中国一些上市公司中一定程度上异化为"任人唯亲"。因此,社会连接成为逻辑一致地解释股权相对集中的中国上市公司中依然存在内部人控制问题的重要社会学视角之一。

## 5.7 董事会应该更独立吗?

按照科斯的原意,企业治理包括权威的分配和实施两个层面(Coase, 1937)。如果说同股不同权的股权结构设计是企业家中心的公司治理制度变革全球趋势在企业权威分配层面的体现,那么在权威的实施层面,企业家中心的公司治理制度变革主要体现在从专职的内部董事到兼职的独立董事的董事会制度建设趋势和对外部接管威胁的重新认识两个方面。

与需要严格履行忠诚义务和勤勉义务的经理人相比,一般来说,来自公司外部、利益中性的独董的工作属性是兼职性质。从事独董工作的往往是其他公司的高管、律师和会计师事务所的执业律师和会计师,以及相关专业的大学教授。对于这些成为独董的社会精英,他们更加看重的是其职业声誉,相对微薄的津贴至少不是他们最看重的。这决定了独董重要的激励来源是对其职业声誉的考虑。上述这些特征使得独董往往不存在生存压力的问题,"大不了一走了之",因而他们挑战董事会决议的成本比内部董事小得多。独董制度由此被认为是保护外部分散股东利益、对抗内部人控制的重要公司治理制度安排,在各国公司治理实践中被普遍采用。

我国从 2002 年开始推行独董制度,长期以来上市公司一直执行独董比例不能低于董事会全体成员的三分之一的规定。然而,从我国资本市场推出独董制度起,独董就与"橡皮图章"和"花瓶"等联系在一起。这其中既有独董的产生机制(从朋友和朋友的朋友中产生,并没有形成一个成熟的独董市场)、聘请独董的复杂动机(不少企业通过聘请前政府官员担任独董来建立政治关联)、独董自身的激励不足(津贴性质的独董薪酬不与独董自身的努力和风险分担挂钩)

等制度层面的原因,又有逆淘汰"说不独董"的任人唯亲董事文化等文化层面的原因。

如同独董制度在我国饱受批评一样,事实上,围绕董事会独立性应该加强还是削弱的问题,在其他国家的公司治理实践中同样存在争议。2001年安然会计丑闻爆发后,有学者把它的董事会结构与同期巴菲特领导的 Berkshire Hathaway 公司的董事会结构进行了比较。在安然由17人组成的董事会中,除了担任董事局主席的 Kenneth L. Lay 和担任 CEO 的 Jeffrey K. Skilling 为安然的内部董事,其余15人全部为来自其他公司高管、非政府组织机构负责人和大学教授的外部董事。安然的公司治理结构无疑堪称董事会组织的典范。对照同期 Berkshire Hathaway 的董事会结构,在由7人组成的董事会中,来自巴菲特家族的就有3人,其中尚不包括巴菲特的长期合伙人 Charles Thomas Munger 和 Ronald L. Olson。然而,令人费解的是,为什么偏偏在堪称董事会组织典范的安然爆发了会计丑闻,而以任人唯亲的董事会结构著称的 Berkshire Hathaway 却波澜不兴?

类似的疑问还来自次贷危机前后美国国际保险集团(以下简称"AIG")的公司治理变革相关实践。一些学者把 AIG 在次贷危机中"不仅不保险,而且成为全球性风险的策源地"的原因部分归咎于危机爆发前其公司治理结构的突变。针对莫里斯·R.格林伯格(Maurice R. Greenberg)时代 AIG 公司治理制度设计存在的缺陷,AIG 在其离职后的2005年结合全球公司治理改革潮流,主要进行了以下三方面的调整:一是缩小了董事会的规模,由原来的18人减为危机爆发前的14人;二是提升了外部董事的比例,由原来占比约56%(18人中10人为外部董事)调整为危机爆发前的86%(14人中12人为外部董事);三是根据董事会不同的职能方向,增设了提名委员会等专业委员会。例如,董事提名从以前职责笼统模糊的"董事和管理层提名"改为由职责明确的专门提名委员会提名。那些批评上述治理结构调整的学者认为,"外部董事主导的董事会虽然看上去更加独立,但是这份独立的代价是专业性的丧失和内部控制的松懈",由此成为导致 AIG 危机爆发的诱因之一。

2018年是次贷危机引发的全球金融风暴爆发十周年。在不断总结经验和教训中成长的 AIG 在董事会结构上做出了哪些重要改革和调整呢?出乎上述学者意料的是,在2018年 AIG 由15人组成的董事会中,除 CEO 外其余的14位成员全部为外部董事,董事会独立性在次贷危机发生十年后不是调低了而是进一步提高了。我们不妨再看一看当年安然事件爆发后由于采取传统董事会组织结构而名噪一时的 Berkshire Hathaway 董事会结构。值得我们关注的是,在过去十年中,Berkshire Hathaway 同样提高了其董事会的独立性。在12位董事会成员中,外部董事占到其中的8位,占比达到67%。

我们注意到,AIG与Berkshire Hathaway提高董事会独立性的做法事实上与近二十年来公司治理实践逐步走出"Berle and Means(1932)的误导",形成企业家中心的公司治理范式不谋而合。按照Jensen(1993),一个流行的董事会组织模式甚至是除CEO外,其他全部为独立(外部)董事。除了由于挑战成本低更易于监督经理人(股东中心治理范式理念的体现),董事会独立性提高至少在以下两个方面有助于企业家中心的公司治理范式的形成:一是从内部董事的"随时监督"到"董事会开会时的监督";二是从"日常经营"的监督到"重大事项"的监督。这两种转变无疑将增加经理人的自由裁量权,使经理人的经营权与股东的所有权实现更大程度的有效分离。

上述董事会独立性加强的董事会制度建设全球趋势最终体现为独董监督效率的改善。一方面,董事会独立性提高把以往董事应当监督到位的重大事项通过引入利益中性、来自外部、更加注重声誉的独董来加强监督;另一方面则通过"开会监督"和"重大事项监督",使独董摆脱对具体业务的指手画脚,避免出现监督过度问题。二者的结合使独董监督效率得以改善。我们看到,这一变化趋势的背后很好地体现了企业家中心治理范式所强调的如何在通过所有权与经营权的有效分离实现专业化分工带来的效率提升和二者分离衍生出来的代理冲突之间进行平衡的理念。董事会独立性的增强由此成为企业家中心公司治理制度全球变革趋势在董事会制度建设层面的反映。

虽然独董在职能设定上具有战略咨询功能,但在实践中,独董往往更加偏重监督功能,人们往往把经营不善责任更多归咎于独董有失公允。我们知道,之所以引入来自外部、身份独立的独董,其原因恰恰是独董挑战管理层决策的成本往往低于内部董事。在很多情形中,不是存在职业依附的内部董事,而是更在意市场声誉同时更加独立的独董可能在损害股东利益的相关议案表决中出具否定意见。独董的上述职能定位决定了独董只是企业经营成功的必要条件,而非充分条件,更非充要条件。换句话说,如果发现AIG高管以内幕交易侵吞股东的利益,则独董责无旁贷;但如果把金融工程专家都无法识别的次债衍生品的风险管理职责的也归咎于专长各异的独董则有失公平。有效的内部控制不仅需要结合外部环境和经营实践的变化不断调整和完善,而且还需要专业会计师事务所的外部审计以及交易所和监管当局的检查和查处,形成综合防御。这绝不是董事会,甚至仅仅由独董改变可以扭转和改变的。试想如果AIG的内部董事从2人恢复到8人,甚至请已经离职的格林伯格重新执掌,AIG就一定可以避免悲剧发生吗?可惜历史无法假如。

独董发挥监督作用同样需要满足基本的激励相容约束条件,在基本条件尚不具备的前提下指责独董未尽其职同样不是实事求是的态度。Bebchuk and Fried(2004)曾经说过,"(外部)董事在成为解决代理问题的途径的同时,自身也成为代理问题的一部分"。这意味着在强调独董通过参与管理层薪酬制定来解决管理层的激励问题时,我们还必须关注独董自身的激励问题。

具体到我国的公司治理实践,从我国资本市场推出独立董事制度起,我们看到,有时不是独董不想发挥更加积极的作用的问题,而是基本的激励相容约束条件没有得到满足因而独董无法发挥作用的问题。这使得独董显得无所作为,甚至无奈地与"橡皮图章"和"花瓶"等联系在一起。

鉴于目前我国很多上市公司"中国式内部人控制"问题泛滥,我们看到,董事会独立性在我国上市公司中同样不是是否应该削弱的问题,而是应该如何加强的问题。在我国很多上市公司中,由于金字塔式控股结构下所形成的所有者缺位和大股东"不作为",董事长成为公司的实际控制人。在我国改革开放以来并不太长的现代企业发展历程中,几乎每一个成功企业的背后都有一位作为企业精神领袖的企业家。这些有形无形的社会连接和政治关联共同交织在一起,使得看起来并没有持太多股份从而相应的责任承担能力较低的董事长成为典型的"中国式内部控制人"。这些"内部人"可以利用实际所享有超过责任承担能力的控制权,做出谋求高管私人收益的决策,但决策后果由股东被迫承担,造成股东利益受损。之所以称其为"中国式内部人控制",是由于在我国一些上市公司中,内部人控制形成的原因并非引发英美等国传统内部人控制问题的股权高度分散和向管理层推行股权激励计划,而是中国资本市场制度背景下特殊的政治、社会、历史、文化和利益等因素。

通过提高董事会的独立性,形成对内部人控制的制衡显然对于缓解我国公司治理实践中普遍存在的中国式内部人问题十分重要。从推行独董制度的经验证据来看,我国上市公司在引入独董制度后企业绩效确实得到改善,表现为独董比例与企业绩效呈现显著和稳健的正相关关系。毕竟独董需要在关联交易、抵押担保等涉嫌损害股东利益的重要问题上出具独立意见,客观上提高了信息的透明度并增加了内部人损害股东利益的成本;而且一些独董在有损股东利益的议案中出具了否定性意见(唐雪松等,2010)。从解决中国式内部人控制问题的现实需求出发,提高董事会中独立董事的比例,可以使来自外部、身份独立、注重声誉的独董成为制衡内部人控制的重要力量。

为了更好地发挥独董力量制衡和居中调停的功能,在一些国家的公司治理实践中,甚至推出首席独立(外部)董事制度。以特斯拉为例,马斯克自2004年起担任董事会主席,到2018年,由于特斯拉私有化不实信息披露遭受美国证监会处罚,马斯克才辞去董事长一职。从特斯拉2010年上市以来,时任董事长马斯克一直兼任公司的 CEO。而公司现任董事长是马斯克的弟弟。鉴于此,特斯拉从 2010 年上市之初即开始设立首席外部董事。目前的首席外部董事是 Antonio J. Gracias。一个成熟的公司治理制度设计需要独立的第三方来制衡管理层,履行监督管理层和协调股东与管理层利益的职能,以此减少因担任董事长兼 CEO 职位而可能产生的任何潜在利益冲突。

在资本市场进入分散股权时代后,内部人遭遇野蛮人所引发的股权纷争将成为很多公司不得不面对的公司治理议题。理论上,独董并非单纯的外部人,毕竟独董比其他任何第三方都更加了解公司经营管理的实际情况;同时独董也非存在利益瓜葛的内部人,因此,信息相对对称同时利益中立的独董成为在"内部人"和"野蛮人"的股权纷争中合适的居中调停者。例如,当出现控制权纷争时,独董(甚至首席独立董事)可以居中协调,并最终通过股东大会表决,向在位企业家推出金降落伞计划,使其主动放弃反并购抵抗;独董主导的董事会提名委员会可以在听取在位企业家和新入主股东意见的基础上,遴选和聘任新的经营管理团队,避免控制权转移给公司发展带来的危机和阵痛,使公司能够持续稳定发展。

当然,由于目前我国上市公司独董力量相对弱小,同时在保持自身的独立性和建立良好的市场声誉上存在这样那样的问题,因此在股权纷争发生后,让独董成功扮演可能的居中调节者角色仍然还有很长的路要走。

## 5.8 董事长轮值意味着什么?

继 2018 年华为实施轮值董事长制度之后,永辉超市同样推出了轮值董事长制度。轮值董事长制度开始引起公司治理理论和实务界的关注。那么,采用轮值董事长制度究竟具有哪些独特的公司治理含义呢?

对于这一问题的回答,我们首先需要从法理上还原董事长在公司治理中原本的功能角色。董事会是受股东委托,代股东履行经营管理股东资产的职责,以确保股东投资安全和按时收回的常设机构。董事会通常是按照多数表决规则,通过集体表决对相关事项做出决议,集体履行作为股东代理人的相关权利和义务。理论上,董事长和其他董事在法律上对股东的代理地位是平等的,都是"一席一票"。在一些国家的公司治理实践中,董事长仅仅是董事会的召集人,甚至没有普通董事所拥有的投票表决权。

其次我们来分析谁可以出任董事长。鉴于董事长在法理上的上述功能角色,理论上,具有董事资格的任何人都能成为董事长。但在各国公司治理实践中,由于董事长通常出任法人代表,特别是出于管理实践和企业文化中对权威的尊重,普通董事在相关议案的提出和表决的影响力不可与董事长相提并论。董事长在公司治理实践中处于十分重要的地位,发挥举足轻重的作用。

而在我国国企公司治理实践中,董事长是由公司上级组织部门任命,并在干部管理中对应一定行政级别。因此,尽管名义上同样只是董事会的召集人,但除了履行董事长的法理上的功能角色,国企的董事长往往对国企日常经营管理决策拥有最终的裁决权。应该说,国企上述实践很大程度影响了我国非国有企业公司的董事长行为。在中国,董事长看上去更像是在扮演成熟市场经济下公司首席执行官的角色,而使得公司真正的CEO(总经理)一定程度上退化为董事长的"行政助理"。

在一个企业的发展早期,将更多经营管理决策权集中到董事长手中也许会有利于提高企业整体营运效率。然而,在企业进入成熟期后,一方面由于董事长在治理实践和企业文化中逐渐形成的"权威"地位和广泛的影响,另一方面由于其他董事的提名、面试和薪酬制定反过来受该董事长权力的影响,两方面因素的叠加使董事长的权力至少在董事会内部无法形成有效制约。而无法形成制约的董事长"一言堂"局面往往是引发各种内部人控制问题的导火索。

我们看到,董事长轮值制度的推出至少在以下几个方面有助于缓解董事长职位固定容易引发的潜在内部人控制问题。

第一,通过董事长的轮值使董事长的治理角色从浓郁的个人色彩还原到其基本的功能角色,有利于治理走向规范化和标准化。在任董事长将意识到他仅仅是董事会集体成员中的一员,只是受股东和其他董事委托,在一段时期内履行董事会召集人的角色。董事长仅仅是标准工作流程中的一个具体工作岗位,不应赋予其角色之外太多的在任董事长的个人色彩。

第二,董事长轮值制度有利于营造全体董事民主协商的氛围和治理文化,防范固定董事长职位通常导致的"一言堂"局面,进而防范内部人控制问题的出现。轮值董事长制度下的每个董事都会清楚地意识到,今天你可能是董事长,但一段时期后,另一位和你看法不同的董事就可能轮值为董事长,因而短期内轮值到的董事长应该平等地接纳和包容其他董事的不同意见。借助商议性民主,综合全体董事智慧的董事会决议将超越特定董事长个人能力和眼界的局限,对未来经营风险形成相对准确的预判,并制定应对措施以防患于未然。

第三,对于那些早年率领团队打拼、劳苦功高的成功企业家,董事长轮值制度也是在公司业已形成基本的治理运作制度和框架后,他们从"琐碎"的行政性事务中解脱出来、集中精力思考事关企业发展更加长远和根本的公司重大战略问题的一种可供选择的制度安排。

与此相关的一个话题是,王卫不再担任顺丰速运法定代表人。之前阿里巴巴的马云、京东的刘强东、复兴集团的郭广昌、滴滴的程维等纷纷辞任所在公司的法定代表人职务。我们知道，法人代表只是在法律和公司章程允许、股东授权的范围内下，代表公司履行工商注册、民事诉讼等相关法律程序。不再担任公司的法人代表并不意味着王卫和马云作为顺丰和阿里的主要股东和实际控制者，相关股东权益有任何改变，从而对公司的影响力减弱。因而，我们注意到，在成功企业家摆脱行政性事务方面，引入轮值董事长制度和不再担任法定代表人有异曲同工之妙。

既然轮值董事长制度有如此之多的好处，那么，是否所有的企业都适合董事长轮值制度呢？如果仔细观察近期推出董事长轮值制度的华为和永辉超市，就会发现这两家公司在公司治理制度上具有以下典型特征。

第一，股权结构相对稳定，在较长的时期内并不存在突然的控制权丧失风险。永辉超市是民营相对控股。近年来通过合伙人制度，永辉超市进一步将一线员工的利益、主要股东和管理团队的利益紧紧地捆绑在一起；而华为的员工持股计划一直是业界的典范。由于有雇员和股东结成共同的利益同盟，他们的公司治理构架相对稳定，并不存在外部野蛮人闯入和外部接管的威胁，非上市的华为尤其如此。

第二，经过长期的打拼和磨合，上述两家公司的董事会已形成相对成熟的经营管理决策机制和讨论流程，并在成熟的企业文化下形成了共同的价值追求。一定程度上，成功企业家是否担任董事长对企业董事会经营管理决策流程影响不大。

第三，相关企业家也确实到了功成身退、淡出企业的年龄阶段，轮值董事长制度既可以使自己从繁琐的行政性事务中解脱出来，又锻炼了队伍，培养了接班人，何乐而不为。

上述讨论意味着，并不是所有的公司都像华为和永辉超市一样适合推出轮值董事长制度。当然董事长轮值制度是否像我们所预期的那样发挥积极正面的公司治理作用仍然有待进一步的观察。

## 5.9 小　　结

本章介绍了中国资本市场上市公司董事会组织中出现的一些独特现象。

超额委派董事是实际控制人通过董事会组织过程中提名更多的董事，形成董事会对重大决策的实际影响力与其持股比例所反映的责任承担能力"分离"的公司治理现象。与两权分离这一超级控制权获取方式的经济后果类似，实际控制人委派董事同样有助于实际控制人实现现金流权与控制权两权分离，从而有利于其进行资源转移和隧道挖掘,损害外部分散股东的利益。因而,与两权分离一样,超额委派董事同样使实际控制人能够承担的责任与实际享有的权利不对称,形成一种经济学意义上的"负外部性",是公司治理实践中股东之间利益冲突新的表现形式。

独董返聘现象的出现一方面是公司已存在的任人唯亲董事会文化的体现,类似于在现任 CEO 上任后加入董事会的董事,返聘独董在一定程度上已经丧失独立性。另一方面,独董返聘现象与独董任期延长的经济后果具有某种一致性,独董通过返聘的方式变相实现了任期的延长。这表明独董返聘这一现象的发生反过来强化了公司的任人唯亲董事会文化。我们对独董返聘现象的影响因素和经济后果的考察为文化对公司治理有效性的影响提供了较早的证据。

本章揭示了在我国制度背景下发生的独董返聘现象成为建立"社会连接"的特殊途径,从而补充和丰富了社会连接文献的相关结论。容易理解,上述任人唯亲董事会文化的根源依然在于不合理的董事会制度设计。关于独董制度实践的相关政策建议,除了对任职资格和任期有明确限定,我们建议,监管当局还应该对独董任期届满后被返聘的间隔期限做出更加明确和合理的规定,以避免独董的独立性受到削弱,并最终使股东的利益受到损害。

逆淘汰"说'不'独董"不仅短期甚至长期都会影响独董未来监督的有效性,成为我国上市公司独董并未发挥预期的监督作用的重要原因之一。我们强调,要想对独董监督行为的任期阶段特征进行完整诠释,在强调声誉和职业关注等隐性激励的同时,并不能忽视我国资本市场存在的逆淘汰"说'不'独董"的机制和文化的影响。对独董监督行为呈现任期阶段特征的一个完整解释是:对于在任期第一阶段谋求连任的独董而言,逆淘汰"说'不'独董"的机制和文化对独董监督行为的影响超过独董对声誉和未来职业发展的关注,成为占据主导的效应;在第二个任期,由于临近任期的结束,维护独董声誉和职业关注的因素超过逆淘汰机制和文化的效应成为占据主导的效应。上述两种视角的结合才能最终合理解释中国资本市场独董存在阶段特征的现象。

我们的研究积极寻求改善我国资本市场独董说"不"的机制,从而有针对性地提出可能的政策建议。主要以首个任期的独董组成董事会的公司,代理问题更加严重,因而独董监督行为的阶段特征及其背后的连任动机成为影响独董监督有效性的重要因素,而不应该被公司治理理论研究和实践所忽视。从如何避免独董由于任期阶段特征而监督不足这一现实问题出发,我们的政策建议是,鼓励在我国上市公司董事会组织中积极推行独董任期交错制度(Staggered Board)。通过引入独董任期交错制度,上市公司使董事会的不同独董处于任期的不同阶段,由此避免了独董因连任动机不同而监督行为不同的局面。这里所谓独董任期交错制度是指将独董成员分成若干组,分期更换独董成员,以保持董事会中独董的稳定、有效的监督和对公司长期价值的关注。

# 参 考 文 献

Adams, R. B., Ferreira, D. A Theory of Friendly Boards[J]. *The Journal of Finance*, 2007, 62: 217-250.

Adams, R. B., Ferreira, D. Women in the Boardroom and Their Impact on Governance and Performance[J]. *Journal of Financial Economics*, 2009, 94: 291-309.

Adams, R. B., Hermalin, B. E., Weisbach, M. S. The Role of Boards of Directors in Corporate Governance: A Conceptual Framework and Survey[J]. *Journal of Economic Literature*, 2010, 48(1): 58-107.

Aghion, P., Tirole, J. Formal and Real Authority in Organizations[J]. *Journal of Political Economy*, 1997, 105(1): 1-29.

Allen, F., Gale, D. *Comparing Financial Systems* [M]. Cambridge MA: MIT Press, 2000.

Allen, F., Qian, J., Qian, M. Law, Finance and Economic Growth in China[J]. *Journal of Financial Economics*, 2005, 77: 57-116.

Anderson, R. C., Bizjak, J. An Empirical Examination of the Role of the CEO and the Compensation Committee in Structuring Executive Pay[J]. *Journal of Banking and Finance*, 2003, 27: 1323-1348.

Anderson, R. C., Mansi, S. A., Reeb, D. M. Board Characteristics, Accounting Report Integrity, and the Cost of Debt[J]. *Journal of Accounting & Economics*, 2004, 37: 315-342.

Andres, C., Fernau, E., Theissen, E. Should I Stay or Should I Go? Former CEOs as Monitors[J]. *Journal of Corporate Finance*, 2014, 28: 26-47.

Ang, J. S., Cole, R. A., Lin, J. W. Agency Costs and Ownership Structure[J]. *The Journal of Finance*, 2000, 55(1): 81-106.

Baek, J. S., Kang, J. K., Lee, I. Business Groups and Tunneling: Evidence from Private Securities Offerings by Korean Chaebols[J]. *The Journal of Finance*, 2006, 61(5): 2415-2449.

Baek, J. S., Kang J. K., Park, K. S. Corporate Governance and Firm Value: Evidence from the Korean Financial Crisis[J]. *Journal of Financial economics*, 2004, 71(2): 265-313.

Bar-Hava, K., Huang, S., Segal, B., Segal, D. Do Outside Directors Tell the Truth, the Whole Truth, and Nothing but the Truth When They Resign? [J]. *Journal of Accounting, Auditing & Finance*, 2021, 36(1): 3-29.

Baysinger, G., Butler, H. Corporate Governance and the Board of Directors: Performance Effects of Changes in Board Composition[J]. *Journal of Law, Economics, and Organizations*, 1985, 1(1): 101-124.

Bebchuk, L. A., Fried, J. M. Executive Compensation as an Agency Problem[J]. *Journal of Economic Perspectives*, 2003, 17(3): 71-92.

Bebchuk, L. A., Fried, J. M. *Pay without Performance: The Unfulfilled Promise of Executive Compensation*[M]. Cambridge, MA: Harvard University Press, 2004.

Bebchuk, L. A., Fried, J. M., Walker, D. I. Managerial Power and Rent Extraction in the Design of Executive Compensation[J]. *University of Chicago Law Review*, 2002, 69(3): 751-846.

Berger, A. N., Kick, T., Koetter, M., Schaeck, K. Does It Pay to Have Friends? Social Ties and Executive Appointments in Banking[J]. *Journal of Banking & Finance*, 2013, 37(6): 2087-2105.

Berle, A. A., Means, G. C. *The Modern Corporation and Private Property*[M]. New York: The MacMillan Company, 1932.

Bertrand, M., Mullainathan, S. Are CEOs Rewarded for Luck? The Ones without Principals Are[J]. *Quarterly Journal of Economics*, 2001, 116(3): 901-932.

Brick, I. E., Palmon, O., Wald, J. K. CEO Compensation, Director Compensation, and Firm Performance: Evidence of Cronyism? [J]. *Journal of Corporate Finance*, 2006, 12(3): 403-423.

Brickley, J. A., Coles, J. L., Terry, R. L. Outside Directors and the Adoption of Poison Pills[J]. *Journal of Financial Economics*, 1994, 35(3): 371-390.

Buchanan, B. Building Organizational Commitment: The Socialization of Managers in Work Organizations[J]. *Administrative Science Quarterly*, 1974, 19: 533-546.

Burkart, M., Panunzi, F., Shleifer, A. Family Firms[J]. *The Journal of Finance*, 2003, 58(5): 2167-2202.

Byrd, J. W., Hickman, K. A. Do Outside Directors Monitor Managers?: Evidence from Tender Offer Bids[J]. *Journal of Financial Economics*, 1992, 32(2): 195-221.

Canavan, J., Jones, B., Potter, M. J. Board Tenure: How Long Is Too Long? [J]. *Boards and Directors*, 2004, 28: 39-42.

Chiu, P. C., Teoh, S. H., Tian, F. Board Interlocks and Earnings Management Contagion[J]. *Accounting Review*, 2013, 88(3): 915-944.

Chtourou, S. M., Bédard, J., Courteau, L. Corporate Governance and Earnings Management[J]. *International Journal of Human Resource Management*, 2001, 23 (23): 3295-3314.

Claessens, S., Djankov, S., Lang, L. H. P. The Separation of Ownership and Control in East Asian Corporations[J]. *Journal of Financial Economics*, 2000, 58(1): 81-112.

Coase, R. H. The Nature of the Firm[J]. *Economica*, 1937, 4(16): 386-405.

Cohen, A., Wang, C. C. Y. How do Staggered Boards Affect Shareholder Value? Evidence from a Natural Experiment[J]. *Journal of Financial Economics*, 2013, 110 (3): 627-641.

Coles, J. L., Daniel, N. D., Naveen, L. Co-opted Boards[J]. *Review of Financial Studies*, 2014, 27(6): 1751-1796.

Cooney, J. W., Madureira, L., Singh, A. K, Yang, K. Social Ties and IPO Outcomes[J]. *Journal of Corporate Finance*, 2015, 33: 129-146.

Cornelli, F., Kominek, Z., Ljungqvist, A. Monitoring Managers: Does it Matter? [J]. *The Journal of Finance*, 2013, 68: 431-481.

Cotter, J. F., Shivdasani, A., Zenner, M. Do Independent Directors Enhance Target Shareholder Wealth During Tender Offers? [J]. *Journal of Financial Economics*, 1997, 43 (2): 195-218.

Cyert, R. M., Kang, S. H., Kumar, P. Corporate Governance, Takeovers, and Top-Management Compensation: Theory and Evidence[J]. *Management Science*, 2002, 48(4): 453-469.

Davis, G. F. Agents without Principles: The Spread of the Poison Pill through the Intercorporate Network[J]. *Administrative Science Quarterly*, 1991, 36(4): 583-613.

Dechow, P. M., Sloan, R. G., Sweeney, A. P. Causes and Consequences of Earnings Manipulations: Analysis of Firms Subject to Enforcement Actions by the SEC[J]. *Contemporary Accounting Research*, 1996, 13(1) (Spring): 1-36.

Del Guercio, D., Dann, L. Y., Partch, M. M. Governance and Boards of Directors in Closed-End Investment Companies[J]. *Journal of Financial Economics*, 2003, 69 (1): 111-152.

Desai, M. A. Capitalism the Apple Way vs. Capitalism the Google Way[N]. *The Atlantic*, September 20, 2017.

Dewally, M., Peck, S. W. Upheaval in the Boardroom: Outside Director Public Resignations, Motivations, and Consequences[J]. *Journal of Corporate Finance*, 2010, 16(1): 38-52.

Dyck, A., Zingales, L. Private Benefits of Control: An International Comparison[J]. *The Journal of Finance*, 2004, 59(2): 537-600.

Easterbrook, F., Fischel, D. The Economic Structure of Corporate Law[M]. Cambridge, Massachusetts: Harvard University Press, 1991.

Fahlenbrach, R., Low, A., Stulz, R. M. Do Independent Director Departures Predict Future Bad Events?[J]. The Review of Financial Studies, 2017, 30(7): 2313-2358.

Fama, E. F. Agency Problems and the Theory of the Firm[J]. The Journal of Political Economy, 1980, 88(2): 288-307.

Fama, E. F., Jensen, M. C. Separation of Ownership and Control[J]. The Journal of Law and Economics, 1983, 26(2): 301-325.

Fich, E. Are Some Outside Directors Better than Others? Evidence from Director Appointments by Fortune 1000 Firms[J]. Journal of Business, 2005, 78(5): 1943-1971.

Fiedler, F. E. Leadership Experience and Leader Performance—Another Hypothesis Shot to Hell[J]. Organizational Behavior and Human Performance, 1970, 5(1): 1-14.

Finkelstein, S., Hambrick, D. C. Chief Executive Compensation: A Study of the Intersection of Markets and Political Processes[J]. Strategic Management Journal, 1989, 10(2): 121-134.

Firth, M., Oliver, M. R., Wu, W. Cooking the Books: Recipes and Costs of Falsified Financial Statements in China[J]. Journal of Corporate Finance, 2011, 17(2): 371-390.

Fracassi, C., Tate, G. External Networking and Internal Firm Governance[J]. The Journal of Finance, 2012, 67(1): 153-194.

Francis, B., Hasan, I., Wu, Q. Professors in the Boardroom and Their Impact on Corporate Governance and Firm Performance[J]. Financial Management, 2015, 44(3): 547-581.

Giannetti, M., Liao, G. M., Yu, X. The Brain Gain of Corporate Boards: Evidence from China[J]. The Journal of Finance, 2014, 70(4): 1629-1682.

Gilson, S. Bankruptcy, Boards, Banks and Blockholders: Evidence on Changes in Corporate Ownership and Control When Firms Default[J]. Journal of Financial Economics, 1990, 27(2): 355-387.

Gomes, A., Novaes, W. Sharing of Control as a Corporate Governance Mechanism [R]. SSRN Working Paper, 2001.

Grossman, S. J., Hart, O. D. One Share-One Vote and the Market for Corporate Control[J]. Journal of Financial Economics, 1988, 20: 175-202.

Gupta, M., Fields, L. P. Board Independence and Corporate Governance: Evidence from Director Resignations[J]. Journal of Business Finance & Accounting, 2009, 36(1-2): 161-184.

Hart, O. Corporate Governance—Some Theory and Implications[J]. Economic Journal,1995,105(430):678-689.

Hart, O., Moore, J. Property Rights and the Nature of the Firm[J]. *Journal of Political Economy*,1990,98(6):1119-1158.

Haunschild, P. R. Interorganizational Imitation: The Impact of Interlocks on Corporate Acquisition Activity[J]. *Administrative Science Quarterly*,1993,38(4):564-592.

Hermalin, B. E., Weisbach, M. S. Boards of Directors as an Endogenously Determined Institution: A Survey of the Economic Literature[J]. *Economic Policy Review*,2003,9(1):7-26.

Hermalin, B. E., Weisbach, M. S. Endogenously Chosen Boards of Directors and Their Monitoring of the CEO[J]. *The American Economic Review*,1998,88(1):96-118.

Hermalin, B. E., Weisbach, M. S. The Effects of Board Compensation and Direct Incentives on Firm Performance[J]. *Financial Management*,1991,20(4):101-112.

Horton, J., Millo, Y., Serafeim, G. Resources or Power? Implications of Social Networks on Compensation and Firm Performance[J]. *Journal of Business Finance and Accounting*,2012,39(3-4):399-426.

Hwang, B. H., Kim, S. It Pays to Have Friends[J]. *Journal of Financial Economics*,2009,93(1):138-158.

Jensen, M. C., Meckling, W. H. Theory of the Firm: Managerial Behavior, Agency Costs and Ownership Structure[J]. *Journal of Financial Economics*,1976,3(4):305-360.

Jensen, M. C. The Modern Industrial Revolution, Exit, and the Failure of Internal[J]. *The Journal of Finance*,1993,3:831-880.

Jiang, W., Wan, H., Zhao, S. Reputation Concerns of Independent Directors: Evidence from Individual Director Voting[J]. *The Review of Financial Studies*,2016,29(3):655-696.

Johnson, S., La Porta, R., Lopez-de-Silanes, F., Shleifer, A. Tunneling[J]. *American Economic Review*,2000,90(2):22-27.

Katz, R. Project Communication and Performance: An Investigation into the Effects of Group Longevity[J]. *Administrative Science Quarterly*,1982,27:81-104.

Khanna, V., Kim, E., Lu, Y. CEO Connectedness and Corporate Fraud[J]. *The Journal of Finance*,2015,70(3):1203-1252.

Khatri, N., Tsang, E. W. K. Antecedents and Consequences of Cronyism in Organizations[J]. *Journal of Business Ethics*,2003,43(4):289-303.

Klapper, L. F., Love, I. Corporate Governance, Investor Protection, and Performance in Emerging Markets[J]. *Journal of Corporate Finance*,2004,10(5):703-728.

La Porta, R., Lopez-de-Silanes, F., Shleifer, A. Corporate Ownership Around the

World[J]. *The Journal of Finance*, 1999, 54(2): 471-517.

La Porta, R., Lopez-de-Silanes, F., Shleifer, A., Vishny, R. W. Law and Finance[J]. *Journal of Political Economy*, 1998, 106(6): 1113-1155.

Lemmon, M. L., Lins, K. V. Ownership Structure, Corporate Governance, and Firm Value: Evidence from the East Asian Financial Crisis[J]. *The Journal of Finance*, 2003, 58(4): 1445-1468.

Levit, D., Malenko, N. The Labor Market for Directors and Externalities in Corporate Governance[J]. *The Journal of Finance*, 2016, 71(2): 775-809.

Lipton, M., Lorsch, J. W. A Modest Proposal for Improved Corporate Governance[J]. *Business Lawyer*, 1992, 48(1): 59-77.

Liu, G., Sun, J. Director Tenure and Independent Audit Committee Effectiveness[J]. *International Research Journal of Finance and Economics*, 2010, 51: 176-188.

Ma, J., Khanna, T. Independent Directors' Dissent on Boards: Evidence from Listed Companies in China[J]. *Strategic Management Journal*, 2016, 37(8): 1547-1557.

Masulis, R. W., Mobbs, S. Independent Director Incentives: Where do Talented Directors Spend Their Limited Time and Energy? [J]. *Journal of Financial Economics*, 2014, 111(2): 406-429.

McPherson. . M, Smith-Lovin, L., Cook, J. M. Birds of a Feather: Homophily in Social Networks[J]. *Annual Review of Sociology*, 2001, 27: 415-444.

Nguyen, B. D., Nielsen, K. M. The Value of Independent Directors: Evidence from Sudden Deaths[J]. *Journal of Financial Economics*, 2010, 98(3): 550-567.

Park. Y. W., Shin, H. H. Board Composition and Earnings Management in Canada[J]. *Journal of Corporate Finance*, 2004, 10(3): 431-457.

Perry, T. Incentive Compensation for Outside Directors and CEO Turnover[R]. Working Paper, 2000.

Petersen, M. A. Estimating Standard Errors in Finance Panel Data Sets: Comparing Approaches[J]. *Review of Financial Studies*, 2009, 22(1): 435-480.

Pettigrew, A. M. The Character and Significance of Strategy Process Research[J]. *Strategic Management Journal*, 1992, 13(2): 5-16.

Rosenstein, S., Wyatt, J. G. Outside Directors, Board Independence, and Shareholder Wealth[J]. *Journal of Financial Economics*, 1990, 26(2): 175-191.

Ryan, H. E., Wiggins, R. A. Who Is in Whose pocket? Director Compensation, Board Independence, and Barriers to Effective Monitoring[J]. *Journal of Financial Economics*, 2004, 73(3): 497-524.

Schmidt, B. Costs and Benefits of Friendly Boards during Mergers and Acquisitions[J].

*Journal of Financial Economics*,2015,117(2):424-447.

Schwartz-Ziv, M., Weisbach, M. S. What Do Boards Really Do? Evidence from Minutes of Board Meetings[J]. *Journal of Financial Economics*,2013,108(2):349-366.

Sharma, V. D. Board of Director Characteristics, Institutional Ownership, and Fraud: Evidence from Australia[J]. *Auditing: A Journal of Practice & Theory*, 2004, 23(2): 105-117.

Shivdasani, A., Yermack, D. CEO Involvement in the Selection of New Board Members: An Empirical Analysis[J]. *The Journal of Finance*,1999,54(5):1829-1853.

Shleifer, A., Vishny, R. W. A Survey of Corporate Governance[J]. *The Journal of Finance*, 1997, 52(2): 737-783.

Stein, J. C. Takeover Threats and Managerial Myopia[J]. *The Journal of Political Economy*, 1988, 96(1): 61-80.

Stulz, R. M., Williamson, R. Culture, Openness, and Finance[J]. *Journal of Financial Economics*, 2003, 70(3): 313-349.

Subrahmanyam, A. Social Networks and Corporate Governance[J]. *European Financial Management*, 2008, 14(4): 633-662.

Sun, Q., Tong, W. H. China Share Issue Privatization: The Extent of its Success[J]. *Journal of Financial Economics*, 2003,70(2): 183-222.

Uzzi, B. Embeddedness in the Making of Financial Capital: How Social Relations and Networks Benefit Firms Seeking Financing[J]. *American Sociological Review*,1999,64(4): 481-505.

Vafeas, N. Length of Board Tenure and Outside Director Independence[J]. *Journal of Business Finance & Accounting*, 2003, 30(7-8): 1043-1064.

Vanhonacker, W. R. Guanxi Networks in CHINA[J]. *China Business Review*, 2004, 31(3): 48-53.

Volonte, C. Culture and Corporate Governance: The Influence of Language and Religion in Switzerland[J]. *Management International Review*, 2015, 55: 77-118.

Warther, V. A. Board Effectiveness and Board Dissent: A Model of Board's Relationship to Management and Shareholders[J]. *Journal of Corporate Finance*, 1998, 4(1): 53-70.

Weisbach, M. S. Outside Directors and CEO Turnover[J]. *Journal of Financial Economics*, 1988, 20: 431-460.

White, H. A Heteroscedasticity - Consistent Covariance Matrix Estimator and a Direct Test for Heteroscedasticity[J]. *Econometrica*, 1980,48(4): 817-838.

Yermack, D. Remuneration, Retention, and Reputation Incentives for Outside Directors [J]. *The Journal of Finance*, 2004, 59(5): 2281-2308.

Zajac, E. J., Westphal, J. F D. Director Reputation, CEO-board Power, and the Dynamics of Board Interlocks[J]. *Administrative Science Quarterly*, 1996, 41(3): 507-529.

陈柏峰. 熟人社会:村庄秩序机制的理想型探究[J]. 社会,2011,31(1):223-241.

陈德球,魏刚,肖泽忠. 法律制度效率、金融深化与家族控制权偏好[J]. 经济研究,2013,48(10):55-68.

陈乐民. 在中西之间:自述与回忆[M]. 北京:生活·读书·新知三联书店,2014.

陈晓,王琨. 关联交易、公司治理与国有股改革——来我国资本市场的实证证据[J]. 经济研究,2005(4):77-86+128.

程敏英,魏明海. 关系股东的权力超额配置[J]. 中国工业经济,2013(10):108-120.

戴亦一,陈冠霖,潘健平. 独立董事辞职、政治关系与公司治理缺陷[J]. 会计研究,2014(11):16-23+96.

渡边真理子. 国有控股上市公司的控制权、金字塔式结构和侵占行为——来自中国股权分置改革的证据[J]. 金融研究,2011(6):150-167.

杜巨澜,吕班尼,瑞·奥立弗. 董事会里谁才敢于提出反对的意见?[J]. 南大商学评论,2012,9(1):89-122.

费孝通. 乡土中国[J]. 图书季刊,1948,9(1-2):54-57.

胡学文. 花瓶独董贻害 官符独董尤甚[N]. 证券时报,2013-08-13(A01).

胡奕明,唐松莲. 独立董事与上市公司盈余信息质量[J]. 管理世界,2008(9):149-160.

姜国华,岳衡. 大股东占用上市公司资金与上市公司股票回报率关系的研究[J]. 管理世界,2005(9):119-126+157+171-172.

雷光勇,李书锋,王秀娟. 政治关联、审计师选择与公司价值[J]. 管理世界,2009(7):145-155.

李增泉,孙铮,王志伟. "掏空"与所有权安排——来自我国上市公司大股东资金占用的经验证据[J]. 会计研究,2004(12):3-13+97.

李增泉,余谦,王晓坤. 掏空、支持与并购重组——来自我国上市公司的经验证据[J]. 经济研究,2005(1):95-105.

刘诚,杨继东,周斯洁. 社会关系、独立董事任命与董事会独立性[J]. 世界经济,2012,35(12):83-101.

陆瑶,胡江燕. CEO与董事间的"老乡"关系对我国上市公司风险水平的影响[J]. 管理世界,2014(3):131-138.

陆瑶,李茶. CEO对董事会的影响力与上市公司违规犯罪[J]. 金融研究,2016(1):176-191.

陆正飞,胡诗阳. 股东-经理代理冲突与非执行董事的治理作用——来自中国A股市场的经验证据[J]. 管理世界,2015(1):129-138.

宁向东,张颖. 独立董事能够勤勉和诚信地进行监督吗——独立董事行为决策模型的构建[J]. 中国工业经济,2012(1):101-109.

秦晖.走出帝制:从晚清到民国的历史回望[M].北京:群言出版社,2005.
石水平.控制权转移、超控制权与大股东利益侵占——来自上市公司高管变更的经验证据[J].金融研究,2010(4):160-176.
孙亮,刘春.公司为什么聘请异地独立董事?[J].管理世界,2014(9):131-142+188.
唐雪松,申慧,杜军.独立董事监督中的动机——基于独立意见的经验证据[J].管理世界,2010(9):138-149.
王亮亮.控股股东"掏空"与"支持":企业所得税的影响[J].金融研究,2018(2):172-189.
王永钦,张晏,章元,陈钊,陆铭.十字路口的中国经济:基于经济学文献的分析[J].世界经济,2006(10):3-20+95.
王跃堂,赵子夜,魏晓雁.董事会的独立性是否影响公司绩效?[J].经济研究,2006(5):62-73.
魏刚,肖泽忠,Nick Travlos,邹宏.独立董事背景与公司经营绩效[J].经济研究,2007(3):92-105+156.
魏明海,黄琼宇,程敏英.家族企业关联大股东的治理角色——基于关联交易的视角[J].管理世界,2013(3):133-147+171+188.
魏志华,赵悦如,吴育辉."双刃剑"的哪一面:关联交易如何影响公司价值[J].世界经济,2017,40(1):142-167.
吴冬梅,刘运国.捆绑披露是隐藏坏消息吗——来自独立董事辞职公告的证据[J].会计研究,2012(12):19-25+94.
席大伟,唐强,熊玥伽.上市公司独立董事辞职潮调查[N].每日经济新闻,2014-03-07.
肖星,徐永新,陈诣辉.市场化程度、股权结构与IPO时的无形资产剥离[J].金融研究,2012(7):154-167.
辛清泉,黄曼丽,易浩然.上市公司虚假陈述与独立董事监管处罚——基于独立董事个体视角的分析[J].管理世界,2013(5):131-143+175+188.
叶康涛,陆正飞,张志华.独立董事能否抑制大股东的"掏空"?[J].经济研究,2007(4):101-111.
叶康涛,祝继高,陆正飞,张然.独立董事的独立性:基于董事会投票的证据[J].经济研究,2011,46(1):126-139.
张华,张俊喜,宋敏.所有权和控制权分离对企业价值的影响——我国民营上市企业的实证研究[J].经济学(季刊),2004(S1):1-14.
张俊生,曾亚敏.独立董事辞职行为的信息含量[J].金融研究,2010(8):155-170.
郑志刚,孙娟娟,Rui Oliver.任人唯亲的董事会文化和经理人超额薪酬问题[J].经济研究,2012,47(12):111-124.
祝继高,叶康涛,陆正飞.谁是更积极的监督者:非控股股东董事还是独立董事?[J].经济研究,2015,50(9):170-184.

# 第6章
# 股权分散趋势下的国企混改

从四个来自钢铁行业的国企混改案例出发,本章的研究表明,新一轮以混合所有制改革为主题的国企改革,很大程度上演变为选择与谁分担不确定性的问题。而国企通过混改引入战略投资实现所有制混合的实质内涵可以分解为以下两个方向的改变。其一是"控股股东少超额委派董事",其二是"非第一大股东超额委派董事"。本章接下来首先从"控股股东少超额委派董事"的视角为国企混改提供逻辑检验的证据,在此基础上进一步实证检验"非第一大股东超额委派董事"是否有助于国有上市公司效率改善,从而从相反的方向对国企混改开展逻辑检验,以此为正在积极推进的国企混改提供直接的理论和证据支持。本章的研究表明,如同只有开放才能促进改革一样,在国企混改实践中,也许只有"混"才能真正做到"改",而与其"并"也许不如"混"。真正实现国企混改目标以促进效能的提升,关键在于在董事会结构中合理保证其他股东的董事席位,使新进入的民营资本能够充分参与到治理过程当中。只有民营资本通过委派董事享有内部信息、参与董事会的决策过程,才能有效地缓解原有的过度监督问题,使经营绩效得到实质改善。

## 6.1 国企混改:应该与谁分担不确定性?

如果说企业日常经营中的债务融资决策主要涉及风险,那么,今天的国企改革更多地与不确定性联系在一起。因而新一轮以混合所有制改革为主题的国企改革,很大程度上演变为选择与谁分担不确定性的问题。

美国经济学家弗兰克·奈特(Frank Knight)很早就将不确定性与风险做

了区分。从本质上看，债务融资与权益融资在金融属性上的差异很大程度体现为风险与不确定性的不同。为了更好地说明这一点，在讨论国企混改应该与谁分担不确定性之前，我们首先用发生在清代蒙古地区的两个故事来揭示风险与不确定性的不同，进而分析债务融资与权益融资金融属性的区别。

第一个故事来自清代旅蒙商在蒙古地区开展的被称为"放印票账"的资金借贷业务。传说清朝嘉庆咸丰年间权倾一时的"铁帽子王"僧格林沁在离世后依然欠着晋商大盛魁不少于10万两白银的印票账。抛开印票账的高利贷属性，单纯从业务经营的角度来看，旅蒙商所放的印票账总体还属于风险可控的范围。其一，抵押担保使得一个接受印票账的牧民在无法偿还债务时将面临他的帐篷被拆掉、牛羊被赶走的可能；其二，基于过去业务开展的经验，旅蒙商大体能估算出在所放印票账的100户牧民中通常会有几家无法到期偿还，甚至能够根据牧草当年的茂盛程度对这样的家庭在这一年中将增加还是减少做出推断。用数学的语言来说，旅蒙商从事放印票账的风险的概率分布是可以测度的；或者用现代银行业务的术语来说，我们可以建立风险管理模型来对放印票账的风险加以识别和控制。

然而，让我们设想，同样是那个放印票账的旅蒙商，如果他有一天应邀参加一位当地蒙古朋友的婚礼，向这位朋友"赠送"了数目可观的彩礼，那么，他什么时候才能收回这笔"投资"就变成了完全无法事前确定的事。事实上，对于大多数贫穷的牧民家庭，在亲朋好友之间互相"馈赠"彩礼不仅是当时蒙古牧民的重要习俗，而且是短期内筹集娶妻无法承受的高额聘礼的重要方式。我们知道，即使在今天，结婚也并不是一个人说了算的事。这不仅需要征得女方的同意，还需要征得女方家庭甚至女方整个家族的同意；而对于当时盛行一夫多妻制的蒙古牧民而言，当这个旅蒙商刚想着如何通过纳一个小妾收回早期"投资"的聘礼时，很可能对他十分不幸的是，那个牧民也许已经做出了娶"第三个妻子"的决定。于是，我们看到，与放印票账概率分布可以测度、一定范围内风险可控相比，向娶妻的牧民"馈赠"彩礼的投资显然是无法测度和刻画其概率分布的，当然建立风险管理模型对风险加以识别和控制更是无从谈起。

我们看到，旅蒙商向娶妻蒙古牧民"馈赠"彩礼，或者换一种角度来说，该牧民以接受彩礼的方式来筹措高额聘礼，在这里更多涉及的是奈特所谓的"不确定性"，而不是类似于放印票账的"风险"。与旅蒙商放印票账面对的风险相比，向娶妻的牧民"馈赠"彩礼的投资所面临的不确定性显然更加可怕。因而，不确定性的分担被认为是金融更为实质的属性。

在讨论国企混改应该选择与谁分担不确定性之前，让我们首先了解国企混改未来将面临哪些不确定性。一是来自原材料和市场的不确定性。工业互联网的构建有助于利用互联网解决困扰国企的原材料和市场的信息不对称问题,一度被认为是互联网时代继消费互联网之后的"下一个风口"。然而,原材料供给集中在少数几家企业所形成的非完全竞争,甚至垄断的市场结构中,使得相关企业缺乏加入工业互联网的激励。那么,作为"下一个风口"的工业互联网在哪儿?我们今天依然不清楚。二是来自研发和创新的不确定性。对于被誉为很好体现金融创新的"互联网金融",我们经常会听到这样的说法,"做好了是互联网金融,做不好就是金融诈骗",从金融创新到金融诈骗看似只有"一步之遥"。包括人工智能在内的研发和创新不仅涉及研发投入本身的成本收益核算,还面临社会伦理等诸多争议和挑战,而正在持续的中美贸易摩擦无疑给研发和创新带来了新的不确定性。我们突然发现,其实我们的内"芯"是如此的脆弱。三是其他不确定性。例如东北三省需要考虑如何平衡提升企业效率和力保"避免大规模失业发生"的底线,而住房、医疗和教育这新"三座大山"中的一项或几项随时可能成为压垮中产阶级的"最后一根稻草"。

面对国企混改所面临的上述三个方面的不确定性,我们接下来通过四个钢铁企业的"金融故事"来揭示国企混改应该选择与谁分担不确定性。

其一,与"银行"分担不确定性的东北特钢。2016年再度陷入债务危机的东北特钢提出新一轮的债转股计划,但遭到债权人的反对,后来被媒体解读为"意外私有化"的沈文荣控股东北特钢实属当地政府为化解东北特钢债务危机的"无奈之举"。在一定程度上,东北特钢债务危机再现了匈牙利经济学家雅诺什·科尔奈(Janos Kornai)五十多年前观察到的银行贷款如何因预算约束软化而将贷款一步步转化为呆坏账的情景。因而,我们倾向于把政府干预下的债转股理解为披着市场化运作外衣的"预算软约束"。我们看到,能不能以债转股的方式使混改的国企实现与"银行"分担不确定性,很大程度上取决于债转股是不是基于价值判断和投资者意愿的真正市场化行为。

其二,以"当地企业合并"方式进行不确定性分担的天津渤海钢铁。2010年,天津钢管、天津钢铁集团有限公司、天津天铁冶金集团有限公司和天津冶金集团有限公司等4家国有企业合并组成天津渤海钢铁。在财务并表后的2014年,天津渤海钢铁一举进入美国《财富》杂志评选的世界500强企业榜单。然而,在时隔不到两年的2015年年底,快速扩张后的天津渤海钢铁陷入严重的债务危机,向105家银行等金融机构举借的债务高达1920亿元。事实上,"国资背景的煤炭、钢铁、有色等500强巨头,绝大部分是整合而来的"(姚本,2019)。那么,天津渤海钢铁又是如何化解新一轮债务危机的呢?我们看到,一方面是把原来"合"起来的企业重新"分"出去。2016年4月,经营状况相对尚好的天津钢管从天津渤海钢铁中剥离出来。另一方面则是钢铁主业引入民资背景的德龙钢铁作战略投资者，进行混改，重新回到国企改革"混"的思路上。我们看到，以当地企业合并所谓"抱团取暖"的方式分担不确定性只是使国企真正面临的体制机制转换问题被暂时和表面的"做大"掩盖起来，并没有使不确定性减少，反而使不确定性增加了。

其三，与"优秀的同行"分担不确定性的马鞍山钢铁。2019 年 6 月 2 日马钢股份发布公告，宣告中国宝武对马钢集团实施重组，安徽省国资委将马钢集团 51％股权无偿划转至中国宝武。通过这次重组，中国宝武将直接持有马钢集团 51％的股权，并通过马钢集团间接控制马钢股份 45.54％的股份，成为马钢股份的间接控股股东。虽然通过上述重组，作为中国宝武控股股东的国务院国资委成为马钢股份的实际控制人，但我们可以想象，当地政府最终同意将马钢集团 51％的股权无偿划转至中国宝武是下了很大决心的。这一事件也被一些媒体解读为近年来掀起的地方企业引入央企进行混改，在并购重组后实际控制人由地方国资委变更为国务院国资委的新一轮混改动向的标志性事件。同样值得关注的是，实施重组的马钢股份与控股股东中国宝武同属于钢铁企业，它们将面临"不允许上市公司与母公司开展同业竞争"等资本市场基本规则的挑战。当然，马钢所采取的与"优秀的同行"分担不确定性的方式是否真正有助于实现预期的国企体制机制转化还有待于围绕基本公司治理制度改善的具体举措进一步观察。

其四，与"优秀的战略投资"分担不确定性的重庆钢铁。2017 年年底，完成重组后的重钢实际控制人变更为由中国宝武、中美绿色基金、招商局集团和美国 WL 罗斯公司等四家公司平均持股的四源合。按照时任重钢董事长周竹平先生的说法，作为实际控制人的四源合"没有派去技术人员，也没有做除维修以外的设施方面的投入，没有更换过工人、中层"，甚至连原来的外部董事也保留了，仅仅派了"5 名既不炼钢也不炼铁"的高管。在破产的路上走了十年的重钢，一年就实现"止血"，起死回生。

重钢重组的案例再次表明，国企混改需要解决的关键问题也许并非资源，甚至也并非市场，而是如何形成转换经营机制的动力。而重组后的重钢，不仅面临原来股东，还面临债转股后的新股东，以及作为实际控制人四源合的巨大投资回报压力。尽快实现盈利成为落后经营机制转化的基本甚至唯一动力，多目标冲突等长期困扰传统国企的问题迎刃而解。

概括而言，重组后的重钢在实际控制人四源合的推动下，在公司治理构架上进行了两方面的调整。其一，基于市场化原则建立激励充分的经理人与员工激励机制。2018 年重组后重钢 CEO 的年薪为 553.91 万元，是 2017 年度重组前总经理的年薪 54.89 万元的近 10 倍。《重庆钢铁高管薪酬激励方案》和

《2018年至2020年员工持股计划》等多少国企试图推进但往往无疾而终的激励方案在重钢重组后"轻松地"推出了。其二,回归到CEO作为经营管理决策中心的模式,实现了CEO和董事会之间的合理分工。我们知道,国企面临的主要问题之一是控股股东、董事会与经理人之间的责权边界模糊,所有权与经营权无法有效分离。重组后的重钢董事会明确授权CEO拥有机构设置、技术改造等权力,甚至允许先操作后到董事会报批,而董事会则回归到选聘CEO和考核评价CEO这些基本职能。我们看到,在选择与"谁"分担不确定性的问题上,重钢通过引入盈利动机明确的优秀战略投资,形成了转化经营机制的真正压力,凝聚了克服机制体制障碍的动力,最后汇成各方合作共赢的合力,成为重组后获得新生的关键点和突破口。

简单总结这四家来自同一行业、面临债务危机的国企选择与谁分担不确定性进行混改的故事。我们看到,东北特钢通过债转股选择与"银行"分担不确定性,成为市场化运作外衣下的"预算软约束",最终无奈地走上"私有化"的道路。天津渤海钢铁通过将当地企业合并,选择与同伙"抱团取暖"的方式分担不确定性;然而,在经历了短暂的"做大"辉煌后,不得不重新走上"分"和更为根本的引入民资背景战略投资的"混"的道路。被宝武实施重组的马钢选择的不仅是优秀的同行,而且是来自央企的同行来分担不确定性。对于地方国企通过引入同行业央企进行混改来分担不确定性的实际效果有待于进一步观察。重组的重钢则选择与"优秀的战略投资"分担不确定性,以此作为混改的关键点和突破口,形成了转化经营机制的真正压力,凝聚了克服机制体制障碍的现实动力,并汇成各方合作共赢的合力,为重钢赢来了新生。

上述四个国企混改选择与谁分担不确定性的故事因而清晰地表明,如同只有开放才能促进改革一样,在国企混改实践中,也许只有"混"才能真正做到"改",而与其"并"也许不如"混"。

## 6.2　国企混改的现实逻辑

### 6.2.1　理论回顾

对国有企业改革背后逻辑的梳理离不开对现代股份有限公司兴起的历史的回顾。在现代股份有限公司出现之前,流行的企业组织形式是被称为"新古典资本主义企业"的家庭手工作坊。这一企业组织形态的典型特征是,所需资金主要来源于家庭积累,作坊主既是所有者又是经营者,以家庭全部财产甚至未来子孙财产承担无限连带责任,以父子传承的学徒式方式实现有限的知识更新、创新和传播。我们看到，家庭手工作坊的出现是手工业从传统农业中分离出来这一社会分工的产物，其背后是人类在资源稀缺的前提下为了改善资源配置效率进行专业化分工的逻辑。即使在被认为是沉睡千年的"东方帝国"的我国，在明清时代也已出现被称为"资本主义萌芽"的家庭手工作坊。应该说，新古典资本主义企业对于工业革命开始之前人类文明的传承和演进扮演了十分重要的历史角色。

人类文明演进的步伐随着工业革命的发生和现代股份有限公司的兴起而再次提速。1602年荷兰东印度公司在阿姆斯特丹成立。荷兰东印度公司的出现标志着企业发展所需要的外部融资除了可以通过承诺偿还本金和利息的借贷实现，还可以通过风险共担的股份公司的组织来实现。伴随着现代股份有限公司在西方逐步取代家庭手工作坊成为占据主导的企业组织形式，建立在高度专业化分工的基础上、以社会化大生产为特色的现代西方文明快速崛起。

现代股份有限公司对人类文明的贡献由于20世纪二三十年代突如其来的全球经济大萧条以及理论界和实务界对大萧条的反思而被忽略。其中最具代表性的是Berle和Means所著的《现代公司和私有财产》（1932）一书的出版。按照该书的观点，"随着公司财富的所有权变得更加广为分散，对这些财富的所有权与控制权已经变得越来越少地集中于同一个人之手。在公司制度下，对行业财富的控制可以而且正在被以最少的所有权利益来完成。财富所有权没有相应的控制权，而财富的控制权没有相应的所有权，这似乎是公司演进的逻辑结果"。外部分散股东由于无法有效地行使控制权，放任职业经理人挥霍，导致股东蒙受巨大损失，由此"对过去三个世纪赖以生存的经济秩序构成威胁"。理论界和实务界从此将更多的目光投向现代股份有限公司由于所有权与经营权分离而产生的代理冲突。从代理问题这一被认为是现代股份有限公司的痼疾出发，强调"占有控制权"的逻辑逐渐代替强调"专业化分工"的逻辑而成为现代股份有限公司的"主流意识形态"。

那么，应当如何评价现代股份有限公司呢？马克思曾经说过："如果仅仅依靠资本积累去修建铁路，恐怕到今天世界上仍然没有；但依靠资本积聚，很快便实现了"。作为筹集大量资金的一种标准方式，现代股份有限公司突破了家庭财富的限制，实现了在全社会范围内的资金融通和风险分担，从而使经营者专注于经营管理与技术创新本身，由此出现了资本提供者与经营管理者之间的分工。这事实上是马克思感慨"资产阶级在它的不到一百年的阶级统治中所创造的生产力，比过去一切世代创造的全部生产力还要多，还要大"的背后原因。

美国加利福尼亚大学伯克利分校经济学家德隆的一项研究表明，从250万年前的旧石器时代至今，在99.99%的时间里，世界人均GDP基本没什么变化。

但在过去的 250 年中,世界人均 GDP 突然有了一个几乎是垂直上升的增长。应该说,对于这 250 年中人类文明史上奇迹的出现,现代股份有限公司功不可没。正是在上述意义上,经济学家尼古拉斯·默里·巴特勒(Nicholas Murray Butler)把"股份有限责任公司"理解为"近代人类历史中一项最重要的发明",强调"如果没有它,连蒸汽机、电力技术发明的重要性也得大打折扣"。我们看到,区别于"新古典资本主义企业"的现代股份有限公司在实现了资本社会化的同时实现了经理人的职业化,其背后的逻辑依然是专业化分工。

总结企业组织形式的演进历史,我们可以按照两个维度将现有企业总结为如表 6.1 所示的四种类型。其中,第一个维度是专业化分工程度,我们可以据此将企业区分为低的专业化分工程度和高的专业化分工程度这两种企业组织类型。第二个维度是按照代理问题是否严重而将企业划分为代理问题不严重和代理问题严重两类。

表 6.1 按专业分工程度与代理问题严重程度划分的企业类型

|  | 低的专业化分工程度<br>(既管资本又管企业) | 高的专业化分工程度(外部融资实现、社会风险共担、经理人职业化) |
| --- | --- | --- |
| 代理问题<br>不严重 | 家庭手工作坊<br>(新古典资本主义企业) | 建立良好公司治理结构的<br>现代股份有限公司 |
| 代理问题<br>严重 | 国有企业(长的委托代理<br>链条与所有者缺位) | 尚未建立良好公司<br>治理结构的股份有限公司 |

处于表 6.1 左上角的是专业化分工程度低但代理问题并不严重的企业类型。家庭手工作坊是这类企业组织形式的典型例子。我们看到,在家庭手工作坊的组织形式下,作坊主既是所有者同时也是经营者。由于将作坊主这一自然人与企业捆绑在一起,一方面,家庭手工作坊的作坊主将以全部身家甚至波及子孙后代的代价来承担无限连带责任,再加上受到资金规模的限制,因而在经营风格上往往趋于保守;另一方面,家庭手工作坊往往受到作坊主个人的管理经验、知识眼界甚至生命周期的限制,导致企业与个人一荣俱荣、一损俱损,因而该类企业组织形态的专业化分工程度较低,生产效率相应较低。但由于家庭手工作坊的所有权与经营权是统一的,并不存在外部职业经理人与股东之间的代理冲突,因而代理问题并不严重。

处于右下角的是专业化分工程度高但代理问题严重的企业类型。在 20 世纪二三十年代美国最大的 200 家公众公司中,很多公司都属于这种类型。在这 200 家公司中,由大股东拥有并控制的公司不到 5%,占公司数量 44%、占财产总额 58% 的公司由所有权相当分散的少数股东和管理者拥有。然而这些公司在实现了资本社会化与经理人职业化的同时,并没有形成合理的治理结构。这些公司"代理问题严重"的缺陷在 20 世纪二三十年代发生的经济大萧条中集中爆发,很多企业被迫破产倒闭。

处于右上角的是专业化分工程度高但代理问题并不严重的企业类型。在这些公司中,一方面实现了以资本社会化与经理人职业化为特征的高度专业化分工,另一方面则通过各种方式来解决经理人与股东之间的代理冲突,包括推出基于绩效的经理人薪酬合约设计与股票期权激励计划,构建规模较小、以外部董事为主、董事长与 CEO 两职分离的董事会,同时加强建设保护投资者权利的法律制度和法律外制度的制度环境。经过从 20 世纪二三十年代开始的近百年的数次公司治理革命的洗礼,逐步建立起良好公司治理结构的现代股份有限公司是这方面的典型例子。这些公司组织形式在继承了现代股份有限公司专业化分工的传统优势的同时,通过合理治理结构的构建,一定程度上缓解了代理冲突的劣势,成为引领社会发展与时代进步的稳定的企业组织形式。但需要注意的是,时至今日,上述企业组织形式虽然成为现代股份有限公司发展的典范,但这并不意味着所有的公司治理问题已经得到有效解决。

从两个维度、四种企业类型的分类来看,处于表 6.1 左下角的企业一方面所有权与经营权没有有效分离,既管资本又管企业,专业化分工停留在低级阶段,另一方面则代理问题严重。我国目前的国有企业恰恰同时具备了上述两个特征。我国中央和地方政府除了通过国有资产管理链条"管资本",还通过自上而下的国企官员人事任免体系和晋升考核对企业经营产生实质性影响。此外,除了通过生产经营创造利润,国企还需要承担包括稳定物价、促进就业,甚至维护社会稳定等的社会责任,使国企置身于多任务、多目标的经营管理状态。上述种种"管人、管事、管资产"的制约和限制使得国企所有权与经营权无法真正分离,在企业组织形态上十分类似于"新古典资本主义企业"。正是由于上述经营权与所有权混淆的状况,预期代表股东来监督 CEO 的国有企业董事长在我国公司治理实践中演变成为事实上的 CEO。与此同时,由于大家所熟知的国有企业"所有者缺位"和"长的委托代理链条"问题,国有企业容易形成以董事长为核心的内部人控制格局,代理问题严重,公司治理丑闻层出不穷,屡见不鲜。因而,国有企业既没有摆脱"家庭手工作坊式"的控制权对经营权的干预,无法利用社会专业化分工提高效率,又没有很好地解决家庭手工作坊并不存在的代理问题,使得国有企业看上去像是存在代理问题的"新古典资本主义企业"。

### 6.2.2 新一轮国企混改的现实逻辑解读

国有企业在促进我国基础设施建设和维持经济稳定方面发挥了巨大作用,但是由于国有企业先天具有的"所有者缺位"和"内部人控制"等缺陷,其往往存在较为严重的委托代理问题和较高的监督成本,国企凭借其市场垄断地位谋取不公平超额收益、政府通过人事任免干预国企经营,以及国企权力过大引起内部监督效率低下等问题也日益困扰着监管层(郑志刚,2015)。

事实上,从改革开放初期至20世纪90年代初,以股权联合、参股与中外合资为表现形式的混合所有制企业已然形成。随后,由于民营企业的迅速发展,效率相对低下的国有企业开始寻求转型之路,加之一系列政策的不断推动,混合所有制改革早在改革开放前夕就已拉开序幕。党的十八届三中全会明确提出"要完善产权保护制度,积极发展混合所有制经济,推动国有企业完善现代企业制度,支持非公有制经济健康发展"。党的十九大报告进一步指出"深化国有企业改革,发展混合所有制经济,培育具有全球竞争力的世界一流企业",混合所有制改革已成为国企改革的重要突破口。

改革开放至今,国企混合所有制改革的历程大致经过了四个阶段(杨兴全和尹兴强,2018):第一阶段是以建立中外合作、中外合资企业为重点的"放权让利"时期;第二阶段以推动企业建立现代企业制度为重点,通过市场经济资本和产权意识的建立促进国有企业适应市场优胜劣汰的竞争机制;第三阶段作为国企混改"纵深推进"的关键时期,主要通过国有资产管理体制改革解决国企内部监督效率低下的问题,以实现国有资产保值增值的目的;第四阶段从2014年持续至今,通过启动国有资本投资运营公司组建、积极引入多种性质的权益资本来解决国企长期存在的委托代理问题。在此过程中,企业层面的改革实践[①]、地方国资委与中央国资委对混改实施办法和实践的推行进一步促进了国企混改的升温。

那么,我们应该怎样理解新一轮的国企混合所有制改革呢?

第一,混合所有制是国企改制"资本社会化"传统逻辑的延续。在过去一轮的混合所有制改革中,国有企业先后实行了股份合作制和企业集团部分控股公司上市等改制形式。股份合作制是通过雇员持股实现的,而控股公司上市则是通过公开发行股票实现的。如果我们把股份合作制的推行理解为资本在企业内部的"社会化",部分国有企业上市则可以理解为资本在更大范围的"社会化"。目前大量的国有资产以规模不等的企业集团方式置于各级国资委主导的国有资产管理链条中。处于金字塔末端的部分企业是已经完成"资本社会化"的上市公司,但在中端和顶端还存在大量尚未完成资本社会化的国有企业。这些尚未完成资本社会化的国有企业以及其他未上市的国有企业或企业集团将成为新一轮混合所有制改革实施的重点。

---

① 例如中石化油品销售业务的重组、南车北车合并、中国联通混改等。

第二,混合所有制是我国以市场作为资源配置的基础性制度初步建立条件下实现国有资产保值增值目的的重要手段。中国企业联合会、中国企业家协会前不久发布了2014年我国企业500强榜单。我们可以通过对500强企业的解读来管窥我国企业发展的现状。在500强企业中出现了43家亏损企业,其中只有1家是民营企业,国有企业成为"重灾区";亏损企业主要集中在煤炭、钢铁、有色化工、建材、水上运输等领域;300家国有企业的亏损面高达14%,42家企业合计亏损726.6亿元,其中10家央企合计亏损385.7亿元;200家民营企业仅有1家亏损,且其亏损额只有5 000万元。上述数据表明,国有资产的保值增值压力很大。

第三,平抑公众对国资垄断经营和不公平竞争的不满与愤怒。部分盈利国企的高额利润与其市场垄断地位及不公平竞争密不可分。而在新一轮混合所有制改革的开展中,民间资本有望"分一杯羹"。

第四,混合所有制改革旨在通过引入其他性质的股份,提高国有资本的运行效率。这主要通过两个途径来实现:其一是引入战略投资者,在实现融通资金的同时,延拓经营领域和范围;其二是帮助企业形成合理的治理结构。盈利动机更强的民间资本将有激励通过推动公司治理结构的变革和完善来保障自身权益。

第五,混合所有制改革将体现国有资产管理理念的革新——从经营企业到经营资本。目前国有企业的基本经营模式除了通过国有资产管理链条"管资本",还通过自上而下的国企官员人事任免体系和晋升考核对企业经营产生实质性的影响。我们看到,目前"不仅管资本还要管企业"的国企既没有利用社会专业化分工来提高效率,同时也没有很好地解决代理问题。在上述意义上,我国的国企未来需要一场"现代公司革命"。

推动国有企业建立现代企业制度是国企混合所有制改革的重要目标之一,其核心内容是建立现代公司治理(沈昊和杨梅英,2019)。混合所有制改革在形式上直接表现为引入其他资本(非实际控制人),即引入非第一大股东[①](逯东等,2019),其本质是强调非实际控制人通过积极"发声"参与公司治理的重要性(逯东等,2019)。然而如何提高引入的非第一大股东参与混改的积极性一直是推进国企混改的难题。目前,关于混合所有制改革的研究也大多集中在完善国有企业的公司治理机制和公司效果上(蔡贵龙、郑国坚等,2018),主要包括三个方面。第一,制衡国有大股东,强调由于非国有股东与国有大股东存在利益冲

---

① 为了便于表述,本章将上市公司的第一大股东、实际控制人及与其存在关联关系和一致行动协议的股东统称为上市公司第一大股东。

突,通过国企混改引进的非国有股东为避免自身利益受到侵害,可以在股东大会上积极地制衡国有大股东,减少国有大股东的"一言堂"行为(刘星和安灵,2010)和政府的过度干预行为(郝云宏和汪茜,2015)。第二,改善监督激励,强调非国有股东更有动力完善国企高管的监督和激励机制,他们可通过对管理层施加额外的监督(Pagano and Röell,1998)来减少由管理层内部人控制导致的在职消费、贪污等非效率行为(Megginson and Netter,2001;刘运国等,2016;曾诗韵等,2017)。第三,明确经营目标,强调非国有企业的逐利天性将促进企业经营效率的提升(马连福等,2015;郝阳和龚六堂,2017)。

非第一大股东发挥公司治理效应的前提是拥有基本的"话语权",通过积极"发声"参与到国有企业的经营管理中。通常情况下,持有股份与拥有董事会席位可以为非第一大股东带来"话语权",由于国企混改引入的非第一大股东仅在混合所有制企业中拥有小部分股权,如果改革仅停留在资本层面,并不能保证非第一大股东的"话语权"具有实际影响力(蔡贵龙、柳建华等,2018)。而拥有董事会席位则可以通过董事会权力直接参与董事会各项议案的表决并提出具体意见(逯东等,2019),从而保证非第一大股东"话语权"的实际影响力。

以中国联通的混改为例。由于行业属性,中国联通无法通过直接让渡控制权来吸引非第一大股东,但表现在混改完成后,联通集团持股比例由60%下降到36.67%,仍然大于重大事项"一票否决"的比例33.3%。不过,中国联通通过让引入的战略投资者委派董事会中8名非独立董事中的5名实现了董事会层面的制衡。在董事会组织层面引入更多来自战略投资者的董事,弥补了在股权结构依然"一股独大"下战略投资者利益无法得到有效保护的不足。通过"股权结构上国资占优,但在董事会组织中战略投资者占优"的所谓"联通混改"模式,中国联通的混改使战略投资者在一定程度上实现了激励相容,愿意参加混改。

联通混改案例带给我们的启发是,赋予非第一大股东更多的董事会权力来切实保证非第一大股东的"话语权"成为战略投资者有激励参与混改的关键。具体来说,混合所有制的企业应该允许非第一大股东委派非独立董事实现董事会层面的监督制衡。非第一大股东委派非独立董事首先可以健全国有企业对控股股东利益侵占的微观决策机制。通过委派董事,非第一大股东获得了董事会赋予的决策参与权,其可以对国有企业的利益侵占行为进行有效的监督。如果识别到其事项存在非经济因素干扰,例如以大股东利益侵占为目的的关联交易行为,则非第一大股东可以通过董事会"发声",要求公司进行内容调整或者直接取消议案,从而有效地减少利益侵占行为。另外,拥有董事会席位还意味着非第一大股东可以获取额外的公司内部信息,能够更准确地识别议案事项的性质,从而使得非第一大股东的决策参与行为表现出较高的有效性。这带给我们的启示是,国企混改的"混"除了在股权层面引入非第一大股东,还要在董事层面赋予其委派非独立董事的权力,以保证非第一大股东"话语权"的实际影响力。

事实上,由于国有企业中控股股东"一股独大"的特点,通过董事会组织大包大揽可以名正言顺,甚至理直气壮地通过资金占用、关联交易(余明桂和夏新平,2004;陈晓和王馄,2005;魏明海等,2013)等手段对中小股东的利益进行有意或无意的侵害。因此,如果国企混改能够在董事会层面赋予非第一大股东决策参与权,那么非第一大股东可以通过董事会"发声"要求公司对不合理的议案进行内容调整或者直接取消议案,由此对大股东的利益侵害行为进行有效监督和抑制。赋予非第一大股东话语权可以分解为两个方向的改变:一是"控股股东少超额委派董事",二是"非第一大股东超额委派董事"。

相比于国有企业间"强强联合"的"并",引入民营企业并切实保证民营企业董事会权力的"混"在抑制控股股东利益侵占行为方面的效果更好。"与其并不如混"也许是推动国企改革的一个方向。

## 6.3 所有者缺位与国企混改的突破①

### 6.3.1 国企治理问题的制度根源:"所有者缺位"V.S."长的委托代理链条"

长期以来,当讨论国企作为一种企业制度存在的潜在弊端时,相关政策文件、研究文献甚至教科书习惯上总是同时把"所有者缺位"与"长的委托代理链条"总结在一起,二者共同作为国企种种公司治理问题的制度根源。以至于"'所有者缺位'+'长的委托代理链条'"这一总结方式逐步演变为一种国企种种潜在治理问题制度根源的经典表述。这里所谓的"所有者缺位"指的是国有产权名义上为全国人民所有,但实际上缺少真正能行使产权职能的所有者对国有资产的运营管理和保值增值负责,因此国有股份的产权主体是虚置的(张春霖,1995;林毅夫和李周,1997;张燕敏,2000);而所谓的"长的委托代理链条"则指的是国有企业的国有产权经过了从全国人民到政府机构、资产经营平台、高管人员等的多层委托管理,因而国有企业的实际经营管理者与最终所有者之间存在着较长的委托代理关系(张维迎等,1995;杨瑞龙,1997;张屹山和王广亮,2001)。

---

① 参见郑志刚,刘兰欣.所有者缺位与国企混合所有制改革的突破方向[J].经济管理,2022(2):5-16.

诚然,大量的文献讨论了"所有者缺位"和"长的委托代理链条"对国企治理问题的影响(吴有昌,1995;杨瑞龙,1997;马连福等,2012;刘瑞明,2013)。然而,由于二者往往被"并列地"总结为国企种种治理问题的制度根源,理论研究关注重点及相关国企改革政策出台时而针对前者,时而又针对后者,不断地游离于二者之间,致使国企改革理论与实践无的放矢,这成为国企改革整体推进速度低于预期潜在的原因之一。因而我们看到,尽管国有企业改革取得了一定的成效和多方面的长足进步(郝阳和龚六堂,2017;蔡贵龙、郑国坚等,2018;方明月和孙鲲鹏,2019;何瑛和杨琳,2021),但公司治理中存在的根本问题仍然突出,国有企业深化改革和加快发展的需求仍然迫切(项安波,2018;王东京,2019;郑嘉义,2019)。

国企改革实践的指导理论如何创新?国企混改在实践中如何切中要害、扎实推进?这些现实诉求紧迫而强烈。本节回到"所有者缺位"与"长的委托代理链条"这两个经典的国企研究话题中来,依据对新近案例的观察和分析,重新从源头梳理已有大量文献涉及的主题,在国企改革抓落实、提成效的重大攻坚克难时期,探索当今国企改革中对国企面临的真正的治理问题的认识误区。我们的目的是通过探讨国企治理问题认识的误区来澄清其真正的制度根源所在,进而基于该制度根源及衍生的治理问题,提出化解国企治理问题的根本改革途径,直面混改中出现的问题,厘清政策制定中面临的实际困扰,切实推动尚不尽如人意的国企混改进程。

通过"问诊"和"把脉"国企治理问题的真正症结,我们首先识别以往被政策、理论和实践"并列"总结为"潜在制度根源"的"所有者缺位"与"长的委托代理链条",判断和明确谁才是引发国企种种潜在治理问题的根本和关键。我们认为,长的委托代理链条是现代股份公司借助所有权与经营权分离、实现专业化分工带来的效率提升所衍生出来的代理冲突的极端化表现,只是"一枚硬币的另一面"。而由于所有者缺位,"在其位但不谋其政"的国企委托人缺乏持续的内在自觉和足够的外在动力来监督与激励代理人,这最终导致国企名义上的"委托人"一定程度上演化为"花别人的钱,办别人的事,既不讲效率,也不讲成本"(Friedman and Friedman,1980)的典型。因而,与长的委托代理链条相比,所有者缺位才是引发国企作为一种企业制度出现种种治理问题的更为根本的"病灶"和总的制度根源。

在所有者缺位的背景下,尽管国企看上去存在在公司治理实践中扮演重要监督角色的国资大股东,但很多国企依然发生了只有在英美等股权高度分散状况下才会出现的典型的代理冲突——"内部人控制问题"。因而,尽管看起来同样都是由于所有权与经营权分离引发的以代理冲突为典型特征的"内部人控制问题",但在国资一股独大背景下的国企与在股权高度分散背景下的英美公众公司中,出现这一问题的原因并不相同。前者是由于所有者缺位(不是没有大股东),而后者是由于股权的高度分散和为了激励经理人而持续推出的股权激励计划实施的扭曲(少数持有股权激励的经理人成为外部接管难以撼动的盘踞者,由此形成内部人控制)。借鉴以往文献(郑志刚,2018),我们把虽然存在持股比例不低的大股东(国资甚至"一股独大"),但依然形成以持股很少甚至并不持股的董事长(而不是总经理,后者是前者的"行政助理")为核心的内部人控制现象称为"中国式内部人控制"。

在识别所有者缺位这一国企治理问题的"根本病灶"和由此衍生出来的"中国式内部人控制问题"这一"典型症状"的基础上,我们进一步有针对性地"开出"化解根本病灶和典型症状的两剂"处方"。缺位的所有者需要在新一轮国企混改中通过引入民资背景的战略投资者来"实化",而所有者缺位衍生的"中国式内部人控制问题"则需要通过形成"制衡"的治理构架来解决。① 好的实践需要好的理论来推动。如果说现代产权理论(Grossman and Hart,1986;Hart and Moore,1990;Hart,1995)为"实化"这一剂"处方"解决所有者缺位这一"根本病灶"提供了理论基础,那么,分权控制理论(Aghion and Bolton,1992;Bennedsen and Wolfenzon,2000;Gomes and Novaes,2001)则为"制衡"这一剂"处方"解决"中国式内部人控制问题"这一"典型症状"提供了理论基础。目前我国正在积极推进的以引入民资背景的战略投资者为典型特征的国企混改实践是同时实现现代产权理论预期的"实化"与分权控制理论预期的"制衡"的重要手段。

那么,在国企混改实践中,谁将成为推动国企股东"实化"和治理构架"制衡"的合格战略投资者呢?原则上,我们不应该期待一个自身的代理冲突尚未有效解决的战略投资者来解决国企面临的治理问题。像职业经理人应该具有所谓的"工匠精神"一样,国企混改引入的合格战略投资者应该具有"股东精神",能够首先有效解决自身的代理冲突。所谓的"股东精神"集中体现在以下两个方面:其一,股东具有单纯明确的盈利动机,这能够成为推动国企经营机制转化的持续内在动力源;其二,股东在利润分配时的受益顺序排在所有利益相关者之后,能够为自己参与制定的错误决策承担责任。从目前的公司治理实践看,至少民资和采用有限合伙构架的基金可以成为潜在的合格战略投资者。前

---

① "实化"和"制衡"是一种形象化的说法。前者是相对于国企中没有办法严格履行相关职责、具有虚化主体特征的股东而言的,其核心目的是解决国企所有者缺位问题。后者指的是一种权力架构安排,其核心目的是解决国企中以内部人控制为典型代表的治理问题。通过"实化"和"制衡"这样的表达方式,我们希望理论界和实务界更加清楚地认识到国企混改面临的真正问题,并在实践中以此为切入点帮助未来国企深化改革。第6.3.3节将对这两种说法及相关问题进行详细阐释。

者天然地同时满足了上述两个方面的条件,而后者则通过后天的投资协议自动完成了激励合约的设计。

本节接下来将首先通过比较所有者缺位与长的委托代理链条,识别引发国企潜在治理问题的"根本病灶"和总的制度根源;进而针对国企存在的"所有者缺位"问题和由此衍生出来的"中国式内部人控制问题",为国企对症下药,开出"实化"与"制衡"两剂"处方";最后,在前述处方的基础上,进一步讨论在国企混改实践中谁将成为合格的战略投资者,以推动国企股东"实化"和治理构架"制衡"。

### 6.3.2 国企治理问题真正的制度根源究竟在哪里?

国企改革无疑是四十多年来我国经济体制改革的中心环节。长期以来,无论是政策制定、文献研究还是教学总结,在讨论国企作为企业制度出现种种治理问题的原因时,总是将"长的委托代理链条"与"所有者缺位"同时总结为潜在的制度根源。即便是近年来关注国企混改路径与成效的研究,也未能从根本上厘清"长的委托代理链条"与"所有者缺位"这两个根源的区别和关系。其一,一些学者将二者不加区分地总结为国企中代理成本高、内部人控制问题严重的制度根源(吴有昌,1995;于小喆,2012;刘剑民等,2019)。例如,吴有昌(1995)在讨论国有企业内部人控制问题时指出,由于全民共同作为国有企业所有者的管理缺位,经营管理权由全民所有者向下委托形成了冗长的委托代理链条,产生了很大的信息扭曲和激励损耗,"这实际上是国有企业内部人控制的根本原因"。处于错综复杂的企业集团中的国企董事长并不出乎意料地获得了企业的支配地位,国企董事会缺乏必要的独立性(楼秋然,2020)。除此之外,所有者缺位、虚委托人及多层次委托代理和多层级内部架构还导致实际委托人无法行使权力、内部信息扭曲程度放大,进而导致国企中缺失有效的代理者选拔机制、监督机制和薪酬激励机制(卢锐等,2011),企业内部代理成本高昂(钱颖一,1995;张维迎,1999;刘瑞明,2013),风险控制难度大且管理效率低(杨瑞龙,2014)。

其二,一些学者将二者同样不加区分地总结为国企中决策缺乏活力、经营缺乏效率的制度根源(杨瑞龙,1997;吴延兵,2012;项安波,2018)。杨瑞龙(1997)指出国有产权主体作为虚拟参与方缺位的现实以及由此形成的冗长代理关系必然导致国有企业低效率的生产资源配置,体现为资源浪费和决策失误等。吴延兵(2012)在讨论国企效率损失的根源时指出,国有企业的公有产权属性中,国家作为代表全民意志的虚拟参与方,其控制权必须经过多级科层组织授予给各级官员和企业经营者,复杂委托代理链条下剩余索取权和剩余控制权的不匹配决定了国有企业中"不可避免地存在着效率损失"。项安波(2018)也总结到国有企业"囿于过长的委托代理关系"及"所有者行为的行政化导致企业内缺乏真正的风险承担主体",造成国有企业"效率相对不高"。

除此之外,由于缺位的所有者无法监督处于代理链条末端的国有股东及其背后的政府追求其他目标的动机,国企被同时赋予社会、政治等多重可能挤占生产经营目标的任务,占用了有限的企业资源并且扭曲了国有企业的经营决策(张敏等,2013;廖冠民和沈红波,2014)。同时,缺位的所有者也未能抑制长的委托代理关系下国有高管作为最终代理人追求自身经济利益的动机及机会主义行为,国有企业的风险承担能力偏低(李文贵和余明桂,2012),投资决策往往缺乏效率(梅丹,2009;钟海燕等,2010;唐雪松等,2010),并且因高管面临风险和动机的不同还分别表现为投资不足或投资过度(金宇超等,2016)。

将所有者缺位与长的委托代理链条不加区分的做法看似从多角度指出了亟待解决的国企治理问题的原因,但上述总结模式的不足在于将引发国企治理问题不同层次的根源混淆起来,导致在实践中容易陷入"眉毛胡子一把抓",开出来的药方看起来面面俱到,但无的放矢,不能切中要害。我们认为,这或许是国企改革这么多年取得的实质进展有限的潜在原因之一。

与所有者缺位并列在一起的(长的)委托代理链条其实是现代股份公司经营管理与公司治理实践面临的基本常态。对于不同于家庭手工作坊的现代股份公司,外部广大出资人拥有的所有权与负责具体经营的少数管理团队掌握的经营权总是分离的。亚当·斯密在二百多年前出版的《国富论》(1776)中就提醒我们,"作为其他人所有的资金的经营者,不要期望他会像自己所有的资金一样获得精心照顾"。所有权与经营权分离固然会引发公司治理理论与实践所需面对的代理冲突问题,但委托代理链条的建立也意味着实现了所有权与经营权分离基础上的专业化分工,使经营管理效率得到极大提升。因而,对于包括国企在内的现代股份公司,我们不仅要看到所有权与经营权分离引发代理冲突、形成代理成本的一面;同时要看到二者分离促进专业化分工、提升管理经营效率的一面。这恰恰是一枚硬币的正反两面。因而,从根本而言,委托代理链条只是现代股份公司借助所有权与经营权分离,实现专业化分工,带来效率提升所衍生出来的"一枚硬币的另一面"。只不过对于国企而言,这个委托代理链条似乎长了一些,成为现代股份公司面对的代理冲突的极端化表现。

无论是作为典型民企的中国香港长江和记实业(6—8级)和中国台湾台塑集团(4—5级),还是作为典型国企的中国石化(5—7级)和中信集团(7—9级),都存在金字塔控股结构,或者说所谓的长的委托代理链条。我们注意到,虽然都有与绩效考核挂钩的各种激励机制的设计,但大量的经验研究表明,同样是代理人,典型民企经理人的代理成本总体比国企经营者作为国有资产代理人的代理成本要低(刘小玄,1996;周仁俊等,2010)。乃至于,在大部分研究设计科学、结论令人信服的实证检验中(白重恩等,2006;陈信元和黄俊,2007),国企效率普遍低于民企。上述事实清楚地表明,对于国企代理人更高的代理成本,问题可能主要出在"委托人",而非"代理人"。如果说盈利动机明确和能够为错误决策承担责任的民资背景股东,具有持续的内在激励来监督代理人,从而可以实现投资回报,那么,在同样存在或长或短的委托代理链条的国企与民企中,由于所有者缺位,"在其位但不谋其政"的国企委托人缺乏持续的内在自觉和足够的外在动力来监督与激励代理人,使得国企名义上的"委托人"一定程度上演化为"花别人的钱,办别人的事,既不讲效率,也不讲成本"(Friedman and Friedman,1980)的典型,导致国企的代理问题未能得到有效解决。因而,与民企同样面临的委托代理问题相比,国企面临的治理问题可以概括为"所有者缺位下的委托代理问题"。国企与民企同样面临的委托代理问题看似仅仅差了一个"所有者缺位",但却引发了包括"中国式内部人控制"在内的国企种种治理问题。因而,与长的委托代理链条相比,所有者缺位才是引发国企种种治理问题的总的制度根源和更加关键的"病灶"所在。这也是在"所有者缺位"与"长的委托代理链条"这一经典研究主题上,本节提出的与以往文献不同的观点。

换句话说,长期以来,在思考国企潜在治理问题的制度根源时,我们把更多的目光投向了长的委托代理链条中的代理人,而忽视了真正引发问题的"委托人"。国企治理问题主要是由于所有者缺位导致的"委托人动机不单纯,履职不充分"的问题,长的委托代理链条下出现的"代理人不诚信"问题反而居于次要地位。从动机来看,负责监督国企经理人职责的国企委托人(上一层级委托代理链条的代理人)的激励来源往往在于个人政治晋升,甚至是寻租纳贿等;而从履职有效性来看,国企委托人又受到政府特定政策目标的束缚,并不能从单纯盈利目标出发对代理人加以监督考核。

所有者缺位的一个直接后果是很多国企由于政治关联、社会连接、文化和历史的原因,形成了所谓的"中国式内部人控制问题",成为我国制度背景下国企中代理冲突的典型形式。[①] 所谓内部人控制指的是公司经理人利用实际所享

---

① 除此之外,曾多次提名诺贝尔经济学奖的雅诺什·科尔奈(János Kornai)提出的国企预算软约束(Kornai,1986;Shleifer and Vishny,1994)以及国企多目标激励冲突理论中的国企政策性负担(Lin et al.,1998;林毅夫和李志赟,2004)等国企治理问题,本质上也是由于国有企业所有者缺位背景下,作为国家代理人的逻辑选择,政府机构拥有多元目标函数,其在行使国有资产经营管理权的同时过分干预国有企业并利用国有企业实现其他目标(杨瑞龙,1997;张维迎,1999)。如同中国式内部人控制问题一样,预算软约束和政策性负担同样是所有者缺位这一核心病灶所反映的不同症状而已。通过推动国企股东"实化"和治理架构"制衡"有效解决国企所有者缺位和中国式内部人控制问题后,包括预算软约束和政策性负担在内的其他常见的国企公司治理症状将迎刃而解。

有的超过责任承担能力的控制权,做出谋求私人收益的决策,但决策后果由股东被迫承担,造成股东利益受损的现象。尽管从实现机制看,作为代理冲突的典型表现形式,内部人控制问题的出现离不开由于股东的所有权与经理人的经营权相分离而产生的信息不对称,但不同国家内部人控制问题形成的具体原因和表现形式并不完全相同。在英美等国的公司治理实践中,内部人控制问题的形成是由于股权高度分散、缺乏大股东的制衡,以及经理人在股权激励计划下成为外部接管威胁难以撼动的"大股东"。而在我国一些国有企业中,即使存在持股比例并不低的国资第一大股东甚至国资"一股独大",而且董事长的持股比例十分有限甚至根本不持股,但由于国企的所有者缺位,依然存在造成国资和其他外部股东利益损害的内部人控制问题。本节同样把这类发生在中国资本市场制度背景下,在一些尽管存在持股比例相对较大的股东的企业中,由于政治关联、社会连接、文化和历史等原因而形成的以持股比例并不高甚至不持股的董事长为核心的内部人控制问题称为"中国式内部人控制问题"(郑志刚,2018)。这种现象在国企中尤为典型。

由于所有者缺位,建立某种政治关联,甚至形成某种社会连接的国企董事长往往使得国资性质的大股东无法在股东大会和董事会上发挥预期的制衡与监督作用,甚至不能像民资背景的股东一样"以脚投票",一走了之,因而难以对以董事长为核心的内部人控制形成有效制约。发生私分公款与员工持股计划丑闻的恒丰银行就是基于政治关联而形成中国式内部人控制问题的典型案例。[①] 恒丰银行第一大股东——烟台国资委全资控股的蓝天股份显然无法有效制衡曾担任烟台市委常委、副市长和国资委党组书记的恒丰银行前董事长蔡国华。

除了政治关联,国企董事长通过委派具有同乡、同学、同事等社会连接的董事或高管,近亲繁殖,任人唯亲,建立唯其马首是瞻的稳定团伙,长期盘踞在公司,同样会导致"中国式内部人控制问题"。例如,在某公司 2017 年的营业收入和净利润分别同比下降 7.81% 和 42.81% 之时,当年公司高管人均薪酬达到 600 万元,在全部上市公司高管薪酬排名中排第 80 位。被媒体认为与高管超额薪酬"脱不了干系"的是,该公司 10 名高管中有 9 名毕业于同一所大学。在这 9 名高管中,部分高管不仅是校友,甚至是同乡关系。[②]

概括而言,由于国企的所有者缺位,作为董事会的召集人,原本与其他董事

---

[①] 参见郑志刚. 恒丰银行的"中国式内部人控制问题". FT 中文网,2017 年 12 月 4 日.
[②] 案例转引自郑志刚,刘小娟,张浩,侯文轩. 社会连接视角下的"中国式"内部人控制问题研究[J]. 经济管理,2021,43(3):98-112.

平等享有投票表决权(在一些国家甚至没有)的董事长通过政治关联、社会连接、历史和文化原因逐步成为"中国式内部人控制"的核心,而总经理一定程度蜕化为董事长的行政助理。新近的例子是原来帮助其他企业破产重组的中国华融资产管理公司如今却需要其他企业帮助其破产重组。具有复杂政治关联和社会连接的前董事长赖某民显然也不是名义上控股该公司的财政部这一虚拟的"法人"能够制衡的。

国企改革理论研究和实践开展的主流把"所有者缺位"与"长的委托代理链条"并列起来作为国企治理问题制度根源的直接后果是,尽管在历史上我国推出的几轮国企改革中,所有者缺位也被列为试图要解决的核心难题之一,但由于对"所有者缺位"和"长的委托代理链条"二者关系并没有形成清晰的认识,在强调解决所有者缺位问题上显得并不那么坚定和坚决。例如,我国在 20 世纪 90 年代推出的股份制改造的目的之一就是希望通过资本社会化在一定程度上解决国企普遍存在的所有者缺位问题。北京大学光华管理学院的厉以宁教授因主张把优良资产从国企中分割出来优先上市的"靓女先嫁"理论而被誉为"厉股份"。[①] 而我国在 20 世纪 90 年代初期建立上海证券交易所和深圳证券交易所两大资本市场最初的目的之一也是服务于国企股份制改造。一些国企虽然通过上市引入了社会股东,实现了资本社会化,但很多国企在上市后依然保持"一股独大"。这使得在公司治理中扮演重要监督角色的大股东依然存在"所有者缺位"问题。因而,股份制改造并没有从根本上改变国企"所有者缺位"的事实,只不过是从原来的全部国资的"所有者缺位",变为目前的主要股东甚至控股股东国资的"所有者缺位"。

在 20 世纪 90 年代,方正的"北大方正,现代毕昇"和联想的"人类失去联想,世界将会怎样"的醒目广告牌让每一个行走在北京中关村街头的行人感到内心震撼。在 2009 年左右最辉煌的时期,北大方正的经营业务横跨 IT、医疗医药、房地产、金融、大宗商品贸易等领域,旗下拥有包括方正科技、北大资源、方正控股、中国高科、北大医药、方正证券六家上市公司在内的 400 多家公司,总资产规模一度高达 3 606 亿元。然而,方正集团及其四家子公司"资产出售式"合并重整方案于 2021 年 6 月获表决通过。据破产重整清产核资审计报告,截至审计基准日 2020 年 1 月 31 日,方正集团五家重整主体的资产总额为 622 亿元,而债务总额高达 1 469 亿元,净资产为 -847 亿元。很多人至今难以相信有公有企业身份和名校声誉背书的北大方正居然有一天净资产会为负。北大方正破产重组由此也成为近年来最大的破产重整案件之一。

---

① 参见厉以宁.特大型国有企业的股份制改革[J].管理世界,1993(3):73-78.

北大方正破产重组的原因显然并不是简单的恶意欺诈导致国有资产流失、借助高杠杆过度资本扩张和偏离高科技本业盲目多元化等可以概括的。① 其问题的核心是从改制开始，北大方正就偏离了构建制衡的股权构架和有效防范内部人控制的航向。在 2004 年北大方正改制前后，分别由北大校办产业管理委员会和北大资产经营有限公司代表北大持有北大方正的股权。但无论是前者持股还是后者持股，都难改国资所有者缺位的事实，这成为导致北大方正出现典型的内部人控制问题重要的制度诱因之一。

作为对照，2019 年 12 月珠海国资委全资控股的格力集团以 416.6 亿元向珠海明骏让渡所持有的处于竞争性行业（国企混改"分类推进"的所谓"商业一类"）格力电器 15% 股权，使珠海明骏成为格力电器新的大股东。在受让部分股份后，格力集团仍持有格力电器 3% 的股份。早已通过上市实现资本社会化的格力通过股改引入了具有有限合伙构架的珠海明骏成为新的战略投资者。这一事件被媒体称为"走完国企混改的'最后一公里'"。② 2013 年以来启动的新一轮国企混改成为四十年国企改革始终试图解决的"所有者缺位"问题的又一次新的尝试，这次改革正是以引入民资背景的战略投资者来实现"所有制的混合"为典型特征的。

### 6.3.3　如何为国企开出对症下药的处方？

与长的委托代理链条相比，所有者缺位才是国企种种治理问题更为根本的制度根源和深层病灶所在，而所有者缺位将衍生出来的所谓"中国式内部人控制问题"。未来我们需要从股份制改造"升级"为"混合所有制改革"，以期从根本上解决国企普遍面临的所有者缺位及由此衍生的"中国式内部人控制问题"。

本节借鉴传统中医的术语，针对第 6.3.2 节中"号脉诊断"出的国企普遍存在的所有者缺位及由此衍生的"中国式内部人控制问题"等病灶，特别提出以下两剂"处方"，以期达到对症下药、药到病除的治疗效果。

本节为国企"所有者缺位"这一病灶开出的第一剂"处方"是"实化"。所谓的"实化"是指，通过引入盈利动机明确、能够为自己的错误决策承担责任，同时能够扮演监督和制衡角色的合格战略投资者，使国企原本缺位的所有者不再"缺位"。2016 年诺奖得主奥利弗·哈特（Oliver Hart）发展的现代产权理论为这里提出的"实化"处方提供了理论基础（Grossman and Hart，1986；Hart and Moore，1990；Hart，1995）。

---

① 参见郑志刚.商学院从北大方正破产重组案例中学到什么?.FT 中文网，2021 年 7 月 6 日。
② 参见郑志刚.格力股改：走完国企改制的"最后一公里".FT 中文网，2019 年 12 月 6 日。

按照现代产权理论和现代股份公司的实践，股东作为"公司治理的权威"体现在以下两个方面：其一是受到法律保护的股东对重要事项拥有最后裁决权；其二是董事在法律上向股东负有诚信责任。这里无法绕过去的一个问题是，公司治理究竟应该以股东，还是以包括客户、雇员等在内的利益相关者为权威？2019年8月19日，由苹果、百事可乐、摩根大通及沃尔玛等全球知名企业的首席执行官在"企业圆桌会议"（Business Roundtable）上共同签署了《公司宗旨宣言书》（Statement on the Purpose of a Corporation）。该宣言写道："我们每个企业都有自己的企业目的，但我们对所有利益相关者都有着共同的承诺。每个利益相关者都至关重要，我们致力于为所有公司、社区和国家的未来成功创造价值"。该宣言强调，除在维护股东利益方面外，企业也应该在改善员工福利与教育培训以及环境保护方面进行投入，并且公平对待合作的供应商。事实上，就连一段时期以来由于"平台二选一"和"大数据杀熟"等平台垄断行为受到巨额监管处罚的阿里，它公开的口号也是"客户第一，雇员第二，股东第三"。

需要说明的是，包括客户、雇员在内的利益相关者的"共同治理"已经在理论和实践中开展了一些"艰辛的探索"，但十分遗憾的是，上述观点依然停留在理论阶段，缺乏实践的可操作性和理论预期的有效性（郑志刚，2020a）。那么，为什么是股东而不是利益相关者成了公司治理的权威呢？按照哈特的现代产权理论，股东享有以下两项基本权利。其一是剩余索取权，即在利润分配时，股东的受益顺序应该排在所有利益相关者的最后。所谓的剩余索取权从本质上看是股东在众多利益相关者中承担的一项特殊义务，即股东能够为自己做出的错误决策承担责任。其二是剩余控制权。股东大会作为公司的最高权力机构，对包括并购重组在内的重大事项以投票表决方式进行最后裁决。通过同时享有上述两项权利，从而有效匹配权利与义务，股东在未来发生"道德风险"行为的可能性最小，股东由此成为公司治理的权威。在公司治理实践中流行的股东中心主义的合理性显然并非在于"资本的力量"甚至"资本的稀缺性"，而是在于享有最后裁决权的股东能够凭借投入企业的"真金白银"为自己可能做出的错误决策承担责任。这是其他任何利益相关者即使希望也无法做到的。

作为一家最初致力于解决海南航空运输问题的地方国企，成立于1989年9月的海航几乎进行了国企改制的所有尝试：从引入乔治·索罗斯股权投资，到发行B股和A股上市；从"工会委员会控股"，再到Cihang Charity Foundation Inc和海南省慈航公益基金会的"基金会控股"。然而，海航却于2021年开年宣布破产。我们注意到，在海航改制过程中，无论是工会还是基金会，都始终是虚化的主体，其在很大意义上蜕化为财务投资者，对委派董事参与监督治理反而兴趣索然，因而在股东职责履行和公司治理制度建设上存在搭便车的倾向。由于委托人没有办法严格履行相关职责,国企中这样虚化主体的存在必然会导致无法禁止的委托代理问题,无法阻止海航内部人控制下的盲目扩张。与海航案例中的工会委员会和基金会这样的虚化主体相比,直接承担经营风险的股东从盈利目的出发,有助于积极推动国企打破以往僵化的经营管理体制,实现经营机制和管理体制的转化,从而解决国企所有者缺位和有效监督缺失的问题。折戟沉沙的海航给正在推进的国企混改带来的启发之一是,为了真正解决国企面临的所有者缺位问题,应避免让基金会、工会等虚化实体控股,而是引入实化的民资背景的战略投资者实现国企中缺失的所有者上位,从而形成与国资制衡的股权结构,由此建立自动纠错机制,防范内部人控制。[①]

本节为国企"所有者缺位"这一病灶开出的第二剂"处方"是"制衡"。如果说第一剂处方"实化"主要解决国企的"所有者缺位"问题,那么,第二剂处方"制衡"则主要解决由所有者缺位衍生出来的"中国式内部人控制"问题。好的实践需要好的理论去推动。在公司治理文献中,用来解决大股东监督过度的分权控制理论(Aghion and Bolton,1992;Bennedsen and Wolfenzon,2000;Gomes and Novaes,2001)为这里的第二剂处方"制衡"提供好的理论基础(郑志刚,2020b)。该理论认为,当大股东监督过度、挫伤经理人的积极性时,鼓励引入新的大股东有助于实现"分权控制"(Bolton and Thadden,1998);当存在多个股东时,对资金使用方向的任何偏离都需要合谋集体全部成员的一致同意,与只有一个股东控制的企业相比,存在合谋的集体所产生的资金使用的扭曲程度要低(Bennedsen and Wolfenzon,2000);控制权在几个主要股东之间分享的结果使其在保护各自利益的讨价还价过程中形成有利于保护外部广大分散股东利益的折中效应(compromise effect)(Gomes and Novaes,2001);而新进入的大股东成为原控股股东和管理层的"共同敌人",由此将减少企业内部围绕剩余分配冲突而产生的净损失(Muller and Warneryd,2001)。

上述分权控制理论很好地贯彻和体现了公共选择背后遵循的逻辑:竞争性的市场或政治是一种自动纠错机制。我们认为,针对国企现实中存在的"一言堂"的内部人控制现象,需要从股东层面进而从董事会层面形成公司治理的制衡。这里所谓的"制衡"是一种权力构架,具体指混改引入的战略投资者将与原国有控股股东形成"股东之间的经济竞争",从而形成股权制衡的分权控制格局。这一制衡构架将成为对以往国企"一股独大"情形下国有控股股东及其代理人可能做出错误决策的重要纠错机制,并形成对内部人"一言堂"行为的自动纠错。因此我们提出,如果一家国企由于所有者缺位而存在典型的以董事长为

---

[①] 参见郑志刚.混改后的海航为什么依然难逃破产命运?.FT中文网,2021年2月22日.

核心的"中国式内部人控制",那么一味好的处方就是引入多个股东,进行分权控制,形成制衡的构架。值得一提的是,就像公司治理是经理人专业决策和股东分担风险的专业化分工的产物,这里强调的"制衡"是相对的,是在充分保证经理人经营权决策基础上对经理人损害股东利益的行为和权力的制衡。

在国企混改的"分业推进"中,除了对所谓"商业一类"("竞争性行业")国企直接引入民资背景的战略投资者、形成制衡的股权结构,对于仍然需要国资控股的所谓"商业二类"("基础战略性行业")国企,还可以考虑在董事会层面允许战略投资者超额委派董事,形成新的制衡构架,增加战略投资者的话语权,使引入的战略投资者激励相容,愿意参与混改。事实上,我国大部分重要的央企和主要的地方国企都处于基础战略性行业,面临需要国资控股的现实需求。那么,如何在基础战略性行业的国企中通过混改形成制衡的治理构架呢?

我们在第6.2节提到的被誉为"央企混改第一股"的中国联通,事实上为在基础战略性行业中的国企通过混改形成制衡的治理构架提供了具有借鉴意义的所谓混改的"联通模式"。处于基础战略性行业的中国联通通过在董事会层面允许战略投资者超额委派董事形成了制衡的公司治理构架,实现了混改各方的激励相容。一个有趣的猜测是,尽管每年在浙江乌镇举办的世界互联网大会上,BATJ是分两桌吃饭的,但在阻止控股股东可能损害外部股东利益的行为时,BATJ将会坚定地站在一起。经过混改的中国联通完成了从基础电信营运商向网络综合服务提供商的转化,实现了盈利,中国联通的"气质"由此发生了改变。① 很多熟悉中国联通历史的政府官员和学者不无感慨地说,是混改拯救了联通。②

概括而言,国企面临的所有者缺位需要通过引入民资背景的战略投资者来"实化",所有者缺位引发的"中国式内部人控制问题"则需要通过"制衡"的治理构架来加以解决。对于处于竞争性行业的国企,可以通过引入战略投资者直接形成制衡的股权构架,而对于处于需要国资控股的基础战略性行业的国企,则可以通过在董事会层面允许战略投资者超额委派董事形成制衡的治理构架。值得注意的是,针对国企混改中出现的对所有者缺位问题的混乱认识,这里提出的"实化"和"制衡"是一种形象化的说法,其核心内涵依然是解决国有企业面临的所有者缺位问题,让委托人成为真正意义上的负责任的委托人。

---

① 参见沈怡然.中国联通董事长王晓初谈混改带来三大改变.经济观察报,2019年4月23日。其中,中国联通董事长王晓初在2019年5G创新峰会上表示,混改给中国联通带来了思想、风气、机制上的变化。

② 参见徐善长于2021年8月26日在中国经济体制改革委员会企业改革与发展专委会举办的"国有企业混合所有制改革专题培训"首期培训班的发言。

### 6.3.4 谁将成为国企混改引入的合格战略投资者？

在目前以引入民资背景的战略投资者为典型特征来实现的所有制混合的国企混改实践中，引入合格的战略投资者无疑是同时实现现代产权理论预期的"实化"与分权控制理论预期的"制衡"的重要手段。那么，在国企混改实践中，谁将成为推动国企股东"实化"和治理构架"制衡"的合格战略投资者呢？

像职业经理人应该具有所谓的"工匠精神"一样，国企混改引入的合格战略投资者应该具有"股东精神"，能够首先有效解决自身的代理冲突。原则上，我们不应该期待一个自身的代理冲突尚未有效解决的战略投资者来解决国企的治理问题，这将陷入"混改的悖论"。这里所谓的"股东精神"指的是以下两个方面。

其一是股东具有单纯明确的盈利动机，由此可以成为推动国企经营机制转化持续稳定的内在动力源。我们认为，至少从民企和国企在公司经营机制安排的主动性与积极性上看，充分的盈利动机是推动企业经营机制转化的必要条件。这里以民营企业阿里为例。阿里通过基于主要股东股权协议的合伙人制度实现了从短期雇佣合约向长期合伙合约的转化，使得新经济企业公司治理制度设计通常面临的控制权向创业团队倾斜和投资者权益保护二者之间的矛盾实现了平衡。而推出合伙人制度，从而变相形成"同股不同权构架"的阿里一度由于违反了"同股同权原则"被香港联交所拒绝上市，远赴接纳和包容双重股权结构的美国纽交所上市。我们认为，盈利动机明确的民企阿里为了实现盈利目的就要试图设法绕过制度障碍，推动机制转换，而变相的同股不同权构架的合伙人制度以及最终赴美国纽交所上市只是其中我们能够观察到的部分努力。反观国企，我们看到国企则在多目标任务和复杂的社会责任的干扰下，将很多原本对于一个企业而言十分重要和根本的现代企业制度，如市场化遴选经理人、经理人市场化薪酬等仅仅作为权宜之计。国企既缺少转化公司经营机制的积极性，也缺乏化解机制障碍的主动性，长期以来陷入一放就乱、一管就死的恶性循环中。阿里的案例表明，明确的盈利动机成为推动一家企业经营机制转化的持续内在动力源。

其二是股东在利润分配时的受益顺序排在所有利益相关者之后，因而能够为自己参与制定的错误决策承担相应的责任。这里涉及长期以来在理论和实践中存在大量争议的对利益相关者角色的认识问题。我们知道，尽管每位利益相关者对公司的重要性都不言而喻，但一个基本的事实是在众多的利益相关者中，只有股东投入了真金白银并在利润分配时受益顺序排在最后，因而能够为自己的错误决策承担责任的股东可以在股东大会上以投票表决的方式对公的重大事项做出最后裁决。正是注意到上述产权安排使责任和权利实现合理匹配,现代产权理论(Grossman and Hart,1986;Hart and Moore,1990;Hart,1995)才从众多利益相关者中将股东作为公司治理的权威。事实上,这也是历次国企改革始终试图解决的核心问题——让享有权利的一方同时承担相应的责任。而新一轮国企混改中引入民资背景的战略投资者恰恰是这样一种尝试和努力,即让参与者以自己投入的资金为未来可能做出的错误决策承担责任,实现权利和义务的匹配。换一种说法,也许我们并不应该像目前的做法这样给定决策制定者是谁,然后去思考如何让其承担责任的问题,而是思考谁能够真正承担责任,就应该让谁参与重大事项的最终裁决。

如果说民资由于天然地同时满足了上述两个方面的条件而成为国企混改所引入的合格战略投资者,那么,采用有限合伙构架的基金通过后天的投资协议自动完成了激励合约设计,同样可以成为潜在的合格战略投资者。在一些采用有限合伙投资协议构架的基金中,除了仅以其认缴的出资额为限对基金债务承担责任的有限合伙人,还有负责投资管理、对基金债务承担无限连带责任的普通合伙人。有限合伙投资协议成为协调有限合伙人与普通合伙人之间代理冲突的基础性制度安排。普通合伙人自身的投资通常在证券投资基金中占有较大的比重,构成了一项能够为未来风险承担责任的可置信承诺。这一较大比例的投入与未来绩效带来的投资回报直接挂钩,因而以十分自然的方式完成了现代股份公司中为了后天激励、人为地向管理团队推出的股权激励计划。

具体而言,在控制权向执行合伙事务的普通合伙人(也就是实际控制人)倾斜、实现专业化分工的同时,有限合伙构架中的有限合伙人成为股权激励计划的受益人,因而有限合伙构架兼具公司控制和股权激励两种功能,在性质上十分类似于投票权配置权重向创业团队倾斜的"同股不同权"构架。在一定程度上,由于监管环境改变而终止上市的蚂蚁集团所采用的有限合伙构架可以理解为阿里合伙人制度变相形成的"同股不同权构架"的"升级版"。这集中体现在以下三个方面:第一,从阿里"标配"股权激励计划"升级"到蚂蚁"内嵌"股权激励计划;第二,从阿里的合伙人集体持有实际控制权"升级"到蚂蚁有限合伙构架下负责执行合伙事务的普通合伙人的实际控制人所有;第三,从阿里合伙人制度实施依赖主要股东的背书和谅解"升级"到依赖有限合伙构架的投资协议。[①] 有限合伙构架由此通过后天的投资协议自动完成了激励合约设计,具有有限合伙构架的基金由此可以成为国企混改引入的潜在的合格战略投资者。

---

[①] 参见郑志刚.蚂蚁集团的有限合伙构架和控制权安排背后的治理逻辑[J].中欧商业评论,2021年第3期.

在第6.1节介绍的重庆钢铁案例中,我们看到长期亏损的重钢于2017年年底选择四源合基金作为战略投资者进行混改后,四源合仅仅派了5名"既不炼钢也不炼铁"的高管,就实现了重钢经营机制的转化和治理结构的改善,这正是由于重庆钢铁在混改中成功引入了有限合伙构架。

在国企混改实践中,一方面要按照是否具有"股东精神"和能否有效解决自身代理问题的标准积极寻找合格的战略投资者,另一方面要尽量避免用国企之间的"混"和一般基金的"混"来代替民资背景战略投资者的引入,自觉走出国企混改实践过程出现的两个认识误区(郑志刚,2021)。

原本以引入民资背景的战略投资者实现所有制混合为核心内容的国企混改在一些国企的改革实践中却逐步演变为国企与国企之间"同一所有制之间的混合"。这样的做法尽管实现了国企改革鼓励形式之一的股权多元化,但不难看到,却背离了我们指出的"实化"和"制衡"的处方原则,不利于国企所面临的所有制缺位及由此衍生的内部人控制问题的根本解决。而在国企引入盈利动机明确的民资背景的战略投资者后,直接承担未来经营风险的民资背景的战略投资者将从盈利目的出发,积极推动国企打破以往僵化的经营管理体制,实现经营机制和管理体制的转化。因而,民资背景战略投资者天然的明确盈利动机将成为推动国企内部经营机制转化和治理制度改善的内在长效激励机制。这事实上是以往任何国资及其代理人通过后天植入的短期激励计划无法长久维持的。

一段时期以来,以中国国有企业结构调整基金、中国国有资本风险投资基金为首的国家级基金系迅速崛起。多地国资基金战队也正加速扩容。不断壮大的国企改革基金将进一步拓宽社会资本参与混改的渠道,助力新一轮国企改革深化,同时将进一步激发资本市场活力。但值得关注的是,没有经过有限合伙构架优化激励和控制的普通基金无法成为国企混改中引入的合格战略投资者。这是由于这些国企混改基金对总体盈利回报的诉求大于推动国企经营机制转化的诉求,对投资风险分担和投资组合管理的诉求大于公司治理制度建设的诉求。此外,这些国企混改基金一定程度存在着基金之间的搭便车问题和自身的委托代理问题。因此,看起来基于市场化运作的国家混改基金,仅仅是新一轮国企混改的配套方案和补充手段,而并不能成为国企混改的根本实现途径。

用参与过多项国企混改项目的复兴集团董事长郭广昌的话说,国企改革核心要解决"所有者在位"的问题:"混合所有制在经营上一定要发动民营企业,哪怕民营企业只占5%、10%,也会按照100%拥有这个企业那样负责任,这样国有资本就很好地借用了民营资本所有者在位的优势"。① 毕竟,如果民资从国企混改中无法赚到钱,它就会"以脚投票",选择理性退出,并不会像来自所有者缺位的国资和存在搭便车倾向的普通基金那样只是在"花别人的钱,办别人的事",道德风险倾向和行为几乎难以避免。

### 6.3.5 总结

在以往相关政策文件、研究文献与教科书的经典表述中,"所有者缺位"与"长的委托代理链条"被共同认为是引发作为一种企业制度的国企中出现的种种公司治理问题的制度根源。本节首先通过识别这二者谁才是引发国企各种潜在问题的关键,揭示所有者缺位是国企治理问题的根本病灶。针对国企所有者缺位这一根本病灶和由此衍生出来的"中国式内部人控制问题"典型症状,本节开出化解这一根本病灶和典型症状的两剂处方——"实化"与"制衡"。而引入具有"股东精神"、能够首先有效解决自身的代理冲突的合格战略投资者无疑是同时实现现代产权理论预期的"实化"与分权控制理论预期的"制衡"的关键。

本节得到的主要结论包括以下几点。第一,由于所有者缺位,"在其位但不谋其政"的委托人缺乏持续的内在自觉和足够的外在动力来监督与激励代理人,使得国企名义上的"委托人"一定程度上演化为"花别人的钱,办别人的事,既不讲效率,也不讲成本"的典型。而长的委托代理链条只是现代股份公司借助所有权与经营权分离实现专业化分工带来的效率提升所衍生的代理冲突的极端化表现。因而,所有者缺位才是引发国企各种治理问题的总的制度根源和深层病灶。在相关政策制定与理论研究中,我们不应将"所有者缺位"与"长的委托代理链条"简单并列起来,而是应该区分不同层次的深浅和逻辑的先后。

第二,由于所有者缺位,建立某种政治关联甚至社会连接的国企董事长往往使得国资性质的大股东无法在股东大会和董事会上发挥预期的制衡与监督作用,因而难以对以董事长为核心的内部人控制形成有效制约,形成所谓的"中国式内部人控制问题",成为我国制度背景下代理冲突的典型形式。

第三,国企面临的所有者缺位问题需要通过引入民资背景战略投资者"实化"所有者来解决,而所有者缺位引发的"中国式内部人控制问题"则需要通过形成"制衡"的治理构架来解决。对于处于竞争性行业的国企,可以通过引入战略投资者直接形成制衡的股权构架,而对于处于需要国资控股的基础战略性行业的国企,则可以通过在董事会层面允许战略投资者超额委派董事形成制衡的治理构架。

---

① 参见郭广昌.国企改革的核心问题是所有者在位[N].21世纪经济报道,2014年3月12日.

第四,国企混改引入的合格战略投资者应该具有"股东精神",能够首先有效解决自身的代理冲突。因为民资天然地具有股东精神,而经有限合伙构架优化的基金通过后天的投资协议自动完成了激励合约设计,所以二者共同成为国企混改引入的潜在合格战略投资者。

基于本节的讨论形成的政策含义主要有两点:在国企混改过程中,一方面要按照是否具有"股东精神"和能否有效解决自身代理问题的标准积极寻找合格的战略投资者,实化国企缺位的所有者,形成对内部人的有效制衡,另一方面要尽量避免用国企之间的"混"和普通基金的"混"来代替民资背景战略投资者的引入,自觉走出国企混改实践过程出现的两个认识误区。

## 6.4 从"控股股东少超额委派董事"的视角检验国企混改

前面的分析表明,国企通过混改引入战略投资实现所有制混合的实质内涵可以分解为两个方向的改变。其一是"控股股东少超额委派董事",其二是"非第一大股东超额委派董事"。本节首先从"控股股东少超额委派董事"的视角为国企混改提供逻辑检验的证据,为正在积极推进的国企混改提供直接的理论和证据支持。

传统上,在"一股独大"股权结构下的国有上市公司中,实际控制人往往超额委派董事现象严重。所谓超额委派董事是指实际控制人在董事会组织过程中提名更多的董事,形成对董事会重大决策的实际影响力与其所持股份比例所反映的责任承担能力"分离"的公司治理现象。超额委派董事样意味着承担责任与享有权利的不对称,构成经济学意义上的"负外部性"。这与利用金字塔持股结构的构建和交叉持股等形成实际控制人对于上市公司的控制权和现金流权的分离(LLS,1999;Claessens et al. 2000;Faccio and Lang,2002;张华等,2004;李增泉等,2005;肖星等,2012),进而以资产出售、转移定价、贷款担保、关联交易以及资金占用等形式攫取公司资源,侵占外部分散股东的利益,导致更低的公司价值和经营绩效(Lemmon and Lins,2003;Baek et al.,2004;Baek et al.,2006;张华等,2004;李增泉等,2005;渡边真理子,2011;石水平,2010;王亮亮,2018)的情形类似。郑志刚等(2019)的研究发现,实际控制人能够将超额委派董事的方式作为对直接股权控制的补充,形成董事会层面的实际控制影响力,并通过影响董事投非赞成票的行为来抑制董事投票监督效果的发挥,从而有助于放任大股东的机会主义行为。在目前股权趋于分散的现实资本环境下,如何防范实际控制人借助超额委派董事的方式形成董事会层面的超额控制权以实施机会主义行为显得更为重要。对于"监督过度"的国有企业而言,超额委派董事的问题更为特别。这也是在国企混改的现实制度背景下,强调让所引入的民营资本派驻董事、参与管理的重要原因。

事实上国有企业作为经济的重要组成部分,在促进社会经济发展、维护经济稳定方面扮演着重要角色。除了生产经营创造利润,其自身还需要承担包括稳定物价、促进就业、维护社会稳定甚至扶贫等社会责任和公益活动,这导致国企自身处于多任务、多目标的经营管理状态。与此同时,我国中央和地方政府不仅通过国有资产管理链条"管资本",而且通过自上而下对国企官员的人事任免体系和晋升考核对企业经营产生实质性影响,既管资本又管企业。因而,对于所有权和经营权没有实现有效分离的国有企业,其公司治理集中体现为一股独大下的过度监督问题。

引入民营资本,一方面可以发挥非实际控制人的监督功效,降低可能的代理成本问题,抑制实际控制人的隧道挖掘行为(祝继高等,2015);另一方面则利用非控股股东的积极建言,有效地抑制大股东的机会主义行为,促进企业的技术创新(李姝等,2018)。而作为新引入的非实际控制人,民营资本发挥可能的治理作用的重要前提是具有"发声"的机会和能力,实现真正的权力分享(逯东等,2019)。在实践中由于民营资本持有的股权比例较小,因而往往很难发挥出应有的治理功效。

在国有上市公司中,国资委作为实际控制人往往超额委派董事现象严重。反过来如果不超额委派董事,一方面意味着通过董事会席位的安排,保证已存在或混改中新引进的非实际控制人更多地接触、获取与企业经营活动、投资活动相关的信息,赋予其在董事会中表达意见的投票权,有力保障其参与董事会的决策(郝云宏和汪茜,2015);另一方面,没有超额委派董事的国有企业也意味着"权力的下放",而李维安和钱先航(2010)的研究表明,国有企业决策权的下放将起到更好的经理层治理效果。上述两方面因素共同表明,在国有企业中,没有超额委派董事有助于解决国有企业固有的监督过度的问题。因而超额委派董事对董事投票行为及其监督效果的影响对国有企业具有特殊含义。其一是有助于解决困扰国有企业的一股独大、监督过度问题;其二有助于已存在或混改中新引进的非实际控制人在国企公司治理中扮演更加积极的角色。上述考察将有助于识别已存在或混改中新引进的非实际控制人在国有企业董事会组织中所扮演的积极角色,从而为目前国企改革中积极推进的所有制混改提供逻辑检验的可能证据。

为了揭示实际控制人超额委派董事对董事投票行为在国有企业中的特殊影响,以2006—2015年国有上市公司作为研究样本,并参照以往文献对金融行业公司和缺失样本数据予以剔除,表6.2除了报告国有企业样本的相关结果,还同时报告了非国有企业样本的相关结果作为对照。其中模型1和模型2报告国有企业超额委派董事对董事投票行为的影响,模型3和模型4报告非国有企业超额委派董事对董事投票行为的影响。其中我们关注的主要被解释变量是公司是否存在董事投非赞成票行为,主要解释变量包括实际控制人是否超额委派董事的虚拟变量(Overdummy)和实际控制人超额委派董事的程度(Overratio)。在模型中我们对公司层面的特征、治理层面的特征以及行业、年度固定效应予以必要的控制。

从表6.2我们看到,无论在国有企业还是非国有企业中,实际控制人超额委派董事越多,董事投非赞成票的可能性越低。这一结果在国有企业和非国有企业中并没有表现出系统的差异来。但通过国企混改,如果能够改变非实际控制人对国资委作为实际控制人超额委派董事的预期,那么其对董事出具否定意见的激励会更大。这集中体现在模型2中,如果在国有企业中出现超额委派董事的明显趋势,则其对董事出具否定意见的影响反而比非国有企业更加显著。

表6.2 超额委派董事对国有企业董事投票行为的影响

| 变量 | 董事投非赞成票行为 | | | |
|---|---|---|---|---|
| | 模型1 | 模型2 | 模型3 | 模型4 |
| | 国有企业 | | 非国有企业 | |
| 超额委派董事比例 | −0.6881* | | −1.1864** | |
| | (−1.8247) | | (−2.2380) | |
| 是否超额委派董事 | | −0.3101* | | −0.4182 |
| | | (−1.8568) | | (−1.4739) |
| 控制变量 | 控制 | 控制 | 控制 | 控制 |
| 常数项 | −0.2979 | −0.2789 | 3.8561*** | 3.9114*** |
| | (−0.2540) | (−0.2371) | (2.6666) | (2.6990) |
| 年份效应 | 控制 | 控制 | 控制 | 控制 |
| 行业效应 | 控制 | 控制 | 控制 | 控制 |
| 观测值 | 7 807 | 7 807 | 8 531 | 8 531 |
| 伪 $R^2$ | 0.0633 | 0.0632 | 0.0758 | 0.0747 |

注:括号内为标准误差经异方差调整、企业层面聚类处理后计算得到的 $t$ 值;*、**和***分别表示在10%、5%和1%的显著性水平上显著。

表6.3报告了围绕国有企业超额委派董事对董事投票行为监督效果的影响的相关结果,考察董事投非赞成票的行为如何影响下一年的会计绩效的增加额 $\Delta Roa_{t+1}$。其中,模型1是国有企业全样本回归结果,模型2和模型3分别是国有企业没有超额委派董事和超额委派董事的分组回归结果。作为对照,我们在模型4中报告了非国有全样本的相关回归结果。我们看到,董事出具否定意见行为提升企业绩效作用集中体现在没有超额委派董事的子样本中(参见模型

2)。这意味着,即使在目前的国有上市企业中,如果实际控制人能够做到不超额委派董事,则不仅会使董事未来投非赞成票的可能性增大(参见表6.3),而且董事提升企业绩效的监督效果将更加明显。而国企引入民资完成混改后,国资委作为实际控制人委派董事的比例毫无疑问将下降,国企以往典型而普遍的超额委派董事现象将得到一定的缓解,甚至消除,因而可以预见国企绩效在混改后能够实现提升。因此,我们的讨论事实上是为目前正在积极推进的国企混改提供了间接的证据支持。从目前看,与非国有企业相比,国有企业董事投票行为对业绩提升的作用有限,因而国有企业通过混改改变超额委派董事行为任重道远。

表6.3 超额委派董事对国有企业样本董事投票行为监督效果的影响

| 变量 | 模型1 | 模型2 | 模型3 | 模型4 |
|---|---|---|---|---|
| | 国有企业 | | | 非国有企业 |
| | 全样本 | 没有超额委派董事 | 超额委派董事 | 全样本 |
| | | $\Delta \text{Roa}_{t+1}$ | | |
| 董事投非赞成票行为 | 0.0837*** | 0.0917*** | 0.0713 | 0.1266*** |
| | (2.6656) | (2.8145) | (0.5388) | (3.4467) |
| 超额委派董事比例 | −0.0034 | −0.0012 | 0.0144 | 0.0074 |
| | (−0.7145) | (−0.2083) | (0.6210) | (1.2560) |
| 控制变量 | 控制 | 控制 | 控制 | 控制 |
| 常数项 | −0.0076 | −0.0220 | 0.0501 | −0.0521*** |
| | (−0.3953) | (−1.0654) | (0.7594) | (−2.7173) |
| 观测值 | 7 917 | 6 931 | 986 | 9 588 |
| 年份效应 | 控制 | 控制 | 控制 | 控制 |
| 行业效应 | 控制 | 控制 | 控制 | 控制 |
| 调整$R^2$ | 0.2836 | 0.2840 | 0.3224 | 0.2950 |

注:括号内为标准误差经异方差调整、企业层面聚类处理后计算得到的$t$值;*、**和***分别表示在10%、5%和1%的水平上显著。

上述模型检验结果表明,要想真正地实现混改目标、促进企业效能的提升,关键在于在董事会结构中合理保证其他股东的董事席位,使新进入的民营资本能够充分参与到公司治理过程当中。只有民营资本通过委派董事享有内部信息、参与董事会的决策过程,才能有效地缓解原有的过度监督问题,带来经营绩效的实质改善。

## 6.5 国企混改逻辑的再检验：非第一大股东超额委派董事的视角[①]

与上一节不同，本节实证考察非第一人股东"超额委派董事"对于改善国有上市公司效率的证据，从相反的方向对国企混改开展检验，为正在积极推进的国企混改提供直接的理论和证据支持。

正如上一节所讨论的，国企混改的基本机制是，通过引入非第一大股东稀释国有股权，在主要股东之间形成竞争关系，由此建立一种自我纠错机制。这样，不仅可以有效避免大股东一股独大容易导致的监督过度和决策失误问题，同时还可以形成对经理人的制约，避免内部人控制问题的出现。只有通过分权控制，才能完成国资从原来"管人管事管企业"到"管资本"的角色转变。

表6.4报告我国上市公司的股权结构概况，我们看到，无论是全部企业还是国有企业，第一大股东平均持股比例都呈现出下降的趋势。但相比于全部企业，国有企业第一大股东平均持股比例明显更高，而第二到第十大股东平均持股比例明显偏低。考虑到通过混改形式引入的非第一大股东几乎不可能是全部的第二到第十大股东，因此这说明国企混改引入的非第一大股东持股比例要远远低于2016年第二到第十大股东平均持股20%的比例。引入其他资本是国企混改的直接表现形式，但是由于国有股东对控制权的依恋，导致引入的非第一

表6.4 2009—2016年度我国上市公司股权结构

| 年度 | 全部企业 | | 国有企业 | |
|---|---|---|---|---|
| | 第一大股东平均持股比例(%) | 第二到第十大股东平均持股比例(%) | 第一大股东平均持股比例(%) | 第二到第十大股东平均持股比例(%) |
| 2009 | 36.29 | 19.73 | 39.26 | 16.80 |
| 2010 | 36.31 | 21.83 | 39.29 | 17.23 |
| 2011 | 36.19 | 22.76 | 39.34 | 17.19 |
| 2012 | 36.41 | 22.48 | 40.05 | 17.02 |
| 2013 | 36.09 | 21.97 | 40.06 | 17.10 |
| 2014 | 35.37 | 21.97 | 39.65 | 17.26 |
| 2015 | 34.42 | 23.59 | 39.03 | 18.54 |
| 2016 | 33.66 | 25.25 | 38.45 | 20.00 |

---

① 参见郑志刚，朱光顺，黄继承.非第一大股东委派董事与企业关联交易——对国企混改实现机制和实现路径的一个逻辑检验[Z].中国人民大学财政金融学院工作论文，2022.

大股东仅在混合所有制企业中拥有少部分股权,他们在企业决策中可能会因为缺乏话语权而难以发挥相应的治理作用。通过引入战略投资,形成股权相对制衡的分权控制格局以实现公司治理制度框架变革的突破在实际操作层面还存在着诸多困难。

以上分析表明,虽然国企在"渐进式改革"中不断引入各类异质性股东,国资背景控股股东的持股比例出现逐年下降的趋势,但为了实现对上市公司的控制,国有上市公司的实际控制人(国资委及其全资控股集团)作为最大股东所持的股份仍然是控制性的,因而"一股独大"的局面并未从根本上改变。在无法通过让渡控制权来吸引战略投资的事实基础上,如何提高各类异质性股权参与混改的积极性日渐成为国企混改的难题;与此同时,关于地方国有企业引入何种性质的股东也存在争议。一种观点强调地方国企应该引进央企股权以防范国有资产流失,通过"强强联合"的"并"进一步做大做强国有资本,培育企业竞争力;另一种观点则认为应该引入不同性质的股权,强调通过股权制衡和控制权民营化的"混"来优化国有企业的公司治理水平。长期以来,围绕国企混改究竟应该"并"还是"混"的争论一直存在。

本节将探讨国企混改应该如何设计激励相容的条款来保护引入的非第一大股东的权益,以及地方国企混改如何选择合适的实施路径。

国企混改引入的非第一大股东发挥公司治理效应的前提是拥有基本的"话语权"。考虑到参与混改的非第一大股东并不足以在股权层面形成对第一大股东的真正抗衡作用,股权并不能保证非第一大股东的"话语权"具有实际影响力(蔡贵龙、柳建华等,2018),那么是否可以通过董事会组织的安排来切实保证非第一大股东的"话语权",在一定程度上缓解"一股独大"下的控股股东利益侵占行为?蔡贵龙、柳建华等(2018)发现相比于单纯地非国有股东持股,非国有股东向国有企业委派高管更有利于改善国有高管的薪酬绩效敏感性。蔡贵龙、郑国坚等(2018)进一步研究了国有企业的政府放权意愿与混合所有制改革实现的关系,发现政府放权意愿对国有企业混合所有制改革具有显著促进作用,具体表现为非国有股东持股比例以及非国有股东委派高管数量的显著提升。逯东等(2019)的研究表明,国有企业非实际控制人的董事会权力会降低国有企业发起并购的可能性,并促进并购效率的提升。

我们以2009—2016年在上海交易所或深圳交易所上市的国有企业为研究对象,并参照已有研究对样本进行筛选,最终得到了6 790个国有企业-年度观测值。借鉴以往文献(陈胜蓝和吕丹,2014;程敏英和魏明海,2013)的做法,我们将在上市公司和非主要股东所在的公司同时任职且在非主要股东所在的公司领取薪酬的非独立董事视作由上市公司非第一大股东委派的非独立董事,同时采用虚拟变量 d_delegate 来衡量上市公司非第一大股东是否委派非独立董事,如果非第一大董事委派了非独立董事,则 d_delegate 取值为 1,否则为 0。

表 6.5 显示了非第一大股东委派非独立董事的样本年度分布情况,存在非第一大股东委派非独立董事的国有上市公司占比在 2009 年最高,达到 30.08%,之后基本维持在 25% 以上,整体变化不大,这说明上市公司非第一大股东委派非独立董事的行为在时间上具有连续性。总体而言,有 27.26% 的国有企业存在非第一大股东委派董事的情形,未来通过该举措实现非第一大股东与控股股东的激励相容还有很大的增长空间。将非第一大股东的股权考虑进来以后(表 6.5 的第 4 列)可以看出,由于混改引入的非第一大股东的持股比例较小,一般只要其委派非独立董事就会出现非第一大股东委派董事占比大于其股权占比的情况。学术界把上述股东在董事会组织过程中提名更多董事,形成董事会重大决策的实际影响力与其持股比例所反映的责任承担能力"分离"的公司治理现象称为"超额委派董事"。一般来说,大股东的"超额委派董事"被视为第一大股东实现公司控制的重要途径。然而,如果超额委派的并非第一大股东或控股股东,而仅仅是混改引入的战略投资者,那么在围绕董事议案的讨论中,代表处于信息弱势一方的中小股东的董事就能够拥有更多的表决权,这显然有助于中小股东利益的保护,由战略投资者实现的超额委派董事反而成为制衡控股股东的力量。

表 6.5 非第一大股东委派非独立董事情况样本分布

| (1) | (2) | (3) | (4) |
| --- | --- | --- | --- |
| 年份 | 非第一大股东委派非独立董事占比 | 非第一大股东委派非独立董事人数/董事会中非独立董事人数 | (非第一大股东委派非独立董事人数/董事会中非独立董事人数)—委派非独立董事的非第一大股东持股比例之和 |
| 2009 年 | 0.3008 | 0.1414 | 0.1099 |
| 2010 年 | 0.2506 | 0.1148 | 0.0890 |
| 2011 年 | 0.2857 | 0.1298 | 0.0987 |
| 2012 年 | 0.2395 | 0.0954 | 0.0704 |
| 2013 年 | 0.2987 | 0.1318 | 0.0973 |
| 2014 年 | 0.2857 | 0.1217 | 0.0899 |
| 2015 年 | 0.2693 | 0.0982 | 0.0688 |
| 2016 年 | 0.2520 | 0.1146 | 0.0854 |
| 平均 | 0.2726 | | |

我们知道，其他资本参与国企混改的前提是满足参与约束条件，即成为国有企业的投资者给其带来的回报将高于投资其他企业的回报。鉴于其他资本可以利用混合所有制改革的契机参与并分享以往国有企业才能享有的高额垄断收益，这个条件似乎并不难满足。此外，要想其他资本参与国企混改，还需要使其他资本满足激励相容约束条件。其他资本参与混合所有制改革的最大担心是作为控股股东的国有资本可能对其他股东造成侵吞或掏空。大量的研究文献表明，控股股东会以关联交易、资金占用和贷款担保等方式对所控制的控股公司实现挖掘和掏空，从而使外部分散股东的利益受到损害。对于其他资本而言，如果作为控股股东的国有资本能够做出不利用控股股东地位侵占、隧道挖掘分散股东利益的可置信承诺，那么其他资本就可以从混改中获利，从而变得激励相容。如何使国企控股股东所做的承诺变得可置信就成为引入其他资本参与国企混改的关键。

基于上述分析，我们认为非第一大股东委派非独立董事对关联交易的影响首先表现在健全国有企业对关联交易的微观决策机制上。通过委派董事，非第一大股东获得了董事会赋予的决策参与权，从而使其可以对国有企业发生的关联交易行为进行有效的监督。当识别到该关联交易存在非经济因素干扰时，例如以大股东利益侵占为目的的关联交易行为，非第一大股东就可以通过董事会"发声"要求公司进行内容调整或者直接取消议案，从而有效地降低以大股东利益侵占为目的的关联交易行为。另外，拥有董事会席位还意味着非第一大股东可以获取额外的公司内部信息（逯东等，2019），能够更准确地识别关联交易的性质，从而使得非第一大股东的决策参与行为表现出较高的有效性。

为了验证上述机制，我们以关联交易衡量大股东的私利行为（所有关联交易总金额与总资产的比值、本年度上市公司发生的关联交易次数和行业中位数调整后的关联交易金额与次数），控制公司规模、盈利能力、资产负债率、主营收入增长率、现金持有量、成立年限、股权集中度、董事会独立性、董事会规模等变量，并且控制了行业、年度和城市效应。相关结果报告于表6.6。

由表6.6可知，无论是以上市公司关联交易金额还是关联交易次数作为被解释变量，回归系数都至少在10%水平上显著为负。这表明，在其他条件不变的情况下，与不存在非第一大股东委派非独立董事的样本相比，存在非第一大股东委派非独立董事的国有上市公司的关联交易金额和数量都显著降低。这一结果证明非第一大股东委派非独立董事显著抑制了国有上市公司的关联交易行为。

表 6.6 非第一大股东委派非独立董事与关联交易

| | (1) 关联交易金额 | (2) 关联交易次数 | (3) 行业调整后关联金额 | (4) 行业调整后关联交易次数 | (5) 关联交易金额 | (6) 关联交易次数 | (7) 行业调整后关联金额 | (8) 行业调整后关联交易次数 |
|---|---|---|---|---|---|---|---|---|
| d_delegate | −0.0154* | −0.1479*** | −0.0148* | −0.1464*** | −0.0198** | −0.1140*** | −0.0191** | −0.1151*** |
| | (0.0088) | (0.0279) | (0.0088) | (0.0282) | (0.0091) | (0.0297) | (0.0091) | (0.0297) |
| size | | | | | −0.0324*** | 0.2995*** | −0.0314*** | 0.2917*** |
| | | | | | (0.0046) | (0.0136) | (0.0046) | (0.0133) |
| performance2 | | | | | −0.1287 | −0.2416 | −0.1512 | −0.3430 |
| | | | | | (0.1050) | (0.2826) | (0.1005) | (0.2967) |
| lev | | | | | 0.3562*** | 1.1200*** | 0.3449*** | 1.0562*** |
| | | | | | (0.0293) | (0.0847) | (0.0287) | (0.0862) |
| growth | | | | | 0.0034 | −0.0000 | 0.0038 | −0.0004 |
| | | | | | (0.0027) | (0.0092) | (0.0027) | (0.0092) |
| cash | | | | | −0.1289*** | −0.1088 | −0.1287*** | −0.1730 |
| | | | | | (0.0411) | (0.1260) | (0.0414) | (0.1273) |
| age | | | | | 0.0050*** | 0.0070*** | 0.0048*** | 0.0072*** |
| | | | | | (0.0009) | (0.0027) | (0.0009) | (0.0028) |
| top10 | | | | | 0.0021*** | 0.0050*** | 0.0021*** | 0.0048*** |
| | | | | | (0.0003) | (0.0009) | (0.0003) | (0.0009) |

（续表）

| | (1) | (2) | (3) | (4) | (5) | (6) | (7) | (8) |
|---|---|---|---|---|---|---|---|---|
| | 关联交易金额 | 关联交易次数 | 行业调整后关联交易金额 | 行业调整后关联交易次数 | 关联交易金额 | 关联交易次数 | 行业调整后关联交易金额 | 行业调整后关联交易次数 |
| independence | | | | | −0.1902*** | −1.0418*** | −0.1911*** | −1.0550*** |
| | | | | | (0.0644) | (0.1992) | (0.0630) | (0.2055) |
| board_size | | | | | 0.0010 | 0.0045 | 0.0009 | 0.0072 |
| | | | | | (0.0020) | (0.0064) | (0.0020) | (0.0065) |
| 年份效应 | 控制 | 控制 | 控制 | 控制 | 控制 | 控制 | 控制 | 控制 |
| 城市效应 | 控制 | 控制 | 控制 | 控制 | 控制 | 控制 | 控制 | 控制 |
| 行业效应 | 控制 | 控制 | 控制 | 控制 | 控制 | 控制 | 控制 | 控制 |
| 观测值 | 6 790 | 6 790 | 6 790 | 6 790 | 6 790 | 6 790 | 6 790 | 6 790 |
| $R^2$ | 0.2742 | 0.3093 | 0.1469 | 0.1921 | 0.3134 | 0.4576 | 0.1919 | 0.3582 |

注：\*\*\*、\*\*、\* 分别表示在1%、5%和10%的水平上显著；括号内为聚类到省级—年份层面的标准误。

进一步分析,相比于国有非第一大股东,非国有非第一大股东有更大的动机参与公司治理。一方面,非国有股东可以通过委派的非独立董事在董事会中"发声",从而抑制大股东的利益侵占行为,保障自身利益;另一方面,非国有股东逐利的目标偏好与决策模式也有助于完善对管理层的激励和监督机制,减少管理层的机会主义行为。而国有非第一大股东委派非独立董事参与公司治理的性质更接近于政府通过"拉郎配"的方式促进国有企业"强强联合"的行为,这种以行政命令对国企改革进行直接调整的做法往往不利于国企的发展,并将在长期内弱化国企重组的效率(郑国坚等,2017)。因此,通过区分委派董事的非第一大股东的性质,我们进一步考察了非第一大股东委派非独立董事的治理效应差异。

首先,探讨国有与非国有非第一大股东的委派非独立董事的效应差异。通过区分委派非独立董事的非第一大股东的性质,我们将非第一大股东委派非独立董事虚拟变量(d_delegate)划分为国有非第一大股东委派非独立董事虚拟变量(d_private)和非国有非第一大股东委派非独立董事虚拟变量(d_state)。具体来说,如果上市公司存在非国有非第一大股东委派董事的情形,则 d_private 赋值为1,否则,d_private 赋值为0;如果上市公司存在国有非第一大股东委派董事的情形,则 d_state 赋值为1,否则,d_state 赋值为0。此外,我们还考虑了上市公司董事会规模的影响,构建了委派董事比率指标,具体为 r_private=(非国有非第一大股东委派非独立董事人数/董事会中非独立董事人数);r_state=(国有非第一大股东委派非独立董事人数/董事会中非独立董事人数)。回归结果见表6.7。

表6.7的第(1)—(4)列的解释变量为国有或非国有非第一大股东是否委派非独立董事的虚拟变量,第(5)—(8)列的解释变量为国有或非国有非第一大股东委派非独立董事比率。结果表明,其他条件不变时,当国有上市公司存在非国有非第一大股东委派董事行为时,上市公司关联交易的金额和次数显著降低,而国有非第一大股东委派非独立董事对上市公司的关联交易的金额和数量并没有显著影响。这说明在其他条件一定的情况下,相比于国有非第一大股东委派非独立董事,非国有非第一大股东委派非独立董事对关联交易的抑制作用更好。

表 6.7 国有与非国有非第一大股东委派非独立董事的效应差异

| 变量 | (1) rpta | (2) rptb | (3) rpta_adj | (4) rptb_adj | (5) rpta | (6) rptb | (7) rpta_adj | (8) rptb_adj |
|---|---|---|---|---|---|---|---|---|
| d_private | −0.0264*** | −0.1280*** | −0.0257*** | −0.1296*** | | | | |
| | (0.0092) | (0.0295) | (0.0093) | (0.0294) | | | | |
| d_state | −0.0067 | 0.0030 | −0.0023 | 0.0109 | | | | |
| | (0.0215) | (0.0604) | (0.0205) | (0.0625) | | | | |
| r_private | | | | | −0.1077*** | −0.4856*** | −0.1085*** | −0.4714*** |
| | | | | | (0.0318) | (0.1116) | (0.0317) | (0.1133) |
| r_state | | | | | −0.0112 | −0.1073 | −0.0053 | −0.0965 |
| | | | | | (0.0742) | (0.1986) | (0.0688) | (0.2005) |
| size | −0.0326*** | 0.2990*** | −0.0316*** | 0.2913*** | −0.0325*** | 0.2998*** | −0.0315*** | 0.2922*** |
| | (0.0047) | (0.0135) | (0.0046) | (0.0132) | (0.0047) | (0.0134) | (0.0047) | (0.0132) |
| performance2 | −0.1279 | −0.2338 | −0.1502 | −0.3347 | −0.1289 | −0.2416 | −0.1514 | −0.3425 |
| | (0.1049) | (0.2820) | (0.1004) | (0.2964) | (0.1047) | (0.2831) | (0.1003) | (0.2975) |
| lev | 0.3563*** | 1.1213*** | 0.3451*** | 1.0579*** | 0.3582*** | 1.1282*** | 0.3469*** | 1.0643*** |
| | (0.0293) | (0.0846) | (0.0287) | (0.0860) | (0.0293) | (0.0844) | (0.0287) | (0.0858) |
| growth | 0.0033 | −0.0004 | 0.0037 | −0.0008 | 0.0032 | −0.0005 | 0.0036 | −0.0008 |
| | (0.0028) | (0.0092) | (0.0027) | (0.0092) | (0.0028) | (0.0092) | (0.0028) | (0.0092) |

(续表)

| 变量 | (1) rpta | (2) rptb | (3) rpta_adj | (4) rptb_adj | (5) rpta | (6) rptb | (7) rpta_adj | (8) rptb_adj |
|---|---|---|---|---|---|---|---|---|
| cash | −0.1293*** | −0.1134 | −0.1293*** | −0.1779 | −0.1282*** | −0.1062 | −0.1280*** | −0.1707 |
|  | (0.0412) | (0.1259) | (0.0415) | (0.1272) | (0.0412) | (0.1255) | (0.0415) | (0.1267) |
| age | 0.0050*** | 0.0069** | 0.0048*** | 0.0071** | 0.0049*** | 0.0069** | 0.0048*** | 0.0070** |
|  | (0.0009) | (0.0027) | (0.0009) | (0.0028) | (0.0009) | (0.0027) | (0.0009) | (0.0028) |
| top10 | 0.0021*** | 0.0049*** | 0.0021*** | 0.0047*** | 0.0021*** | 0.0049*** | 0.0021*** | 0.0048*** |
|  | (0.0003) | (0.0009) | (0.0003) | (0.0009) | (0.0003) | (0.0009) | (0.0003) | (0.0009) |
| independence | −0.1929*** | −1.0419*** | −0.1933*** | −1.0543*** | −0.1843*** | −1.0039*** | −0.1854*** | −1.0157*** |
|  | (0.0646) | (0.1997) | (0.0631) | (0.2060) | (0.0641) | (0.1990) | (0.0626) | (0.2054) |
| board_size | 0.0012 | 0.0045 | 0.0010 | 0.0071 | 0.0009 | 0.0031 | 0.0007 | 0.0058 |
|  | (0.0020) | (0.0063) | (0.0020) | (0.0065) | (0.0020) | (0.0062) | (0.0019) | (0.0064) |
| 年份效应 | 控制 | 控制 | 控制 | 控制 | 控制 | 控制 | 控制 | 控制 |
| 城市效应 | 控制 | 控制 | 控制 | 控制 | 控制 | 控制 | 控制 | 控制 |
| 行业效应 | 控制 | 控制 | 控制 | 控制 | 控制 | 控制 | 控制 | 控制 |
| 观测值 | 6790 | 6790 | 6790 | 6790 | 6790 | 6790 | 6790 | 6790 |
| $R^2$ | 0.3138 | 0.4579 | 0.1923 | 0.3587 | 0.3141 | 0.4582 | 0.1927 | 0.3588 |

注：***、**、*分别表示在1%、5%和10%的水平上显著；括号内为聚类到省级—年份层面的标准误。

其次，分析地方国企样本中不同性质非第一大股东委派非独立董事的效应差异。目前关于地方国有企业引入何种性质股东的观点分为两种：一种观点强调地方国企应该引进央企股权以防范国有资产流失，通过"强强联合"进一步做大做强国有资本以培育企业竞争力；另一种观点则认为应该引入不同性质的股权，强调通过股权制衡和控制权民营化来优化国有企业的公司治理水平。例如，王甄和胡军（2016）发现，国企民营化有助于提高企业绩效；刘汉民等（2018）发现适当地降低前五大股东中国有股权占比以及提高非国有董事占比都有助于提高企业绩效。在这里，我们将通过分析央企非第一大股东委派非独立董事与非国有非第一大股东委派董事对于地方国企关联交易的影响差异，以期为国企混改方向（即国有企业强强联合还是引入民营企业）提供实证证据。具体来说，仅保留地方国企样本，通过区分委派非独立董事的非第一大股东性质，将非第一大股东委派非独立董事虚拟变量（d_delegate）划分为非国有非第一大股东委派非独立董事虚拟变量（d_private）和央企非第一大股东委派非独立董事虚拟变量（d_central）。此外，我们还考虑了上市公司董事会规模的影响，构建了委派董事比率指标，具体为 r_private＝（非国有非第一大股东委派非独立董事人数/董事会中非独立董事人数）；r_central＝（央企非第一大股东委派非独立董事人数/董事会中非独立董事人数）。回归结果见表6.8。

从回归结果中可以看出，无论是否考虑上市公司董事会规模的影响，衡量非国有非第一大股东委派董事的指标（d_private、r_private）的回归系数都显著为负，表明非国有非第一大股东委派非独立董事显著降低了地方国企关联交易的金额和次数。而央企非第一大股东委派非独立董事（d_central、r_central）则对地方国企关联交易的金额和次数没有影响。这说明，相比于国有企业间的"强强联合"，引入民营企业的"混"的举措对于抑制控股股东利益侵占行为的效果更好。

综上，本节实证检验"非第一大股东超额委派董事"是否有助于国有上市公司效率改善，从相反的方向对国企混改开展检验，以此为正在积极推进的国企混改提供直接的理论和证据支持。检验结果表明，非第一大股东委派非独立董事显著降低了关联交易的金额和次数；区分非第一大股东的性质后发现，非国有非第一大股东委派非独立董事对上市公司关联交易行为有着显著的抑制作用，而国有非第一大股东委派董事对上市公司关联交易行为则没有显著影响；在地方国企样本中，相比于央企非第一大股东，非国有非第一大股东委派非独立董事对关联交易的抑制作用更强。

政府推动的国有企业"强强联合"并未实质解决国有企业所有权与经营权没有分离的问题。国企混改应该体现国有资产管理理念的革新，即从经营企业

表 6.8 地方国企中央企与非国企非第一大股东委派非独立董事的效果差异

| 变量 | (1) rpta | (2) rptb | (3) rpta_adj | (4) rptb_adj | (5) rpta | (6) rptb | (7) rpta_adj | (8) rptb_adj |
|---|---|---|---|---|---|---|---|---|
| d_private | −0.0365*** | −0.1106*** | −0.0370*** | −0.1175*** | | | | |
|  | (0.0095) | (0.0376) | (0.0095) | (0.0370) | | | | |
| d_central | 0.0017 | −0.1279 | 0.0068 | −0.1489 | | | | |
|  | (0.0387) | (0.1468) | (0.0365) | (0.1441) | | | | |
| r_private | | | | | −0.1351*** | −0.3570** | −0.1361*** | −0.3573** |
|  | | | | | (0.0309) | (0.1388) | (0.0314) | (0.1389) |
| r_central | | | | | −0.0842 | −0.3844 | −0.0675 | −0.6147 |
|  | | | | | (0.1450) | (0.6103) | (0.1422) | (0.6050) |
| size | −0.0301*** | 0.3654*** | −0.0296*** | 0.3517*** | −0.0298*** | 0.3659*** | −0.0292*** | 0.3525*** |
|  | (0.0068) | (0.0166) | (0.0066) | (0.0163) | (0.0068) | (0.0167) | (0.0067) | (0.0164) |
| performance2 | −0.2000 | −0.8594*** | −0.2367* | −0.8788** | −0.2051 | −0.8725*** | −0.2418* | −0.8936*** |
|  | (0.1311) | (0.3191) | (0.1291) | (0.3432) | (0.1309) | (0.3188) | (0.1289) | (0.3426) |
| lev | 0.4189*** | 0.9161*** | 0.3979*** | 0.8286*** | 0.4213*** | 0.9260*** | 0.4003*** | 0.8381*** |
|  | (0.0374) | (0.1122) | (0.0377) | (0.1148) | (0.0374) | (0.1121) | (0.0376) | (0.1147) |
| growth | 0.0015 | −0.0089 | 0.0018 | −0.0108 | 0.0014 | −0.0086 | 0.0018 | −0.0104 |
|  | (0.0033) | (0.0098) | (0.0033) | (0.0096) | (0.0033) | (0.0098) | (0.0033) | (0.0096) |

（续表）

| 变量 | (1) rpta | (2) rptb | (3) rpta_adj | (4) rptb_adj | (5) rpta | (6) rptb | (7) rpta_adj | (8) rptb_adj |
|---|---|---|---|---|---|---|---|---|
| cash | −0.0712 | −0.1176 | −0.0775 | −0.2223 | −0.0704 | −0.1152 | −0.0768 | −0.2196 |
| | (0.0526) | (0.1561) | (0.0527) | (0.1592) | (0.0527) | (0.1560) | (0.0528) | (0.1594) |
| age | 0.0027** | 0.0033 | 0.0029** | 0.0038 | 0.0026** | 0.0033 | 0.0028** | 0.0037 |
| | (0.0012) | (0.0042) | (0.0012) | (0.0043) | (0.0012) | (0.0042) | (0.0012) | (0.0043) |
| top10 | 0.0010*** | 0.0029** | 0.0010*** | 0.0031*** | 0.0010*** | 0.0028** | 0.0010*** | 0.0030** |
| | (0.0004) | (0.0012) | (0.0004) | (0.0012) | (0.0004) | (0.0012) | (0.0004) | (0.0012) |
| independence | −0.1426* | −0.6482*** | −0.1509* | −0.7109*** | −0.1286 | −0.6074*** | −0.1368* | −0.6663*** |
| | (0.0814) | (0.2169) | (0.0814) | (0.2224) | (0.0807) | (0.2149) | (0.0808) | (0.2208) |
| board_size | −0.0026 | 0.0028 | −0.0021 | 0.0057 | −0.0031 | 0.0014 | −0.0026 | 0.0041 |
| | (0.0025) | (0.0081) | (0.0025) | (0.0080) | (0.0025) | (0.0079) | (0.0025) | (0.0078) |
| 年份效应 | 控制 | 控制 | 控制 | 控制 | 控制 | 控制 | 控制 | 控制 |
| 城市效应 | 控制 | 控制 | 控制 | 控制 | 控制 | 控制 | 控制 | 控制 |
| 行业效应 | 控制 | 控制 | 控制 | 控制 | 控制 | 控制 | 控制 | 控制 |
| 观测值 | 4 649 | 4 649 | 4 649 | 4 649 | 4 649 | 4 649 | 4 649 | 4 649 |
| $R^2$ | 0.3535 | 0.5475 | 0.2568 | 0.4570 | 0.3536 | 0.5471 | 0.2570 | 0.4565 |

注：***、**、* 分别表示在 1%、5% 和 10% 的水平上显著；括号内为聚类到省级—年份层面的标准误。

转变为经营资本。在上述意义上,放权或者说权利回归,才是国企混改未来的方向。而国有企业间的"强强联合"更多地是为政府为实现企业快速扩张所进行的"揠苗助长"行为,存在着明显的行政干预的痕迹(郑国坚等,2017)。

引入民营资本或其他非国有资本可以通过两个途径提高国有资产的运行效率:其一,引入的非国有股东可以在实现融通资金的同时,延拓经营领域和范围;其二,非国有资本的逐利天性也有助于其制衡国资大股东的过度干预,完善国企高管的监督与激励机制,从而有利于形成合理的治理结构。

如同只有开放才能促进改革一样,在国企混改实践中,也许只有"混",才能真正做到"改";而与其"并",也许不如"混"。真正实现国企混改目标、促进效能的提升,关键在于在董事会结构中合理保证其他股东的董事席位,使新进入的民营资本能够充分参与到治理过程当中。只有通过委派董事享有内部信息、参与董事会的决策过程,民营资本才能有效缓解原有的过度监督问题,带来经营绩效的实质改善。

## 6.6 小　　结

我们知道,一项新的改革措施只有在成为"可自我实施"的制度安排(即纳什均衡)时才能取得根本成功。而一项可自我实施的制度安排需要满足两个基本条件。其一是民企以及除国有资本外的其他社会资本的个体理性参与约束。其二是国有资本与民间资本要激励相容。因此,要使民营资本从资本的混合中同样"有利可图",就需要建立平衡不同性质股份利益的制度安排。当然,激励相容约束条件满足的前提是国有资本所做出的承诺必须是可置信的。因而,如何使国有资本所做的相关承诺变得可置信就成为混合所有制改革成功的关键。

发生在2008年全球金融危机期间的美国政府救市实践,以及阿里在美国上市带来的新兴市场公司治理结构创新的思考,为我们进行混合所有制改革的相关制度设计带来启发。我们首先看美国政府救市实践。从动用财政资金对陷入危机的企业直接国有化,到持有不具有表决权的优先股,到仅仅为银行贷款提供担保,美国政府救市政策三个阶段变化的共同考量是如何避免政府对微观层面企业经营管理决策行为的干预,因为经营管理并不是缺乏当地信息的政府的专长。这些救市实践被分析者认为是美国近年来经济强劲复苏的制度设计原因之一。阿里则通过推出类似于不平等投票权的合伙人制度在美国成功上市。那么,阿里股东为什么会选择放弃部分控制权,转而把更多的控制性权利交给以马云为首的合伙人团队呢?一个很重要的理由是,由于新兴产业的快速发展,很多业务模式投资者根本无法把握。此时把更多控制权交给具有信息优势、能有效把握业务模式的马云团队,而自身退化为普通的资金提供者,对外部投资者而言显然是最优的。这是外部分散投资者基于新兴产业快速发展和自身对于业务模式的信息不对称的现状做出的理性选择。

上述实践带给国企混合所有制改革的直接启发是,也许国有资本可以考虑向美国政府和阿里股东学习,不排除采用国资持有(附加一定条件同时达到一定比例)优先股的方式来完成混改。通过持有优先股,国资可以向民间资本做出排除隧道挖掘、排除直接干预和经营企业的庄重承诺,以此更好地实现国有资产的增值和保值目的。

按照上述模式完成混合所有制改革后,国有资本的运行机构将根据上市公司过去的业绩表现和公司治理状况增持或减持优先股,从而引导市场对上市公司的评价。这是通过标准的市场行为而不是行政途径来向上市公司施加改善业绩表现和公司治理的"外在"压力。国有资本由此扮演着没有表决权的"机构投资者"的积极股东角色。董事会由具有表决权的其他外部股东选举产生,并成为公司治理的真正权威。公司高管则由董事会从职业经理人市场聘用。除了内部治理机制,混改后的公司还要借助严格的信息披露等市场监管、法律对投资者权利的保护举措(举证倒置、集体诉讼)以及媒体监督、税务实施等共同形成公司治理的外部制度环境。

可以预料到的是,在实际的混改过程中会遇到各种潜在的问题。其中十分突出的问题有两个。其一是在资本市场资源配置能力和途径存在限制的条件下,谁应该首先成为资本社会化的对象?如何公平地实现"资本社会化"?在没有做好充分准备的情况下盲目进行混改,必然会引致暗箱操作下的资产流失和设租寻租行为。对于这一问题,媒体等外在监督下的公开招投标,甚至大力反腐或许能够成为有效的对策。其中利用现有资本市场的资源配置能力进行整体上市是可行的选择之一。其二,国有资本的代理人问题。国有资本最根本的利益无疑是前面提及的国有资产的保值增值以增进全社会的福利,但国有资本代理人的利益则可能是寻租设租,因此国有资本的代理人会成为混合所有制改革推进的重要阻力之一。而对这一问题的解决有赖于不断建立和完善民主科学、公平正义的决策机制和决策环境。

## 参 考 文 献

Aghion, P., Bolton, P. An Incomplete Contracts Approach to Financial Contracting [J]. *Review of Economic Studies*, 1992,59(3):473-494.

Baek, J. S., Kang, J. K., Lee, I. Business Groups and Tunneling: Evidence from Private Securities Offerings by Korean Chaebols[J]. *The Journal of Finance*, 2006, 61(5): 2415-2449.

Baek, J. S., Kang, J. K., Park, K. S. Corporate Governance and Firm Value: Evidence from the Korean Financial Crisis[J]. *Journal of Financial Economics*, 2004, 71(2): 265-313.

Bennedsen, M., Wolfenzon, D. The Balance of Power in Closely Held Corporations[J]. *Journal of Financial Economics*, 2000, 58(1-2): 113-139.

Berle, A. A., Means, G. C., Weidenbaum, M. L., Jensen, M. The Modern Corporation and Private Property[J]. *Economic Journal*, 1932, 20(6): 119-129.

Bolton, P., Von Thadden, E. L. Blocks, Liquidity, and Corporate Control[J]. *The Journal of Finance*, 1998, 53(1): 1-25.

Claessens, S., Djankov, S., Lang, L. H. P. The Separation of Ownership and Control in East Asian Corporations[J]. *Journal of Financial Economics*, 2000, 58(1): 81-112.

Faccio, M., Lang, L. H. P. The Ultimate Ownership of Western European Corporations[J]. *Journal of Financial Economics*, 2002, 65(3): 365-395.

Friedman, M., Friedman, R. *Free to Choose: A Personal Statement*[M]. New York: Harcourt Brace Jovanovich, 1980.

Gomes, A. R., Novaes, W. Sharing of Control as a Corporate Governance Mechanism [R]. Penn CARESS Working Papers, 2001.

Grossman, S. J., Hart, O. The Costs and Benefits of Ownership: A Theory of Vertical and Lateral Integration[J]. *Journal of Political Economy*, 1986, 94(4): 691-719.

Hart, O. *Firms, Contracts, and Financial Structure* [M]. Oxford University Press, 1995.

Hart, O., Moore, J. Property Rights and the Nature of the Firm[J]. *Journal of Political Economy*, 1990, 98(6): 1119-1158.

Kornai, J. The Soft Budget Constraint[J]. *Kyklos*, 1986, 39(1): 3-30.

La Porta, R., Lopez-de-Silanes, F., Shleifer, A. Corporate Ownership around the World[J]. *The Journal of Finance*, 1999, 54(2): 471-517.

Lemmon, M. L., Lins, K. V. Ownership Structure, Corporate Governance, and Firm Value: Evidence from the East Asian Financial Crisis[J]. *The Journal of Finance*, 2003, 58(4): 1445-1468.

Lin, J. Y., Cai, F., Zhou, L. Competition, Policy Burdens, and State-Owned Enterprise Reform[J]. *American Economic Review*, 1998, 88(2): 422-427.

Megginson, W. L., Netter, J. M. From State to Market: A Survey of Empirical Studies on Privatization[J]. *Journal of Economic Literature*, 2001, 39(2): 321-389.

Muller, H. M., Warneryd, K. Inside versus Outside Ownership: A Political Theory of the Firm[J]. *The RAND Journal of Economics*, 2001, 32(3): 527.

Pagano, M., Röell, A. The Choice of Stock Ownership Structure: Agency Costs, Monitoring and the Decision to Go Public[J]. *The Quarterly Journal of Economics*, 1998, 113(1): 187-225.

Shleifer, A. Vishny, R. W. Politicians and Firms[J]. *Quarterly Journal of Economics*, 1994, 109(4): 995-1025.

白重恩,路江涌,陶志刚.国有企业改制效果的实证研究[J].经济研究,2006,8:4-13+69.

蔡贵龙,柳建华,马新啸.非国有股东治理与国企高管薪酬激励[J].管理世界,2018,34(5):137-149.

蔡贵龙,郑国坚,马新啸,卢锐.国有企业的政府放权意愿与混合所有制改革[J].经济研究,2018,53(9):99-115.

陈胜蓝,吕丹.控股股东委派董事能降低公司盈余管理吗?[J].上海财经大学学报,2014,16(4):74-85.

陈湘永,张剑文,张伟文.我国上市公司"内部人控制"研究[J].管理世界,2000(4):103-109.

陈晓,王琨.关联交易、公司治理与国有股改革——来自我国资本市场的实证证据[J].经济研究,2005(4):77-86+128.

陈信元,黄俊.政府干预、多元化经营与公司业绩[J].管理世界,2007(1):92-97.

程敏英,魏明海.关系股东的权力超额配置[J].中国工业经济,2013(10):108-120.

渡边真理子.国有控股上市公司的控制权、金字塔式结构和侵占行为——来自中国股权分置改革的证据[J].金融研究,2011(6):150-167.

方明月,孙鲲鹏.国企混合所有制能治疗僵尸企业吗?——一个混合所有制类啄序逻辑[J].金融研究,2019(1):91-110.

郝阳,龚六堂.国有、民营混合参股与公司绩效改进[J].经济研究,2017,52(3):122-135.

郝云宏,汪茜.混合所有制企业股权制衡机制研究——基于"鄂武商控制权之争"的案例解析[J].中国工业经济,2015(3):148-160.

何瑛,杨琳.改革开放以来国有企业混合所有制改革:历程、成效与展望[J].管理世界,2021,37(7):44-60+4.

黄继承,朱冰,向东.法律环境与资本结构动态调整[J].管理世界,2014(5):142-156.

金宇超,靳庆鲁,宣扬."不作为"或"急于表现":企业投资中的政治动机[J].经济研究,2016,51(10):126-139.

李姝,翟士运,古朴.非控股股东参与决策的积极性与企业技术创新[J].中国工业经济,2018(7):155-173.

李维安,钱先航.终极控制人的两权分离、所有制与经理层治理[J].金融研究,2010(12):80-98.

李文贵,余明桂.所有权性质、市场化进程与企业风险承担[J].中国工业经济,2012(12):115-127.

李增泉,余谦,王晓坤.掏空、支持与并购重组——来自我国上市公司的经验证据[J].经济研究,2005(1):95-105.

廖冠民,沈红波.国有企业的政策性负担:动因、后果及治理[J].中国工业经济,2014(6):96-108.

林毅夫,李志赟.政策性负担、道德风险与预算软约束[J].经济研究,2004(2):17-27.

林毅夫,李周.现代企业制度的内涵与国有企业改革方向[J].经济研究,1997(3):3-10.

刘汉民,齐宇,解晓晴.股权和控制权配置:从对等到非对等的逻辑——基于央属混合所有制上市公司的实证研究[J].经济研究,2018,53(5):175-189.

刘剑民,张莉莉,杨晓璇.政府补助、管理层权力与国有企业高管超额薪酬[J].会计研究,2019(8):64-70.

刘瑞明.中国的国有企业效率:一个文献综述[J].世界经济,2013(11):136-160.

刘小玄.现代企业的激励机制:剩余支配权[J].经济研究,1996(5):3-11.

刘星,安灵.大股东控制、政府控制层级与公司价值创造[J].会计研究,2010(1):69-78+96.

刘运国,郑巧,蔡贵龙.非国有股东提高了国有企业的内部控制质量吗?——来自国有上市公司的经验证据![J].会计研究,2016(11):61-68+96.

楼秋然.国企高管薪酬:个性特征、中国问题与规制路径[J].证券市场导报,2020(6):2-11.

逯东,黄丹,杨丹.国有企业非实际控制人的董事会权力与并购效率[J].管理世界,2019,35(6):119-141.

卢锐,柳建华,许宁.内部控制、产权与高管薪酬业绩敏感性[J].会计研究,2011(10):42-48+96.

马连福,王丽丽,张琦.混合所有制的优序选择:市场的逻辑[J].中国工业经济,2015(7):5-20.

马连福,王元芳,沈小秀.中国国有企业党组织治理效应研究——基于"内部人控制"的视角[J].中国工业经济,2012(8):82-95.

马云飙,石贝贝,蔡欣妮.实际控制人性别的公司治理效应研究[J].管理世界,2018,34(7):136-150.

梅丹.国有产权、公司治理与非效率投资[J].证券市场导报,2009(4):44-50.

钱颖一.企业的治理结构改革和融资结构改革[J].经济研究,1995(1):20-29.

沈昊,杨梅英.国有企业混合所有制改革模式和公司治理——基于招商局集团的案例分析[J].管理世界,2019,35(4):171-182.

石水平.控制权转移、超控制权与大股东利益侵占——来自上市公司高管变更的经验证据[J].金融研究,2010(4):160-176.

唐雪松,周晓苏,马如静.政府干预、GDP增长与地方国企过度投资[J].金融研究,2010(8):33-48.

王东京.国企改革攻坚的路径选择与操作思路[J].管理世界,2019,35(2):1-6.

王亮亮.控股股东"掏空"与"支持":企业所得税的影响[J].金融研究,2018(2):172-189.

王甄,胡军.控制权转让、产权性质与公司绩效[J].经济研究,2016,51(4):146-160.

魏明海,蔡贵龙,柳建华.中国国有上市公司分类治理研究[J].中山大学学报(社会科学版),2017,57(4):175-192.

魏明海,黄琼宇,程敏英.家族企业关联大股东的治理角色——基于关联交易的视角[J].管理世界,2013(3):133-147+171+188.

吴延兵.国有企业双重效率损失研究[J].经济研究,2012,47(3):15-27.

吴有昌.国有企业内部人控制问题的成因及对策[J].改革,1995(4):73-78.

项安波.重启新一轮实质性、有力度的国企改革——纪念国企改革40年[J].管理世界,2018,34(10):95-104.

肖星,徐永新,陈诣辉.市场化程度、股权结构与IPO时的无形资产剥离[J].金融研究,2012(7):154-167.

姚本."混乱"的中国企业500强评选[EB/OL].(2019-04-24)[2021-11-05].https://3g.163.com/dy/article/EDIFTM0005199QQP.html.

杨瑞龙.论国有经济中的多级委托代理关系[J].管理世界,1997(1):107-116.

杨瑞龙.以混合经济为突破口推进国有企业改革[J].改革,2014(5):19-22.

杨兴全,尹兴强.国企混改如何影响公司现金持有?[J].管理世界,2018,34(11):93-107.

叶康涛,祝继高,陆正飞,张然.独立董事的独立性:基于董事会投票的证据[J].经济研究,2011,46(1):126-139.

余明桂,夏新平.控股股东、代理问题与关联交易:对中国上市公司的实证研究[J].南开管理评论,2004(6):33-38+61.

于小喆.国有企业控制权机制中的"内部人控制"问题及解决思路[J].财政研究,2012(11):45-48.

曾诗韵,蔡贵龙,程敏英.非国有股东能改善会计信息质量吗?——来自竞争性国有上市公司的经验证据[J].会计与经济研究,2017,31(4):28-44.

张春霖.存在道德风险的委托代理关系:理论分析及其应用中的问题[J].经济研究,1995(8):3-8.

张华,张俊喜,宋敏.所有权和控制权分离对企业价值的影响——我国民营上市企业的实证研究[J].经济学(季刊),2004(S1):1-14.

张敏,王成方,刘慧龙.冗员负担与国有企业的高管激励[J].金融研究,2013(5):140-151.

张屹山,王广亮.论国有企业改革的根本问题是解决委托代理关系[J].中国工业经济,2001(11):63-70.

张维迎.企业理论与中国企业改革[M].北京大学出版社,1999.

张维迎,吴有昌,马捷.公有制经济中的委托人——代理人关系:理论分析和政策含义[J].经济研究,1995(4):10-20.

张燕敏.国有企业改革的关键是"要有人或机构对国有资产负责"[J].管理世界,2000(2):207-215.

郑国坚,蔡贵龙,马新啸.政府干预、国有集团结构动态演化与配置效率[J].管理科学学报,2017,20(10):1-16+56.

郑嘉义.深市公司国资国企改革情况与问题分析[J].证券市场导报,2019(11):53-60+67.

郑志刚.国企公司治理与混合所有制改革的逻辑和路径[J].证券市场导报,2015(6):4-12.

郑志刚.当野蛮人遭遇内部人:中国公司治理的困境[M].北京大学出版社,2018.

郑志刚.利益相关者主义V.S.股东至上主义——对当前公司治理领域两种思潮的评析[J].金融评论,2020a,12(1):34-47+124.

郑志刚.国企混改的理论、模式与路径[M].中国人民大学出版社,2020b.

郑志刚.国企混改:两种模式、两个认识误区和两个关键问题[J].中国经济报告,2021(2):73-83.

郑志刚,胡晓霁,黄继承.超额委派董事、大股东机会主义与董事投票行为[J].中国工业经济,2019(10):155-174.

钟海燕,冉茂盛,文守逊.政府干预、内部人控制与公司投资[J].管理世界,2010(7):98-108.

周仁俊,杨战兵,李礼.管理层激励与企业经营业绩的相关性——国有与非国有控股上市公司的比较[J].会计研究,2010(12):69-75.

祝继高,叶康涛,陆正飞.谁是更积极的监督者:非控股股东董事还是独立董事?[J].经济研究,2015,50(9):170-184.

# 第 7 章
# 员工持股计划设计与实施中的激励扭曲

理论上,员工持股计划是一种使员工享有剩余索取权的利益分享机制以及借此拥有剩余控制权的参与机制,是协调员工与股东利益的重要手段。然而,我们却注意到中国员工持股计划的设计和实施过程中存在诸多"尴尬":一方面,由于大股东的自利动机,在对员工股东表决权的复杂安排下,"激励型员工持股计划"可能演变为大股东用以加强控制权的"防御型员工持股计划";另一方面,入股员工之间相互搭便车行为导致的"激励冲销效应"同样可能使员工持股计划失效。如何科学设计员工持股计划以使其真正成为激励相容工具是学术界和理论界热议的话题。国有控股上市公司由于其激励对象、激励幅度以及审批程序等制度设计方面的缺陷和不足而缺少推出激励计划的内在热情,国企"一刀切限薪"进一步挫伤了国有控股上市公司完善激励计划的热情。一个好的员工持股计划的设计和运行需要经过庄严的制度承诺和机制保障,从而使参与计划的每一位员工相信员工持股计划不仅仅是"计划"。而来自两家民营企业的相关实践为员工持股计划的有效实施带来了直接的借鉴和启发。

## 7.1 员工持股计划的制度背景与理论基础

### 7.1.1 中国资本市场员工持股计划的制度背景

1984 年 7 月,北京天桥百货公司向公司内部职工发行了 300 万元的内部职工股票,这是我国最早的内部职工持股实践。1992 年,国家经济体制改革委员会、计划委员会、财政部、中国人民银行、国务院生产办公室联合发布了《股份制企业试点办法》、国家体改委发布了《股份有限公司规范意见》,两份部门规章对"内部职工股"做出了最早的界定和说明。随后一系列法律文件对内部职工股持股做出更多规范。①

理论上,职工股份合作能使入股员工与企业共担改革发展责任和市场竞争风险,是企业提升持久竞争力的重要步骤。然而实践中内部职工股却并未发挥其预期的激励功能。相反,实践中混乱的操作使其很快被宣告"破产"。1998年11月25日中国证监会发布《关于停止发行公司职工股的通知》,标志着在这个时间点以后改制的公司不再设置内部职工股。2007年,与股份合作制相伴而生的职工股全部结束并正式退出历史舞台。

时隔数年,2013年十八届三中全会通过《中共中央关于全面深化改革若干重大问题的决定》,提出"允许混合所有制经济实行企业员工持股,形成资本所有者和劳动者利益共同体"的精神。随后,《关于上市公司实施员工持股计划试点的指导意见》(2014年6月)、《国有科技型企业股权和分红激励暂行办法》(2016年2月)、《关于国有控股混合所有制企业开展员工持股试点的意见》(2016年8月)、《关于深化混合所有制改革试点若干政策的意见》(2017年11月)等政策相继出台。在上述政策的鼓励和推动下,自2014年起我国资本市场上开始掀起一股员工持股计划热潮。员工持股也再次成为新一轮国企混合所有制改革中的"宠儿"。据 Wind 数据库统计,2014 至 2019 年共有 857 家上市公司发布了 928 次员工持股计划公告;150 多家上市公司推出多期员工持股计划,更有两家上市公司先后 6 次推出员工持股计划。

根据证监会 2014 年 6 月发布的《关于上市公司实施员工持股计划试点的指导意见》,上市公司可以自行管理本公司的员工持股计划,也可以将本公司员工持股计划委托给具有资产管理资质的机构管理。根据这一要求,上市公司在发布其员工持股计划实施方案时会将其员工持股计划管理模式简单归类为"自行管理"或"委托管理"。

就"自行管理"而言,上市公司需成立相应的持股平台。职工持股会(或工会组织)是有限责任公司广泛选择的员工持股计划持股平台。通过成立职工持股会使激励股份对应单一明确股东主体,避免了入股员工增减导致的工商登记频繁变动以及股东众多导致的议决程序低效。然而对上市公司而言,职工持股

---

① 例如,1993 年 4 月 3 日发布《国务院办公厅转发国家体改委等部门关于立即制止发行内部职工股不规范做法意见的紧急通知》,1993 年 7 月 1 日国家体改委发布《定向募集股份有限公司内部职工持股管理规定》。

会(或工会组织)并非合格的股东主体①。实践中存在职工持股会的公司通常以职工持股会持有股份出资设立新企业，并使新设企业作为持股平台担任拟上市公司股东②。就"委托管理"而言，上市公司聘请资产管理机构来运作员工持股计划，同时可选择是否成立持股平台。资产管理机构能够运用自身专业优势，辅助上市公司开展股权激励，例如提供资金管理、信息咨询等服务。图 7.1 和图 7.2 分别对自行管理模式和委托管理模式进行了详细的介绍。

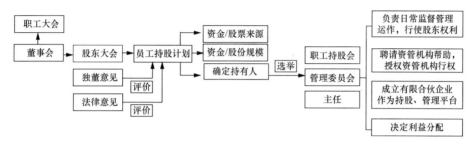

**图 7.1 自行管理模式**

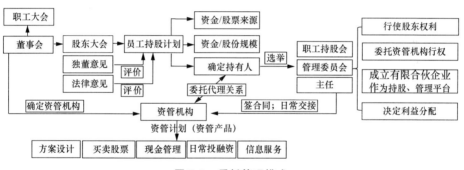

**图 7.2 委托管理模式**

### 7.1.2 员工持股计划的理论基础

根据 Kelso and Adler(1958)的理论分析，员工持股计划是一种通过使员工成为本企业的所有者，进而使员工享有剩余索取权的利益分享机制以及借此拥有剩余控制权的参与机制。长期来看，实施员工持股计划后员工由单纯的"打

---

① 根据证监会《证监会关于职工持股会及工会持股有关问题的答复》(2002.11.5)，"为防止发行人借职工持股会及工会的名义变相发行内部职工股，甚至演变成公开发行前的私募行为……在民政部门不再接受职工持股会的社团法人登记之后，职工持股会不再具备法人资格，不再具备成为上市公司股东及发起人的主体资格。"

② 类似案例如绿地控股。

工者"转变为"所有者",利益绑定机制将促使入股员工更加关注企业长期价值(Oyer and Schaefer,2005;王砾等,2017;孟庆斌等,2019)。因此,实施员工持股计划是企业在科技快速发展的时代留住人才(Klein,1987;Kruse and Blasi, 1995;Core and Guay,2001)、提高企业创新产出能力的重要举措(周冬华等, 2019;孟庆斌等,2019)。

目前,国内外围绕员工持股计划推出动机、实施效果、市场反应等方面积累了大量文献。就实施动机而言,除了传统文献大量讨论的激励动机(Jensen and Meckling,1976;剧锦文,2000;刘冰,2002;张小宁,2002;沈红波等,2018;孟庆斌等,2019;李韵和丁林峰,2020),部分文献也发现上市公司会出于获取税收优惠、缓解现金压力(Ittner et al.,2003)、经理人抵制恶意收购、防止被迫接管(Dann and DeAngelo,1988;Chang and Mayers,1992;Park and Song,1995; Conte et al.,1996;Scholes and Wolfson,2001;Cocco and Volpin,2013;Kim and Ouimet,2014)、信号传递和缓解融资约束(孙即等,2017)以及大股东市值管理(陈运佳等,2020)等目的推动员工持股计划的实施。除此之外,郑志刚等(2021)发现随着上市公司股权结构出现分散化趋势,员工持股计划推出的背后也可能存在大股东防御入侵和巩固控制股东地位的目的。

就实施效果而言,现有文献大都侧重于考察其短期经济后果(孟庆斌等, 2019),研究发现员工持股计划能够改善绩效(Jones and Kato,1995;Pugh et al.,2000;剧锦文,2000;张小宁,2002;刘冰,2002)、提高公司治理水平(沈红波等,2018)、改善信息披露质量(Bova and Yang,2017)以及增加股东财富(Gordon and Pound,1990;Chang and Mayers,1992;章卫东等,2016;王砾等,2017)。然而,员工持股计划并不总是"激励有效"(王晋斌,2005;Meng et al.,2011;黄速建和余菁,2015;蒋卫华,2019;郑志刚等,2021)。对员工持股计划最多的指责来源于自利的高管在行权时对股价的操纵和盈余管理以及由此导致的对分散股东利益的损害(Bertrand and Mullainathan,2003;苏冬蔚和林大庞,2010;黄速建和余菁,2015;陈大鹏等,2019;蒋卫华,2019;陈运佳等,2020)。部分上市公司甚至"牺牲"员工持股计划纯粹激励带来的公司治理效应,使员工持股计划成为防御收购(Dann and DeAngelo,1988;Park and Song,1995;Conte et al., 1996;Scholes and Wolfson,2001;Cocco and Volpin,2013)、巩固控股股东地位(郑志刚等,2021)和加强内部人控制(Aubert et al.,2014)的工具。

员工持股计划产生的初衷即在于有效协调资本与劳动两大生产要素,通过利益绑定机制,帮助企业在产品高速更新换代时保持持久的创新能力和竞争力(Kelso and Adler,1958)。然而,现有文献对员工持股计划影响企业创新的研究相对较少(孟庆斌等,2019)。Chen and Huang(2006)研究发现员工持股一方面能够缓解管理层与股东之间的代理问题,另一方面也降低了员工与股东之间的信息不对称,上述两方面的共同作用提升了企业的研发投入。周冬华等(2019)则认为员工持股计划促进企业创新产出的机制来自管理层代理成本的降低和风险承担能力的提高。孟庆斌等(2019)立足于普通员工视角,认为员工持股计划凭借"利益绑定"功能提升了员工在创新活动中的个人努力、团队协作和稳定性,进而提高了企业的创新产出。

就员工持股计划的管理模式而言,相关研究相对匮乏。员工持股计划管理模式指员工持股计划推出后其后续资金管理、平台设计、权利行使等一系列安排。美英等国家的员工持股计划主要采用信托模式,且其信托制度环境和法律环境较为成熟(韩玉玲,2007);日本除员工持股计划信托模式外,还存在职工持股会模式。目前关于中国员工持股计划的研究较为缺乏(陈运佳等,2020),在管理模式方面更是较为稀缺。部分文献(韩玉玲,2007;李莎,2018;姜德广,2020)在理论层面从法律视角分析职工持股会及资产管理机构在运作员工持股计划中可能发挥的作用与存在的局限。谢思思(2020)指出中国员工持股计划管理模式存在两方面较为突出的问题:一是管理主体不规范,没有明确的法律地位;二是运行不科学,管理委员会在具体权利执行中难免受到股东、管理层等主体的制约进而损害持股员工权益。

## 7.2 谁拿走了员工股东表决权?[1]

### 7.2.1 复杂的实施动机与复杂的员工股东表决权安排

我们在第2章从"内忧外患"的影响因素视角为员工持股计划的防御动机提供了初步证据,即上市公司推出员工持股计划除了传统激励动机(剧锦文,2000;刘冰,2002;张小宁,2002;沈红波等,2018;孟庆斌等,2019;李韵和丁林峰,2020)、融资动机(Ittner et al.,2003;孙即等,2017)、管理层抵制恶意收购动机(Dann and DeAngelo,1988;Chang and Mayers,1992;Park and Song,1995;Conte et al.,1996;Scholes and Wolfson,2001;Cocco and Volpin,2013;Kim and Ouimet,2014)、市值管理动机(陈运佳等,2020)等,也存在大股东巩固控股股东地位的防御动机。

大股东防御动机的存在使得员工持股计划的推出并不必然使入股员工成

---

[1] 参见郑志刚,雍红艳,张浩,黄继承.员工股东表决权归属与企业创新[Z].中国人民大学财政金融学院工作论文,2022.

为同时享有收益权和话语权的"所有者",而大股东与入股员工潜在的利益冲突也势必削弱员工持股计划的预期激励作用。正是基于上述原因,证监会《关于上市公司实施员工持股计划试点的指导意见》明确指出应科学设计员工持股计划管理模式,规范设立管理机构和持股平台,以确保员工持股计划功能的发挥并保护入股员工和原始股东的合法股东权益。

据 Wind 数据库统计,2014 至 2019 年共有 857 家上市公司发布了 928 次员工持股计划公告。这些员工持股计划中的近七成对外公告其管理模式为"委托管理",其余为"自行管理"。然而我们注意到,无论是"委托管理"还是"自行管理",其核心管理机构的组建和运行仍然是一个"黑箱",而"黑箱"的背后实则是对入股员工股东表决权归属的复杂安排。例如,齐心集团(002301)员工持股计划实施方案中指出,授权员工持股计划管理委员会主任行使持股计划所持股份对应的股东权利。然而,该方案并未披露"主任"的任职来源、监督机制及其与大股东、管理层等可能存在的关联关系。这一安排一方面限制了入股员工自由行使股东表决权的可能,另一方面也不免为大股东提供了较大的控制权操作空间。再如,大富科技(300134)直接在员工持股计划实施方案中表示授权公司大股东或其指定的其他人员行使员工持股计划所持股份对应的股东权利。这一规定更是直接赋予大股东"拿走"入股员工股东表决权的资格。而上述两家公司在推出员工持股计划的很长时间内,并没有出现创新产出水平大幅提高的迹象,甚至其专利申请数量在员工持股计划存续期内呈下降趋势。员工持股计划实施方案包含上述类似条款的公司并非个例。

根据契约理论和委托代理理论,股东以契约形式委托管理层开展经营管理活动,管理层进一步通过契约委托员工执行和落实创新决策,由此形成"股东—管理层—员工"的委托代理链条。员工虽处于这一链条的末端,但其能够努力工作却是委托代理链条产生作用的基础。然而,任何契约都是不完备的(Jensen,1993),这也导致企业内部委托代理链条可能因主体之间的利益冲突而存在阻滞和失效的风险。对此,委托代理理论提出了"激励相容"的解决方案。员工持股计划即为一种激励相容(王砾等,2017)工具:一方面,员工拥有股东身份不但有效缓解了其与大股东的利益冲突,也能够对管理层起到反向监督作用(Chen and Huang,2006),从而有效协调委托代理主体之间的利益;另一方面,通过赋予员工对企业的管理权和表决权,能够提高员工的满意度和忠诚度并有效降低人才流失风险(Klein,1987;Kruse and Blasi,1995;Core and Guay,2001),进而有助于改善企业经营绩效和治理水平(Jones and Kato,1995;Pugh et al.,2000;Kim and Ouimet,2014;沈红波等,2018)。

立足于契约理论和委托代理理论,同时赋予入股员工剩余索取权(收益权)

和剩余控制权(表决权)是员工持股计划发挥激励功能、强化员工努力意愿、构建利益共同体的关键。首先,剩余索取权是重要的。实施员工持股计划之前,员工只领取固定薪酬,难以分享企业的剩余收益,这使得员工不愿付出超过其薪酬价值的努力;而实施员工持股计划后,由于剩余索取权使员工的努力付出不再是单纯地为股东"做嫁衣",也是为自身的事业和财富"添砖加瓦",因此入股员工努力工作的意愿增强。其次,剩余控制权同样是重要的。实施员工持股计划之前,员工只是企业单纯的打工者,主人翁意识的缺乏使其不会关注企业的长期价值;实施员工持股计划之后,员工由企业的打工者转变为所有者,经营参与权和表决权使其对企业的归属感和忠诚度提高,对管理层的反向监督能力提升。

由此可知,当入股员工同时享有剩余索取权和剩余控制权时,员工持股计划才能够真正实现对员工的激励,"利益绑定机制"也将促使入股员工更加努力地工作以提高企业的创新产出效率。与之相反,当入股员工的剩余控制权被大股东获取时,激励目的背后隐藏的大股东复杂动机必将使员工持股计划明显偏离其原本激励功能。

### 7.2.2 员工股东表决权归属的识别

无论是"自行管理"还是"委托管理",员工持股计划都存在一个关键管理机构——管理委员会,而其最重要的一项权利即为代表全体持有人行使或"处置"股东权利。"自行管理"模式下,管理委员会依然有权力聘请、委托资产管理机构辅助员工持股计划的开展甚至委托资产管理机构行使股东权利,此时实际上就演变为"委托管理";而部分"委托管理"模式下,资产管理机构的存在也并不能削弱管理委员会的核心地位。同时,无论是"自行管理"还是"委托管理",上市公司均可以选择成立有限合伙企业作为持股平台,进而使入股员工的话语权因普通合伙人和有限合伙人的法律身份不同而形成天然差异。因此,正如图7.3所示,简单地将员工持股计划管理模式划分为"自行管理"与"委托管理"两类并不能真正厘清员工股东表决权的归属,也并未真正揭开管理模式的"黑箱",而对管理委员会的深入剖析才是探寻员工股东表决权归属的关键。

通过挖掘员工持股计划方案中的管理模式设计[①],可以识别出三类员工股东权利行使安排:第一,"可授权资管机构行使股东权利";第二,"管理委员会行

---

① 上市公司发布的员工持股计划方案公告大致包含"推出目标""认购对象""资金与股票来源""存续期锁定期"和"管理模式"等章节。其中"管理模式"章节会对员工持股计划对应股份股东权利做出说明。

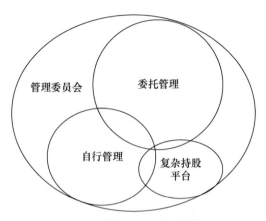

图 7.3 自行管理与委托管理的交叉

使股东权利";第三,"授权大股东行使股东权利"。在上述三类股东权利的实现安排中,大股东获取员工持股计划对应股份表决权的动机和能力层层递进,入股员工"参与机制"的受限程度也逐渐增强。

在"可授权资管机构行使股东权利"的安排中,资产管理机构是独立于大股东与公司管理层的第三方主体,引入并授权第三方资产管理机构代行股东权利能够有效协调原始股东、管理层和入股员工之间的利益冲突。同时,第三方资产管理机构的加入也能有效避免内幕交易、盈余管理等短视行为(陈大鹏等,2019)。更重要的是,在法律层面,入股员工(持有人)是资产委托人,资产管理机构仅与入股员工存在委托代理关系。大股东此时直接"攫取"股东表决权的可能性大大降低,入股员工的参与机制也更容易得到满足。然而,"可授权"不代表一定授权,此时股东表决权归属并不清晰,因此也不能排除大股东通过其他复杂安排窃取股东表决权的可能。

在"管理委员会行使股东权利"的安排中,虽然相较于直接授权大股东,由管理委员会行使股东权利一定程度上尊重了入股员工股东的参与权,然而,相较于授权第三方资产管理机构,由内部人员组成的管理机构在履行职责、行使权利时更容易受到大股东或管理层的过度干扰(谢思思,2020)。当由管理委员会行使股东权利时,股东表决权的具体归属实则取决于管理委员会的构成。

在"授权大股东行使股东权利"的安排中,当直接授权大股东行使股东权利时,股东表决权归属清晰明确,即为大股东所有,入股员工仅享有收益分享权而无法参与经营管理或投票表决,显然可以认定此类管理模式辅助大股东加强控制权的意味更加强烈。

因此,对于"可授权资管机构行使股东权利"以及"管理委员会行使股东权利"的安排,为进一步厘清股东表决权归属,需进一步结合更多员工持股计划方案细节加以讨论。首先,持股平台的设计是管理模式的重要组成部分,自然在一定程度上决定了员工股东表决权归属。无论是"可授权资管机构行使股东权利"还是"管理委员会行使股东权利",实践中均存在公司另行设立有限合伙企业作为持股平台的现象。客观上,有限合伙企业内部"普通合伙人"与"有限合伙人"的天然划分使得大股东能够以较少出资额成为普通合伙人,进而掌握激励股份对应的股东表决权,避免其控制权和话语权旁落。毕竟,有限合伙人在法律层面本身不享有管理权和投票表决权。其次,高管是否入股同样是剖析员工股东表决权归属的重要信息来源。与股权激励计划相比,员工持股计划的激励范围更广,入股对象多为普通员工(孟庆斌等,2019;陈运佳等,2020)。然而,我们却注意到中国资本市场推行的员工持股计划普遍存在高管认购的现象。根据我们对员工持股计划公告信息的挖掘,高管是否入股表面上决定了持有人大会的构成,实则决定了管理委员会的构成。当高管认购员工持股计划时,入股高管(如董事长、CEO、董事等)通常成为员工持股计划管理委员会成员。此时,大股东有能力通过其委派的董事长或其他高管在管理委员会中的权力间接掌控股东表决权,辅助其实现加强公司控制的目的。相反,当管理委员会成员仅由普通员工构成时,大股东的控制权动机和能力明显较弱。

因此,在综合考虑了与管理模式相关的各类方案细节后,我们将员工持股计划管理模式划分为两类。其一,入股员工享有分红收益权的同时也可以自己行使或选择代表人、代理机构代表自己行使股东表决权,我们将其称为"员工激励主导型"管理模式;其二,仅赋予入股员工分红收益权,而大股东通过复杂安排攫取激励股份对应的表决权,我们将其称为"控制权加强主导型"管理模式。如表7.1所示,"员工激励主导型"管理模式下,员工股东表决权归属较为清晰,更可能是入股员工自身或与大股东关联关系较弱、受大股东制约较少的第三方资产管理机构、普通员工(非高管员工)代行股东表决权。而"控制权加强主导型"管理模式下,我们可以进一步将大股东控制权动机根据表决权归属的清晰程度划分为"较强"和"最强"两类:当更可能被大股东掌控的持股平台或更容易被大股东变相影响的高管行使员工股东表决权时,大股东"控制权动机较强";当直接授权大股东行使员工股东表决权时,归属清晰直白,大股东的"控制权动机最强"。以上划分在一定程度上有助于揭开员工持股计划内部管理运作的黑箱。

表7.2统计了员工持股计划管理模式的样本分布。可以看到,样本期间共有238家上市公司的员工持股计划采取"控制权加强主导型"管理模式,其中包含28家上市公司直接声明授权大股东行使股东表决权以及210家上市公司通过复杂安排辅助大股东变相攫取员工股东表决权;而大股东控制权动机最弱、

被划分为"员工激励主导型"管理模式的共有464家。

表 7.1　管理模式的识别

| 归类 | 表决权安排 | 范围限定 | 表决权归属 | 控制权动机 |
| --- | --- | --- | --- | --- |
| 员工激励主导型 | 可授权资产管理机构行使股东权利 | 非LP持股平台 | | |
| | 可授权资产管理机构行使股东权利 | LP持股平台但无高管认购 | 归属于入股员工 | 最弱 |
| | 授权管理委员会行使股东权利 | 无高管认购 | | |
| 控制权加强主导型 | 可授权资产管理机构行使股东权利 | 高管认购且为LP持股平台 | 极可能归属于大股东 | 较强 |
| | 授权管理委员会行使股东权利 | 有高管认购 | | |
| | 授权大股东行使股东权利 | 无 | 确属大股东 | 最强 |

表 7.2　管理模式与控制权动机强弱的样本情况

| 归类 | 控制权动机 | 样本数（家） | 合计（家） |
| --- | --- | --- | --- |
| 员工激励主导型 | 最弱 | 464 | 464 |
| 控制权加强主导型 | 较强 | 210 | 238 |
| | 最强 | 28 | |

### 7.2.3　员工股东表决权归属对企业创新的异质性影响

我们采用2011—2019年全部A股上市公司作为研究样本,考察上述管理模式分类对创新产出的异质性作用。以2011为样本起点是为了保证能观测到实施员工持股计划公司在实施之前三年的公司特征(孟庆斌等,2019);研究采用的股权结构数据、公司治理特征数据及公司财务数据均来自国泰安(CSMAR)数据库。按照以往文献的常规处理(沈红波等,2018;孟庆斌等,2019;陈运佳等,2020),我们剔除了各年度ST公司、金融类上市公司及数据缺失的样本,共得到2011—2019年19 612个公司—年度观测值。回归结果报告于表7.3,其中第(1)—(2)列报告不做区分时员工持股计划的实施对创新的作用;第(3)—(4)列则是将"是否实施员工持股计划"(ESOP)拆分为"是否实施员工激励主导型管理模式的员工持股计划"(ESOP_Incentive)与"是否实施控制权加强主导型管理模式的员工持股计划"(ESOP_Control),进一步检验实施不同管理模式的员工持股计划对创新的异质性作用;被解释变量均为取自然对数后的上市公司专利申请数;所有回归结果中均将解释变量和控制变量做滞后一期处理且均对公司固定效应和年份固定效应加以控制。

表 7.3 管理模式导致的创新产出差异

|  | (1) | (2) | (3) | (4) |
| --- | --- | --- | --- | --- |
|  | | 创新能力 | | |
| ESOP | 0.1252** | 0.0842 | | |
|  | (0.0528) | (0.0537) | | |
| ESOP_Incentive | | | 0.1570** | 0.1356** |
|  | | | (0.0631) | (0.0634) |
| ESOP_Control | | | 0.0632 | 0.0635 |
|  | | | (0.0858) | (0.0864) |
| 常数项 | 1.0351*** | −0.6941 | 1.0348*** | −3.6588*** |
|  | (0.0362) | (0.6919) | (0.0362) | (0.8024) |
| 控制变量 | 控制 | 控制 | 控制 | 控制 |
| 公司固定效应 | 控制 | 控制 | 控制 | 控制 |
| 年份固定效应 | 控制 | 控制 | 控制 | 控制 |
| 观测值 | 19 612 | 19 612 | 19 612 | 19 612 |
| 组内 $R^2$ | 0.0379 | 0.0408 | 0.0250 | 0.0342 |

注:括号内为经稳健性调整、公司层面聚类处理后得到的标准误差;***、**、*分别表示在1%、5%、10%的水平上显著;控制变量及公司、年份固定效应受篇幅限制未予以报告。

由表 7.3 的第(1)列和第(2)列可以看到,ESOP 的回归系数仅在不控制公司基本特质时具有显著性,这表明当不区分员工持股计划管理模式(即不考虑员工股东表决权归属)时,并不能必然观察到员工持股计划显著提高企业创新能力的作用。然而,观察表 7.3 的第(3)列和第(4)列可以看到,将 ESOP 根据管理模式拆分为 ESOP_Incentive 和 ESOP_Control 后,ESOP_Incentive 的回归系数始终在 5% 的显著性水平上显著大于零,这表明当上市公司实施员工持股计划且采用"员工激励主导型"管理模式时,企业创新能力会显著提升。与之相反,ESOP_Control 的回归系数始终不显著,这表明当上市公司实施员工持股计划但采用"控制权加强主导型"管理模式时,员工持股计划激励无效。

因此,与前述理论分析一致,只有采取"员工激励主导型"管理模式(即入股员工同时享有收益权和表决权),才能真正发挥员工持股计划的"利益绑定机制",从而使员工努力工作的意愿增强,上市公司的创新能力水平也才能提高。然而,当采取"控制权加强主导型"管理模式时,员工持股计划并不能发挥其提高企业创新能力的作用。

## 7.3 谁在员工持股计划中搭便车？[①]

事实上,除了大股东的复杂动机导致员工持股计划失效,入股员工之间的相互搭便车行为也可能弱化员工持股计划的预期激励功能。

探究员工持股计划内部搭便车问题的理论和现实意义来自两个方面。一方面,1984年北京天桥百货股份有限公司的改革开启了国有企业"资本社会化"、引入"股东"以解决所有者缺位问题的第一阶段尝试。在经历了20世纪80年代中期的初步探索后,1992年职工股正式登上历史舞台。理论上,职工股份合作使入股员工与企业共担改革发展责任和市场竞争风险,是企业提升持久竞争力的重要步骤。然而,上述改革尝试并未走多远,1998年职工股被紧急叫停,2007年随着职工股完全退出中国资本市场,内部职工股以失败告终。如何从理论与经验上一致地揭示内部职工股失败的制度设计原因是研究搭便车问题的理论出发点。另一方面,2013年中国启动以所有制混合为典型特征的新一轮国企改革。为解决所有者缺位问题,混改一方面通过引入民资背景的战略投资使有责任承担能力的"所有者上位",另一方面则是通过推出员工持股计划来激励员工。在被称为"央企混改第一股"的中国联通混改中,员工持股计划即作为"最后一块拼图"在完成BATJ等战略投资的引入后推出。如何科学设计作为国有企业混合所有制改革"标配"的员工持股计划,以助力新一轮改革成为理论界与实务界迫切需要回答的问题,这构成探究搭便车问题的现实出发点。

### 7.3.1 员工持股计划搭便车问题的理论分析

Holmstrom(1982)很早便指出,当太多员工受到基于股权的薪酬激励时,不同员工间就会出现严重的搭便车问题,由此降低员工付出更大努力的愿望,使激励变得无效。所谓的搭便车是指成员对集体不作贡献或贡献比他人少,却分享他人给集体创造的利益(俞可平,1990;Bagnoli and McKee,1991;赵鼎新,2006;Carpenter,2007;周业安和宋紫峰,2008;宋紫峰等,2011;钱智猷和沈铭,2013;黄远翠,2019)。管理心理学将搭便车定义为社会惰性,意指由于偷懒、自利、需求缺失等心理因素或激励不当等管理因素引发的个体减少付出而坐享他人成果的机会主义心理(钱智猷和沈铭,2013)。现实中绝大多数工作需在集体中完成,但理性行动者并不会单纯为集体目标而努力,而是会评估参与集体行

---

[①] 参见郑志刚,雍红艳,李邈,黄继承.谁在员工持股计划内部搭便车?[Z].中国人民大学财政金融学院工作论文,2022.

动的收益和成本。因此,搭便车行为普遍被各研究领域所关注(钱智猷和沈铭,2013;黄远翠,2019)。

搭便车行为严重降低集体效率、阻碍整体最优目标的实现(周燕等,2015)。Kim and Quimet(2014)指出,在员工规模适中的公司推行员工持股计划会增大"经济蛋糕",但是当员工太多而不能减轻搭便车的影响时反而浪费企业资源。呼建光和毛志宏(2016)同样指出,随着公司规模的扩大,严重的搭便车问题阻碍员工持股计划的激励协调机制发挥作用。

然而,就如何设计员工持股计划才能更好地发挥其激励功能的问题,以往文献更多地讨论员工持股计划的资金来源、股票来源(章卫东等,2016;王砾等,2017)、股权转让限制(宁向东和高文瑾,2004)、规模(呼建光和毛志宏,2016)和高管认购比例(Conte et al.,1996;孙即等,2017;沈红波等,2018)导致的不同市场反应和经济后果,鲜有分析上述方案特征对入股员工搭便车心理和搭便车能力的差异化影响以及由此产生的激励冲销效应。

根据现有文献的分析,当不存在搭便车问题时,员工持股计划的推出将激励入股员工为实现更高的公司绩效而努力工作(Kim and Quimet,2014;剧锦文,2000;张小宁,2002;刘冰,2002;沈红波等,2018)。入股员工也会因员工持股计划的实施而获得绩效改善带来的更高报酬。激励作用效果表现为更显著的员工薪酬绩效敏感性(Hwang and Kim,2009)。然而,搭便车行为的存在势必会冲销员工持股计划的激励作用,使得薪酬绩效敏感性不能因员工持股计划的实施而得到改善。同时,根据 Olson(1965)的集体行动逻辑,大集团(大规模的员工持股计划)更容易陷入搭便车困境(Olson,1965;Isaac et al.,1984;Isaac and Walke,1988;俞可平,1990;Carpenter,2007)。根据 Olson(1965)的分析逻辑,首先,员工持股计划激励规模越大,入股员工能够从绩效改善中分得的利益就越小,即集体行动报酬越低,进而降低其努力工作的意愿;其次,员工持股计划激励规模越大则入股员工对集体利益的要求就越大,入股员工的需求也就越难满足;再者,受激励员工越多,组织管理成本就越高,从而在获得共同利益之前所要跨越的障碍就越多;最后,当入股员工数量增加时,个体是否努力工作往往无人知晓,入股员工之间直接监督的可能性降低,进而诱发更多的搭便车行为。因此,员工持股计划激励规模越大,则入股员工之间相互搭便车的问题越严重,相应地员工持股计划也越难发挥其激励作用。

除规模外,对公共物品的依赖程度(黄远翠,2019;钱智猷和沈铭,2013)、搭便车潜在风险、个体掌握信息的能力(Isaac and Walke,1988)、个体拥有的初始禀赋(Isaac and Walke,1988;Van and Wilke,1994;Chan et al.,1996;Cherry et al.,2005;Buckley and Croson,2006;周燕和张麒麟,2011)以及需求层次(周燕

和张麒麟,2011;钱智猷和沈铭,2013;周燕等,2015)也是影响成员搭便车动机和搭便车能力的重要因素。同时,Cable and Fitzroy(1980)的研究结论表明高参与职工和低参与职工的持股行为对企业绩效存在显著差异性影响,高参与职工持股时企业绩效更优。很明显,在员工持股计划内部,同样存在高参与的"员工大股东"和低参与的"员工小股东"之分。因此,基于搭便车视角,关注入股员工的认购比例及身份职位特征等信息具有十分重要的意义。

从入股员工认购比例来看,激励对象的构成可以区分为员工大股东和员工小股东。Shleifer and Vishny(1986)注意到在监督经理人时,大股东和小股东的行为存在显著差异。外部分散小股东往往缺乏参与公司治理以实现公司价值增长的激励,而当监督经理人带来的收益足以覆盖为此付出的监督成本时,控股股东往往有激励监督经理人,从而扮演重要的公司治理角色。类似的,我们认为在员工持股计划内部,同样存在员工大股东和员工小股东之分,且他们在努力工作以实现公司更高业绩这一"公共品"上同样存在较大的差异。很容易理解,对于认购比例小的员工而言,一方面其通过员工持股计划获取的绩效改善收益有限,另一方面有限的收益也将由每一位受激励员工共享,考虑到努力工作带来的收益小于他们为此付出的成本,员工小股东往往选择漠视员工持股计划的潜在好处。相反,认购比例大的员工则将理性预期到更多的收益,当预期收益足以覆盖成本时,认购比例较大的员工往往会更关注公司绩效。因此,如钱智猷和沈铭(2013)所言,拥有禀赋越高的个体,搭便车动机越弱,公共品供给绝对值越多,认购比例较大的员工大股东往往成为被搭便车一方。员工持股计划认购比例越集中,则搭便车导致的激励冲销效应越容易得到缓解。

从入股员工身份职位来看,激励人员结构可以区分为高管和非高管。首先,两类入股员工在获利能力及对公司影响力方面存在明显区别。相较于非高管员工,高管操纵上市公司的能力更强,且当高管本身持有上市公司股票时,其与公司利益更为一致,更倾向于在员工持股计划中担任大股东角色;而非高管入股员工的话语权弱,持股后能够获取的收益有限,且非高管员工任职流动性强,倾向于以离职方式"以脚投票",充当了员工持股计划中的"小股民"。因此,根据 Shleifer and Vishny(1986)的理论,非高管小股东更倾向于搭高管大股东的便车,且随着非高管员工认购股份比例的增加及入股人数占比的提高,搭便车问题会愈加严重。其次,现有研究表明需求层次较高的成员的搭便车动机显著弱于需求层次较低的成员(周燕和张麒麟,2011;钱智猷和沈铭,2013;周燕等,2015)。因此,根据马斯洛需求层次理论,高管往往更加追求"尊重"和"自我实现"等层级的需求,入股员工持股计划后搭便车动机较弱;而非高管员工更多为低层次需求(诸如生存需求和安全需求),这一群体将构成搭便车的主体。除此之外,高管往往对公司环境更加熟悉且有较高的社交网络密度,由于信任和信誉机制的作用(周燕和张麒麟,2011;钱智猷和沈铭,2013;周燕等,2015),为维护工作关系和尊严,高管往往会减少搭便车行为;反之,非高管员工则没有太多的顾忌,搭便车要承担的风险水平低。当然,在高管内部,不同职位高管之间也存在较大差异。在我国公司治理实践中,董事长做出的努力工作的承诺更倾向于令人信服。虽然董事长与董事会其他成员在法律上对股东的代理地位是平等的,均为"一席一票",但在公司治理实践中出于管理实践和企业文化中对权威的尊重,董事长在相关议案的提出和表决中扮演举足轻重的角色。同时,由于其他董事的提名、面试和薪酬制定往往受董事长权力的影响(权小锋等,2010;郑志刚等,2014),而其他董事无法对董事长形成有效制约,因此董事长成为内部人控制格局的核心。特别地,部分处于金字塔顶端的大股东或由于奉行"无为而治"或由于"鞭长莫及",导致董事长往往成为公司实际的内部控制人。因此,当董事长认购员工持股计划时,其搭便车动机最弱。

### 7.3.2 员工持股计划搭便车问题的博弈策略分析

如果将员工持股计划视为契约而将入股员工视为局中人,则可以从博弈论视角分析入股员工的搭便车动机与行为。博弈均衡策略分析能够帮助我们直观和结构化地了解激励结构间的相互作用。

首先,考虑入股员工话语权及获益能力相同时的搭便车问题。假设入股员工身份相同且认购股份比例相同,内部不存在员工大股东。在此假定下,绩效改善的好处将由所有入股员工平均共享(类似于同股同权)。简单假设共有 2 个同质性员工入股了员工持股计划,每个员工为实现员工持股计划预期收益而努力工作需付出的成本均为 $X$ 单位($X>0$),每个员工努力工作都将使绩效改善 $Y$ 单位($Y>0$)(假设绩效改善的好处均归属于入股员工)。考虑成本和收益后的具体博弈策略如表 7.4 所示。

表 7.4 同质性假定下的博弈策略

| 入股员工/博弈策略 | | 员工 B | |
|---|---|---|---|
| | | 努力工作 | 搭便车 |
| 员工 A | 努力工作 | $(Y-X, Y-X)$ | $\left(\dfrac{Y}{2}-X, \dfrac{Y}{2}\right)$ |
| | 搭便车 | $\left(\dfrac{Y}{2}, \dfrac{Y}{2}-X\right)$ | $(0, 0)$ |

对于任一员工而言,使其在任何情况下都选择努力工作的条件相同,即 $Y>2X$。该条件意味着,除非每一员工努力工作的所得超过其因努力工作付出成本

的两倍及以上,否则在同质性假定下任一受激励员工都会选择搭便车。

很容易想到,当有 N 个同质性员工入股员工持股计划时,员工选择努力工作的条件将变为 Y>NX。因此,随着员工持股计划激励规模的扩大、入股员工人数的增多,入股员工选择努力工作的收益成本条件越难满足,越容易诱发搭便车心理,即员工持股计划发挥激励作用的条件越来越苛刻。若入股员工持股比例和身份职位无差异,则在极端全员激励下,所有员工都将选择搭便车而不是努力工作。此时员工持股计划激励作用为零,这也许正是内部职工股失败背后的制度原因。

其次,考虑存在"员工大股东"时的搭便车问题。此处的员工大股东可能是认购比例大、拥有较强表决权的员工,也可能是参与到员工持股计划中、掌握更多信息和决策能力的高管。在此假定下,入股员工努力工作带来的绩效改善程度不同,为此付出的成本也不同,唯一不变的是改善绩效的好处仍由所有入股员工平均共享。假定员工大股东努力工作可使绩效改善 $aY$ 单位($a>1$),且成本仅为 $bX$($0<b<1$);而员工小股东努力工作依然需付出 $X$ 单位成本且仅能创造 $Y$ 单位收益。以上假设条件意在表明员工大股东拥有更强的影响力、话语权和信息优势。考虑成本和收益后的具体博弈策略如表 7.5 所示。

表 7.5　非同质假定下的博弈策略

| 入股员工/博弈策略 | | 员工小股东 B | |
| --- | --- | --- | --- |
| | | 努力工作 | 搭便车 |
| 员工大股东 A | 努力工作 | $\left(\dfrac{(a+1)Y}{2}-bX, \dfrac{(a+1)Y}{2}-X\right)$ | $\left(\dfrac{aY}{2}-bX, \dfrac{aY}{2}\right)$ |
| | 搭便车 | $\left(\dfrac{Y}{2}, \dfrac{Y}{2}-X\right)$ | (0,0) |

由表 7.5 可知,员工大股东任何情况下均会选择努力工作的条件为:

$$\begin{cases} \dfrac{(a+1)Y}{2}-bX > \dfrac{Y}{2}, & \text{"员工小股东"选择努力工作} \\ \dfrac{aY}{2}-bX > 0, & \text{"员工小股东"选择搭便车} \end{cases}$$

由此得到 $Y>\dfrac{b}{a}2X$。同理可得员工小股东选择努力工作的条件为 $Y>2X$。

由 $a>1>b>0$ 可得,员工大股东选择额外努力的收益成本条件更容易得到满足。特别地,当 $Y$ 在区间 $\left(\dfrac{b}{a}2X, 2X\right)$ 时,员工大股东一定会选择努力工作,而员工小股东却一定会选择搭便车。值得说明的是,实践中员工大股东与员工小股东并不会平均分配收益,而是会因其表决权优势或身份优势而获取更多收益。此时,上述分析中员工大股东的成本不变而收益更高,因此更倾向于努力工作;而员工小股东与之相反,故而其搭便车动机只会更加强烈。

综上,博弈策略表明,员工持股计划规模较大时,内部搭便车问题更加严重;全员激励下的"大锅饭"使员工持股计划不可避免地陷入严重的搭便车困境,成为职工股份合作制失败的制度原因;而持股比例较小的员工小股东或话语权较弱的非高管员工则更倾向于成为搭便车的一方。

尽管上述简单的博弈策略分析忽略了现实存在的复杂交易成本、制度成本和其他约束条件(如搭便车风险、监督机制的惩罚等),但却直观地展示了入股员工搭便车的动机和潜在"搭便车者"的相关特征。

### 7.3.3 员工持股计划搭便车问题的实证检验

我们借鉴主流文献(Hwang and Kim,2009)的相关研究,通过考察员工持股计划与薪酬绩效敏感性的关系来检验员工持股计划的激励有效性以及可能的搭便车行为对员工持股计划激励作用的冲销,相应回归结果报告在表7.6中。

首先,我们看到考察激励规模的 ESOP_Highstock_lnROA 回归系数在第(2)列和第(3)列中均在1%显著性水平上小于零,表明激励股份规模越大,则搭便车行为导致的激励冲销效应越强;其次,ESOP_Highfirst_lnROA 回归系数均显著大于零,表明员工大股东较高的持股比例能够抑制内部搭便车行为,缓解激励冲销效应;考察在影响力上作为员工大股东的高管认购占比情况的 ESOP_Highhold_lnROA 回归系数同样显著大于零,表明参与到员工持股计划中的高管认购比例越高则员工持股计划激励作用越强,高管入股同样缓解了非高管入股员工搭便车行为导致的激励冲销效应;最后,我们看到当存在董事长参与认购时,员工的薪酬绩效敏感性将得到进一步改善。

表7.6 方案调整与激励效应

| | | (1)<br>现金薪酬 | (2)<br>股权薪酬 | (3)<br>总薪酬 |
|---|---|---|---|---|
| 总体激励效果 | ESOP | 0.034<br>(0.032) | 3.463***<br>(0.392) | −0.845***<br>(0.065) |
| | LnROA | 0.084***<br>(0.012) | 0.098**<br>(0.047) | 0.107***<br>(0.012) |
| | ESOP_lnROA | −0.008<br>(0.020) | −1.368***<br>(0.278) | −0.382***<br>(0.039) |

(续表)

|  |  | (1) 现金薪酬 | (2) 股权薪酬 | (3) 总薪酬 |
|---|---|---|---|---|
| 激励规模 | Stockrate | 0.080** | 2.865*** | 1.070*** |
|  |  | (0.038) | (0.470) | (0.072) |
|  | ESOP_Highstock_lnROA | −0.000 | −0.717*** | −0.094*** |
|  |  | (0.019) | (0.228) | (0.034) |
| 认购集中度 | Firstrate | −0.472 | 19.861* | 2.116 |
|  |  | (0.684) | (10.305) | (1.586) |
|  | ESOP_Highfirst_lnROA | 0.037* | 0.531* | 0.080* |
|  |  | (0.022) | (0.281) | (0.043) |
| 高管认购占比 | Mstockrate | −0.069 | 40.341*** | 5.710*** |
|  |  | (0.167) | (2.530) | (0.385) |
|  | ESOP_Highmhold_lnROA | 0.003 | 1.562*** | 0.204*** |
|  |  | (0.022) | (0.277) | (0.045) |
| 董事长认购 | Chairman | 0.089 | 2.897*** | 0.293* |
|  |  | (0.070) | (0.915) | (0.159) |
|  | ESOP_Highchairman_lnROA | 0.041** | 1.485*** | 0.191*** |
|  |  | (0.019) | (0.200) | (0.042) |
| 控制变量 |  | 控制 | 控制 | 控制 |
| 行业固定效应 |  | 控制 | 控制 | 控制 |
| 年份固定效应 |  | 控制 | 控制 | 控制 |
| 观测值 |  | 11 592 | 12 385 | 12 385 |
| 组内 $R^2$ |  | 0.760 | 0.714 | 0.702 |

注：括号内为经稳健性调整、公司层面聚类处理后得到的标准误差；\*\*\*、\*\*、\* 分别表示在 1％、5％、10％的水平上显著；控制变量及年份、行业固定效应受篇幅限制未予以报告。

表 7.6 为员工持股计划内部的搭便车行为提供了较早的经验证据：入股员工间存在相互搭便车行为且搭便车行为使员工持股计划未能显著提高员工薪酬绩效敏感性。随着激励规模的扩大，入股员工选择努力工作的收益成本条件愈难满足，也越容易诱发搭便车行为。若入股员工的持股比例和身份特征无差异，则在极端全员激励下所有入股员工都将选择搭便车而不是努力工作。全员激励下的"大锅饭"使员工持股计划不可避免地陷入严重的搭便车困境，成为国企改制历史上内部职工股"破产"的制度设计原因。就认购比例特征而言，认购比例较小的员工小股东更倾向于成为员工持股计划中的搭便车者。相反，员工大股东的搭便车动机较弱，高认购比例的员工大股东的存在可有效缓解搭便车导致的激励冲销效应，使薪酬绩效敏感性得到改善。就认购身份特征而言，相

较于非高管员工,高管对上市公司操纵能力更强、对环境更加熟悉且有较高的社交网络密度和需求层次,进而更倾向于在员工持股计划中担任"大股东"角色,搭便车动机较弱;而非高管入股员工话语权弱,持股后可获取收益有限,进而构成搭便车的主体。

## 7.4 如何减少员工持股计划的内部搭便车行为?[①]

一般性考察的结果表明入股员工间存在相互搭便车行为,且导致员工持股计划的实施未能改善薪酬绩效敏感性。低认购比例的员工小股东以及非高管员工更倾向于成为"搭便车者"。很明显。实践中"搭便车者"的存在不可能规避,因而最大限度降低潜在"搭便车者"搭便车的动机和能力就成为保证员工持股计划激励有效的关键。因此,本节开展拓展性研究,进一步思考可能存在的减少潜在"搭便车者"搭便车行为的作用机制。

### 7.4.1 重复博弈效应

根据单次博弈理论,当上市公司推出的员工持股计划仅是一项一次性激励措施时,博弈局中人(即入股员工)仅需考虑一次交易成本,而无须考虑博弈策略(例如违约)产生的信誉成本和后续风险,因而在策略选择上是非常"自利"的。从入股员工角度来看,这种自利即表现为更多的搭便车行为。与之相反,当上市公司多次实施员工持股计划时,入股员工间存在重复博弈的可能。根据重复博弈理论,局中人为最大化自身利益不得不考虑当次博弈策略对未来收益成本的影响。很明显,多次实施员工持股计划的情况下,入股员工能够理性预期到后续股权激励带来的好处很可能大于当前搭便车的短暂收益,则其搭便车动机将降低。因此,我们首先探讨上市公司实施员工持股计划次数对其激励作用的影响。

通过获取上市公司发布的员工持股计划公告,我们整理了样本期间每家上市公司实施员工持股计划的期数(Launchtimes),表7.7报告了相关描述性统计。观察表7.7可得,大多数上市公司在样本观测期间仅推出一期员工持股计划;较早推出员工持股计划的上市公司,其后续年份再次推出员工持股计划的可能性较大;存在上市公司样本期间共计6期推出员工持股计划;就整个观测期来看,上市公司平均推出员工持股计划1.32期。

---

[①] 参见郑志刚,雍红艳,李邈,黄继承.谁在员工持股计划内部搭便车[Z].中国人民大学财政金融学院工作论文,2022.

表 7.7　实施次数统计

Panel A

| | 1 期 | 2 期 | 3 期 | 4 期 | 6 期 | 合计 |
| --- | --- | --- | --- | --- | --- | --- |
| 2014 年 | 23 | 10 | 12 | 1 | 2 | 48 |
| 2015 年 | 156 | 47 | 18 | 2 | 0 | 223 |
| 2016 年 | 60 | 8 | 2 | 0 | 0 | 70 |
| 2017 年 | 75 | 7 | 2 | 0 | 0 | 84 |
| 2018 年 | 42 | 0 | 0 | 0 | 0 | 42 |
| 2019 年 | 45 | 2 | 1 | 0 | 0 | 48 |
| 全部 | 401 | 74 | 35 | 3 | 2 | 515 |

Panel B

| | 样本数 | 平均值 | 标准差 | 中位数 | 最小值 | 最大值 |
| --- | --- | --- | --- | --- | --- | --- |
| 2014 年 | 48 | 1.979 | 1.229 | 2 | 1 | 6 |
| 2015 年 | 223 | 1.399 | 0.676 | 1 | 1 | 4 |
| 2016 年 | 70 | 1.171 | 0.450 | 1 | 1 | 3 |
| 2017 年 | 84 | 1.131 | 0.404 | 1 | 1 | 3 |
| 2018 年 | 42 | 1.000 | 0.000 | 1 | 1 | 1 |
| 2019 年 | 48 | 1.083 | 0.347 | 1 | 1 | 3 |
| 全部 | 515 | 1.317 | 0.682 | 1 | 1 | 6 |

我们将 Launchtimes 加入基础模型，并构造 Lanchtimes 与 ESOP_lnROA 的交互项，考察实施次数对员工持股计划改善薪酬绩效敏感性的边际影响。相关结果见表 7.8。其中，第(1)列和第(2)列以 ESOP_lnROA_Times 为核心解释变量，第(2)列在第(1)列的基础上控制员工持股计划规模(Stockrate)、第一大员工股东认购比例(Firstrate)、高管认购股份比例(Mstockrate)和董事长是否参与认购(Chairman)的影响。考虑到上市公司公告实施员工持股计划后可能存在股东大会未通过或者停止实施的现象，第(3)列和第(4)列在修正上述情况后，进一步以上市公司"成功实施次数"(Successtimes)为代理变量进行稳健性检验。

表 7.8 显示，ESOP_lnROA_Times 回归系数均在 1% 的显著性水平上大于零，更为严谨的 ESOP_lnROA_Suctimes 回归系数也同样在 1% 显著性水平上显著为正，这表明上市公司实施员工持股计划次数越多则员工持股计划能够发挥的激励功能越强，支持了重复博弈理论的分析机制。上述结果也从侧面证明自利和投机心理是搭便车行为存在的主要原因，单次博弈情境下入股员工内部

存在较强的搭便车动机。

因此,上市公司可以向入股员工传递多次推出员工持股计划的信号,使入股员工产生持续的激励预期,从而相应地降低其在本期员工持股计划中的搭便车动机。

表 7.8 实施次数的作用

| | (1) | (2) | (3) | (4) |
|---|---|---|---|---|
| | | LnTotalpay | | |
| ESOP | −0.253*** | −0.414*** | −0.233*** | −0.398*** |
| | (0.059) | (0.072) | (0.060) | (0.073) |
| LnROA | 0.118*** | 0.094*** | 0.119*** | 0.094*** |
| | (0.014) | (0.013) | (0.014) | (0.013) |
| ESOP_lnROA | −0.749*** | −0.414*** | −0.767*** | −0.421*** |
| | (0.042) | (0.037) | (0.042) | (0.038) |
| Lanchtimes | 0.638*** | 0.645*** | | |
| | (0.042) | (0.042) | | |
| ESOP_lnROA_Times | 0.182*** | 0.198*** | | |
| | (0.024) | (0.020) | | |
| Successtimes | | | 0.647*** | 0.655*** |
| | | | (0.045) | (0.045) |
| ESOP_lnROA_Suctimes | | | 0.203*** | 0.212*** |
| | | | (0.026) | (0.022) |
| Stockrate | | 1.170*** | | 1.172*** |
| | | (0.055) | | (0.056) |
| Firstrate | | 0.123 | | 0.101 |
| | | (0.455) | | (0.455) |
| Mstockrate | | −0.257 | | −0.240 |
| | | (0.245) | | (0.245) |
| Chairman | | 0.015 | | 0.014 |
| | | (0.095) | | (0.095) |
| Constant | 1.439*** | 1.338*** | 1.475*** | 1.375*** |
| | (0.341) | (0.314) | (0.343) | (0.316) |

(续表)

| | (1) | (2) | (3) | (4) |
|---|---|---|---|---|
| | | LnTotalpay | | |
| 控制变量 | 控制 | 控制 | 控制 | 控制 |
| 行业固定效应 | 控制 | 控制 | 控制 | 控制 |
| 年份固定效应 | 控制 | 控制 | 控制 | 控制 |
| 观测值 | 12 385 | 12 385 | 12 385 | 12 385 |
| 组内 $R^2$ | 0.620 | 0.646 | 0.618 | 0.644 |

注:括号内为经稳健性调整、公司层面聚类处理后得到的标准误差;\*\*\*、\*\*、\*分别表示在1%、5%、10%的水平上显著;控制变量及年份、行业固定效应受篇幅所限未予以报告。

### 7.4.2 监督效应

除了通过影响潜在"搭便车者"的收益预期来降低其搭便车动机,监督和惩罚也是减少搭便车行为的重要机制。根据证监会发布的《关于上市公司实施员工持股计划试点的指导意见》,参加员工持股计划的员工应当通过员工持股计划持有人会议选出代表或设立相应机构,监督员工持股计划的日常管理,代表员工持股计划持有人行使股东权利或者授权资产管理机构行使股东权利。由此可知,正如股东委派董事监督经理人一般,入股员工选举员工代表组成管理委员会监督员工持股计划的运行。管理委员会是员工持股计划最直接的内部监督管理机构。

虽然不存在精确的量化办法来衡量管理委员会的监督效益,但我们有理由相信,当管理委员会成员较多时,入股员工将处于高强度的监督环境。出于对规则的尊重以及对处罚的畏惧,入股员工将减少其搭便车行为。相反,当员工代表或管理委员会成员较少时,搭便车行为可能因监督不足而增加。同时,根据马斯洛需求层次理论,当更高比例的入股员工成为员工持股计划内部"员工代表""管理层"时,更强烈的责任意识和更高层次的需求也将促使其降低自身搭便车动机。同样重要的是,管理委员会规模越大即员工代表越多,则员工持股计划内部的代理成本也越低。因此,我们接下来检验管理委员会规模对员工持股计划改善薪酬绩效敏感性的边际影响,进而从监督视角寻找规避搭便车行为的可能机制。

表7.9报告样本期间实施员工持股计划公司的管理委员会规模的描述性统计。可以看到,大多数员工持股计划管理委员会由3人组成;存在上市公司管理委员仅1名成员,也存在管理委员规模达50人;管理委员会规模占总认购人数的比例大约为5.56%,2019年这一比例达到了9.87%。

表 7.9 管理委员会规模描述性统计

| 年份 | 样本数 | 平均数 | 标准差 | 中位数 | 最小值 | 最大值 | 占入股人数比 |
|---|---|---|---|---|---|---|---|
| 2014 年 | 36 | 3.611 | 1.498 | 3 | 1 | 7 | 4.111% |
| 2015 年 | 197 | 4.700 | 5.406 | 3 | 1 | 50 | 5.009% |
| 2016 年 | 65 | 4.262 | 2.079 | 3 | 3 | 15 | 4.117% |
| 2017 年 | 78 | 3.718 | 1.441 | 3 | 1 | 11 | 5.029% |
| 2018 年 | 36 | 4.389 | 2.382 | 3 | 3 | 15 | 8.094% |
| 2019 年 | 48 | 3.958 | 1.368 | 3 | 3 | 9 | 9.868% |
| 全部 | 460 | 4.285 | 3.795 | 3 | 1 | 50 | 5.557% |

为检验管理委员会可能存在的监督效应,我们以同行业同年度实施员工持股计划公司的管理委员会人数占入股员工数比例(Constitute)的中位数水平为基准,构造"是否较大规模管理委员会"(Largeconsize)与 ESOP_lnROA 的交互项,并将其加入基础模型中展开考察,相关结果见表 7.10。表 7.10 的核心解释变量即为 ESOP_lnROA_Largeconsize,第(2)列在第(1)列的基础上控制其他方案特征的影响。由回归结果可知,ESOP_lnROA_Largeconsize 的回归系数至少在 5% 的显著性水平上大于零,表明管理委员会规模越大,则员工持股计划改善薪酬绩效敏感性的作用越强。

因此,当员工持股计划的运行有更直接和广泛的监督时,搭便车行为会减少;相反,内部监督机制的不健全将导致员工持股计划陷入搭便车困境,由此产生的冲销效应将削弱员工持股计划的激励功能。

表 7.10 管理委员会的监督作用

| | (1) | (2) |
|---|---|---|
| | LnTotalpay | |
| ESOP | 0.223*** | −0.220*** |
| | (0.075) | (0.072) |
| LnROA | 0.146*** | 0.134*** |
| | (0.015) | (0.014) |
| ESOP_lnROA | −0.937*** | −0.891*** |
| | (0.021) | (0.022) |
| Constitute | 0.156 | 1.000*** |
| | (0.270) | (0.229) |

(续表)

|  | (1) | (2) |
|---|---|---|
|  | LnTotalpay | |
| ESOP_lnROA_Largeconsize | 0.059** | 0.186*** |
|  | (0.026) | (0.028) |
| Stockrate |  | 0.676*** |
|  |  | (0.058) |
| Firstrate |  | 0.111 |
|  |  | (0.353) |
| Mstockrate |  | −0.399* |
|  |  | (0.235) |
| Constant | 1.341*** | 1.291*** |
|  | (0.324) | (0.314) |
| 控制变量 | 控制 | 控制 |
| 行业固定效应 | 控制 | 控制 |
| 年份固定效应 | 控制 | 控制 |
| 观测值 | 11 592 | 11 592 |
| 组内 $R^2$ | 0.779 | 0.790 |

注：括号内为经稳健性调整、公司层面聚类处理后计算得到的标准误差；***、**、* 分别表示在1%、5%、10%的水平上显著；控制变量及年份、行业固定效应受篇幅限制未予以报告。

表7.8与表7.10共同表明上市公司实施员工持股计划次数越多则员工持股计划能够发挥的激励功能越强烈。因此，上市公司可以向入股员工传递多次开展员工持股计划的信号，使入股员工能够理性预期到后续股权激励带来的好处，相应地降低其在本期员工持股计划中的搭便车行为。员工持股计划管理委员会的规模越大，则员工持股计划改善薪酬绩效敏感性的作用越强烈。因此，当员工持股计划的运行有更直接和广泛的监督时，搭便车行为会减少；相反，内部监督机制的不健全将导致员工持股计划陷入搭便车困境。

作为新一轮国企改革的重要"拼图"，员工持股计划不仅帮助解决了体制机制的落地问题，而且一定程度上缓解了国有企业所面临的内部人控制问题。然而，我们的相关研究提醒公司治理理论界与实务界，全员激励下的"大锅饭"只会因入股员工搭便车行为的存在而导致激励无效，正如内部职工股的"破产"；而内部认购比例的集中和激励向高管倾斜可缓解搭便车导致的冲销效应，应当成为未来员工持股计划设计和实施的重点。同时，在设计员工持股计划实施方案时，应当避免单次、大规模的员工持股计划，而应开展多次、小规模员工持股计划；应当建立和完善员工持股计划考核机制和监督机制，向入股员工传递持续激励预期，使员工持股计划成为长期激励工具，而非短期福利。

## 7.5 国企为什么缺乏激励推行员工持股计划？

我国证监会于2005年12月31日出台了《上市公司股权激励管理办法（试行）》，国资委与财政部于2006年10月联合出台了《国有控股上市公司（境内）股权激励试行办法》来规范国有控股上市公司针对高管推出的股权激励计划实践。而证监会于2014年7月发布了《关于上市公司实施员工持股计划的指导意见》，国资委、财政部和证监会于2016年8月17日进一步联合下发了《关于国有控股混合所有制企业开展员工持股试点的意见》，用来规范国有上市公司的员工持股计划实践。

然而，从经理人的股权激励计划实施状况来看，2006年到2011年，我国共有301家上市公司提出大约351份股权激励计划。其中，来自民营企业的有286份，而来自国有上市公司的只有65份。作为对照，到亚洲金融危机爆发前的1997年年底，美国45%的上市公司向其经理人提供股票期权。

从员工持股计划的实施状况来看，2014年7月到2017年共有486家非金融非ST上市公司实施了员工持股计划。其中实施员工持股计划的国有上市公司只有55家，仅占全部国有上市公司的6.37%。作为对照，非国有上市公司中高达29.6%的公司已实施员工持股计划。

容易理解，与尚未上市的国企相比，完成资本社会化和已经成为公众公司的国有上市公司在实施激励计划方面有着制度便捷和舆论优势。然而，在国有控股上市公司中，为什么无论是经理人股权激励计划还是员工持股计划都没有像理论界和实务界期待的那样被普遍推行呢？

首先，从激励对象选择来看，由于相关计划的主要推进者——国有控股上市公司的董事长和总经理是由上级组织部门或国资委任命，因此他们按照规定不能成为相关计划的激励对象。例如，即使在作为国企改革标杆的"央企混改第一股"的中国联通混改案例中，受上级委派和任命的董事长王晓初先生本人也并不能成为相关激励计划的受益者。这使得相关激励计划的推出陷入一种尴尬局面：有权推进激励方案的高层管理者却无资格成为激励计划的受益者，而有资格成为激励计划受益者的普通管理层和员工却无权过问激励计划的推进事项。是否积极推进激励计划一定程度上变成了对董事长与总经理个人责任感和事业心的考验。而面临审批程序之严苛带来的潜在违规处罚风险和错综复杂的利益格局调整，承受压力的个人的不作为成为很多有权力推进激励计划的管理层的理性选择。

其次,从激励幅度来看,相关计划受到诸多限制,并不能很好地体现与股票相连的激励计划应有的激励效果。例如,按照相关规定,对于首次实施股权激励计划的公司,授予的股权数量原则上不得超过上市公司股本总额的1%;公司全部有效的股权激励计划所涉及的标的股票总数累计应控制在上市公司股本总额的10%以内;国有高管人员个人股权激励的预期收益水平不可以超过其薪酬总水平的30%,等等。由于这些限制,国有上市公司高管对采用股权激励的积极性不高。

最后,从激励计划审批程序来看,按照相关意见,除了股东大会投票表决通过,以往还需要上报国有控股集团公司和国资委层层审批。公文旅行的繁文缛节和收入与责任不对称的复杂官僚心态由此成为一些国有控股上市公司推出相关激励计划不得不考量的制度成本之一;而批准的节奏与上市公司基于市场状况选择的激励方案发行时机也往往并不一致,这无形中进一步增加了激励计划的实施成本。对于国有控股上市公司,一个好的消息是,按照2019年6月5日印发的《国务院国资委授权放权清单(2019年版)》,未来围绕员工持股计划的审批不再由国资委进行,而是授权作为控股股东的集团公司审批,这使得相关审批程序至少减少了国资委审批的环节。

如果说目前的相关实施意见由于在激励计划的激励对象、激励幅度,以及审批程序等方面存在这样或那样的不足并因此抑制了国有控股上市公司推出激励计划的内在热情,那么,一度推出的针对央企高管的"一刀切"限薪规定则一定程度打消了国有控股上市公司完善激励计划的念头。

为了平息部分企业存在的经理人超额薪酬现象引发的公平考量和社会舆论,2014年11月中共中央、国务院印发了《关于深化中央管理企业负责人薪酬制度改革的意见》,将央企组织任命负责人的薪酬水平分为基本年薪、绩效年薪和任期激励收入三个部分。每个部分的薪酬按照上年度央企在岗职工平均工资(约6.8万—7.8万元)的一定倍数来限制。例如,基本薪酬部分不能超过上年度央企在岗职工年平均工资的2倍;绩效年薪部分不能超过6倍;任期激励收入则不能超过该负责人任期内年薪总水平的30%(约为上年度央企在岗职工年平均工资的2.4倍)。通过上述限薪政策,央企组织任命负责人的薪酬水平和央企在岗职工年平均工资水平差距将控制在10.4倍以内。

虽然上述限薪政策主要针对央企的组织任命负责人,但由于所谓"组织任命负责人"和"职业经理人"的边界模糊以及相关传染外溢效应,上述政策将毫无疑问会对我国国企经理人薪酬设计实践产生重要的影响。除了不可避免地导致部分国企的人才流失,"一刀切"的限薪还将诱发国企高管更多地从谋求显性薪酬到谋求隐性薪酬、贪污腐化、寻租设租,而当隐性薪酬遭受政府强力反腐也不可得时,国企高管各种所谓的懒政、庸政和惰政就会纷至沓来。

我们注意到,国资委2019年6月印发的《国务院国资委授权放权清单（2019年版）》支持央企所属企业按照市场化机制选聘职业经理人,而其薪酬由相应子企业的董事会来确定,使为经理人制定薪酬的权力重新"回归"到董事会。

2016年8月,国资委、财政部和证监会联合下发了《关于国有控股混合所有制企业开展员工持股试点的意见》（以下简称《试点意见》）。作为国有企业混合所有制改革的重要配套措施,《试点意见》受到理论界和实务界的期待。一些新文件为未来国有控股公司改变激励不足的现状,完善激励计划提供了可能的制度保障。

那么,针对国有控股企业,我们应该期待什么样的员工持股方案呢？

第一,员工持股方案应该鼓励持股员工通过适当的公司治理制度安排成为公司真正的"主人翁"。与传统绩效工资等薪酬激励相比,员工持股计划的优势是将员工的回报与企业的长期发展捆绑起来,使员工更加关注企业长期绩效,因追求短期利益而损害企业的长期利益。员工在多大程度上可以决定未来企业长期绩效的分配与公司治理制度安排有关。例如,员工持股达到一定比例后是否可以具有推荐董事的权利？特别地,是否允许以累积投票权的方式选举代表自己利益的董事？如果推荐的董事不能保护持股员工的利益,那么如何罢免并选举新的董事？然而,从目前的方案看,《试点意见》对于这些至关重要的问题却语焉不详。特别是,管理层由于往往被上级任命,按照《试点意见》不属于员工持股方案的对象,而允许持股的员工却没有相应的公司治理制度安排来保障自己的权益。如同把自己的命运交给未必真正关心自己利益的其他人一样,对上述公司治理制度缺乏明确表述不仅有违员工持股计划推出的初衷,而且适得其反,这不能不说是《试点意见》的重要缺憾。

第二,员工持股方案应该鼓励社会资本参与国有企业的混合所有制改革。受到（员工持股计划）充分激励的员工当然是吸引社会资本参与国企混改的原因之一。但毫无疑问,员工持股将使社会资本陡然间增加了不得不面对的股东,何况这些股东并非普通的财务投资者,而是十分重要的利益相关者。因此,员工持股计划是在已经实行混改后,由代表不同股东利益的董事会根据员工激励现状的需要推出,还是首先推出员工持股计划然后再引进社会资本进行混改,值得商榷。如果是后者,那么一个可能的结果是,员工持股计划的推行将使得很多原来准备进入国企的社会资本望而却步。除非持股员工本身就是国企混改方案设计者心目中理想的混改对象。

第三，员工持股方案标的的重点应该是国企存量部分。众所周知，国企具有吸引力和存在潜在问题的地方都主要集中在存量部分。而这次《试点意见》一方面强调增量引入，主张采取"增资扩股和出资新设"方式开展员工持股；另一方面却强调员工持股不是无偿获得，"员工入股应主要以货币出资，并按约定时间及时缴纳"，同时规定试点企业"不得向持股员工提供垫资、担保、借贷等财务资助"。容易理解，一个需要"出资新设"的项目未必是员工感兴趣的项目；同样重要的是，是否有必要通过员工持股来将并非项目实施人员的员工与公司新投资项目的股东的利益捆绑在一起本身就值得怀疑。因为如果员工对某一项目感兴趣，那么他完全可以通过资本市场直接购买类似项目的股票。同样令人担心的是，如果上述方案做实，最终可能出现的结局是，员工感兴趣的标的（例如国企存量部分）不允许持股，而允许持股的标的员工却未必感兴趣。这可能使得员工持股变为国企混改方案设计者"一厢情愿"的事。

第四，员工持股方案应该改善传统薪酬分配方案的激励效果。理论上，员工持股方案既可能成为传统薪酬方案的补充，也可能成为具有一定替代性的方案。这意味着在推出员工持股方案之前需要审慎地评价目前实行的员工薪酬方案。例如，目前的员工薪酬是否已与绩效密切挂钩？是否实现多劳多得、少劳少得和不劳不得？如果目前差的绩效表现仅仅由于传统激励方案设计不合理和冗员过多，那么这显然并不能构成推行员工持股计划的充足理由。

第五，员工持股方案应该具有合理的退出机制。我国国企改革历史上曾经推出的职工股份合作制就是由于无法合理解决职工持股的退出问题而宣告失败。除了允许激励对象以规定的价格购买公司股票，标准的股权激励计划往往规定，在锁定期结束后，激励对象有权将股票在市场上出售。员工之所以愿意持有本公司的股票正是因为看到了分红，特别是锁定期结束后变现的权利。这使得股票具有良好流动性的公众公司成为推行员工持股计划的主体。《试点意见》规定，"持股员工因辞职、调离、退休、死亡或被解雇等原因离开本公司，应在12个月内将所持股份进行内部转让；转让给持股平台、符合条件的员工或非公有资本股东的，转让价格由双方协商确定"。同时规定，"转让价格不得高于上一年度经审计的每股净资产"。这意味着，持股的员工未来可能需要在给定的有限"市场"，以并不太多的议价空间进行股份转让。这使得员工持股对部分由于外部原因不得不进行工作转换的员工而言变得并没有太大的诱惑力。更加糟糕的是，这一政策的执行甚至会出现一定程度的逆向选择效应：真正有能力的人害怕被绑定而不愿意接受员工持股计划，而接受员工持股计划的往往是能力不强的人。

《试点意见》由于上述以及其他不尽如人意之处而饱受争议，相信这一点也在政策制定者的预料之中。我们可以理解,政策制定者之所以强调在正式政策出台之前必须经过试点阶段,其初衷正是在于在问题大规模暴露之前发现苗头,及时总结经验和教训。希望我们对《试点意见》的上述期待和担忧能够提醒相关政策制定者及时发现问题,推出切实有效和可行的员工持股方案,以扎实推进我国的国有企业混合所有制改革。

## 7.6 民营企业实施员工持股计划的启发

作为基薪和奖金的补充,员工持股计划传统上一直被认为是协调股东与员工利益、激励员工的重要手段。然而,实施员工持股计划在公司治理实践中却是"一等的难事"。它需要使员工相信未来公司实际控制人愿意与持股的员工"有福同享,有难同当",员工持股后真能得到分红。然而即使对于一些可以借助资本市场来降低员工持股计划设计和运行成本的上市公司,这一点有时也很难做到。否则我们就不会观察到一方面是监管当局对上市公司越来越严的信息披露要求和频繁的监管处罚,另一方面则是一些上市公司层出不穷的盈余管理、会计造假和关联交易,甚至直接的资金侵吞、占用和转移。

然而,对于即使上市公司都很难做到让持股员工相信实际控制人会拿出"真金白银"分红的员工持股计划,在来自河北的两家并未上市的民营企业中却出人意料地做到了,它们分别是河北黄骅信誉楼百货集团公司和河北石家庄恒信集团。那么,这两家实施员工持股计划的民营公司是如何做到让持股员工相信是"真分红"?换一种说法,实施员工持股计划,这两家民营企业做对了什么呢?

### 7.6.1 河北黄骅信誉楼的员工持股计划实践

首先让人感到好奇的是,作为一家百货公司,来自河北黄骅的信誉楼在电商对实体店冲击如此惨烈的今天是如何生存下来的?事实上,信誉楼不仅做到了持续生存,而且做到了稳健发展,其在成立的35年中先后开设自营店33家,如今依然保持扩张的态势。根据我们的观察和理解,信誉楼的经营之道至少有以下两点。其一在于细分市场的精准定位,例如往往选择在城乡接合部或者电商有时无暇顾及甚至不屑顾及的偏远县城选址开店;其二是多年来培养了一批非常优秀的员工队伍并建立了完善的售后服务体系,形成了很好的顾客忠诚度。这些经验丰富的"买手"("柜组主任")十分了解和清楚一个顾客需要什么样的商品和服务,并提前帮顾客采购到店中,使每一位顾客能够乘兴而来满意而去。我们认为,这个规模大约6 000人的"买手"团队及相关管理人员,是信誉楼借助人力资本完成的一种大数据人工采集工程。当然,从信誉楼的成功我们看到,面对中国巨大的市场需求,除了如火如荼发展的电商以及沃尔玛、物美等零售行业中的正规军,像信誉楼这样的品牌卓越、顾客忠诚度高、商品价格优势明显和售后服务优良的传统零售企业也有充足的发展空间。

那么,信誉楼是如何将庞大的导购员队伍和管理团队激励得如此充分呢?这就离不开信誉楼可圈可点的公司治理机制设计。概括而言,信誉楼的核心激励制度有两个。其一就是退休安置金制度,其二是员工持股计划。在信誉楼,当员工退休后,他可以一次性拿到一笔高额的安置费。这使得每个员工有稳定的预期,愿意"终身"以信誉楼为家。如果说退休安置金制度侧重解决的是员工退休后的保障问题,那么员工持股计划则侧重解决员工当下的激励问题。这就回到刚才我们提出的问题。信誉楼是如何让这些员工相信不仅当下能从信誉楼的发展中分到红,而且未来退休时可以真的拿到一笔数额不菲的退休安置金?

从股权结构设计来看,信誉楼主要针对不同岗位设计员工持股计划,而且明确规定个人持股的最高上限不超过5%。股权不允许继承(包括创始人)和自行转让,持股员工拥有收益权、选举权和被选举权。作为信誉楼创始人的张洪瑞先生目前持股不足总股本的1%,截至2018年年底,持有岗位股的星级导购员、柜组主任及以上级别的管理人员达9000多人。按照董事长穆建霞的介绍,张洪瑞先生在1984年创业之初就明确表示:"我干信誉楼不是为个人发财,我就想干一番事业。我搭台,让员工唱戏,都唱个大红大紫"。他的创业初衷后来被延伸为信誉楼的企业使命,那就是"让员工体现自身价值,享有成功人生"。一心只想强调信誉楼"不追求做大做强,追求做好做健康,追求基业长青"的张洪瑞并不想把信誉楼做成家族企业,目前他的三个子女只是信誉楼的高层管理人员。他的一个朴素理想是,在三百年后还有人能记起一个名叫张洪瑞的人曾经创办了一家称为信誉楼的百货店就足够了。另外,据董事长穆建霞介绍,张洪瑞先生最初并不愿进入被认为是"无奸不商"的商业领域,为他人着想是他的思维习惯,诚信是他做人做事的本分,信誉楼由此得名。因而,从张洪瑞到信誉楼,天然具有诚实的基因,当然愿意与员工"共享未来",而不是成就一家家族企业。

上述分散的股权结构和企业诚实的基因固然有助于建立员工信任,但在我们看来,一个更为重要和根本的制度是信誉楼建立了一个员工可以直接参与并进行权益诉求表达的公司治理构架。这就是信誉楼以直选方式产生的董事会组织。信誉楼董事会每四年换届一次。在2016年举行的由700多名岗位股股东代表参加的第二十二次岗位股股东代表大会上,经过监事会提名产生121名董事候选人,然后在大会上从这些提名的候选人中差额选举出46人组成董事会,加上从社会聘请的3名独立董事,组成成员共49位的董事会。此外还有16位候补董事。

应该说信誉楼在现代公司治理制度中十分重要的董事会建设中创造了两个中国公司治理实践"奇迹"。其一是参加股东大会的人数众多。岗位股股东代表大会的参会规模一度达到700人。在我国上市公司治理实践中,在一股独大或相对控股的股权结构下,鲜有外部股东愿意花时间和精力参加根本无法左右议案表决结果的股东大会。在所谓的股东大会上,往往是列席的董事和高管人数超过代表少数大股东的股东代表的人数,这是我国上市公司股东大会的常态。然而,在信誉楼,同时有700多位岗位股股东代表参加的股东大会将是怎样的一个情景?它让人们联想到巴菲特的伯克希尔公司盛况空前的股东大会。其二是由49位正式董事和16位候补董事组成的董事会。在今天公司治理流行小的董事会规模的趋势下,49位董事同时开会又将是怎样的一个场面?按照董事长穆建霞的介绍,在董事会召开会议前,公司会把议案提前足够的时间交给董事,让董事进行充分的准备;在董事会会议期间,每个董事则可以畅所欲言自由表达;最后则以投票表决的方式按简单多数原则形成董事会的最终议案。

由于是针对岗位设计员工持股计划,信誉楼的岗位股股东代表和获提名的董事候选人以及最终选举出来的董事彼此都相对熟悉。通过上述提名和选举程序,信誉楼把股东公认的公道正派、能力强和有担当的董事选举出来。信誉楼的公司治理制度建设无意中契合了现代政治制度民主选举的原理。直选方式使所选举的代理人真正向大部分公众负责。在信誉楼,通过上述董事提名和选举程序,持有信誉楼股票的员工一方面相信能把维护自身权益、严格履行承诺的董事选出来;另一方面,同时更加重要的是,员工相信他们有渠道(参与提名和选举)来保障自己的权益。因而他们愿意相信,公司向其做出的分红和退休安置金的承诺是可以实现的。我们认为这是信誉楼在员工持股计划实施中做对了些什么的关键。

当然,信誉楼在公司治理制度建设方面取得的成就不限于此。例如,在实践中,信誉楼严格实行董事会、监事会和总裁的"立法权""监督权"及"行政权"三者的独立和制衡。如今包括创始人张洪瑞先生和董事长穆建霞积极思考的问题是如何来设计一个无终极所有者的股权制度安排。我们看到,不关注控制权、不一味"为了控制而控制"的管理者往往能获得更为长久的控制权。这是公司治理实践中控制权安排的悖论,当然一定意义上也是人生哲学的悖论。我们认为,这同样是信誉楼在电商围追堵截的今天能够杀出一条血路、冲出重围十分重要的公司治理制度保障。

### 7.6.2　河北石家庄恒信集团的员工持股计划实践

我们注意到,河北石家庄恒信集团在公司治理制度设计上与信誉楼有异曲同工之妙。在实践中,恒信集团设计出一套十分复杂的股份合作制下的员工持股计划。除了包括普通股和各种名目繁多的优先股在内的资金股,恒信集团还设计了劳务股,形成了具有恒信特色的员工持股计划。以恒信的劳务股为例,他们把劳务股大体分为四类。其一是工龄股。在恒信工作时间越长,该员工获得的工龄股越多。工龄股不能转让,离开的时候自动清零。工龄股的设计使得员工的离职成本会很高,鼓励员工对企业的忠诚。其二是岗位股。岗位股与员工当年度职务、岗位和履职情况挂钩。随着岗位变更该股同步变化。岗位股一年一累积,当年清零,不跨年累计。这一设计在原理上特别类似于岗位固定津贴。其三是积分股。积分股的基础是对员工遵守公司制度采取的一项数量化考核体系。例如员工每天参加晨会、完成一条总结信息、通过钉钉签到签退、参加体育锻炼、参加公司集体活动、遵守公司所有制度办法等,都会获得相应的积分股。积分股一年一统计,不跨年统计。以上三种劳务股与员工个人所在部门的效益无关。这三种劳务股占普通股收益的比例逐年提升,截至2018年年底已达到21%。其四是超额分红。超额分红只与每个部门每个员工的效益挂钩,十分类似于通常的年终奖励。我们看到,恒信集团在实践中摸索出了一套行之有效的以股权设计方式完成的复杂的薪酬设计。

与信誉楼一样,恒信集团面临的类似问题是,这样复杂的股权设计凭什么让恒信持股的员工相信这一切都是真的。在恒信的员工持股计划中,一个十分重要的制度安排是任何单一股东的持股比例最高不能超过20%,即使是创始人兼董事长武喜金同样不能超过此线。恒信之所以做这样的规定,按照董事长武喜金的介绍,就是希望避免出现一个人说了算的局面出现,也就是说,恒信希望通过股权制衡形成一种自动纠错机制,从而避免其在重大战略决策上犯"大的错误"。

除了在股权设计上限制一股独大,恒信取信于员工的十分重要的制度保障,依然来自基本的董事会组织等公司治理制度。恒信大约每三年选举一次董事。董事会与监事会的候选人必须满足以下四个硬性条件:最少持有30 000股普通股,在分公司经理以上岗位任职一年以上,积分不低于80分,在恒信集团工作时间不低于906天。符合上述要求的员工都可以提前一年报名参加董事和监事的竞选。股东提前半年开始向各位候选人提出问题。竞选时允许职员和股东家属列席,同时欢迎社会人士列席监督。在候选人回答股东所提问题完成答辩之后,由股东投票选举两会的各个席位。

在众多的董事候选人中，根据得到股东投票的多寡选出排名前9的候选人。其中，前7名成为正式的董事，排名第8和第9的2名成为"候补董事"。监事的选举与此类似，共选出5+2名，前5名是正式监事，后2名则是"候补监事"。"候补董事"和"候补监事"对不少公司治理的研究者和实践者而言是十分新鲜的概念。更有趣的是，恒信居然根据选举得票的多寡在董事和监事中排了序。也就是说，他们有根据排名划分的"第一董事"和"第一监事"。容易想到，同样是董事，排名第一的董事得到了员工股东对他的更多信任，从而对公司重大决策的影响力自然与排名第7的董事是不同的。如果一名董事辜负了员工股东对他的信赖，等待他的将是三年后董事选举的排名靠后，甚至直接落选。

同样值得一提的是，恒信集团议事会由董事会、监事会和总经理组成，每旬末晚上召开例会，不在石家庄的高管成员通过网络参会。议事会允许所有股东列席，允许远程视频参加，让股东了解集团决议的形成过程。在每月底最后一天召开的职员（员工）大会上，公司会专门解读当月议事会决议并介绍集团近期发生的大事。我们注意到，和信誉楼一样，恒信集团把"做长做稳"看得高于"做强做大"，把百年公司当成公司治理的主要目标。公司对于普通股股东不偏重能力和学历，最看重的是能否长期在公司干下去，看重忠诚度。恒信就是通过这样一系列员工广泛参与的公司治理制度和透明公正的企业文化使每位员工都相信那些分红和各种各样的股权设计兑现是值得信任的。

我们看到，建立让每位持股员工有权参与并且有权说"不"的公司治理制度，使每位员工股东相信管理层说的每句话、做的每件事都会兑现，这才是对一些上市公司都很难推进的员工持股计划在信誉楼和恒信两家公司得以顺利推进的关键所在。考虑到正在积极推进混合所有制改革的国企，它们看起来是全民所有，但一些国企通过一些腐败官员寻租设租的权力私相授受，又何尝不是比私企更"私"的"私企"。而类似于信誉楼和恒信这样的民企，却经过透明公开公正的治理制度构建使它们成为不是"公众公司"的"公众公司"。所谓"民营未必私有，国营未必公有"。在上述意义上，我们十分认同一些学者的观点，即不应该在企业之上印上所有制的标签，因为像信誉楼和恒信这样的民企同样可以做得很"公"。

通过信誉楼和恒信的简单案例分析，我们切实看到了关于员工持股计划的实施过程中十分重要的问题，那就是，固然如何设计员工持股计划十分重要，但更加重要的是要让持股受益人相信这一计划并非永远停留在计划阶段，而是真的可以实施。从这两个案例的讨论中我们也看到，一个好的公司治理制度的设计和运行不仅仅是为了使股东可以行使所有者权益，而是为了使股东或/和员工相信这是未来实施包括员工持股计划在内的各项计划的庄严的制度承诺。

正是因为有了这样的制度承诺,即使像信誉楼和恒信这样的民企也可以实施今天即使一些公众公司都无法做好和做对的员工持股计划。这也恰恰是作为民营企业的信誉楼和恒信在实施员工持股计划上做对的地方所在。

## 7.7 小　　结

  上市公司实施员工持股计划除传统激励动机、融资动机、避税动机、经理人防御动机以及市值管理动机之外,也存在着大股东防御收购、巩固控股股东地位等复杂动机。当大股东未掌握相对控制权、担任董事长或在金字塔股权结构下两权分离度较高时,大股东更可能主导推出伴有高杠杆或大股东担保特征的防御型员工持股计划。防御型员工持股计划充当了分散股权背景下控股股东获取"超级控制权"的工具。

  员工持股计划后续管理模式的设计既可能提高激励方案的实施效率,也可能辅助大股东加强控制权。依据股东表决权归属的不同,员工持股计划管理模式可以划分为"员工激励主导型"和"控制权加强主导型"两类。其中,"员工激励主导型"管理模式指入股员工享有剩余索取权的同时也享有剩余控制权;而"控制权加强主导型"管理模式意指员工持股计划中对应股份的表决权被大股东获取,入股员工并未享有完整的股东权利。实证结果表明,"员工激励主导型"管理模式能够使得员工持股计划发挥更为强烈的激励效应,即显著提高企业创新产出;而"控制权加强主导型"管理模式则并未实现员工持股计划的预期激励功能。

  入股员工间存在的相互搭便车行为也可能削弱员工持股计划的潜在激励功能,导致"激励冲销效应"。实证结果表明,激励规模越大则冲销效应越强,全员激励下的"大锅饭"使员工持股计划不可避免地陷入搭便车困境;而员工薪酬绩效敏感性随第一大员工股东认购比例、高管认购比例及入股高管人数的增加而提高。国有控股上市公司固有的"激励限制"及其在公司治理运行上难以完全脱离的政治性,使得国有控股上市公司成功发挥员工持股计划的激励属性更是"难上加难"。

  固然如何设计员工持股计划十分重要,但河北两家民营企业的成功案例却表明,更加重要的是要让持股受益人相信这一计划并非永远停留在计划阶段,而是真的可以实施。从这两个案例的讨论中我们看到,一个好的公司治理制度的设计和运行不仅仅是为了使股东可以行使所有者权益,而且是为了使股东或/和员工相信这是未来实施包括员工持股计划在内的各项计划的庄严的制度承诺。

在未来员工持股计划的设计和实施过程中,我们给出如下政策建议。

第一,科学设计员工持股计划持股平台,避免大股东直接或间接获取员工持股计划对应股份的表决权。我们的研究表明,为应对外部被收购风险,大股东有动机出于非激励目的主导防御型员工持股计划的实施。入股员工与原始大股东之间难免产生利益冲突,而冲突的核心即为入股员工股东表决权的归属。尽管证监会在《关于上市公司实施员工持股计划试点的指导意见》中明确指出应设立员工持股计划管理机构和持股平台以保护入股员工的合法股东权益,但实践中核心管理机构的组建和运行以及上市公司对入股员工股东权力的安排仍为一个"黑箱"。因此,上市公司应当完善员工持股计划内部管理机构的运作机制,科学设计员工持股计划管理模式。具体来说:① 应当规范员工股东表决权的归属,在降低交易成本和制度成本的同时,既赋予员工受益权也赋予员工话语权,真正激发其主人翁意识并以此抑制大股东的机会主义行为;② 应当在员工持股计划实施方案中对大股东的责任与权力做出明确限定,防止大股东"渗透"管理机构进而变相攫取员工股东表决权的行为;③ 应当规范并保护管理机构正当、合理代行员工股东权,防止管理机构行使员工股东表决权时遭受大股东的过度干预。

第二,完善员工持股计划信息披露制度,通过增强信息透明度来防范大股东的防御等自利动机。同时,监管机构应着重强调上市公司对员工持股计划是否存在大股东借款、担保、参与认购等深度一致行动关系的披露,降低员工持股计划设计、实施及后续管理过程中上市公司与入股员工、外部投资者之间的信息不对称程度。

第三,进一步完善员工持股计划法律法规,为上市公司科学开展员工持股计划提供法律依据和引导:引导上市公司在实施员工持股计划时合理使用金融工具,完善相关法律漏洞,避免通过大股东借款等方式变相提高员工持股计划融资杠杆的行为;规范大股东深度参与行为,严格限制大股东不合理的借款和担保,进而规避大股东以激励之名行防御之实;明确并保护员工持股计划管理机构的法律地位,为上市公司科学选择员工持股计划持股平台提供法律依据;为入股员工在员工持股计划后续管理运作过程中保护自身合法股东权益提供法律保障,使员工持股计划切实成为缓解委托代理问题的激励相容工具。

# 参 考 文 献

Aubert,N.,Garnotel,G.,Lapied,A.,Rousseau,P. Employee Ownership: A Theoretical and Empirical Investigation of Management Entrenchment vs Reward Management [J]. *Economic Modelling*, 2014, 40(2): 423-434.

Bagnoli, M., McKee, M. Voluntary Contribution Games: Efficient Private Provision of Public Goods[J]. *Economic Inquiry*, 1991, 29(2): 351-366.

Beatty, A. The Cash Flow and Informational Effects of Employee Stock Ownership Plans[J]. *Journal of Financial Economics*, 1995, 38(2): 211-240.

Bertrand, M., Mullainathan, S. Enjoying the Quiet Life? Corporate Governance and Managerial Preferences [J]. *Journal of Political Economy*, 2003, 111(5): 1043-1075.

Bloom, S. M. *Employee Ownership and Firm Performance* [D]. Cambridge, MA: Harvard University, 1985.

Bova, F., Yang, L. Employee Bargaining Power, Inter-firm Competition and Equity-based Compensation [J]. *Journal of Financial Economics*, 2017, 126(2): 342-363.

Buckley, E., Croson, R. Income and Wealth Heterogeneity in the Voluntary Provision of Linear Public Goods[J]. *Journal of Public Economics*, 2006, 90(4): 935-955.

Cable, J. R., Fitzroy, F. R. Productive Efficiency, Incentives, and Employee Participation: Some Preliminary Results for West Germany[J]. *Kyklos*, 1980, 33(1): 100-121.

Carpenter, J. P. Punishing Free-riders: How Group Size Affects Mutual Monitoring and the Provision of Public Goods[J]. *Games and Economic Behavior*, 2007, 60(1): 31-51.

Chang, S., Mayers, D. Managerial Vote Ownership and Shareholder Wealth: Evidence from Employee Stock Ownership Plans[J]. *Journal of Financial Economics*, 1992, 32(1): 103-131.

Chan, K. S., Mestelman, S., Moir, R., Muller, R. A. The Voluntary Provision of Public Goods under Varying Income Distributions[J]. *Canadian Journal of Economics*, 1996, 29(1): 54-69.

Chaplinsky, S., Niehaus, G. The Role of ESOPs in Takeover Contests [J]. *The Journal of Finance*, 1994, 49(4): 1451-1470.

Chen, H. L., Huang, Y. S. Employee Stock Ownership and Corporate R&D Expenditures: Evidence from Taiwan's Information-Technology Industry[J]. *Asia Pacific Journal of Management*, 2006, 23(3), 369-384.

Cherry, T. L., Kroll, S., Shogren, J. F. The Impact of Endowment Heterogeneity and Origin on Public Good Contributions: Evidence from the Lab[J]. *Journal of Economic Behavior & Organization*, 2005, 57(3): 357-365.

Claessens, S., Djankov, S., Lang, L. H. P. The Separation of Ownership and Control in East Asian Corporations [J]. *Journal of Financial Economics*, 2000, 58(1): 81-112.

Cocco, J. F., Volpin, P. F. Corporate Pension Plans as Takeover Deterrents [J]. *Journal of Financial and Quantitative Analysis*, 2013, 48(4): 1119-1144.

Conte, M. A., Blasi, J., Kruse, D., Jampani, R. Financial Returns of Public ESOP

Companies: Investor Effects vs Manager Effects[J]. *Financial Analysis Journal*, 1996, 52(4): 51-61.

Conte, M. A., Svejnar, J. Productivity Effects of Worker Participation in Management, Profit Sharing, Worker Ownership of Assets and Unionization in Firms[J]. *International Journal of Industrial Organization*, 1988, 6(1): 139-151.

Core, J. E., Guay, W. R. Stock Option Plans for Non-Executive Employees[J]. *Journal of Financial Economics*, 2001, 61(2): 253-287.

Dann, L. Y., DeAngelo, H. Corporate Financial Policy and Corporate Control: A Study of Defensive Adjustments in Asset and Ownership Structure[J]. *Journal of Financial Economics*, 1988, 20(1): 87-127.

Dimitrov, V., Jain, P. C. Recapitalization of One Class of Common Stock into Dualclass: Growth and Long-run Stock Returns[J]. *Journal of Corporate Finance*, 2006, 12(2): 342-366.

Dyck, A., Zingales, L. Private Benefits of Control: An International Comparison[J]. *The Journal of Finance*, 2004, 59(2): 537-600.

Gordon, L. A., Pound, J. ESOPs and Corporate Control[J]. *Journal of Financial Economics*, 1990, 27(2), 525-555.

Grossman, S. J., Hart, O. D. The Costs and Benefits of Ownership: A Theory of Vertical and Lateral Integration[J]. *Journal of Political Economy*, 1986, 94(4): 691-719.

Hart, O. D. *Firms, Contracts, and Financial Structure*[M]. Oxford: Oxford University Press, 1995.

Hart, O. D, Moore, J. Property Rights and the Nature of the Firm[J]. *Journal of Political Economy*, 1990, 98(6): 1119-1158.

Hochberg, Y. V., Lindsey, L. Incentives, Targeting, and Firm Performance: An Analysis of Non-Executive Stock Options[J]. *Review of Financial Studies*, 2010, 23(11): 4148-4186.

Holmstrom, B. Moral Hazard in Teams[J]. *Bell Journal of Economics*, 1982, 13(2): 324-340.

Hwang, B. H., Kim, S. It Pays to Have Friends[J]. *Journal of Financial Economics*, 2009, 93(1): 138-158.

Isaac, R. M, Walker, J. M. Group Size Effects in Public Goods Provision: The Voluntary Contributions Mechanism[J]. *The Quarterly Journal of Economics*, 1988, 103(1): 179-199.

Isaac, R. M., Walker, J. M., Thomas, S. H. Divergent Evidence on Free Riding: An Experimental Examination of Possible Explanations[J]. *Public Choice*, 1984, 43(2): 113-149.

Ittner, C. D., Larcker, D. F., Meyer, M. W. Subjectivity and the Weighting of Performance Measures: Evidence from a Balanced Score Card [J]. *Accounting Review*, 2003, 78 (3): 725-758.

Jensen, M. C., Meckling, W. H. Theory of the Firm: Managerial Behavior, Agency Costs and Ownership Structure [J]. *Journal of Financial Economics*, 1976, 3(4): 305-360.

Jensen, M. C., Ruback, R. S. The Market for Corporate Control: The Scientific Evidence[J]. *Journal of Financial Economics*, 1983, 11: 5-50.

Jensen, M. C. The Modern Industrial Revolution, Exit, and the Failure of Internal[J]. *The Journal of Finance*, 1993, 3: 831-880.

Jiang, F, Nofsinger, J. R., Zhu, B. A Pecking Order of Shareholder Structure[J]. *Journal of Corporate Finance*, 2017, 44(3): 1-14.

Jiang, G., Lee, C. M. C., Yue, H. Tunneling through Intercorporate Loans: The China Experience [J]. *Journal of Financial Economics*, 2010, 98(1): 1-20.

Jones, D. C., Kato, T. The Productivity Effects of Employee Stock-Ownership Plans and Bonuses: Evidence from Japanese Panel Data [J]. *The American Economic Review*, 1995, 85(3): 391-414.

Kedia, S., Rajgopal, S. Neighborhood Matters: The Impact of Location on Broad Based Stock Option Plans[J]. *Journal of Financial Economics*, 2009, 92(1): 109-127.

Kelso, L. O., Adler, M. J. *The Capitalist Manifesto* [M]. New York: Random House, 1958.

Kim, E. H., Ouimet, P. Broad-Based Employee Stock Ownership: Motives and Outcomes [J]. *The Journal of Finance*, 2014, 69(3): 1273-1319.

Kim, Y., Li, H., Li, S. Corporate Social Responsibility and Stock Price Crash Risk [J]. *Journal of Banking and Finance*, 2014, 43(6): 1-13.

Klein, K. J. Employee Stock Ownership and Employee Attitudes: A Test of Three Models[J]. *Journal of Applied Psychology Monograph*, 1987, 72(2): 319-332.

Kose, J. Employee Rights and Acquisition [J]. *Journal of Financial Economics*, 2015, 118(1): 49-69.

Kruse, D. and Blasi, J. Employee Ownership, Employee Attitudes and Firm Performance[R]. *Working Paper*, 1995.

La Porta, R., Lopez-de-Silanes, F., Shleifer, A. Corporate Ownership around the World [J]. *The Journal of Finance*, 1999, 54(2): 471-517.

Meng, R., Ning, X. D., Zhou, X. M. Do ESOPs Enhance Firm Performance? Evidence from China's Reform Experiment [J]. *Journal of Banking & Finance*, 2011, 35(6): 1541-1551.

Nenova, T. The Value of Corporate Voting Rights and Control: A Cross-Country Analysis[J]. *Journal of Financial Economics*, 2003, 68(3): 325-351.

Olson, M. L. *The Logic of Collective Action*[M]. Cambridge MA: Harvard University

Press, 1965.

Oyer, P., Schaefer, S. Why Do Some Firms Give Stock Options To All Employees?: An Empirical Examination of Alternative Theories[J]. *Journal of Financial Economics*, 2005, 76(1): 99-133.

Park, S., Song, M. H. Employee Stock Ownership Plans, Firm Performance and Monitoring by Outside Block-holders[J]. *Financial Management*, 1995, 24(4): 52-65.

Pugh, W. N., Oswald, S. L., Jahera, Jr. J. S. The Effect of ESOP Adoptions on Corporate Performance: Are There Really Performance Changes? [J]. *Managerial and Decision Economics*, 2000, 21(5), 167-180.

Rauh, J. D. Own Company Stock in Defined Contribution Pension Plans: A Takeover Defense [J]. *Journal of Financial Economics*, 2006, 81(2): 379-410.

Scholes, M. S., Wolfson, M. A. Employee Stock Ownership and Corporate Restructuring Myth and Realities[J]. *Financial Management*, 2001, 19(2): 12-28.

Shleifer, A., Vishny, R. W. Large Shareholders and Corporate Control[J]. *Journal of Political Economy*, 1986, 94(3): 461-488.

Slaughter, M. J. Trade Liberalization and Per Capita Income Convergence: A Difference-in-differences Analysis [J]. *Journal of International Economics*, 2001, 55(1): 203-228.

Van, D. E., Wilke, H. Asymmetry of Wealth and Public Good Provision[J]. *Social Psychology Quarterly*, 1994, 57(4): 35-359.

Xu, N., Li, X., Yuan, Q., Chan, K. Excess Perks and Stock Price Crash Risk: Evidence from China[J]. *Journal of Corporate Finance*, 2014, 25: 419-434.

陈大鹏,施新政,陆瑶,李卓.员工持股计划与财务信息质量[J].南开管理评论,2019,22(1):166-180.

陈德球,魏刚,肖泽忠.法律制度效率、金融深化与家族控制权偏好[J].经济研究,2013,48(10):55-68.

陈运佳,吕长江,黄海杰,丁慧.上市公司为什么选择员工持股计划?——基于市值管理的证据[J].会计研究,2020(5):91-103.

方军雄.高管权力与企业薪酬变动的非对称性[J].经济研究,2011,46(4):107-120.

韩玉玲.分享经济的理念与员工持股计划[J].经济管理,2007(5):50-52.

呼建光,毛志宏.新时期员工持股计划:止步还是前行[J].南方经济,2016(7):95-111.

黄速建,余菁.企业员工持股的制度性质及其中国实践[J].经济管理,2015,37(4):1-12.

黄远翠."搭便车"行为:动机、影响因素与规避措施浅析[J].管理观察,2019(21):35-36.

姜付秀,郑晓佳,蔡文婧.控股家族的"垂帘听政"与公司财务决策[J].管理世界,2017(3):125-145.

蒋卫华.员工持股、管理层权力与盈余管理[J].财会通讯,2019(24):53-57.

剧锦文.员工持股计划与国有企业的产权改革[J].管理世界,2000(6):85-92.

李莎.我国上市公司员工持股计划比例的现状与建议[J].中国商论,2018(17):159-160.

李韵,丁林峰.员工持股计划、集体激励与企业创新[J].财经研究,2020,46(7):35-48.

李增泉,余谦,王晓坤.掏空、支持与并购重组——来自我国上市公司的经验证据[J].经济研究,2005(1):95-105.

刘冰.企业权力制衡的制度设计[J].管理世界,2002(5):142.

孟庆斌,李昕宇,张鹏.员工持股计划能够促进企业创新吗?——基于企业员工视角的经验证据[J].管理世界,2019,35(11):209-228.

宁向东,高文瑾.内部职工持股:目的与结果[J].管理世界,2004(1):130-136.

钱智猷,沈铭.团队合作中"搭便车"现象的分析与对策建议——基于管理心理学的视角[J].中国管理信息化,2013,16(15):71-72.

权小锋,吴世农,文芳.管理层权力、私有收益与薪酬操纵[J].经济研究,2010,45(11):73-87.

沈红波,华凌昊,许基集.国有企业实施员工持股计划的经营绩效:激励相容还是激励不足[J].管理世界,2018,34(11):121-133.

宋紫峰,周业安,何其新.不平等厌恶和公共品自愿供给——基于实验经济学的初步研究[J].管理世界,2011(12):32-39+54+187.

苏冬蔚,林大庞.股权激励、盈余管理与公司治理[J].经济研究,2010,45(11):88-100.

孙即,张望军,周易.员工持股计划的实施动机及其效果研究[J].当代财经,2017(9):45-58.

汪平,邹颖,黄丽凤.高管薪酬激励的核心重构:资本成本约束观[J].中国工业经济,2014(5):109-121.

王晋斌.为什么中国上市公司的内部职工持股计划不成功[J].金融研究,2005(10):97-109.

王砾,代昀昊,孔东民.激励相容:上市公司员工持股计划的公告效应[J].经济学动态,2017(2):37-50.

魏明海,黄琼宇,程敏英.家族企业关联大股东的治理角色——基于关联交易的视角[J].管理世界,2013(3):133-147+171+188.

温忠麟,张雷,侯杰泰,刘红云.中介效应检验程序及其应用[J].心理学报,2004(5):614-620.

谢思思.上市公司员工持股的优化措施[J].现代商贸工业,2020,41(24):123-124.

俞可平.何谓"搭便车"——奥尔逊的利益与团体理论介绍[J].经济社会体制比较,1990(3):58-62.

张述冠.对"搭便车"问题的理论思考与现实剖析[J].湖北商专学报,1997(2):4-6.

张小宁.经营者报酬、员工持股与上市公司绩效分析[J].世界经济,2002(10):57-64.

章卫东,罗国民,陶媛媛.上市公司员工持股计划的股东财富效应研究——来自我国证券市场的经验数据[J].北京工商大学学报(社会科学版),2016,31(2):61-70.

赵鼎新.集体行动、搭便车理论与形式社会学方法[J].社会学研究,2006(1):1-21+243.

郑志刚,吴新春,梁昕雯.高控制权溢价的经济后果:基于"隧道挖掘"的证据[J].世界经济,2014,37(9):145-172.

郑志刚,雍红艳,黄继承.员工持股计划的实施动机:激励还是防御[J].中国工业经济,2021(3):118-136.

郑志刚,雍红艳,李邈,黄继承.谁在员工持股计划中搭便车[Z].中国人民大学财政金融学院工作论文.

郑志刚,雍红艳,张浩,黄继承.员工股东表决权归属与企业创新[Z].中国人民大学财政金融学院工作论文.

周冬华,黄佳,赵玉洁.员工持股计划与企业创新[J].会计研究,2019(3):63-70.

周燕,郭偲偲,张麒麟.内外双向因素与搭便车行为:社会网络的调节作用[J].管理科学,2015,28(3):130-142.

周燕,张麒麟.基于经济学实验的搭便车问题研究[J].哈尔滨工业大学学报(社会科学版),2011,13(5):27-31.

周业安,宋紫峰.公共品的自愿供给机制:一项实验研究[J].经济研究,2008(7):90-104.

# 第 8 章
# 总　结

　　长期以来,我国资本市场中的上市公司盛行"一股独大"和控股股东在公司治理制度建设上大包大揽的治理范式。我国上市公司第一大股东平均持股比例从 2015 年开始低于标志相对控股权的 33.3%,我国资本市场开始进入分散股权时代。万科股权之争和"血洗"南玻董事会等事件是习惯于"一股独大"治理范式的我国资本市场没有做好理论和实践应对准备、仓促进入分散股权时代所付出的制度成本。那么,我们应该如何防范野蛮人入侵并在分散的股权结构下形成新的公司治理范式?

　　与此同时,在我国经济生活中至关重要的国有企业启动以所有制混合为标志的混合所有制改革,国有企业股权结构同样出现分散的趋势。我们以中国联通混改为例。在吸引包括中国人寿和 BATJ 等战略投资者持股 35.19% 后,联通集团合计持有中国联通的股份由之前的越过 60% 变为 36.67%。在引入民间资本战略投资、股权结构分散的趋势下,国企应该如何建立新的公司治理体系以使民资背景的战略投资激励相容从而实现合作共赢呢?

　　而第四次工业革命也对创新导向的企业组织设计提出了内在的需求。与传统企业相比,新经济企业创业团队与外部普通投资者围绕业务模式创新存在更为严重的信息不对称,由此导致了新经济企业外部融资的逆向选择困境:一方面,新经济企业创业团队很难获得普通投资者的信任,实现外部融资;而另一方面,普通投资者却无法找到潜在优秀的项目进行投资。新经济企业创业团队有限的资金投入与主导业务模式创新所需要的控制权的现实需求之间存在着显著矛盾。而这一矛盾一定程度上是由于以互联网技术为标志的第四次工业革命浪潮带来的信息不对称的加剧所引发和衍生。在上述意义上,第四次工业革命浪潮向新经济企业提出了以创新为导向的公司治理结构变革的内在现实需求。那么,我们应该如何设计公司治理体系,既鼓励创业团队持续的人力资本投入,又保护投资者的权益,并实现二者的平衡呢?

我们看到,来自上述三个方面的现实挑战迫使我国公司治理理论界和实务界去研究思考如何在分散股权时代构建新的公司治理体系,以代替长期以来我国上市公司盛行的"一股独大"和控股股东在公司治理制度建设上大包大揽的传统公司治理体系。

本书是对我国公司治理研究和实践领域这一重要且迫切课题的初步探索。基于出现上述趋势的大样本经验研究和理论前瞻研究,本书尝试构建全新的公司治理研究体系与分析框架。

第一,在股权结构设计层面,通过允许和包容 AB 双重股权结构股票发行,使投票权的配置权重向创业团队倾斜,以此顺应第四次工业革命浪潮对创新导向的公司治理制度变革的内在需求。上述设计的合理性在于:其一,通过形成投票权配置权重倾斜的治理构架,创业团队与股东完成了从短期雇佣合约向长期合伙合约的转化,为双方建立长期合伙关系、实现合作共赢打下了坚实的公司治理制度基础;其二,通过形成投票权配置权重倾斜的治理构架,创业团队和股东之间实现了专业化深度分工;其三,投票权配置权重倾斜的治理构架属于事前的公司控制权安排,需要在 IPO 时所发布的招股说明书中予以充分信息披露。尽管在股东大会上投票权的配置权重向创业团队倾斜,但新经济企业创业团队将受到来自私募投资和大股东的协议制约。而来自创业团队内部的制衡和监督同样是一种避免投票权权重倾斜可能导致对外部分散股东利益损害的公司治理力量。

在设计公司控制权时,我们要特别留意和识别目前已经出现、未来会逐渐加强的以隐蔽方式加强公司控制权的实现形式,并形成对上述控制权加强方式的正确认识。例如,作为控制权加强的实现方式,超额委派董事如果是大股东实施,则可能导致监督过度,甚至内部人控制,而如果是由非第一大股东超额委派董事,则可以形成对第一大股东的制衡;看起来以激励雇员为目的的员工持股计划有时被实际控制人用来加强公司控制,甚至巩固内部人控制;而一致行动协议看起来导致了现金流权与控制权的分离,但它有助于鼓励创业团队持续的人力资本投资,成为"资本市场上的专利制度"。

需要说明的是,尽管投票权的配置权重向创业团队倾斜,但由于股东所具有的独一无二的责任承担能力,其作为公司治理的权威并没有从根本上动摇。股东的权威性集中体现在股东大会作为公司最高权力机构的法律地位和公司法对股东相关权益的保护。因此,在维护股东权威的前提下,投票权配置权重可以向创业团队倾斜,但前提是创业团队必须付出可承兑收入,至少能够部分为自己的错误决策承担责任。同时必须将规定不同类型股票之间的转换条件、如何转换的日落条款作为"标配",以实现控制权在创业团队与股东之间的"状态依存"。

第二,在董事会组织层面,以来自外部、利益中性和注重声誉的独立董事为主,同时董事长在部分资深董事会成员之间进行轮值,避免出现"一言堂"和内部人控制的局面。与经理人职业发展关联更为紧密的内部董事如果向董事会议案进行挑战,其成本通常远远高于来自外部的具有兼职性质,同时更加注重声誉的独立董事。在越来越多的国家,除 CEO 外的其他董事会成员全部为独立董事成为流行的组织实践。以独立董事为主的董事会构成一定意义上也决定了对 CEO 的监督将从以往的事中监督转化为事后(董事会会议期间)监督,从短期监督转化为长期监督。上述改变一方面有助于从制度上保障创业团队在业务模式创新上发挥主导作用,另一方面则从程序上保障以独立董事为主,并且董事会独立性加强后的董事会可以对 CEO 进行有效监督。而董事长在资深董事会成员之间进行轮值则有利于营造全体董事民主协商的氛围和治理文化,防范固定董事长职位通常导致的"一言堂"局面,进而防范内部人控制问题的出现。借助商议性民主,综合全体董事智慧的董事会决议将超越特定董事长个人能力和眼界的局限,形成对未来经营风险相对准确的预判,防患于未然。

在国企混改中,允许民间资本背景的战略投资"超额委派董事",形成在股东层面国资占优而在董事会层面民资背景占优的格局,可以使民资激励相容,愿意参与混改,同时更好地发挥民资委派董事的专业能力。中国联通的混改是上述董事会组织模式的一个积极尝试。

除了在董事会组织的制度上强调不同股东委派董事力量的制衡和独立董事的独特作用,在董事会文化建设上,还要防范返聘独董、逆淘汰"说不独董"等任人唯亲的董事会文化的形成;同时未来可以鼓励我国上市公司尝试推出任期交错的董事会制度,从而更好地发挥董事会监督和咨询等功能。

第三,在分散股权时代,努力实现鼓励企业团队人力资本投资与避免损害股东利益二者之间的平衡。

投票权配置权重向创业团队倾斜是对创业团队十分重要的激励手段,但往往被忽视。而员工持股计划无疑是协调员工与股东利益、激励员工的重要手段,尽管有时员工持股计划会成为实际控制人隐蔽加强公司控制的实现方式。

然而对于最需要推行员工持股计划的国有控股上市公司,其激励对象、激励幅度以及审批程序等制度设计的缺陷抑制了其推出激励计划的内在热情,"一刀切"限薪也一定程度上打消了国有控股上市公司完善激励计划的念头。

针对员工持股计划实际控制人的主动防御倾向,上市公司应当在员工持股计划设计方案中对实际控制人的责任与权利做出明确限定,避免实际控制人直接或间接获取员工持股计划对应股份的表决权,促使员工持股计划更多地在激励层面发挥作用。

令我们感到鼓舞的是,民资背景的信誉楼和恒信为我们推进员工持股计划带来了借鉴和启发。通过建立公司治理制度,让每位持股员工有权参与决策和说"不",使每位员工股东相信管理层说的每句话、做的每件事都会兑现,这成为员工持股计划在信誉楼和恒信两家公司得以顺利推进的关键。因而,一项好的公司治理制度的设计和运行不仅仅是为了使股东可以行使所有者权益,而且是为了使股东或/和员工相信这是未来实施包括员工持股计划在内的各项计划的庄严的制度承诺。正是因为有了这样的制度承诺,即使像信誉楼和恒信这样的民企也可以实施员工持股计划。

第四,在分散股权时代,积极营造制度环境,调动机构投资者和中小股东的能动性,使其成为重要的公司治理力量。

在我国资本市场进入分散股权时代的背景下,中小股东和机构投资者成为完善我国上市公司治理结构的重要外部治理力量,因而如何规范和引导中小股东和机构投资者以使其发挥对大股东的监督制衡作用具有十分重要的理论和现实意义。

作为分散股权发展阶段我国资本市场发生的十分典型而独特的并购现象,我们注意到,一方面"险资举牌"为未来董事会和管理层成员变更等公司治理制度的变化创造了条件,缓解了内部人控制问题;而另一方面试图染指公司控制权的野蛮人入侵行径破坏了董事会文化,抑制了创业团队持续进行人力资本投资的激励。我们的研究表明,险资举牌通过提高股权制衡度来扮演积极股东角色,成为我国资本市场进入股权分散发展阶段后上市公司改善治理结构的重要途径。但举牌险资从财务投资者转变为战略投资者将削弱险资举牌抑制大股东的隧道挖掘行为和提升公司绩效的相关效应;而举牌险资从同业并购到跨界并购同样会削弱上述效应。因而,谨守"财务投资"和"非跨界并购"成为险资举牌扮演积极股东角色、改善公司治理结构的重要作用边界。我们的研究不仅有助于对我国资本市场喧嚣一时的险资举牌的公司治理效应开展评估,同时为规范险资等机构投资者的并购活动和治理行为带来丰富的政策含义。

伴随着我国资本市场法律环境的改善和中小股民权利意识的增强,我们注意到,以中小股民提出新议案和否决旧议案为特征的"小股东起义"事件近年来呈现爆发式增长的趋势。统计表明,从2010年到2015年,我国上市公司中至少发生了207起所谓的"小股东起义"事件。这些"小股东起义"事件不仅成为标志我国资本市场进入股权分散时代的典型事件之一,而且将对我国上市公司治理实践产生深远持久的影响。我们的相关讨论为小股东如何在分散股权时代参与公司治理带来了直接的证据和丰富的政策含义。

毫无疑问,与传统企业相比,新经济企业将面对外部分散股东更加频繁的"以脚投票"。传统上,"以脚投票"是公司治理实践中维护股东权益"最后的武器"。这一招有时看似无奈,但却往往很致命。由于投票权配置权重倾斜构成对外部分散股东权益的潜在威胁,以及创业团队与外部股东之间业务模式创新方面存在严重的信息不对称,因此相比于传统产业,新经济企业股价波动更加频繁,波动幅度更大。一个典型的例子是,在港交所完成上市制度改革后,登陆香港的独角兽企业小米、美团、众安在线、雷蛇、易鑫、阅文、平安好医生等无一例外地遭遇在 IPO 后股价跌回甚至跌破发行价的尴尬局面。

第五,通过混改,引入战略投资,实化缺位的所有者,形成制衡的构架,防范国企中的"中国式内部人控制"问题。

国企改革无疑是我国制度背景下重要和现实的公司治理问题。新一轮的国企混改很大程度上演变为选择与谁分担不确定性的问题。我们讨论的四个国企混改案例一定程度表明,如同只有开放才能促进改革一样,在国企混改实践中,也许只有"混",才能真正做到"改";而与其"并",也许不如"混"。

我们以我国国有上市公司样本中非第一大股东超额委派董事这一与混改实质内涵一致的做法为例对混改开展逻辑检验,为正在积极推进的国企混改提供直接的理论和证据支持。我们的研究发现,非国有资本的引入有助于在股东大会投票和国企高管决策层面制衡国有资本和政府的过度干预,完善国企高管的监督与激励机制。真正实现混改目标、促进效能的提升,关键在于在董事会结构中合理保证其他股东的董事席位,使新进入的民营资本能够充分参与到治理过程当中。只有民营资本通过委派董事享有内部信息、参与董事会的决策过程,才能有效缓解原有的过度监督问题,带来经营绩效的实质改善。

在分散股权时代公司治理体系的构建过程中,我们始终强调新的公司治理制度安排需要遵循的基本原则应该是,在鼓励创业团队主导业务创新的组织设计与保障外部分散股东权益之间进行平衡。公司治理目的并不应该像传统企业的公司治理制度设计那样,实际出资的股东"为了控制而控制",更不是一味"防火防盗防经理人"。

本书希望通过股权分散时代背景下一系列典型的中国公司治理现象的剖析,从股东层面的股权结构设计、董事会层面的制度建设和文化改善、中小股东和机构投资者的公司治理角色、创业团队和员工的激励机制设计,以及股权分散趋势下的国企改革等不同方面进行理论讨论和经验证据分析,试图构建我国资本市场进入分散股权时代的公司治理体系,提出系统且逻辑一致的分散股权时代公司治理需要遵循的新原则,为公司治理理论界和实务界开展相关研究提供基础性的分析视角、经验证据和理论支撑。我们的研究将同时为上市公司管理团队、投资者和监管当局如何在防范"野蛮人入侵"与保护中小股东权益二者之间实现平衡带来直接和丰富的政策含义。